U0938515

何以澳门

吴志良 著

中華書局

目錄

一　文化澳門

二／文學澳門

三／悅讀澳門

四／灣區澳門

五／家國澳門

六 制度澳門

七 何以澳門

香港修訂版後記

序

始於熱愛，成於堅守

—— 穆欣欣 ——

吳志良有很多身份是眾所周知的：澳門基金會行政委員會主席、澳門文化界聯合總會會長、全國政協文化文史和學習委員會副主任、全國港澳研究會顧問、中華海外聯誼會副會長、中國作家協會全委會委員……其實，他還有一個不太為人所知的身份——我的師兄。相識經年，基於這層關係，師兄命我為其新作《何以澳門》寫序，或許有助讀者理解何以會有這本書的誕生。至於書的內容、價值和份量，我自知水平有限，無論如何難以總結出它具有的高度。提筆之際想起小兒幼時淘氣，在老師佈置的讀書報告作業上這樣寫：「如果想知道這本書講甚麼，你們自己去看看吧！」故此，我也建議大家，欲知澳門，且讀《何以澳門》！

20 世紀 90 年代，初期到南京大學求學的澳門學生只有師兄和我兩人。我以碩士研究生身份入讀南大戲劇學專業時，師兄已處於博士論文的衝刺階段。常在澳門和南京間來來往往，也曾為師兄送論文稿去導師茅家琦教授家裏。當年的我，懵懵懂懂，並不知道茅教授在史學界的大家份量，印象中的茅教授更像一位慈祥的鄰家長輩。未幾，師兄以論文《生存之道——論澳門政治制度與政治發展》獲歷史學博士學位，他成為我求學路上的榜樣。

師兄除了更早在里斯本大學文學院和葡萄牙天主教大學法律專業進修時擔任過《澳門日報》的特約記者外，1988 年至今，他工作過的機構只有一家——澳門基金會。從 1992 年出任基金會行政管理委員會委員到管理委員會主席的他，堅持致力於一件事——在被視為「文化沙漠」的澳門，打造一片「文化綠洲」。

做事不易，成事尤難。做事的緣起可以有千百個理由，唯熱愛是最好的理由；成事者，必有一以貫之的專注，唯專注方能堅守。

在師兄身上，熱愛（澳門）、專注（文化）和堅守（信念）三者兼得無疑。

迄今為止，師兄把人生三分之二的時光都給了澳門。儘管仍然有人把他看成澳門的「外來者」，但他對澳門的熱愛，更甚於土生土長的澳門人。他不止一次說，感恩澳門這塊寶地給予他的一切：「我的同學和我一樣努力，但因為我在澳門的緣故，我的成果可以比較集中地展示，看起來取得了很大的成績。」他理性地將之歸結為澳門地方很小：「很小的東西必然會放大。正因為如此，我們在澳門不要飄飄然……」學歷史的人，總能理性地看待世事、世情。

始於熱愛，是師兄為澳門打造文化綠洲這件事的唯一理由。人一旦愛上甚麼，就會處處用心。熱愛文字，對文字用心，是多年養成的習慣。我常見他在出席活動、應酬之後，再回辦公室經營他的文字。很多時同事都已下班，卻正好是他獨處思考、沉浸在文字裏的時間。

師兄對文字的熱愛是有跡可循的。早在大學時，他的「處女作」就發表於廣州的《足球》報上。發揮自身的葡語專業特長，文章主要介紹巴葡兩國的球賽及球星。他說自己真正熱愛的是寫作，寫足球只為了好玩。那時候看足球是一種社會風尚，如果社會風氣是別的，便會寫別的東西。如此不難理解，日理萬機還能不斷產出作品。得天獨厚的機緣，加上倚馬可待之才，大至學術文章、小到活動致辭稿，他的每一篇文字都在精益求精迸發出新鮮的思想火花。

洋洋灑灑的《何以澳門》，與師兄前一部《悅讀澳門》個人文集的出版，相隔十年。新作《何以澳門》，是澳門前世今生的探尋和叩問。澳門從 16 世紀中期開埠成為南中國的對外商貿城市以來，無論世界如何變化，澳門一直在歷史長河中發揮着獨特的作用。說不盡的澳門——不但是專家學者長期青睞澳門的原因，我們澳門人自己也一直想在這淵海中探尋出答案。師兄在《何以澳門》中開門見山，以《文化澳門》開篇：「文化的內在力量，是澳門的生存之道」——以一言為全書點題。書中繼而以文學澳門、悅讀澳門、灣區澳門、家國澳門、制度澳門、何以澳門等篇章，勾勒澳門文化的全景，為澳門之所以成為澳門提供了答案，貫穿其中的是師兄堅守如一的以文化發展澳門的理念。宏觀之中不乏動人的微觀景象：那是多年來深耕「澳門文學」的初心——兩年一度的澳門文學獎，至今舉辦了十四屆；三十年來持續舉辦中學生讀後感徵文比賽；十年間先後五套共 79 冊澳門文學叢書出版面世；有建立粵港澳大灣區文學的責任和使命，更有以歷史教育增進港澳青年家國情懷的培養計劃等。

《何以澳門》全書壓卷之作，是沉甸甸的學術理論文章，是師兄一直最為關注的澳門學。作為澳門學領頭人之一，窮三十多年之久，奔走呼喚建立一套置於全球視野下的澳門本土學術話語知識體系。這是全球化和本土化的對應、是澳門學術話語權的回歸，也是澳門文化的回歸。澳門學緣起和聚焦點在歷史，從面臨的歷史任務到為需要解答澳門學尋找答案的過程，必然也是為我們更好地理解「一國兩制」的內涵、為澳門未來發展尋找切實可循的路徑。如今，為「本土知識體系而建構的澳門學大廈」已然落成，「這座大廈裏，充滿了我們的經驗、記憶、知識、智慧和精神力量」，值此澳門回歸祖國二十五周年之際，我們當為之歡呼喝彩！

2024 年 12 月 18 日

於鳴謙堂

一　文化澳門

文化澳門

一、生存之道

澳門自 16 世紀中期開埠成為南中國的對外商貿城市，一度發展成為遠東最重要的港口，屈大均《廣東新語》云：「廣州諸舶口，最是澳門雄」，是當時澳門的真實寫照，到印度果阿、菲律賓馬尼拉和日本長崎的三大貿易生命線，幾乎壟斷了中外商品的貿易，令澳門盛極一時，享譽遐邇。

在「普天之下，莫非王土」的中華大地上，在明朝閉關鎖國的政治環境下，澳門能夠長期對外通商，實在是奇跡。坊間說，澳門是中國最早的特區，看來不無道理。在我們看來，澳門還是早期全球化的結晶。

然而，澳門港城的經濟發展也並非一帆風順，四百多年來經歷了多次的起伏波折。從對外貿易到苦力買賣，從鴉片交易到博彩業的興起，再到中國改革開放之後的出口加工業繁盛和回歸後博彩業適度開放之後的經濟蓬勃，其間也經歷了無數次的衰退和敗落。在政治上，中國和葡萄牙的關係亦隨着國際形勢的變化時好時壞，特別是香港被英國人侵佔之後，兩國的關係急轉直下，時任海關監督的赫德，曾一度建議恭親王從葡萄牙人手中購回澳門。更早的時候，荷蘭人、英國人也覬覦過澳門，希望將澳門從葡萄牙人手中奪過來，成為其對華貿易基地。

但是，令人驚嘆的是，無論世界形勢怎麼變化，中國如何改朝換代，彈丸之地在歷史長河中卻神話般地生存發展到現在，最終成為中華人民共和國的特別行政區。

澳門的經濟一向隨波逐流，直接受國際形勢和國內時局的影響。政治上，澳門不僅要在中國和葡萄牙關係的夾縫中尋找生存空間，作為國際網絡中的一員，還時常受到世界局勢的左右。到底是甚麼原因、哪些元素使得澳門在動盪不安、變幻莫測的近代史中盛衰交替、生生不息，而沒有像早年世界上許多貿易城市那樣一蹶不振，甚至消亡？

這正是澳門歷史的迷人之處，也是彈丸之地而且城市歷史不算很長的澳門吸引眾多歷史學家關注之原由。其中主要的原因，我認為有以下幾點：一是與祖國同呼吸、共命運，心繫家國，堅守中國民族的認同；二是敞開心胸，擁抱世界，兼收並蓄，汲取源源不斷的動力；三是抱團取暖，同舟共濟，守望相助，築牢社會根基。換言之，文化的內在力量，是澳門的生存之道。

二、文化澳門

很多人說起港澳，通常把兩地看作一個幾無差別的整體或兩個相連的個體。事實上，在中國兩個特別行政區中，香港和澳門雖然具有許多相似之處，但又有很多差異。

的確，無論從土地面積、人口數量和經濟總量，還是兩地的金融、航運、教育、醫療衛生發展水平和國際化程度，當今兩個城市無法相比。而澳門作為一個微型城市，很多方面也無法進入世界排名。但是，相對而言，澳門開埠的歷史比香港要早，文化積澱也比香港深厚，所以我非常贊成有些學者所言，香港是經濟城市，澳門是文化城市。經濟的香港和文化的澳門，應該就是這兩個城市在大中華地區的最大特色，同樣可以在國家發展戰略中發揮各自的優勢，扮演積極的角色。

當然，如果兩個城市能夠進一步聯手，將各自的優勢拼合，可以在中華民族偉大復興的進程中發揮更大的作用。我想，這也是構建粵港澳大灣區的其中一個重要緣由。粵港澳大灣區戰略的實施，一方面為港澳兩地可持續發展提供了廣闊的腹地和空間，為兩個特別行政區全面融入國家發展大局搭建了便利的平台，另一方面，為港澳兩地提供了充分挖掘內部潛力、發揮自身優勢、大顯身手的舞台。

港澳的優勢在哪裏？如何將這些優勢有效地發揮作用並在國家發展戰略中彰顯價值、作出貢獻？特別是對規模細小的澳門來說，如何實現「國家所需，澳門所長」的良好願望？

《粵港澳大灣區發展規劃綱要》給澳門的定位是世界旅遊休閒中心、中國與葡語國家商貿合作服務平台和「以中華文化為主流，多元文化共存」的合作交流基地。澳門一向是世界旅遊休閒中心，擁有世界上最好的旅遊設施，疫情之前，每年接待 3,000 萬的遊客。中國與葡語國家經貿合作論壇的秘書處設在澳門，經過多年的努力，平台的功能正在逐漸顯示。文化合作交流基地是近年提出來的一種構想，十分契合澳門歷史和現狀。

澳門在西學東漸、東學西傳過程中發揮過獨特而關鍵的作用，中西文化交流的地位舉世公認。在澳門，古今同在，中西並舉，不同而和，和而不同，是一道美麗的人文風景線。

三、心繫家國

聞一多寫《七子之歌》的時候，肯定研究過港澳的歷史：

你可知「媽港」不是我的真名姓？
我離開你的襁褓太久了，母親！
但是他們擄去的是我的肉體，
你依然保管着我內心的靈魂。
三百年來夢寐不忘的生母啊！
請叫兒的乳名，叫我一聲「澳門」！
母親！我要回來，母親！

而寫到香港時，表述十分不同：

如今獰惡的海獅撲在我身上，
啖着我的骨肉，咽着我的脂膏；
母親呀，我哭泣號啕，呼你不應。
母親呀，快讓我躲入你的懷抱！
母親！我要回來，母親！

澳門像一個迷途的小孩，時刻都等着母親的召喚回家。而香港卻像被奪走的骨肉，期待躲入生母的懷抱，免受欺凌。如果按百年前聞一多所言，香港更加需要避風港，更加渴望回歸祖國。港澳回歸前後的形勢發展，卻有點令人意外。深究其原因，港澳開埠的原因不同，英國和葡萄牙的殖民手法以及交還港澳行政管理權之前採取的措施也有差別，港澳沿用的法律體制、經濟社會發展水平和回歸的時點也不一樣。這一切，都會影響港澳居民對回歸祖國的情緒、態度和反應，左右回歸前後政治和社會走向和趨勢。

預料之中的是，澳門平穩回歸和特區順利發展。其中，不無前面所述的原因，但更為重要的是聞一多所說的「靈魂」兩個字。無論任何時刻，不忘自己的根與魂，與母親心心相印、休戚與共，堅守自己的民族認同和文化自信，才能產生精神的力量，不迷失自己的方向，歷盡艱難險阻。這是一種信念，不受時局的影響，不為利益所干擾。

正是有了這種堅定的信念，無論國家的興衰、民族的危難，澳門始終與祖國共呼吸、同命運，始終相信國家好、澳門好，始終認為無論大小都應該也可以為民族的振興盡一分力。正是在此一邏輯思維中，澳門找到了自己的位置、角色和舞台，找到了自己的生存發展空間。

心繫家國，是澳門在歷史長河中生生不息的精神力量，也是澳門在國家未來發展戰略中為自己定位的不二法寶。心安神定，方向明確，我們就可以堅定地發掘自身的潛力，發揮自己的優勢，彰顯自己的價值，不僅尋求自己更好的發展，也為國家進步和民族復興貢獻力量。

四、放眼世界

澳門作為中國最早最持久對外開放的前沿陣地，作為早期全球化的結晶，背靠祖國，放眼世界，是其生存發展的必要條件。因為只有擁抱世界，接受國際上一切的新生事物，理解和吸納其他國家的先進思想和技術並為我所用，同時，創造條件，搭建平台，為中華優秀傳統文化走出去盡一分力，才能塑造自身的獨特價值，才能在激烈的競爭中一展所長。

事實上，澳門曾經是西學東漸、中學西傳的重要橋樑，在中外文化交流中發揮了獨特的作用。從澳門進入中原大地的傳教士，將當時西方最先進的思想和科技傳入內地，天文學、數學、地圖繪製、西洋繪畫、音樂、攝影以及諸多西方器物通過傳教士進入宮廷，利瑪竇、羅明堅還編寫了第一部《葡漢辭典》，馬禮遜編寫了第一部《華英字典》，大大促進了中國與西方世界的溝通和理解。而林則徐則透過澳門開眼看世界，編印《澳門新聞紙》；容閎在澳門馬禮遜學校完成幼學之後，成為中國首位留學生；孫中山在澳門登船前往檀香山學醫，首次感覺到大海之浩瀚。《蜜蜂華報》二百年前在澳門創刊，成為中國新聞史上的開山之作。澳門不僅是中華大地首間西式醫院的誕生地，還首次為華人種牛痘。而中醫在晚清一次疫情中首次為澳葡政府所承認，開啟了中西醫結合的歷史。通過澳門，中國向葡萄牙派出了茶農，促進了茶文化在歐洲的傳播；向非洲葡語國家派出了工程師，為改善非洲的人居環境提供了技術。

在彈丸之地，教堂和廟宇比鄰相伴，不同民族、不同文化、不同宗教和睦相處，多元社會共生共存，成為了人類文明的實驗室。中西薈萃，古今融通，各美其美，美美與共，形成了一道獨特而美麗的風景線。

更令人欣慰的是，從這道美麗的文明景觀，我們看到了中華文化的巨大開放性和包容性，找到了中華文化與其他文化平等相待、和睦相處、共存共生共榮的鮮活案例。認真思考和科學研究澳門經驗，尋找不同文化之間互相尊重、互相理解、真誠合作的可行路徑和方法，對緩解當今世界民族、國家和地區之間的矛盾和衝突不無幫助，對鑄牢中華民族共同體意識和人類命運共同體的構建也有積極的作用。

五、同舟共濟

有人說，澳門猶如一隻舢舨，在汪洋大海中漂流數百年，終於安全到達了彼岸，成為了中國的一個特別行政區。以這樣比喻來描述一個靠海上貿易起家的港口城市，十分生動，也十分貼切。

的確，澳門是一個小規模的城市。歷史上，土地方圓數里，人口一直在幾千人到幾萬人之間浮動。在這麼一個彈丸之地，人們只有拋棄成見，打破隔閡，互讓互諒，抱團取暖，才能生存發展。任何重大的內部社會衝突，就可能令舢舨翻船，同歸於盡。

說來簡單，澳門雖地小人寡，但居民來自天南海北，鄉音不同，風俗各異，大家雖然抱着「但得安居便死心」的移民心態來澳門謀生，但有人的地方必然有矛盾，又是怎樣化解糾紛、形成共識、避免衝突的呢？

首先，是華洋共處分治，葡人雙重效忠，緩解了政治上的緊張。事實上，澳門歷史充滿了愛國主義和民族主義的色彩，但是，這並沒有妨礙同住一個屋簷下的人各自愛國，共同生活，而葡萄牙人也在鴉片戰爭前接受中國歷朝歷代對澳門的管治權，臣服朝廷官員。古代詩文中，有人慨嘆「蓮花出水地形奇，為問何年借島夷？」（汪後來）「可憐臥榻旁餘地，酣睡他人四百年」（陳徵文），可也有人讚美澳門「一角天開航海徑，果然無外是中華」（廖赤麟），以及居澳葡人「自言慕義來中夏，天朝雨露真無私。世世沐浴聖人化，堅守臣節誓不移」。

其次，在經濟貿易上，共擔風險，共享利潤，建立了一個經濟共同體。愈來愈多的史料顯示，早年葡萄牙貿易船隊的資本來源，有相當一部分是徽商、浙商、閩商的，甚至教會也搭貨上船，形成一個關係密切的利益共同體。

第三，在社會文化上，互相尊重，相安無事，構建了一個和諧社會。明朝對澳門基本上以軍事佈防為主，清朝開始加強了對澳門的行政管理，制定了多條「治澳」、「制夷」方略，並向澳門派駐官員。但同時，允許葡萄牙人成立議事會，按照自己的法律和風俗來自我管理，非重大刑事案件或中葡居民糾紛，不必找中國官府處理。澳葡當局也設立專責中國關係和澳門華人事務之官員，並在 1909 年頒佈《華人風俗習慣法典》，衝破天主教義，從法律上承認澳門華人婚姻繼承的習慣。

六、守望相助

如果說，同舟共濟是面對外部環境和外部壓力的一種自然反應，是從內到外的一種妥協，是生活、交往的一種藝術表現，那麼，守望相助則是源於社會內部的自生動力而形成的一種社會氛圍和一種生活方式，這就是我們說的社區精神。而不同民族、不同文化、不同信仰共生共存、各美其美、美美與共，也是澳門歷史城區被聯合國教科文組織評為世界文化遺產的核心要素。

無論是同舟共濟還是守望相助，都與中葡兩種文化具有許多相似點、兩個民族性格具有許多共通性、能夠和睦相處直接相關。澳門雖然三面環海，被稱為「海風吹來的城市」，但從本質上，是一個鄉土型的社會：人際關係密切，重情理輕法律。而經濟長期以壟斷行業為主體，造就了許多鄉紳型的社會領袖，他們長期主導了澳門的主要社團，成為維護華人為主的社會自我管理的中心力量，並成為官民溝通的重要橋樑。而澳葡政府一向無為而治，對華人社會關注甚少，也對這種現象樂觀其成，甚至有意為之。

在某種意義上，這種做法符合澳門社會發展的規律。作為移民城市，來自天南海北的人，以宗親、鄉親和行業為軸心，結成社團，訂立規矩，聯絡感情，促進團結，互相照應，共同發展，並形成力量與外族、外鄉和其他行業交往交涉，更好地維護自身的利益。當然，也有一些服務範圍更廣的公益社團的出現，例如成立超過 450 多年的澳門仁慈堂以及有 100 多年歷史的澳門同善堂、鏡湖醫院慈善會、中華總商會和中華教育會等等，扶貧濟困，施醫施學，成為澳門社會守望相助的中流砥柱。大大小小的社團，化解了社會大大小小的矛盾和衝突，共同形成並維護着澳門和諧的社會關係、行為規範和主流價值觀，也累積了澳門獨特而豐厚的社會資本。

隨着經濟社會的發展和利益的多元化，各種社團如雨後春筍不停在增長，時至今日，68 萬人口的城市已經有超過 11,000 個形形色色的社團，形成一個強大的社會治理網絡。這種情況，有點像當今所稱的社會法團主義社會。但社團數量幾何級的增長，某種意義上也是社會利益多元的體現，是社團本身的裂變，可能不利於社會利益和力量的整合以及社會共識的形成，對超穩定型社會結構造成衝擊。

七、不同而和

澳門微型社會歷史性的和睦相處與和諧發展，是不同民族、不同族群長期共同生活的自然結果。因為有了「不同」，才需要和衷共濟，互相理解，互相尊重，避免衝突和糾紛。而這種和睦和諧的竅門是求同存異，各美其美，美美與共，而非強求萬物一致。「和實生物，同則不繼」，不同而和又和而不同，既有機保持個體的獨特性和生命力，又維持大局的穩定性和環境的確定性，是澳門生存發展的法寶。

眾所周知，明代中葉以降，澳門在中葡兩國政治的夾縫中碰碰撞撞。幾百年來，國際形勢風雲變幻，中葡兩國也改朝換代，興衰起伏，對澳門的政策不無改變，雙方在澳門若干重大事件上更立場分歧甚至針鋒相對，小規模的衝突多次發生，例如攻打北山嶺、關閘事件。可幸的是，最終都化險為夷，澳門這艘小舢舨沒有在歷史的長河中擱淺翻沉。

究其原因，除開澳門這艘小船翻不起甚麼大風浪、澳門城市也沒有發生甚麼大不了的事情之外，中葡兩個民族從來沒有將自己一時的經濟、軍事、文化優勢強加於對方，凡事能設身處地從大局着眼，求同存異，最後化解矛盾糾紛，建立並維持相對信任的合作關係。

澳門內部的發展也並非一帆風順，曾經歷這樣那樣的風波。例如早年拆建唐人廟、驅逐耶穌會，又例如亞馬留總督被殺、「三· 二九」慘案和「一二· 三」事件。這些事件，或者與中葡兩國的政治局勢有關，或者是內部社會矛盾發展到極點的爆發，但最終都能平心靜氣地坐下來談判解決。經過衝突洗禮，社會重新和解並恢復秩序，尋求生存的最大公約數。有人比喻，澳門就像一根竹子，颱風之後總能再次站立起來。

無論從面積、人口還是經濟規模，今天的澳門與歷史上的澳門都不可同日而語。值得警惕的是，隨着近年來澳門經濟的快速發展以及利益的分化和多元化，自由主義盛行的個人主義也在社會發酵，民粹主義和排外情緒逐漸抬頭，包容精神不如以往，沒有悲情的城市有所失色，不同而和、和而不同的社會核心價值受到衝擊。

此時此刻，我們更要吸取歷史的經驗和教訓，清醒認識到開放包容、不同而和對澳門這個「迷你」命運共同體生存發展的必要性和重要性。事實上，澳門要在國家發展戰略和世界格局中佔有一席之地，除開海納百川，有容乃大，別無選擇。

古今同在，中西映輝

了解澳門歷史的人都清楚，澳門作為南中國最早對外開放的城市之一，在中西文化交流中發揮了獨特的作用。來過澳門旅遊的人都驚嘆，這麼一個細小的城市，古今同在，中西並舉，林立的高樓間充滿了鄉土的氣息和人情的溫暖，是一道美麗的人文風景線。

的確，澳門自 16 世紀中葉開埠以來，一直是西學東漸、東學西傳的重要橋樑，是中西交通的前沿陣地，在中西交通史上享有重要的地位。作為一個移民城市，在獨特的歷史演變過程中，澳門也積累了豐厚的文化底蘊，形成了不同而和、和而不同的特質。對中國人來說，澳門充滿了歐陸色彩，卻又好像回到了鄉間；而在許多西方人眼裏，澳門是典型的中國城市，但從文化上又感覺並不陌生。

在我看來，這就是澳門迷人之處，也是這道人文風景線的魅力所在。那些從天南海北來澳門旅居、工作的人，初時可能會因為城市規模太小或氣候太潮濕而有點不適應，但住久了要道別時，又戀戀不捨，無論離開多久，對這座小城都念念不忘。就是本地人，離開時間長了也會想念澳門，記掛她的韻味。

這是一種甚麼韻味？又是怎樣形成的呢？

不是一位英國詩人所說的「不中不西」，而是又中又西，各美其美，中西交匯，相互映輝。不僅僅是古今同在，還是傳統與現代融通，城市和鄉土和洽，美美與共。更為難得的是，這種神韻不僅是一種形式或表象，而是深入到城市的每一寸肌理裏，融入到生活的每一個細節中，映入眼簾，溫暖人心。這種韻味，恰如我們對她的留戀和思念，只能意會，難以言表。

澳門之所以有這種韻味，一方面是因為她完整保存了的中華傳統文化基因，展現了中華傳統文化的巨大包容性；另一方面，長期與西方文化的溝通對話，又令其更加增強了自身的文化自覺和文化自信。作為中華傳統文化的忠實守護者，敞開胸懷，兼容並包，和則生物；作為與西方文化交流的先鋒，平等相待，不卑不亢，相互理解和尊重，從而建立了信任合作關係，形成你中有我、我中有你的城市特性。在澳門，不同民族、不同文化、不同宗教、不同信仰共生共存，相得益彰。在澳門，沒有非黑即白的二元思維，沒有茶杯裏的風波，不自以為是，也不崇洋媚外。和諧的族群，簡單的生活，樸素的情感，同舟共濟，守望相助，心繫家國，放眼世界，善待四方來客，是城市生活的另一道景觀，也是澳門的傳統價值，是我們的傳家寶。

晚年旅居澳門的鄭觀應有一首詩，生動刻劃了澳門的這一道人文風景線：

華人神誕喜燃炮，
葡人禮拜例敲鐘。
華葡雜處無貴賤，
有財無德亦敬恭。

2005 年，澳門歷史城區被聯合國教科文組織評為世界文化遺產，不是因為她廟宇教堂的歷史性和藝術性，而是因為不同民族、不同文化長期在彈丸之地共存共榮所形成的社區精神。風雨同舟，守望相助，與民族、與國家共呼吸、同命運，與其他族群、其他文化生活在同一屋簷下，彼此尊重，和睦相處，融匯發展。在澳門，各色人種都能找到自己的生存發展空間，而且處處體現人性的光輝，時時不忘人文的關懷，這就是澳門的文化價值，是澳門的城市精神。這種價值，這種精神，使得澳門成為人類文明的實驗室，值得我們用心珍惜和大力弘揚，也值得我們在構建中華民族共同體和人類命運共同體的過程中認真體會和思考。

（《人民政協報》第 8 版）

2022 年 9 月 1 日

澳門與中華文化走向世界

眾所周知，澳門自明代中葉以來，長期是中西文化相遇、碰撞與交融的城市，在西學東漸、中學西傳中扮演了極其積極而重要的角色。鴉片戰爭後，雖然香港開埠導致澳門經濟逐漸衰落並衝擊了其傳統地位，但澳門在溝通中、西方兩個世界的作用從未間斷。

歷史上的澳門之所以能夠在中華文化與世界交往中持續不斷地發揮積極作用，是因為澳門自開埠後，偏隅一方，又一直生活在中華秩序內，葡萄牙人的入據並沒有改變這種狀況。即使隨着 1887 年《中葡和好通商條約》簽訂清廷允許大西洋國「永居管理澳門」，由於澳門界址未劃定，也沒有從本質上改變此一狀態，換言之，澳門一直是中華秩序內的一個特區，從而形成中華文化主導、華洋共處分治的特殊局面。

這種自然形成但又與眾不同的政治、社會形態，賦予了澳門一個絕無僅有的公共空間和靈活可塑的多重身份認同，成就了其在中華文化走向世界中的橋樑地位。

在明、清兩朝，除開在某些短暫的歷史時期，外來文化要不在某一特定範圍與中華文化進行交流，要不被中華文化兼收並蓄了，只有在澳門這個特殊的區域，兩種文化可以在一種相對寬鬆、靈活、開放的環境下自由、平等、全方位地交往、碰撞和對話，從而形成一個相對包容、忍讓、互相尊重、吸取眾長的公共空間，促進了中西文化的相互理解。經過在澳門這塊實驗田的初步吸收、培育，西方文化的某些元素才逐步被移植至中原大地。反之亦然。中國文化在澳門被西方人認識、理解、消化、吸收後，傳播至西方世界並為許多西方人士所接納。

澳門能夠成功塑造這麼一個公共空間，除了特殊的政治地理環境外，還與其移民城市的特性息息相關。從天南海北前來的移民，不爭強好勝，只求安居樂業，在經受住外來干擾、維持固有傳統的同時，非但不抵觸、不排斥外來的習俗文化，相反，在狹小的生活空間裏，長期的社區共同生活還習染上其他民族的風俗習慣，漸漸形成你中有我、我中有你的多重身份認同。而多重身份認同，又大大促進了原來公共空間功能的發揮。

澳門公共空間功能的最大化，不僅由於這裏的西方人部分認同了中華文化或中國人更多地受到西方文化的感染，在某種程度上形成了時任歐盟主席巴羅佐（José Manuel Barroso）形容的「共同價值」，更為重要的是，在此一公共空間中生成的一套話語系統，更容易為中、西雙方理解、信任和接受。愈來愈多人認識到，這是澳門的文化價值和意義所在，也是澳門在溝通中西兩個世界中的潛力所在。

澳門的文化價值是歷史的，更是現實的。20 世紀 80 年代以來，澳門積極參與國家的改革開放事業；澳門回歸祖國後，在中央政府的大力支持下，「一國兩制」的實踐也取得了有目共睹的成績，不僅在特區經濟社會建設上有長足的發展，在推動中國與世界，尤其是與葡語國家的交往中也扮演了積極的角色，澳門的傳統作用得以進一步彰顯。最近，國務院副總理汪洋在中葡論壇第四屆部長級會議上指出，中國將深化與葡語國家各領域的合作，向這些國家援建教育培訓設施，培訓 2,000 名各類人才，提供 1,800 個中國政府獎學金等，並將信息分享平台設在澳門，澳門的中介作用更為突出。

我們認為，在促進中華文化走向世界的過程中，澳門同樣可以大有作為，因為澳門不僅具備前述獨特公共空間、多重身份認同、中西接受的「共同價值」和互相理解的話語體系等諸多良好的條件，更為重要的，澳門特區政府和居民樂意扮演此一角色，因為只有這樣，才能充分發揮澳門的傳統功能，凸顯特區在中國發展新時期中的價值和意義。當然，這還有賴於各方的大力協作，也有賴於推動中華文化走向世界的思維的調整。長期以來，在向世界推廣中華文化的過程中，我們過於偏向直奔西方主流文化，對人口眾多且更樂意與中華文化平等交流的拉、非世界重視不足。事實上，如果從拉、非世界切入推進，從邊緣走向中心，效果或者更佳。若選擇此一路徑，澳門便可大展拳腳，派上大用場了。

（在「魯迅文化論壇」上的發言）

2013年12月5日

享受在澳門的生活

在這麼一個風景如畫的校園，在這麼一個寧靜舒適的書院，相信同學們已經生活得十分愜意。走出校園十分鐘，又別有洞天，燈紅酒綠的花花世界應有盡有。今天和同學們談「享受」，似乎不合時宜，在座的各位也比我更有發言權。不過，我要說的重點，是後面幾個字：「在澳門的生活」。

在座的同學有本地生，也有外地生。我想問一個問題：為甚麼選擇澳門大學？其他地方沒有更優美的校園？其他地方沒有教學質量更高的大學？顯然有。那大家為甚麼還是選擇了澳門大學？我想，其中一個最重要的原因，是因為澳門大學座落在澳門。既然選擇學校時有了這種考慮，入校之後有沒有好好享受澳門的生活？

我相信並且我也認識不少同學，特別是外地同學，在澳門讀書期間，關注澳門，享受在澳門的時光，對澳門非常熟悉，非常了解，離開學校還對澳門念念不忘，戀戀不捨。但也有一些同學，躲進閣樓成一統，兩耳不聞窗外事，專心上學、做功課、應付考試，取得好成績。或許，這沒有甚麼不好，甚至老師、家長還讚不絕口。在我看來，這多少有點遺憾，有點可惜。

現代教育分工精細，同學選專業基本上以職業為導向，況且功課不輕，能專心讀書，取得好成績，已經很不容易，不應該有更多、更高的要求。家長、老師都滿意了，其他人也就不好再說甚麼。到此為止，我今天的演講可以結束了。但相信同學們還想知道我接着想講甚麼。我想與各位分享的，是專業學習以外的一種生活態度，為大家提供另一個視角。

我們已經無可救藥地生活在一個網絡信息時代，似乎洞察世間時時刻刻發生的每一件事情，也無分遠近即時聯絡到想聯繫的人。古人道，地偏心自遠。現在，刷刷朋友圈，馬上就可以知道朋友的現狀。但是，細想一下，我們無時無刻得到海量的信息，知識增長了嗎？認識提高了嗎？智慧增加了嗎？或許有，但顯得碎片化，並且缺乏了親身體驗。而觸手可得的知識，還可能扼殺了我們追求知識過程中的樂趣。在朋友圈裏，朋友之間的聯繫多了，但之間的關係親密了？感情加深了？你真正的朋友增加了很多？我們時刻低頭在看電腦、手機，上不仰天，下不俯地，通過機器而非面對面地交流，我們是否更加漠然了？有沒有真誠關注身邊的人？用心關注身邊的事？

我們還生活在一個高速流動的時代，生活在表面趨同的世界。飛機、高鐵、高速公路，朝發夕達，快速將人們和物資從地球的一個角落送到另一個角落。不同地區的青少年喝同一配方的牛奶，吃同一飼料餵養的牛、羊、雞、豬肉，玩同一款遊戲，讀同一本教科書，甚至用同一牌子的手機。簡單來說，生活便捷舒適了，我們幸福感增加了？地球扁平了，我們進入大同世界了？

遺憾的是，答案是否定的。科學是在反宗教洗禮中成長起來的，但科技卻有迷信化的趨勢；知識是一個完整的系統，現在卻顯得支離破碎；生活是人生的旅程，如今卻令許多人忙碌不停、苦不堪言。現在的人，似乎不比前輩快樂；當今的世界，仍然紛亂不堪，暴力不絕。扁平的地球，依然發展極不平衡。人類文明，何去何從？

同學會問，這麼大的題目，跟今天的演講有甚麼關係？的確，問題很大，大到超出我們的想像和能力之外。然而，我們不能、不應該也不甘心就此放棄。我們必須也可以做一些力所能及的事。如果每一個人都做一些力所能及的事，或許哪一天，我們會不知不覺中找到問題的答案。

我們要做的事情，其實很簡單：那就是稍為改變一下「低頭」的習慣，暫時離開虛擬的世界，偶爾仰天俯地，時常穿過隧道，跨越大橋，到澳門老城區去走走，細心遊覽參觀，細品歷史韻味，探索一個個古跡背後的動人故事，發現那一道人文風景線的美，享受在澳門的生活。假以時日，我保證，你們不僅會愛上澳門，還會為她的歷史文化所震撼。

在座不少同學應該都知道，澳門是中國最早對外開放的港口城市，是早期全球化的結晶，是西學東漸、東學西傳的橋樑，也是早期對外貿易的重要基地，見證了中西文化的相遇、碰撞、交流和融合，在中西交通史扮演着無可替代的積極角色，為中國近代化進程貢獻良多。

因為澳門這個港口的存在，從日本和美洲源源不斷輸入中國的白銀，導致了明帝國的通貨膨脹，加速了明朝的覆亡；而從澳門運往寧遠援明抗清的火炮，又延緩了滿清的入關；從美洲引入的玉米、馬鈴薯等粗生食物，大大增加了中原大地的人口；英國東印度公司輸入的鴉片，又毒害了無數中國人的身心。因為澳門這個港口的存在，輸往歐洲的絲綢、瓷器，改變了歐洲人的審美；從澳門派往亞速爾群島的茶農，影響了英國人的飲食習慣。更令人意外的是，一艘從澳門裝滿茶葉運往波士頓的船隻，成為了美國獨立戰爭的導火線。不能不提的還有，澳門的苦力貿易，加速了美洲的殖民與開發。

因為澳門這條通道，利瑪竇將西方的數學、醫學、天文學、油畫、音樂引入了京城，拓寬了國人的視野；他引入宮廷的鐘錶，幾乎令滿朝文武玩物喪志。因為澳門這條通道，傳教士繼日以追地將中國的四書五經翻譯到西方，為啟蒙運動添薪加火，促進了歐洲的思想解放。

在澳門舊城，鄭家大屋的主人鄭觀應奮筆直書《盛世危言》，影響了中華人民共和國締造者毛澤東的革命思想；戊戌變法失敗後的康有為、梁啟超避難澳門，繼續傳播改良思潮；鏡湖醫院的一個醫生，成為了中華民國的首任總統，他的名字叫孫中山；無獨有偶，聖約瑟修院的一位修士生，也成為了葡萄牙共和國的第十任總統，他叫戈麥斯(Manuel Costa Gomes)；孫中山紀念堂裏面住的不是孫中山，而是他的原配盧太夫人，正是這位默默無聞的盧太夫人，將第一夫人寶座讓給了革命需要的宋慶齡女士；一路之隔的盧廉若花園，則住了孫中山革命的支持者也是澳門博彩業的先鋒盧九；再過兩個街口，就是收留了中山先生貼身衛士、嶺南畫派大師高劍父的觀音堂。《中美望廈條約》便是在俗稱觀音堂的普濟禪院裏簽訂的。在大三巴，往日的聖保祿學院教會了利瑪竇中文，而利瑪竇和羅明堅編著了第一部中葡字典；明朝遺民吳歷前往羅馬翻譯《聖經》未果滯留澳門期間，給我們留下了一部《三巴集》。在白鴿巢公園，不僅豎立着一尊據說在澳門寫下葡萄牙史詩《葡國魂》的作者賈梅士的半身銅像，還躺着第一部《華英字典》的作者馬禮遜和第一部英文澳門史的作者、瑞典領事龍斯泰。而於馬禮遜學校畢業的容閎，則是中國派往美國的首位留學生，後來還推動幼童留美，被譽為「中國留學生之父」。更為人津津樂道的是，禮儀之爭中前往中國的教皇特使多羅最後被康熙驅逐至澳門，抑鬱而終；虎門銷煙後，林則徐坐鎮蓮峰廟，切斷了英國人的鴉片來源，暫時遏止了鴉片的輸華。

彈丸之地，這樣的故事不勝枚舉；小小城市，與世運國運息息相連。在世界和中國多次改朝換代的動亂中，無數的難民在澳門找到了避難所；僅僅在抗日戰爭時期，澳門便以其博大的心胸收留了數十萬流離失所的逃難者。澳門的歷史，是中國近代史的縮影，也是世界近代史的寫照。在這麼一塊數平方公里的土地上，我們發現了一個迷人的大世界，找到了一個充滿人文關懷的家園。

澳門的迷人之處，在於其歷盡滄桑，在中、西方的夾縫中巧妙生存，在盛衰中不息發展；澳門的迷人之處，在於你中有我，我中有你，不同的民族、不同的文化、不同的宗教可以和睦相處、包容、理解、信任、合作，「不同而和，和而不同」；澳門的迷人之處，在於其樸實無華，默默奉獻，開放包容，充滿了人性的光輝。

這是一個神奇的地方。這個神奇的地方，近在咫尺，唾手可及，同學們不用請假，不必缺課。潮語說：「世界這麼大，我想去看看」；我說：「澳門那麼小，你應去看看」。可以「我帶着你，你帶着錢」，也可以「你帶着我，我帶着錢」。無論如何，當你發現、感受到其迷人和神奇之處時，當你走在營地街上能夠想像到當年的商人在吆喝買賣時，當你在福隆新街漫步可以婉約聽到琵琶女的彈唱聲時，你會說，我沒有虛度在澳門讀書的時光，我享受了在澳門的生活。我還要補充一句，你對人生的思考會有很大的改觀，你的人生會有更加深刻而真實的體驗。

（在澳門大學曹光彪書院 2014-2015 學年高桌晚宴上之演講）

2015 年 4 月 28 日

挖掘歷史價值　傳播文化意義

澳門歷史文化研究會的年會連續舉辦了十七年，已經成為澳門學術界一年一度的盛事。作為年度學術會議，某種意義上，是對過去一年學術成果的檢閱。從收錄論文的《澳門歷史文化研究》雜誌看，每一年的研究成果是扎實的、豐富的。而這種扎扎實實做學問的態度，在當下學術界相當難得，值得我們推崇和讚許。

學問是一點一滴積累的，學術的殿堂也是一磚一瓦建起來的。無論社會環境如何浮躁，作為學者，都應該耐得住書齋裏的寂寞，保持冷靜的頭腦，維持獨立的思考，也只有這樣，才能發揮學術界本原的社會功能，其學術成果才能獲得認同和讚賞，才能為社會進步創造價值和貢獻力量。

冷眼並不一定旁觀。學者作為一個公共知識分子，對社會要時刻保持參與感，特別在風雲變幻的時代，學者對公共事務的參與有益於對社會關注議題的理性討論，有助於推動社會長遠的進步。澳門作為中國對外交流的一個重地，作為一個特別行政區，其文化經驗和社會實踐具有明顯的獨特性，而此一獨特性，對當今中國的現代化建設和人類文明的發展進步是具有啟迪意義的。如何深入挖掘、科學總結澳門的文化經驗和社會實踐，傳播其意義、發揮其作用，我認為，是擺在澳門歷史文化學界面前的任務，澳門學術界應該義不容辭地承擔起此一歷史責任。

我們知道，中華歷史文化傳統在澳門的傳承從未中斷，保存得很完整，並且鮮活地體現在我們的日常生活中，甚至可以說，澳門可能是中華歷史文化基因保存得最完好的一個城市。而這些基因，對民族文化的振興具有重大意義。我們還清楚，澳門作為中國與西方交往交流的前沿陣地，無論國盛國衰，都一直能夠與西方和睦共處、平等交流，積累了相當豐富的經驗。而這些經驗，對當今中國逐步走向世界舞台中央是有借鑒意義的。澳門學術界如何在本身的研究中，增強此一意識，強化此一認識，深入挖掘其價值，着力提升其意義，對整體提升澳門學術的理論價值和現實意義均有莫大助益，從而也提升了澳門歷史文化和澳門的內在價值。

澳門的社會實踐也如是。社會實踐是文化經驗在社會生活的折射和體現，反過來文化經驗又引導我們的社會實踐。澳門文化上「不同而和、和而不同」的經驗，是社會和諧實踐的結晶。不同族群、不同信仰、不同文化在澳門幾百年的和諧與共，以及我們以人為本，與人為善、同舟共濟、守望相助的社區精神，不僅在今天的澳門值得大力弘揚，在當今中國共建共治共享的社會建設中也值得推廣。如何弘揚、如何推廣，有賴於澳門學界自覺樹立此一意識，進行深入研究和系統整理，將我們的經驗進行理論的歸納和昇華。

綜觀澳門三四十年的歷史文化研究，明顯可以看出，經歷了從外延到內化、從宏觀到微觀的發展過程。換言之，就是將澳門歷史文化研究從中外交通史和中外文化交流的視角轉向澳門內部社會歷史演變和澳門本土民間民俗文化的研究，其研究路徑和方法也隨之發生了變化。這種轉變是必要的，並且卓有成效，因為只有將自身研究透了，才能從微觀轉向宏觀，才能小中見大，否則，只會泛泛而論，缺乏足夠的學術說服力。雖然澳門歷史文化研究仍需縱深發展，但是，過去三四十年打下的研究基礎和取得的研究成果，令我們增加了自信，認為澳門學術界應該有更高的理想、更大的抱負，可以再次嘗試反向而行，即從內化轉向外延、微觀與宏觀有機結合，向國內外學界去展示我們的學術成果，去展述澳門歷史文化的學術價值和意義。而澳門歷史文化的學術價值和意義，就是其獨特的文化經驗和社會實踐。在我們看來，這也是澳門本身最具有價值和意義之處，是我們擁有的最寶貴的財產和最豐厚的資本，值得全力挖掘、開發和傳播。

（在「澳門歷史文化研究會第十七屆學術年會暨澳門與中西文化交流國際研討會」上的致辭）

2018 年 10 月 29 日

共同的記憶　精神的家園

今天，我們很高興和大家一起，隆重舉行「澳門記憶」的啟動儀式。「澳門記憶」項目自 2012 年正式開展以來，一直得到社會各界的鼎力支持和傾心襄助。沒有在座各位的無私奉獻、全情參與和身心投入，就沒有今天的啟動儀式。在此，謹代表澳門基金會向各位致以最衷心的謝意。

澳門面積雖小，但她在歷史上一直扮演中國與西方經貿文化交往的樞紐角色，從而成就了歷史名城。「澳門歷史城區」榮列聯合國教科文組織《世界文化遺產名錄》，既是澳門作為一座歷史名城的明證，也是國際社會對澳門在促進不同文明之間對話的貢獻的一種崇高肯定。

澳門以高度發達的博彩旅遊產業而聞名於世，但歷史文化形象長期以來不夠鮮明。澳門政府和社會機構一直不懈努力，發展弘揚本地文化，嘗試以不同形式來展示澳門歷史文化的光芒，成績有目共睹。澳門基金會三十多年來，在社會各界的大力支持下，也一直致力全面系統挖掘、整理、研究和出版澳門的歷史檔案文獻，並且取得了一定的成效：一方面，使更多人了解和認識到澳門的豐富歷史文化資源，有助於澳門文化形象的塑造；另一方面，讓我們掌握了歷史論述的話語權，為澳門特區建立新的政治共同體認同和價值體系貢獻力量。的確，澳門深厚的歷史文化底蘊是一塊寶藏，值得我們凝心聚力、持之以恆去挖掘，也值得我們向後代和外界積極弘揚和正面傳播，使多元互鑒、兼容並蓄、守望相助、和諧與共的澳門城市精神，能夠世代相傳，生生不息，光照人間。借鑒不同國家和地區的類似項目及其運作模式，在國家文化部的支持和協助下，我們決定推動「澳門記憶」工程的建設，既作為澳門歷史文化資料的保存和展示平台，又作為「中國記憶」的一個地區展示窗口。

「澳門記憶」是澳門基金會長期關注澳門歷史文化研究和發展的一項重要舉措，也是我們致力構建澳門本土知識體系工程的組成部分，更是全體居民共建共享的一個互動平台，以「共建、分享、傳承」為目標。澳門記憶是你的記憶、我的記憶、他的記憶，是我們共同的美好記憶；「澳門記憶」工程是你的平台、我的平台、他的平台，是我們大家共有的信息平台。澳門基金會只是這個平台的推動者、組織者和維護者，正如澳門記憶是大家的共同記憶，這個平台的建設也要靠大家的努力，這個平台的成功更是大家的榮光。

澳門歷史的發展已經充分證明：我們的文化經驗和社會實踐既有獨特性又具普遍意義，值得世代傳承，值得向外界推廣。即使澳門今天已一躍成為國際化的城市，本地的傳統還如影隨形，清晰可見；而滋養此一優良傳統的肥沃土壤，也滋養着生活在這塊土地上的每一個人，滋養着澳門社會運作的每一寸肌理，令「一國兩制」的偉大構思生根植葉，促進了「一國兩制」偉大實踐的成功。這些傳統的載體——檔案、地圖、相片、收藏品、聲音、錄像——如今通過「澳門記憶」這個平台科學而系統地整合起來，隨手可及，使傳承和推廣變得更加便捷，並通過現代技術手段而獲得新生。

沒有記憶的民族是沒有前途的，不敬畏歷史的人民是沒有希望的。如果一個城市沒有記憶，或是記憶不為城市的居民所了解與認同，這個城市是沒有靈魂的；如果一座城市的記憶沒有被激活與傳頌，這座城市是沒有生命的。事實上，在同等規模的城市裏，很少能比澳門擁有更多的歷史檔案和文獻資料，其數量之豐、語種之多、質量之高、散佈之廣，令人驚嘆不已，澳門居民也深感自豪和驕傲，廣為傳播，並由此構築起澳門獨特亮麗的人文風景線。在我看來，澳門之所以吸引着裏裏外外的目光和關愛，在於她的光輝人性、無疆大愛；在於她的本真個性、默默溫情；在於她的家國情懷、絲絲鄉愁；在於她古今同在的人文景觀、中西並舉的精神面貌；還在於她「不同而和、和而不同」的思維方式和禮法並重、顧全大局的生活態度。而這一切，正是澳門的鮮活記憶，是澳門的動力源泉，也是澳門的魅力和價值所在；是我們的精神家園，更是澳門前進的指南針。

我們愈來愈清楚地認識到，澳門之所以能在歷史長河的起伏跌宕中站穩腳跟，屹立不倒，澳門人之所以在風雲變幻中處變不驚，生存發展，正正在於澳門居民一直知道自己從哪裏來，知道今天所處的位置，知道未來往哪裏去。正是這種從不迷失的身份認同、文化認知和座標感、方向感，堅定了我們前行的信心，賦予了我們無窮的力量，使得澳門特別行政區可以繼往開來，屢創佳績，使得澳門居民可以安居樂業，人與人之間能夠平和相處，社會得以和諧穩定，回歸祖國以來各方面都繁榮發展，持續進步，成就了今天的成功與輝煌。

在此，我衷心希望我們的城市和我們的居民、特別是年輕一代能夠珍惜、愛護、傳承、弘揚屬於我們的集體記憶。這些記憶，既是我們的精神力量和文化財富，是我們安身立命的座標，也是澳門賴以生存發展的根本。我們更加期望，大家能繼續像「澳門記憶」工程籌備階段那樣支持我們的工作，一方面讓「澳門記憶」項目以及本會在推廣中華與澳門歷史文化方面的其他工作能夠不斷地延續下去，取得更大的成效；另一方面，凝聚全體居民的智慧和力量，共同整理、研究、豐富、分享屬於我們的集體記憶，用心寫好屬於我們的澳門故事，一起邁向新的時代。

（在「澳門記憶」啟動儀式上的致辭）

2019年8月6日

創新推動文化遺產教育

文化的傳承發展，是一個民族生生不息的必由之路。文化的傳承發展，離不開文化遺產的保護和教育。澳門擁有深厚的中華文化基因，六千多年前我們的先祖已在這小漁村繁衍生息。16 世紀捲入航海大發現的熱潮，澳門居民一直以自信、開放、兼容並蓄的寬廣胸懷接納外來文化，因而形成了多元共存、中西薈萃的特色和歷史遺產資源。1999 年澳門回歸祖國後，歷史遺產受到特區政府和民間的高度重視，令這座小城的文化底蘊在國際上發光。2005 年澳門歷史城區列入了 UNESCO《世界遺產名錄》，2006 年特區政府開展非物質文化遺產保護工作，至今十多項澳門的傳統節慶、技藝、表演等項目入選國家級甚至世界級的《非遺名錄》；2010 年至今，澳門三項文獻遺產入選亞太區及國際級的《世界記憶名錄》。毋庸置疑，澳門在國家的關懷下，以及政府和民間的努力下，向世界彰顯了我們的文化魅力，體現了澳門作為以「中華文化為主流、多元文化共存的交流合作基地」之價值，也凸顯了「一國兩制」、澳人治澳的優勢。

面對豐富的文化資源，如何更好地保護、傳承、利用，講好澳門故事，按照國家所需、澳門所長的定位，發揮我們的角色？澳門基金會作為一個以促進、發展和研究澳門為宗旨的機構，有義務承擔起挖掘整合史料和推廣文史教育的責任，並且一直推動、組織和支持各界進行資源整理和學術研究，累積了相當的素材。順應資訊科技迅速發展的洪流，利用大數據和網絡技術，對歷史遺產進行科學記錄和管理，並進行廣泛而有效的傳播、推廣和教育，便成為我們的時代使命。

澳門記憶是一項全面挖掘和整合歷史資源的龐大文化工程，通過蒐集和梳理澳門從古至今散落世界各地的歷史文化資料，加以整合並數碼化，作永續保存；也藉科技手段建立全球互動的多媒體網絡系統，達至分享集體回憶、推動大眾參與、啟發思考研究以及向世界傳播中華文化之目的。經過近十年的諮詢和籌備，尤其得到國家文化和旅遊部民族民間文藝發展中心的支持和指導，於2019年正式向社會推出，作為澳門回歸二十周年的一份獻禮。

文史網面世後，既形成一個以科技傳承歷史資源的平台，也締造了社會大眾共同創造和分享文化價值的平台，同時建立跨界別合作的機制 ，以網絡拉近與世界的距離。我們向各地全面徵集史料，豐富的內容作為教育資源，更推出網上遊戲、公開徵集、記憶沙龍等走入校園及社區的各種線上和線下活動，致力推動世遺、非遺、文獻遺產等範疇的宣傳、教育與研究，在澳門和海內外引起了廣泛的關注和得到充份的肯定。至2024年10月，澳門記憶網站瀏覽量逾400萬，總瀏覽用戶人次近90萬，年增幅近30%，各社交媒體的關注人數持續穩步增長。

2024年是中華人民共和國成立75 周年，也是澳門回歸25 周年，在澳門社會普天同慶之際，澳門記憶文史網迎來了5周年的重要時刻，而為這多重喜慶增添一份歡欣的是，我們獲得了「全球世界遺產教育創新案例獎」之「探索之星獎」。這份殊榮特別有意義，對我們是莫大的鼓舞，當然，這更是繼續努力前行的動力，我們相信還有很大的進步和發展空間。

今天，我們參與盛會向雲集於此的各地專家學習請益，希望不斷強化澳門記憶文史網的功能，提升市民大眾的文化歸屬感，凝聚青少年的家國情懷。同時，也借助大家的力量，加強澳門與大灣區、內地其他省市、葡語地區乃至全世界的聯繫，利用科技共同推動文化共融和文明發展，擴展我們的世界觀。

杭州與澳門都是文化名城，往來密切，歷史上不少傳教士從歐洲經澳門進入杭州，推動中西文化交流，如今，兩地在旅遊、會展、文化等方面更加合作無間。杭州的科技、動漫、文創等領域發展迅速，有許多值得我們學習借鑒之處，期望日後我們兩地深化交流，共同推動文化創意、創新，促進歷史遺產的教育。

值此機會，我要感謝聯合國教科文組織亞太地區世界遺產培訓中心推出「全球世界遺產教育創新案例獎」，這對各地文化的傳播和傳承項目具有很大的促進作用，也提供了相互學習的平台，有利於人類文明的交流互鑒。感謝所有為該項目的成功實踐而付出心血的單位和成員，也歡迎各位常來澳門，體驗我們城市中西並舉、古今同在、各美其美、美美與共、不同而和、和而不同、你中有我、我中有你的獨特韻味。

（在 2024「世界遺產創意 & 創新者大會」暨「全球世界遺產教育創新案例獎」頒獎典禮上的致辭）

2024 年 11 月 7 日

中華文化與人類共同價值的構建

博大精深的中華文化，強調以德治國、以德化人，經過幾千年來的歷史沉澱，既形成了一套相對完整且高度成熟的道德文化體系和治國理政的經驗智慧，又樹立起一套具有強烈人文主義色彩的世界觀，二者成為中華文化的突出特徵和重要組成部分，不僅對中華民族的生存發展以及當代中國的社會建設具有重要意義，同時也成為解答世界百年未有之大變局這時代之問的一把鑰匙。

當今人類面臨的各種矛盾和衝突，遠超人類歷史上的任何一個時期，人類文明已經進入何去何從的十字路口。愈來愈多的有識之士認為，要處理和化解這些衝突，單靠個別的西方文明體系恐怕是不可能的，而是應該取中西之長，尤其應萃取包括中華文明在內的其他文明的合理成分，重構人類共同價值，從中為探索達至人類的持久和平發展尋求有益的啟示。

習近平主席在 2023 年 3 月提出並深刻闡述「全球文明倡議」，提倡共同尊重世界文明多樣性、弘揚全人類共同價值、重視文明傳承和創新以及加強國際人文交流合作，為推動人類文明進步、應對全球共同挑戰貢獻中國智慧和中國方案。6 月在文化傳承發展座談會上，進一步闡述中華文化的特性以及「第二個結合」對以中國式現代化實現中華民族偉大復興的意義。

一個和平發展的世界，完全可以也完全應該承載不同形態的文明。人類發展的歷史實踐早已證明，「文明優越論」和「文明衝突論」橫行，產生的只是分歧和衝突無日無之的結果。反觀中華文化秉持「道並行而不相悖，萬物並育而不相害」的並收兼蓄、有容乃大的精神，是中國智慧的精粹，而以中華文化的理念和智慧提出處理人與自然、人與社會以及人際關係的方案，構建人類命運共同體，正是為提出應對世界百年未有之大變局的中國方案的意義所在。

習近平主席在 2013 年首次提出的人類命運共同體理念，已多次被寫進聯合國大會和聯合國安全理事會的重要文件中，是國際踐行多邊主義的主心骨，得到愈來愈多志同道合的國家、地區和組織的認同。如何讓作為構成中國智慧的中華文化基因能在世界人民之中看得見、感受得到並獲得認同，使中國方案管用、好用，讓中華文明的實踐智慧更好融入並貢獻人類文明發展，便成為擺在我們面前的一項挑戰。

「第 15 屆海峽兩岸暨港澳地區藝術論壇」正是希望通過探討把中華文明的突出個性融入當代文藝的審美表達、在全媒體時代謀劃中華文藝的創新和傳播，來為實現論壇的總主題——中華文化傳承發展與國際傳播——提供成長的養分。而本屆論壇選擇在澳門召開，可謂符合天時地利。澳門作為中國最早、最持久的對外開放城市，既完整保存了中華文化的傳統基因，又長期是西學東漸、中學西傳的橋樑，在文化傳承發展與國際傳播上有經驗、有網絡、有中西方容易理解和接受的獨特話語體系。澳門本身就是人類文明的實驗室，精彩演繹了中華文化的巨大開放性和包容性，成功踐行了人類文明的多樣性，是構建人類共同價值的典型個案。我們期待，這次論壇可以進一步凸顯澳門的作用，為進一步推動我國的國際傳播能力建設帶來有價值的參考和助益。

（在「第 15 屆海峽兩岸暨港澳地區藝術論壇」的開幕辭）

2024 年 6 月 26 日

澳門必將在中葡關係發展中大有作爲

——寫在中葡建交 35 周年、澳門回歸 15 周年之際

習近平總書記於 2013 年 12 月 30 日在中央政治局第十二次集體學習時指出，「推動中華文化走出去，提高國家文化軟實力，關係到我國在世界文化格局中的定位，關係我國國際地位和國際影響力，關係到『兩個一百年』奮鬥目標和中華民族偉大復興的中國夢的實現。」這是總書記對全球化時代下發展文化重要性的高度把握和戰略佈局。

文化是一個民族的靈魂，是一個國家的軟實力，是推動經濟社會進步的重要力量，同時也代表着一個國家和民族的文明程度、發展高度與前進速度，事關立國之本、治國之道與興國之路。在經濟全球化、文化經濟化時代，文化外交具有經濟外交、政治外交、軍事外交所無法比擬的作用。通過文化交流與合作，能夠促進國與國之間、人民與人民之間的相互理解與認同，為進一步深化合作提供祥和氛圍。鑒於文化在國際關係中的重要作用，文化外交已經成為外交的「第四個支柱」。

然而，豐富的文化資源尚未能造就我國當前的文化強國地位，甚至面臨着文化全球化浪潮下「西強我弱」的文化格局窘境，中華文化安全受到威脅。如何維護我國的文化安全，向世界傳播中華優秀文化，以中華文化軟實力開拓國家利益，刻不容緩。

作為文明古國，大力弘揚中華文化，既是我們的責任，也恰逢其時。因為伴隨我國國際地位的提升，中華文化受到了國際社會的廣泛關注。「中華文化熱」為中國文化走出去創造了條件，但這還遠遠不夠，需要我們通過積極的

文化外交去推進，將「中華文化熱」從溫度變成深度，最終成為中華文化軟實力，助推偉大中國夢之實現。作為社會主義大國，大力宣傳中國特色社會主義文化，既是形勢的要求，更是文化自信的表現。因為伴隨中國的和平崛起，中國異於西方的「他者」地位，給中國的進一步發展帶來了一些不必要的麻煩，需要我們去解釋中國道路、闡述中國理念。文化外交責任重大。在這種考慮下，曾祥明博士對此做了詳細而深刻的分析。在我看來，這是一份很有價值的研究。

從表面上看，中國的外交重心會是美國、俄國等重量級大國，這是毋庸置疑的。但是深切了解中國現實情况後，我們不得不注意到，港、澳、台是中國重要的核心利益，也是實現「中國夢」的重點所在。相應的，美國、英國、葡萄牙就成為我國應密切關注的利益攸關方。時下，我國對美國、英國給予了高度的重視，但對葡萄牙的關注還偏弱。今後，我們要加強這個方面。因為澳門的繁榮穩定是實現「中國夢」的關鍵一環。要實現這個目標，需要澳門的利益攸關方——中央、澳門特區、葡萄牙——的通力合作。中葡關係一定程度上影響着澳門的未來發展。值此中葡建交 35 周年、澳門回歸 15 周年之際，研究中葡關係意義重大。

可能大多數國人並不十分清楚，葡萄牙是最早佔據中國領土、也是最晚從中國領土中撤出的西方國家。數百年的交往使得中葡兩國之間具有一定的文化相通性，澳門深受中葡文化數百年交融的影響，具備溝通中葡的獨特優勢。澳門在歷史一直是西學東漸與東學西漸的窗口。中葡關係為我國實現全方位的大國外交、開拓國際空間提供了一種可行的分析案例。尋求具有文化理念同質性基礎上的文化外交是文化外交行之有效的路徑。對葡文化外交對於我們更好地鞏固和發展中葡關係、更好地認識中西關係、更好地與巴西、安哥拉等葡語國家合作，皆具有十分重要的價值。在對葡文化外交中，澳門可起到十分重要的平台作用。比如，培養和提供熟知中葡雙方語言文化、法律制度、金融體系的人才。從文化外交的視角來分析葡萄牙，從澳門軟實力的視角來分析中葡關係，可以為我們提供一個全新的解讀。

當前，中葡關係處於歷史最好時期，並呈現出良好的發展態勢。我們相信，加強對葡文化外交將有助於中葡關係的深化發展，充分認識並發揮好澳門的平台作用對於澳門發展、中葡關係發展乃至「中國夢」的實現都是有意義的，澳門也必將在中葡關係的發展中大有作為！

2014 年 2 月

中葡文明交流互鑒的最佳選擇地

感謝中國歷史的最高研究機構——中國歷史研究院選擇澳門和我們一起舉辦首屆「中國——葡語國家文明互鑒論壇 2023」。這是對澳門西學東漸、東學西傳的歷史地位和功能的最好肯定，也再次證明澳門是開展中國與葡語國家文化交流合作的最佳選擇地。

自 16 世紀中葉開始，澳門成為中國最早對外開放的港口城市之一，歷經世界局勢千變萬化的洗禮，逐漸形成自身獨特的文化風景和城市性格。澳門長期以來發揮的中外文明交流互鑒的基地和平台作用，在中國可謂獨一無二，在世界上也算是絕無僅有。

由於歷史上的原因，葡語國家和地區在澳門擔當中外交流基地的角色上一直扮演着顯著而深刻的角色。天主教傳教士得以通過澳門，把歐洲的技術、學說和文化藝術傳入中華大地，而中國的哲學、語言、文學、歷史、地理、工藝美術等，也得以通過澳門向歐洲傳播，再向世界廣泛傳播開去。澳門成為中外文化交流對話的公共空間的角色，在衝突發生時顯得更見重要，例如清初「中國禮儀之爭」，康熙皇帝巧妙地利用澳門的特殊地位，將聖座特使遣送澳門聽候發落，通過葡萄牙的據居地位和利用其切身利益，以澳門作為緩衝，爭取迴旋空間，發揮了訊息傳遞和人員往來的橋樑作用。

另一方面，澳門作為當時中國最重要的對外貿易中心之一，雲集葡萄牙、英國、荷蘭、西班牙以至美國等地商賈。雖然鴉片戰爭後澳門的經貿地位變得次要，但澳門與葡語國家和地區的情感和經貿聯繫從未中斷，葡語地區一度成為現代澳門產品的主要出口市場，全盛時期曾佔澳門出口總額的一半，為當時處於工業現代化初期的澳門奠定牢固的發展根基，為日後澳門向服務業轉型邁進提供前提，成就今天的澳門成為聞名遐邇的旅遊休閒勝地。

2003 年 10 月，「中國——葡語國家經貿合作論壇」落戶澳門，充分體現中央人民政府對澳門的高度重視和信任，澳門在推動和促進中國與世界的交流交往以至實現中國式現代化上，有能力扮演更加重要的角色。2019 年，《粵港澳大灣區發展規劃綱要》頒佈，明確澳門要建設成中國與葡語國家商貿合作服務平台以及以中華文化為主流、多元文化共存的交流合作基地，支持澳門與葡語國家開拓並發展金融和專業服務、食品集散、中葡雙語人才培訓和青年創新創業交流，建設中國與葡語國家文化交流中心。中共二十大報告也重申，要發揮澳門優勢和特點，鞏固提升澳門地位，深化澳門同各國各地區更加開放、更加密切的交往合作。

在上述背景下，要建設好中國與葡語國家商貿合作服務平台和中外文化交流合作基地，實現習近平主席在 2009 年慶祝澳門回歸祖國 20 周年大會暨澳門特別行政區第五屆政府就職典禮上的講話中提到的「要發揮澳門中西文化薈萃的優勢，助力國際人文交流，促進世界文明互鑒」，更好地發揮澳門在實現中華民族偉大復興的作用，便成為值得我們進一步思考和探索的命題和努力的方向。

在長期的歷史演變中，不同民族、不同文化、不同宗教、不同信仰在澳門共存共生共榮，形成了中西並舉、古今同在、不同而和、和而不同的城市特性，塑造了各美其美、美美與共，你中有我、我中有你的城市精神，中華文化和其他文化既有自身的獨特個性，不同文化之間也存在共通點。澳門的歷史經驗不僅創新性地豐富了中華文化的內涵和外延，構築了西學東漸、東學西傳的橋樑，還成為人類文明交流互鑒、兼容並蓄的典範。這種在中外文明都能辨別得到的澳門文化標記，使得我們在現階段建設澳門的「一平台」和「一基地」過程中，有着獨有的優勢和潛力，我們應着力探討澳門長期對外交往所形成的獨特話語體系的基本內容，特別是中外群體在澳門長期共同生活、交往交流的過程中所形成的對話範式、中外敘事相互結合，敘事方式交叉互換以及中國視角和世界視野兼顧共融的具體特徵。

「一國兩制」在澳門的成功實踐，也是當代澳門值得向世界傳播的其中一項重要內容。「一國兩制」方針是中國政府堅持開放思維、堅持吸收和借鑒人類社會創造的一切文明成果、堅持「和平共處五項原則」的具體表現，也是中華傳統文化連續性、創新性、統一性、包容性、和平性的最佳演繹，其成功實踐不但充分證明世界爭端能通過和平、互利、共贏的方式得以解決，為解決當今國際上的一些複雜問題提供有益的探索；其實踐的不斷深化更有助於催生文明發展和國家治理的新形態，結合澳門獨特的中外交往話語體系，成為了講好澳門故事和中國故事的典型。我們衷心期待各位專家的真知灼見，能為多元文化交流和建設人類命運共同體添磚加瓦，進一步發揮澳門的平台作用，為澳門建設成多元文化交流合作基地和中國與葡語國家文化交流中心共同貢獻力量。

（在「中國——葡語國家文明互鑒論壇 2023」開幕式的致辭）

2023 年 11 月 17 日

探討絲綢之路的現實意義

在祖國重建絲綢之路、國人追尋中國夢之際，澳門歷史文化研究會聚集海內外名家在澳門召開「澳門與海上絲綢之國際路研討會」，可謂天時地利人和。天時者，在於此時此刻舉國上下已經充分意識到，「在開放中改革，在改革中開放」是實現中國夢的必經之路；地利者，在於澳門乃中國最早對外開放的港口之一，是中國海上絲綢之路最早、最重要、最持久的基地之一；人和者，當然在於各位富有造詣的專家學者濟濟一堂，齊心協力去探討這個歷久彌新的課題。

我們通常以鴉片戰爭作為中國近代史的開端，但事實上，歐亞海路的開通、澳門被葡人據居，已是明朝中國盛極而衰的徵兆。而鴉片戰爭中滿清失敗，成為了這段屈辱歷史的結果。值得深思的是，在這長達三百多年的時間裏，明、清兩朝開放失策、改革乏力，始終沒有摸索出一條國泰民強、長治久安的可行路徑，不僅錯失了與西方世界競爭發展的機遇，鴉片戰爭後更任人魚肉，備受欺凌。縱有維新、中興景象，然外憂內患，弱勢未改，積疾難除。中華人民共和國成立後，特別是經過近三十多年的開放改革，國人終於重振氣力，重拾信心，再度將眼光理性地投向世界，再次成為全球化活躍的弄潮兒。

無論從哪角度看，澳門都是早期全球化的結晶，也在當今全球化中受益匪淺。中西文化長期在此碰撞、交流、融合的經驗，使得澳門更加深刻體會到中華文化的精髓，更加深刻領略到西方文化的精神。她既得中華文化的真傳，又懂西方話語的奧妙，且一向敞開心胸、兼收並蓄，默默耕耘、樂於奉獻，當應在重建絲綢之路的過程中扮演更加積極的角色，弘揚傳統，履行使命，在中華文化走出去的新階段責無旁貸地發揮更大作用，為實現中國夢竭盡所能。

作為歷史學者，我們當然應該義不容辭地貢獻自己的力量，不遺餘力地探討澳門在絲綢之路中的歷史作用和現實角色，拓展澳門的生存發展空間，強化澳門的文化價值。就此而言，澳門史學是已經取得了不錯的成績。然而，在我看來，歷史學者不僅有學術的責任，在自己的專業研究領域不斷有新的學術成果面世，不斷擴展自己學術的深度，同時，更應承擔起公共知識分子的社會責任，拓寬知識的廣度，向大眾普及更多的歷史常識，增強市民的歷史觀，增加城市的厚重感。之所以這麼說，是因為近期港澳兩地發生的一些思潮令人不無感觸、警省和憂心。在澳門歷史文化研究會前屆年會上，我曾經提到澳門歷史話語權回歸的問題。這個問題固然重要，因為沒有歷史話語權的回歸，就無法正確形塑城市的歷史敘述，無法形成應有的價值觀，無法感染青年人的家國情懷。正因為最後這點，我們認為，歷史學者除開專注學術論文的規範寫作，也要走出學術的象牙塔，以更通俗易懂、更生動活潑的語言和表達方式，與社會特別是青年人對話溝通，廣泛傳播歷史知識和傳統文化。或許，這也是史學研究的價值所在。

無論是陸上絲綢之路還是海上絲綢之路，其本質在於世界不同地區物質文明和精神文明的互通有無，美美與共。我們認為，思想的溝通是交流、合作的基石，也是人類文明進步的助推器。只有在思想上有了充分的溝通，不同民族、不同族群和不同階層、不同年齡的人才會有充分的了解、寬容、諒解和理解，才能產生人與人之間的和諧和社會的融洽。也只有國民作好思想上的充分準備，對社會願景達成較大的共識並敢於面對挑戰，國家才能鞏固開放改革的基礎，才能擴大開放改革的成果，才能促進學術文化的繁榮和經濟社會的發展，最終創造一個國富民強、長治久安的局面。我想，這也是我們當下探討絲綢之路的現實意義。而澳門一度被譽為不同民族、不同文化、不同信仰、不同語言和睦相處的典範，在新的時代背景下，更應主動作出表率，有所承擔，有所表現。

（在澳門歷史文化研究會第十三屆學術年會暨「澳門與海上絲綢之路國際研討會」上的發言）

2014 年 9 月 22 日

「一帶一路」戰略與澳門的角色

在新的國際、國內形勢下，中央制訂了「一帶一路」的發展策略。國家實施「一帶一路」的戰略，作為實現中國夢的重要載體，受到海內外的廣泛關注，也逐漸得到愈來愈多國家和地區的積極響應。澳門作為中國最早對外開放和最早參與全球化進程的城市，理所當然應參與其中，為國家繁榮富強貢獻力量，為特區持續發展注入動力。

「一帶一路」戰略的核心要素是文化交流、區域合作、共同發展，建立命運共同體。由於這一戰略所涉幅員廣大、國家眾多，語言、習俗、政治法律體制、經濟社會發達程度差異甚大，將是一項複雜、長期而艱巨的工程，需要多方共同努力，方能達成目標。相對於中國內地諸多大城市，特別是沿海城市，澳門在此一戰略實施過程中既有所短，更有所長。在城市規模、經濟總量、貿易總額、產業結構、人才存量方面，澳門處於相對劣勢；但在與國際接軌，尤其是與鄰近國家和地區以及拉丁世界的交流合作方面，則明顯處於優勢。如何揚長避短，充分發揮澳門的優勢，弘揚其傳統使命，配合國家新時期的戰略發展，促進特區不斷進步，值得各方深入思考與探討。感謝主辦機構世界晋江同鄉總會的邀請，給我這個發言的機會，拋磚引玉，向各位請教。

參與「一帶一路」是澳門應有道義。作為祖國大家庭的一分子，投身祖國建設大潮義不容辭。歷史發展經驗告訴我們，澳門的榮枯與國勢國運息息相關。祖國強盛的時候，澳門則政治穩定、經濟繁榮、社會和諧，充滿了開放性和活力。反之，祖國積弱之際，澳門則備受欺凌，衰敗不景。澳門與祖國血肉相連，同呼吸，共命運，在祖國不同發展階段，也積極參與其中：國家有難，則挺身而出，投身反帝反殖民的鬥爭，聲援內地人民；國家興盛，也全情投入，分享祖國發展的成果。事實證明，祖國好，澳門好；澳門好，祖國更好。

著名學者季羡林先生早年說過，中國歷史上有過兩次大規模的對外文化交流，最近的一次是在明末清初，地點就在澳門。的確，澳門是歐亞海路開通後中國最早對外開放的港口城市之一，是中國海上絲綢之路的起點和樞紐城市。16 世紀中葉至 17 世紀中期澳門至印度果亞、菲律賓馬尼拉和日本長崎的三大航線，貫通東西南北，不僅是澳門的經濟貿易生命線，更為重要的是，擔負起全球經貿往來和文化交流的中樞責任。在數世紀對外經貿、文化交流中，澳門積累了豐富的經驗和豐厚的遺存。

澳門歷史城區成為世界文化遺產，就是中西文化和平共處、平等交流最鮮活的例證。在澳門，不同民族、不同文化、不同宗教、不同信仰和睦相處，共生共存，充分體現出中華文化可以與其他文明和平融洽相處的巨大開放性和包容性，也有力說明澳門是人類文明的實驗室，並孕育出一個不同文明互相尊重、互相學習、互相吸納、共同進步的交往模式。而這一「和而不同、不同而和」的歷史經驗，是澳門擁有的寶貴財產，也是順利推行「一帶一路」戰略所需要的，因為在此一戰略走出去的時候，首先要得到相關國家和人民的理解和認同，減少思想和文化差異所引起的誤讀、誤解、誤會甚至衝突。在這方面，澳門的經驗大可以派上用場。「一帶一路」戰略的提出，給予了澳門施展身手的舞台，給予了澳門模式在更大範圍的推廣和應用的機會，澳門人當應責無旁貸，貢獻自己的智慧和力量。而事實上，澳門作為一個充分融合了西方元素的中國城市，其話語系統亦更容易得到鄰近和西方國家的理解，可以發揮的空間巨大，潛力無限。

參與「一帶一路」將為澳門特區可持續發展帶來無窮活力和動力。澳門是一個外向型經濟體，其發展向來極受外界因素的影響。回歸後，澳門經濟增長一日千里，已經初具規模，也初具力量參與更大範圍、更有效的區域合作。另一方面，經過近年的跳躍性發展，依賴博彩業的單一性也更加明顯，澳門經濟急需尋找新的引擎，以推動其轉型和產業多元化，打開和拓展新格局。而「一帶一路」戰略的推出，為我們提供了一個千載難逢的機遇，為我們鋪展了一條解決經濟發展矛盾、探索新方向的路徑。過去三十多年來，澳門在參與祖國現代化建設中獲益良多，直接促成了澳門的快速城市化，這次搭乘祖國發展戰略快車的國際化重大嘗試，許多城市都爭先恐後，我們能錯過嗎？何況，我們比任何時候都具有更好的條件去參與國家戰略發展並分享其成果。

澳門順利回歸祖國，是實現國家統一的重要里程碑，充分體現了祖國和內地人民的關愛以及澳門居民的家國情懷。回歸以來，在國家的大力支持下，特區也在各方面取得了舉世矚目的成就。澳門參與「一帶一路」的國家戰略，不僅是澳門人的應有道義，也不僅會為澳門的可持續發展注入活力，更重要的是，可以協助我們更好地定位，更準確地評估自身的優勢和內在價值。我們一直認為，澳門的前途，是與澳門在國家發展戰略中所能扮演的角色及其潛在價值有機聯繫、絲絲相扣的；澳門的前景，也是與她對此一角色的演繹能力和水平及其潛在價值挖掘的深度和廣度直接相關的。如果我們能夠在國家「一帶一路」戰略實施過程中發揮積極而重要的作用，特別是在促進不同地區、不同民族、不同文化、不同宗教、不同信仰的交流、溝通、理解和合作方面發揮自身的優勢而有所作為，在減少「一帶一路」戰略各方合作中的政治法律風險和文化衝突方面有所建樹，全面彰顯澳門的價值，將為澳門奠定另一個不可磨滅的里程碑。

（在「21 世紀海上絲綢之路經濟論壇」上的發言）

2015 年 8 月 12 日

澳門歷史研究的若干重大問題

中國歷史研究院成立之後首家和地方共同設立的研究中心落戶澳門，足見中國歷史研究院對澳門歷史研究的重視，以及對澳門歷史研究潛在價值和過去所取得成績的肯定。研究中心以編寫《澳門通史》作為首要任務，彰顯澳門歷史研究在中國歷史研究中的價值和意義，推動澳門史學的學科建設，擴大澳門史學在國內外的能見度和知名度，對增強澳門在粵港澳大灣區人文建設中的地位和作用，促進以中華文化為主流、多元文化共存的交流合作基地的建設都有積極的作用。

我們一直認為，澳門最大的價值，是她的人文價值和文化內涵，而最能體現人文價值和文化內涵的，又是她的歷史文化底蘊和意義及其在中國近現代史和中外交通史中的地位和國際人文交流中的作用。12 年前，在《澳門史新編》發行之時，我們就有編撰《澳門通史》的構思；在澳門歷史文化研究會 2012 年的年會上，正式提出澳門歷史研究的下一個重要任務就是編輯出版一部澳門通史，全面、科學、系統地構建澳門歷史的宏觀敘述。今天的論壇，林廣志所長給我一個命題作文——澳門歷史研究的若干問題，以拋磚引玉。的確，我們應該對過去 40 年澳門史研究的歷程作出概要的回顧，對當今澳門歷史研究的成果作出客觀的總結，對澳門歷史研究存在的問題和挑戰作出充分的評估，為《澳門通史》的順利編撰創造條件、鋪平道路。

一、澳門歷史研究的歷程

澳門歷史研究起源於19世紀中葡關於澳門主權的爭議，從一開始就沾染了濃厚的民族主義色彩。這不僅局限了澳門歷史研究的學術進步，也扭曲了澳門歷史學科的正常發育。1979年中葡建交、1987年《中葡聯合聲明》簽訂後，澳門政治法律地位明朗化，澳門歷史研究的視角也從外往內調整，關注點從中葡關係的起伏轉向澳門社會內部的演變，當代學術意義上的澳門歷史研究逐漸步入正軌。

過去40年，大致又可以澳門回歸祖國為標誌，分為前20年和後20年兩個階段。在澳門回歸前20年，學術界、尤其是中葡學者之間雖然就某些重大歷史問題發生過不同程度的爭論，甚至還帶有某種政治或意識形態的分歧和偏見，但總體方向上，都朝着全面挖掘、搜集、整理、出版、翻譯和研究不同語種，特別是中、葡文原始檔案、文獻的方向推進。隨着大量第一手歷史資料的披露，「桃李不言，下自成蹊」，許多喋喋不休的爭議也就慢慢退出了主戰場，學術的正向力量逐漸成為了主導，學術的理性探索也逐漸成為了主流。

回歸後的20年，澳門歷史研究儘管少了點熱鬧和激情，但我們發現，多了幾分平靜和踏實。從數量上，學術成果或許不能和前20年相比，但從質量上，後20年中、外學者在澳門歷史研究上有明顯的提升。一方面，得益於前20年檔案文獻的收集、整理、出版和翻譯以及歷史研究成果的積累；另一方面，有賴於受過更加嚴格學院式訓練的新一代歷史學者的縱深挖掘及其研究理論、研究方法的提升。信息技術的發達，也大大提高了資訊傳播和研究的效率。簡言之，澳門歷史研究的過去40年，是澳門史學史上、也可能是中國地方史研究上資料披露最多、知識增量最快、學術進步最大的40年，為澳門學術發展史寫下了輝煌的篇章。

二、澳門歷史研究的成果

過去近半個世紀，澳門歷史研究的進步非常顯著，碩果纍纍，為《澳門通史》的編撰奠定了堅實基礎。

首先，是史料基礎。澳門檔案文獻資料數量之大、分佈之廣、語種之多、記載之詳、保存之完整，為其他城市不多見。20 世紀 80 年代開始，黃啟臣、鄧開頌、陳三井、黃慶華、張海鵬、湯開建、金國平、薩安東（António Vasconcelos de Saldanha）、古維杰（R. Beltrão Coelho）、章文欽、劉芳、莫世祥、黃鴻釗、費成康、郝雨凡、林廣志、羅理路（Rui Manuel Loureiro）、林發欽、戴龍基、葉農等一大批學者，孜孜不倦致力於澳門相關史料的搜集、整理、出版和翻譯，對中國第一歷史檔案館、第二歷史檔案館、台灣「國史館」和近代史所、澳門檔案館，東坡塔、葡萄牙外交部及其駐廣東領事館、梵蒂岡圖書館等的檔案以及汗牛充棟的歷史文獻和記錄進行全面、系統、細緻的搜尋、調閱、梳理，口述歷史也方興未艾。粗略統計，出版了數十部、近百冊的檔案文獻史料集，更多的還在陸續出版中。這個我們稱之為史料整理運動的宏大工程，為澳門史研究提供了巨大的便利、打下了牢靠的基礎。澳門基金會推動的「澳門記憶文史網」已經上載了超過 25,000 個條目。

其次，是研究基礎。從早年的概論式研究到近年的專題史研究，從論文集到編年史，從本地發表到海內外發表，從中文出版到外文出版，澳門歷史研究碩果纍纍且水平不斷提升。僅僅 2004 年開始參與五屆澳門人文社會科學研究優秀成果評獎的著作和論文，就達到 1,900 份，得獎作品也有 281 份。特別是過去 20 年的諸多碩、博士論文，拾遺補缺，縱深拓展，涵蓋的領域與日俱增，不僅材料新、方法新，而且澄清、糾正不少似是而非的觀點和以訛傳訛的資料，產生了一些新見解、新立場。更加重要也令人可喜的是，學術規範不斷加強，學術理論水平明顯提高，為澳門史學進步創造了更佳的條件和更好的環境。

第三，是人才基礎。在澳門多個機構的積極推動和鼓勵下，無論是澳門本地、內地其他省市還是海外，以澳門為主題修讀歷史碩、博士的青年學人有增無減，逐步形成了一個海內、外，老、中、青結合，以中青年學者為骨幹的澳門歷史研究隊伍和網絡。只要適當加以動員、整合，這支具有專業素養且充滿活力的隊伍一定可以擔當重任，推動澳門歷史研究邁向一個新的台階。

第四，是技術基礎。某種意義上，《澳門通史》是一個國家項目，因為全國各省市都在編撰地方通史，有統一的要求和規範的體例。澳門自 20 世紀 90 年代開始就主動、積極參與國家相關文化工程，融入國家學術主流，例如與世界知識出版社合作編撰《澳門總覽》、參與中國大百科全書出版社地方百科全書系列《澳門百科全書》的編輯出版、與社會科學文獻出版社合作出版《澳門藍皮書》、承接國家清史編纂委員會的《清史 · 澳門卷》、中央文史研究館《中國地域文化通覽 · 澳門卷》和南京大學《中華民國專題史 · 澳門卷》的編撰以及接受文化旅遊部委託，組織《十部民間文藝集成志書 · 澳門卷》的編撰工作。在此一過程中，澳門學術界積累了相當豐富的技術合作經驗。

第五，是社會基礎。澳門居民深厚的中華文化認同，是學術建構和正確史觀形成的社會基礎。近半個世紀以來，在澳門史學界的共同努力下，牢牢掌握了歷史話語權，形成了在中國歷史框架下敘述、書寫澳門歷史的學術價值導向和基本共識，社會各界在重大歷史事件上沒有太多的爭議和分歧，甚至中、葡史學界在若干具爭議的課題上的立場和觀點也愈來愈接近，這為《澳門通史》的編撰創造了良好的學術環境，打下了必要而充分的政治基礎。更為難得的，近年來，澳門歷史走向社區、走向學校，歷史知識普及工作也卓有成效，不少中學生對澳門歷史產生濃厚興趣，大大增強了澳門居民的家國情懷。正確民族觀念和國家觀念的形成、愛國愛澳核心價值的樹立，令澳門史學界更加自信，立場也更加旗幟鮮明。

三、澳門歷史研究的挑戰

顧名思義，通史涵蓋了歷史發展的全過程和社會生活的方方面面。正如前述，當代學術意義上澳門歷史研究起步較晚，雖然進步迅猛，但仍有許多領域、許多主題（例如經濟社會生活、人口流動、移散人群、政府機構和人員、軍事史、對外關係及駐澳外國機構史）未能覆蓋，很多檔案（法院檔案、民政檔案、中葡之外其他地方的相關檔案）尚待開發、整理、翻譯，甚至不少已經披露、出版的檔案和文獻也缺乏深入的勘比研究，要恢復澳門歷史全貌，還有很長的工作清單，有賴於史學界的共同努力。

不過，任何一個重大的歷史文化工程，從史料搜集、史觀磨合、資源籌集到人員徵募，都需要組織者勞心勞力推動、組織和協調。我們相信，在中國歷史研究院的指導、支持下，澳門史學界一定會齊心協力，配合中國歷史研究院澳門研究中心的工作，編撰好《澳門通史》，構建好澳門歷史的宏觀敘事，為澳門歷史研究、也為中國歷史研究貢獻力量。

（在「中國歷史研究院澳門歷史研究中心成立儀式暨首屆澳門史學論壇」上的發言）

2021 年 5 月 25 日

分享歷史研究的經驗與心得

澳門在西學東漸、東學西傳即中西文化雙向交流中的地位與作用，早已經得到國內外學界的高度認可；相關的研究成果，也汗牛充棟，其中不少是經典作品，歷久彌新。近年來，以澳門為中心而展開的學術研究，不僅培育了不少年輕學子，壯大了本土的歷史研究隊伍，還催生出很多新的佳作。由於學術視野的拓寬、多語種檔案文獻的系統開發、整理和綜合使用以及研究方法的講究特別是跨學科理論的應用，諸多長期爭議的重大問題逐漸得到了澄清，澳門史研究的深度、廣度和高度都取得明顯的進展。澳門歷史文化研究會十年如一日地默默耕耘，推動相關工作，功不可沒；在座各位學者長期關注、研究澳門歷史，更居功至偉。無論是作為歷史研究者還是澳門基金會的代表，本人都想藉此機會向澳門歷史文化研究會以及與會各位專家學者致以崇高的敬意和衷心的謝意。

歷史研究是一門非常專業的學問，因為學術規範要求日高，還有愈來愈專的趨向。在座各位都是不同領域的專家，本人不敢班門弄斧，談論具體學術課題，僅僅想利用這個難得機會，向各位請教一個小問題：如何分享歷史研究的經驗與心得？

以古鑒今，古為今用，是中國歷史研究的優良傳統。隨着學術研究成果的制度化和學術規範的日益加強——我不敢肯定，尤其對某些人文學科這是否最正確的方向，但依現行制度，是必須的要求——大家愈來愈發現，大量的考證、勘比、引用、註釋，不僅使得我們論文的可讀性明顯下降，甚至令人生畏，還令作者的觀點和思想湮沒其中，殊為可惜。歷史學家博古通今，研究過程中當不無見解，不無經驗，不無心得，而這些見解、經驗與心得，對當下和當今人應可有所啟迪。我們不能否認，當今史壇不時出現既符合嚴格學術規範又閃爍思想光芒且文筆優美、令人愛不釋手的佳作，然而，我們必須承認，這種情況並不多見。普遍而言，過度的學術規矩局限了學術思想的自由發揮，學術愈來愈成為小眾的圈子。專業論文和著作的讀者本來就非常有限，歷史見解和心得又埋沒在內文大量的材料中而難以發光，實在是史學者的無奈，相信在座諸位皆有同感。

多年前，我們一直呼籲重視澳門研究的學術規範，直至今日，仍認為此一努力非但不能放棄，還需進一步加強。但在歷史研究方面，一些論文和專著矯枉過正，似乎出現了過度或誤解規範化的傾向——過多的考證，超量的引用和不必要的註釋。這種現象，值得我們高度警醒和深刻反思，否則，史學的社會功能以及史學者的社會作用將受到嚴重影響。

在澳門歷史文化研究會的一次年會上，我提到澳門歷史話語權回歸及其重要性的問題。對新生的澳門特別行政區，重現歷史原貌，重構歷史敘述，重建價值主體，重塑文化形象，增加居民的歸屬感、自豪感、凝聚力及其家國情懷，促進社會和諧穩定，尤為重要。為此，澳門史學界作出了極大的貢獻。然而，這是未竟的事業，需要持之以恆開展下去，特別在青少年中加強歷史教育、區情教育和國情教育。在這個意義上，澳門史學界又肩負着一個新的使命，那就是向大眾宣揚普及歷史知識，分享研究的經驗與心得，增強市民、特別是年輕一代的歷史感和理性思考能力。

澳門學術界一向有服務社會的理想，澳門學者也一向以公共知識分子自居，因此，澳門史學界應該充分發揮其社會功能，深入淺出地寫作更多既實事求是又通俗易懂的文章和專著。一些學校、社團已經在這方面做了不少工作，取得了很好的成績，澳門基金會也推出一套《澳門知識叢書》，受到中學生和普羅大眾的歡迎。我們期待，各位學者更加關注和積極參與此一計劃或類似工作，為社會提供更多求是求真、簡明扼要的讀本，與更多人分享研究的經驗與心得。澳門基金會將一如既往，與諸位攜手合作，全力推動澳門歷史文化的研究和知識的普及，為培養青少年正確的歷史觀、為鞏固澳門歷史話語權、為進一步形成澳門的主流價值，使更多人感受到歷史的魅力並在歷史的觀照中尋找前行的方向而共同努力！

（在「『天主教傳華及中西文化交流史』國際學術研討會暨澳門歷史文化研討會第十四屆學術年會」上的發言）

2015 年 9 月 21 日

總結澳門歷史經驗，弘揚中華傳統文化

澳門數百年歷史演變留給我們兩份寶貴的精神財富：一是古今同在、中西並舉、「不同而和、和而不同」的文化經驗，二是族群和睦、守望相助、社區自理、融合發展的社會經驗。文化經驗是社會實踐的結果，社會實踐又是文化經驗的體現，但歸根結底，是中華文化傳統在澳門落地生根、傳承發展的寫照，真實展現出中華文化的自信心、融合能力、開放包容性和人本精神，值得我們認真總結，為新時代弘揚祖國文化傳統、構建民族命運共同體和人類命運共同體貢獻智慧和力量。

一

習近平主席 2013 年 8 月 19 日在全國宣傳思想工作會議上的講話中指出：「要講清楚每個國家和民族的歷史傳統、文化積澱、基本國情不同，其發展道路必然有着自己的特色；講清楚中華文化積澱着中華民族最深沉的精神追求，是中華民族生生不息、發展壯大的豐厚滋養；講清楚中華優秀傳統文化是中華民族的突出優勢，是我們最深厚的文化軟實力；講清楚中國特色社會主義植根於中華文化沃土、反映中國人民意願、適應中國和時代發展進步要求，有着深厚歷史淵源和廣泛現實基礎。」[1] 同年 11 月 26 日，他在山東曲阜孔子研究院

1 《習近平談治國理政》，外文出版社，2014 年，第 155 頁。

座談會上又重申了「四個講清楚」，並有所展開。

習近平主席 2014 年兩會期間參加貴州代表團審議時表示：「一個國家綜合實力最核心的還是文化軟實力，這事關精氣神的凝聚，我們要堅定理論自信、道路自信、制度自信，最根本的還要加一個文化自信。」2016 年 5 月 17 日，他在哲學社會科學工作座談會上又指出：「堅定中國特色社會主義道路自信、理論自信、制度自信，說到底是要堅定文化自信，文化自信是更基本、更深沉、更持久的力量。」[2]

由此可見，習近平主席對弘揚中華傳統文化、堅定文化自信的高度重視。事實上，「四個講清楚」闡述了理論自信、道路自信、制度自信和文化自信之間的內在聯繫，指出文化自信具有決定性的作用，文化是理論基礎、道路和制度選擇的淵源和原動力，也是中國實現「兩個一百年」目標的精神支柱、力量源泉和根本動力。

文化自信是一個民族對自身文化價值及其生命力的充分肯定和積極踐行，換言之，來源於有歷史積澱、創新能力和廣泛認同的社會文化實踐，要求一個文化體（或一個文明體系）具有對自我文化在認知和認同基礎上的傳承能力，具有對其他文化的包容、交流及融合發展的創新能力。文化自信也必然是在當下的社會文化實踐中，在政治、經濟、社會領域中廣泛體現並具有最普遍認同的文化存在現象。我們認為，澳門以其獨特的歷史演變和社會實踐，提供了一個值得認真探討的典型案例。

澳門回歸平穩順利、特區開局發展良好，特別是在維護國家安全和國家利益方面旗幟鮮明、立場堅定，為「一國兩制」的成功實踐樹立了榜樣。其中一個重要的原因，就是澳門具有深厚的文化底蘊，澳門人堅守中華文化傳統，始終如一地保持着濃厚的家國情懷，毫不掩飾地展現出民族的自豪感和文化的自信心。這種自豪感和自信心，深入骨髓，發自內心，自然表露，是普遍存在的文化現象。

澳門與祖國陸地相連，命運一體，澳門人展示民族自豪感和文化自信心是

2　習近平：《在哲學社會科學工作座談會上的講話》，新華社，2016 年 5 月 18 日。

應有之舉。但是，我們不要忘記，澳門在相當長時間裏受殖民統治。無論國勢興衰、無論殖民統治如何苛嚴，澳門華人能夠義無反顧、理直氣壯地保持自信和堅守立場，並非一件容易的事情。這樣的局面，也來之不易，是一代又一代忠貞的愛國主義者長期深入基層和民間傳播中華優秀傳統文化、傳承祖國文脈的結果。正是由於他們的默默耕耘，特別是有時還冒着風險甚至人身安危的奉獻，才牢牢堅守住澳門這塊陣地，才牢牢堅持住道路選擇，成就了今天澳門愛國愛澳的主流的價值觀、主導性的話語權和繁榮穩定的大局。他們付出的血汗及其擔當精神，令我們感到自豪，也令我們對鞏固愛國愛澳基礎並使愛國愛澳事業薪火相傳充滿信心。

黨的十九大報告指出：「文化是一個國家、一個民族的靈魂。文化興國運興，文化強民族強。」[3] 文化自信源自一個民族的真善美及其生活方式，是一個人的道德、修養和品行，體現在舉手投足之間，體現在民族國家存亡榮辱之際的忠誠與氣節，是信念、是骨氣、是擔當、是操守。澳門雖然長期受殖民統治並直接與西方世界來往，但依然保持着中華傳統文化的本真和中國人的錚錚鐵骨，並與西方文化和諧共處、交流融匯，就是因為凝聚了中華民族最根本的精氣神，有信仰、重情義、敢擔當、肯作為。

二

澳門之所以能保持如此之高的文化自信，一是背靠祖國，在長期歷史演變過程中，無論順境逆境，都堅持與中華民族同呼吸共命運，堅持以中華文化為滋養，使中華文化傳統得以世代延續。二是移民城市，來自天南海北的移民在日常生活中必須互相理解、包容，才能建立合作、信任關係，才能團結一致、互通有無、守望相助，才能生存發展。三是孤懸海外，後來雖受到形式上的殖民統治，但遠離了文化劇烈衝突的歷史背景，維持了相對自由的文化生長環

3　習近平：《決勝全面建成小康社會　奪取新時代中國特色社會主義偉大勝利——在中國共產黨第十九次全國代表大會上的報告》，新華社，2017 年 10 月 27 日。

境。偶有與西方文化的衝突，由於有祖國作為靠山，也能淡定自如、理直氣壯與之針鋒相對，最終找到和平的解決方案。四是小規模社會，人際關係非常密切，文化發展很接地氣，民間文化充滿了生活氣息，大眾文化生機勃勃。這種文化，以宗族、鄉族、宗教、行業、社區為主線，以社團為載體，以人為本，滲透到市民的日常生活中並代代相傳，逐步成為社會的內在特質和形態，成為社會文化建設的主要特徵，奠定了文化自信的社會基礎。

正是基於文化自信，澳門人在民族興盛之時不自以為是，在國家衰敗之際也不妄自菲薄，在急驟的歐風美雨中始終不亂方寸，在與西方交往中始終不卑不亢：自信而不自負，平等以待；驕傲而不傲慢，兼收並蓄；理直氣壯而不自私自利，不同而和；旗幟鮮明而不排壓異己，和而不同。互相對話、互相理解、互相包容、互相尊重、互相信任、互相合作，澳門恰如其分地扮演着東西文化交流的角色，在西學東漸、中學西傳中發揮了舉足輕重的作用，從而形成當今澳門古今同在、中西並舉、禮俗並重的壯麗文明風景線，形成今天澳門不同民族、不同文化、不同宗教、不同信仰之間和睦相處、守望相助、共生共榮、共贏共享的社會形態，為實施「一國兩制」的方針提供了肥沃的土壤，為構建人類命運共同體樹立了一個活生生的典範。

正是基於文化自信，澳門特別行政區成立後，政府和社會各界深刻認識到這道壯麗文明風景線和這種獨特社會形態的意義、價值和作用，在充分照顧其他族群文化和利益的情況下，不僅投入資源，還制訂法律——2006 年通過的《非高等教育制度綱要法》中明確提出「愛國愛澳」為所有教育階段的教育總目標，並在 2017 年設置以傳播、弘揚中華歷史文化為宗旨的「歷史文化工作委員會」，鼓勵所有學校升國旗，學校和社團活動奏唱國歌，有組織、有計劃、有系統地在學校和社會大力傳播和弘揚中華歷史文化，大力挖掘和研究澳門地區歷史文化，講好中國故事，講好澳門故事，強調澳門與祖國同呼吸、共命運的血肉關係，鼓勵青少年了解民族文化和國家發展，培養青少年正確的民族觀念和國家觀念，認識我們「從哪裏來、現在哪裏、往哪裏去」這個至關重要的問題，增強其家國情懷。

了解和敬畏自己國家的歷史，認識和熱愛自己民族的文化，是愛國主義教育的基礎，也是愛國愛澳的基本要求，正如行政長官崔世安 2017 年與歷史文化工作委員會舉行工作會議時所指出的，傳播和弘揚中國歷史文化，是國家賦予澳門的使命。

在此一使命的感召下，我們廣泛團結凝聚文化學術界的力量，攜手國家文化部開展《十部文藝集成志書・澳門卷》出版項目，深度挖掘民族文化中的澳門基因；組織參與了中央文史研究館的《中國地域文化通覽・澳門卷》和中國大百科全書出版社的地方百科叢書《澳門百科全書》的編撰，回歸中華文化的大家庭；系統整理出版了澳門的檔案文獻，編撰出版了《明清時期澳門問題檔案文獻匯編》、《澳門編年史》、《澳門史新編》等著作，着力推動編寫《澳門基本法》教材和中學歷史教材，籌劃「澳門記憶」工程，積極構建澳門學，支持舉辦中國文化常識達標工程考試，還培養了一批又一批歷史文化大使和《澳門基本法》青年推廣大使，以他們獨有的方式方法，傳播弘揚歷史文化和推廣《澳門基本法》，牢牢把握澳門歷史話語權和政治話語權。同時，政府通過社團組織「千人計劃」、「航天科普交流活動」、「青年大學生內地學習實踐計劃」、「國家文博機構實習計劃」、「愛我中華」、「國防教育營」、「京港澳學生交流夏令營」、「優異生內地參訪團」等，持之以恆地組織成千上萬的青年學生到內地參觀、訪問、研修，參悟博大精深的傳統文化，了解國家日新月異的進步，增強其文化自信心和國家發展的融入感。

澳門融合發展、多元一體的地域文化，是中華文化傳統融合能力、傳承能力和創新發展能力在澳門的生動社會實踐，是澳門開放包容、共生共榮的核心價值，也是構建中華民族共同體和人類命運共同體的核心價值。澳門政府和社會各界的前述工作，都是為鞏固核心價值的社會實踐。新時代下，如何弘揚澳門的核心價值，為國家建設、民族復興、世界和平做出貢獻，是擺在我們面前的歷史任務。

三

習近平主席 2014 年 3 月 27 日在聯合國教科文組織總部演講時指出：「我

們應該推動不同文明相互尊重、和諧共處，讓文明交流互鑒成為增進各國人民友誼的橋樑、推動人類社會進步的動力、維護世界和平的紐帶。我們應該從不同文明中尋求智慧、汲取營養，為人們提供精神支撐和心靈慰藉，攜手解決人類共同面臨的各種挑戰。」[4]

2017 年 1 月 18 日，習近平主席在聯合國日內瓦總部的主旨演講中進一步倡議：「讓和平的薪火代代相傳，讓發展的動力源源不斷，讓文明的光芒熠熠生輝，是各國人民的期待，也是我們這一代政治家應有的擔當。中國方案是：構建人類命運共同體，實現共贏共用。」[5]

習近平主席 2017 年 6 月 29 日在香港出席《興建香港故宮文化博物館合作協議》簽署儀式時對香港提出要求：「希望香港弘揚中華優秀傳統文化，發揮中西文化交流平台的作用，推動同內地的文化交流合作。」這一講話，同樣適用於澳門，而澳門作為南中國最早對外開放的城市，在「尊重世界文明多樣性，以文明交流超越文明隔閡、文明互鑒超越文明衝突、文明共存超越文明優越」[6] 方面積累了豐富的經驗並樹立了典範，更應該義不容辭地承擔起這一歷史重任。

回歸近 19 年來，我們在弘揚中華傳統文化、推動同內地的文化交流合作方面已經做了大量的工作，奠定了良好的基礎。澳門是近代中西文化交流最重要的橋樑之一，是西學東漸、中學西傳的重要通道，為增進中國與世界的了解作出過重要的貢獻，並以其獨特的對話、溝通能力形成了自己的話語體系，在推動中西文化交流方面同樣可以發揮重要的作用。

在新時代，我們配合國家「一帶一路」倡議，利用澳門的歷史經驗，發揮澳門的傳統優勢，推動澳門全方位與其他國家和地區，特別是葡語以及東南亞國家和地區，展開多形式、多層次的交流合作，尤其是文化、教育、體育領域

4 《習近平談治國理政》，外文出版社，2014 年，第 262 頁。
5 《習近平主席在出席世界經濟論壇 2017 年年會和訪問聯合國日內瓦總部時的演講》，人民出版社，2017 年，第 21-22 頁。
6 習近平：《決勝全面建成小康社會　奪取新時代中國特色社會主義偉大勝利——在中國共產黨第十九次全國代表大會上的報告》，新華社，2017 年 10 月 27 日。

的合作，例如發放「一帶一路」獎學金，舉辦展覽、演出，組織學術研究課題和研討會，鼓勵與沿線國家的雙向交流，促進人心相通，致力於將澳門打造成為對外文化交流的平台以及中國與葡語國家合作的平台。

在粵港澳合作框架中，澳門的分工是打造「一中心、一平台、一基地」。「一中心」是指世界旅遊休閒中心，「一平台」是指中國與葡語國家商貿合作服務平台，「一基地」是指「以中華文化為主流、多元文化共存」的交流合作基地。我們認為，這種定位是符合澳門歷史發展規律和現實狀況的。「基地」是「中心」與「平台」概念的延伸、發展與深化，三者存在相輔相成、互相促進的關係。「中心」和「平台」的建設已經提出多年，且成效初現，只要持之以恆深化，前景秀麗；而「基地」的建設，是近年倡議的，有待深入討論並形成共識。

澳門是中國的一個特別行政區，其本質特徵是中國的，是以「中華文化為主流」的，要成功打造世界旅遊休閒中心，還需要增加「世界性」。而中國與葡語國家的合作是澳門的傳統優勢，也是增強「世界性」的一條重要路徑。如果能夠進一步擴展，挖掘和利用澳門歷史的深層價值，將澳門建設成為「中西文化交流合作」的基地，無疑可以大大強化其「世界性」元素。

建設「以中華文化為主流、多元文化共存」的交流合作基地，是一項長期而艱巨的任務，需要循三個方面開展工作：

首先，堅定文化自信，大力傳播和弘揚中華優秀傳統文化，大力挖掘、整理澳門的歷史底蘊和文化基因，鞏固和強化澳門的「中國性」元素。

其次，強調中華文化的開放性與包容性，海納百川，積極、主動吸收其他國家和民族的文化元素，擴大並彰顯澳門的「世界性」形態。

最後，發揮澳門善於對話、易於溝通的功能，兼收並蓄，在「中國性」與「世界性」之間搭建一座通暢的交流合作橋樑，推動中國與世界的深層次文化交往並促進彼此的思想交流和理解，減少兩者之間的誤讀、誤解和誤會。

數百年歷史發展告訴我們，澳門是中華文化傳統基因保存最好、延續性最強的一座城市，也是最充分、最持久展示中華文化開放性和包容性的一座城市，並且充分展現出了融合中西文化對話、溝通的技巧和能力，積累了相當豐富的經驗。我們相信，澳門這種傳統的價值、優勢和作用，如果得以深入系統挖掘、整理、傳播並發揮、釋放出來，無論對澳門特別行政區的「中心」、「平台」和「基地」打造及其可持續發展，還是對中華民族共同體和人類命運共同體的構建，都可提供一個有效的模式，具有不可忽視的借鑒意義。

四　結語

澳門歷史是中國歷史的一個真實縮影，飽經滄桑。澳門在歷史發展過程中，堅守中華文化傳統，愛國愛澳已經成為社會主流價值；與西方文化朝夕相處，積累了豐富的對話、溝通經驗並形成了獨特的話語體系；回歸後「一國兩制」的成功實踐，也充分證明不同文明、不同制度是可以共存共生和共榮共贏的。

總結歷史經驗，挖掘文化價值，弘揚優秀傳統，是為了更好地面對未來、創造未來。澳門「和而不同、不同而和」的社會實踐和文化經驗，不僅是特別行政區可持續發展的寶貴財富，還可以在建設中華民族共同體以及中國進入世界舞台中央的進程中扮演一個積極的角色，也為當今充滿爭端和衝突的世界提供了一條可行的發展路徑，貢獻我們中國人的智慧和力量。

（《澳門日報》E6 版「蓮花廣場」）

2018 年 9 月 19 日

文化強澳，文化強國

中華文明 5000 年綿延不斷，一直屹立於世界之林；中國在過去四十多年改革開放中，短時間內取得舉世矚目的成就，實現了第一個百年目標，令世人驚嘆不已。這必定有一種精神的力量，有其思想的源泉。面對百年不遇之大變局，我們更需要這種長盛不衰的精神力量的鼓舞，更需要從源遠流長的傳統思想中尋找智慧。也只有回歸傳統，回歸文化，才能堅定我們的信念和信心，才能適應世局的風雲變幻，迎接前所未有的挑戰，實現第二個百年目標。

習近平總書記今年 6 月 2 日在文化傳承發展座談會上深刻指出，中華優秀傳統文化有很多重要元素，共同塑造出中華文明的突出特性——連續性、創新性、統一性、包容性、和平性。這些特性，是中華民族歷盡興衰和艱苦磨難探索出來的，必然也是中華民族偉大復興的基因和密碼。他早在 2013 年就指出：「一個國家、一個民族的強盛，總是以文化興盛為支撐的，中華民族的偉大復興需要以中華文化發展繁榮為條件」。

澳門是中華文化近代發展的一個縮影，也精彩演繹了中華優秀傳統文化的特性。作為中國最早對外開放的一個港口城市，澳門向來與祖國同呼吸、共命運，是中華傳統文化的忠誠繼承者和堅定守護者，又是中國最早最持久與西方文化交往交鋒交流的前沿陣地。在長期的歷史演變中，不同民族、不同文化、不同宗教、不同信仰在澳門共存共生共榮，形成了中西並舉、古今同在、不同而和、和而不同的城市特性，塑造了各美其美、美美與共、你中有我、我中有你的城市精神，不僅創新性地豐富了中華文化的內涵和外延，構築了西學東漸、東學西傳的橋樑，還成為了人類文明交流互鑒、兼容並蓄的典範。

澳門回歸祖國後，實行「一國兩制」，並取得了有目共睹的成功。「一國兩制」是處理國與國之間歷史遺留下來的問題的最佳方案，也是保持澳門和香港兩個特區長期穩定繁榮的最佳安排，更是中國傳統智慧對人類文明進步的一大貢獻。「一國兩制」本身，是人類政治發展和國家治理模式的偉大創舉，已經成為人類文明進步的一種新形態。「對歷史最好的繼承，就是創造新的歷史；對人類文明最大的禮敬，就是創造人類文明新形態。」澳門成功實踐「一國兩制」，以實際行動響應了習近平總書記在文化傳承發展座談會上的號召。

習近平總書記強調，「評價一種制度、一種力量是進步還是反動，重要的一點是看它對待歷史、文化的態度」。回顧澳門的發展歷程，獨特的政治、經濟和社會結構，都與文化以及我們對歷史文化的態度息息相關，都以文化作為穩定器和深層基礎。我們有充分的理由相信，旗幟鮮明、立場堅定地守護傳承中華傳統文化，創造性地充分展現中華文化的突出特性，是澳門在歷史長河中屹立不倒的看家法寶，深厚的歷史文化底蘊是澳門生存發展的基本條件，也是我們最大最寶貴的財富。在融入國家發展大局、參與大灣區建設的過程中，我們都說：「國家所需、澳門所長」，毫無疑問，澳門在國家發展戰略中最有價值、最能貢獻力量的也是文化。以文化強澳並以文化強澳參與文化強國，應該成為我們未來的中心任務。

習近平總書記指出，港澳是中華民族偉大復興的重要組成部分，實現中國式現代化離不開港澳的長期繁榮穩定。在以中國式現代化實現中華民族偉大復興的進程中，隨着經濟和科技實力的不斷增強以及國際競爭的加劇，不可避免會遇到愈來愈多、愈來愈大的困難和挑戰。其中一個重大挑戰，就是西方世界對中國價值、中國理念和中國發展的不了解、不理解甚至故意誤讀、曲解、抹黑、圍堵。如何將中華文化鮮明特性和價值追求延展至世界維度，實現中外話語體系在價值觀念上的開創性對接，港澳義不容辭，責無旁貸，也可以利用特殊的地位，發揮特殊的作用。事實上，港澳對外文化交流的經驗，形成了中外都容易理解接受的獨特話語體系，也建立了廣泛的對外聯繫網絡。

這是港澳的特殊優勢，也是國家賦予港澳特區的光榮使命。在《粵港澳大灣區規劃發展綱要》中，港澳分別定位為中外文藝交流中心和以中華文化為主流、多元文化共存交流合作的基地。澳門在中外文化交流中曾經做出了不可替代的獨特貢獻，也在國際上享有公認的地位，中外文化交流是澳門的傳統功能，我們有條件、有意願、有經驗、有能力也有網絡去肩負國家賦予的光榮使命，全力以赴傳承發展文化，促進國際人文交流，將澳門打造成為中國對外傳播的重要平台，講好澳門故事，講好中國故事，提高中國的軟實力和國際影響力。

正是在這個意義上，我們在澳門文化界聯合總會成立之際，舉辦學習領會習近平總書記在文化傳承發展座談會上的講話精神。期待各位學有所得，學以致用，齊心協力夯實澳門文化的基礎，推動澳門文化的更大發展，促進中國的國際人文交流，特別是與葡語國家的交流合作，使澳門文化在國家發展戰略中扮演更加積極、更加關鍵的角色。澳門文化能夠薪火相傳，是文化界前輩默默耕耘的結果；澳門文化今天的繁榮局面，有在座每一位的功勞；澳門文化未來的發展，也有賴於大家的繼續努力。澳門文化界聯合總會將是團結、凝聚澳門文化界力量和智慧、服務澳門文化界人士的一個平台，也是澳門文化界參與文化強國、文化強澳的一個平台，我們期待也相信，在座每一位都會關心、支持和積極參與其中。

（在「澳門文化界學習習近平總書記在文化傳承發展座談會上的重要講話精神研討會」上的發言）

2023 年 8 月 20 日

澳門在促進國際人文交流中的角色

國際人文交流有助於促進不同人民之間的相互了解，減少之間的誤讀，為國家之間的關係發展創造良好條件。澳門作為中國最早對外開放的城市之一，擁有深厚的歷史文化底蘊，也積累了與西方交流的經驗和方法，並且構建了良好的平台和機制，只要我們對此有足夠的認識並採取適當的措施，可以再次弘揚澳門的歷史功能，為當今中國的國際人文交流擔當重要的角色。

近年來，人文交流在全球興起，並日益成為中國特色對外交往的重要組成部分。與傳統的文化外交作為「一國對外政策的單向活動」不同，人文交流是目標長遠的雙向進程。從長遠來看，人文國際交流通過細密而複雜的社會交往網絡，有助於促進不同國家人民之間的相互了解，減少國家之間的錯誤知覺，為國家之間發展良好關係奠基，成為國家之間良性互動的象徵和助力，促進國家之間友好交往，塑造國家的人文形象。[1]

2013 年，習近平總書記先後提出構建「絲綢之路經濟帶」和打造「21 世紀海上絲綢之路」的倡議。這一倡議順應了和平與發展的時代潮流，得到了沿線國家的積極響應和廣泛支持，也為中國與沿線國家的人文交流提供了巨大的想像空間。澳門一直是「海上絲綢之路」中的重要節點，也是大航海時代東方的一個重要港口城市。在積極融入國家發展大局、助力參與「一帶一路」建設

1　俞沂暄：《人文交流與新時代中國對外關係發展——兼與文化外交的比較分析》，《外交評論》（外交學院學報），2019 年第 5 期，第 34-53 頁。

的過程中，澳門可以充分利用自身優勢，在中西人文交流方面發揮獨特作用。

一、澳門傳統角色的再認識

澳門自 16 世紀中期開埠以來，在促進國際經貿往來和中西文化交流方面一直扮演着舉足輕重的角色。這種角色和作用已經是史學界的共識，一方面，促進了東西方貿易的往來，推動了早期的貿易全球化；另一方面，更為重要的是，在促進中西文化交流和不同民族之間的互相了解方面，澳門是眾多中國城市中發揮作用最大、最持久的一個城市。

澳門歷史發展的獨特性，至今還能看到她的軌迹，對澳門的城市發展產生了深遠的影響，也留下了深刻的烙印：中西並舉，古今同在，「不同而和、和而不同」。中國人看澳門，感覺像歐陸城市；西方人看澳門，雖然是中國城市，也覺得很親切，很容易融入。

澳門歷史城區在 2005 年被聯合國教科文組織評為世界文化遺產，不僅是因為澳門建築的歷史性價值或者藝術性價值，更多是因為澳門在不同民族、不同文化和不同信仰交集交往中形成的模式和產生的精神價值。這種價值，就是中國傳統文化所推崇的「不同而和、和而不同」。這種價值，也是緩和當今世界價值兩極化的必由路徑。它是澳門歷史演變的結果，也深深在澳門社會扎根，並且為世界所接受和認同。我們一直認為，這是澳門存在的最大價值，也是澳門的核心價值所在，特別在國家新時代的改革開放中可以成為澳門參與國家發展戰略的最大獨特優勢。

事實上，習近平主席在接見港澳各界人士慶祝改革開放 40 周年代表團時，對港澳特區提出的四點希望也充分肯定了這一點。澳門特區不僅要更加積極主動助力國家全面開放、融入國家發展大局、參與國家治理實踐，還要更加積極主動促進國際人文交流。[2] 對前面三點，我們有比較深刻、感性的認識，

2 《習近平會見香港澳門各界慶祝國家改革開放 40 周年訪問團時的講話》，《人民日報》，2018 年 11 月 13 日。

對於第四點——促進國際人文交流，我們的認識還不夠，而這一點，正是對澳門歷史發展形成的獨特優勢的最大利用，也是新時代國家改革開放最重要的任務之一，即如何讓世界更加客觀理性地認識中國，認同當今中國的發展並接受中華民族的崛起。因此，可以視作為對澳門既有的中西人文交流優勢傳統與經驗的再認識，也是對澳門傳統作用的再定位。

二、澳門扮演新時代促進國際人文交流角色的良好條件

有人可能會問，澳門是否具有扮演新時代促進國際人文交流角色的條件？我認為，澳門完全具備相應的條件，可以為促進國際人文交流發揮獨特重要的作用。

首先，澳門具有深厚的歷史積澱和深厚的文化底蘊。澳門既完整保存了中華傳統文化的基因，又積累了與西方文化交流的經驗。與此同時，澳門社會並未高度政治化，具備和諧穩定的政治基礎和社會環境來開展國際人文交流工作。可以說，自古以來，澳門深受嶺南文化的影響，且在相當一段時間內受到葡萄牙人的治理，遠離政治權力中心，沒有受太多的政治運動和天災人禍的影響，所以，對中國傳統文化的基因保存得非常完好。然而，澳門也是一個移民社會，來自不同國家與地區的居民構成澳門社會人口的基礎，不同地區的居民帶來不同的文化，使得中西方文化可以在澳門自然地進行交流。

其次，澳門作為中國最早對外開放的港口城市之一，長期與西方的交流交往，積累了一定的經驗和方法，並且形成了自己的話語體系。換一句話說，澳門知道怎麼樣來展示、推介自己的文化，知道怎麼樣看待和接受其他的文化，在傳播自己文化的時候使用的語言與方式更容易讓對方明白和理解。西方也一直把澳門作為傳播其文化的一個基地和了解中國文化的一扇窗戶。對於中國文化，不僅不抗拒認識，還樂意接受。

第三，澳門已構建了現成的平台與機制。2003 年 10 月，中國——葡語國家經貿合作論壇（澳門）在澳門創立，論壇由中華人民共和國商務部發起並主辦，八個葡語國家共同參與，旨在發揮澳門聯繫中國與葡語國家的平台作用。除了加強中國與葡語國家之間的經貿交流之外，該平台每年都要舉辦形式多樣

的文化交流以及教育培訓活動。經過十多年的努力，中葡論壇開創了多國政府間合作的新模式，充分發揮澳門聯繫中國與葡語國家的平台作用，顯著提升了中國與葡語國家的合作水平。[3]

第四，一些領域的人文交流成效初彰。中醫學是中國的四大國粹之一，中醫藥產業是促進澳門經濟適度多元發展的重要產業之一。目前，作為中國文化的重要載體，澳門已成功地與非洲及歐洲國家在中醫藥方面建立了合作關係。設在橫琴的粵澳合作中醫藥科技產業園每年都組織內地和澳門中醫師遠赴莫桑比克進行中醫交流，培訓當地醫生、理療師和藥劑師，並將中醫藥合作的經驗和模式輻射到莫桑比克周邊的其他非洲葡語國家。在歐洲，澳門已與葡萄牙食畜總局、西班牙歐洲中醫基金會等政府機構建立合作網絡，促進中醫藥產品在葡語國家和歐盟國家的普及應用。[4]

第五，澳門居民的家國情懷與平等交往的態度。一直以來，澳門居民心懷家國，與祖國共呼吸、同命運，長期生活在兩種文化的影響之下，一方面守護、傳播和弘揚中華傳統文化，對中華傳統文化具有強烈的認同感、歸屬感與自豪感；另一方面，又能敞開胸懷接受西方的思想和文化，使中華文化展現出巨大的開放性和包容性。在接受西方文化的時候，也非常的自然、自信，沒有崇洋的心態，沒有媚外的舉止，一直以平等的態度來與西方文化交流。

因此，澳門具備了承擔國際文化交流角色的條件。以澳門為基地將中國文化傳播到海外，將西方文化經過消化之後再轉向內地的城市，在這方面，澳門無疑具有地理優勢與人文條件，澳門完全可以再次擔負起中學西傳、西學東漸的重要傳統角色。

不僅如此，這些年來，在澳門歷史文化的梳理和研究方面，均取得了相當的成果，並形成了一個相對完整的國際學術網絡。中西學術合作，共同對澳門歷史和文化進行全面、系統的研究，在很多問題上達成了共識。換言之，中西

---

3 郭鑫：《〈中國——葡語國家經貿合作論壇成立 15 周年成效與展望第三方評估〉報告發佈》，《人民日報海外版》，2020 年 10 月 23 日。

4 《澳門中醫藥產業火了：走向全球激活創科》，《人民日報海外版》，2020 年 1 月 18 日第 4 版，參見 http://paper.people.com.cn/rmrbhwb/html/2020-01/18/content_1967598.htm。

學術界對澳門的歷史文化研究有了共同的學術思想基礎，而這一基礎，是促進國際人文交流的關鍵因素。

在《粵港澳大灣區發展規劃綱要》中，澳門的定位是「一中心、一平台、一基地」。「一中心」就是世界旅遊休閒中心，「一平台」是中國與葡語國家商貿合作服務平台，「一基地」就是以中華文化為主流、多元文化共存的交流合作基地。該規劃框架對澳門的定位是基於澳門的歷史與現實而作出，可以相信，澳門完全可以發揮特殊的作用，為促進中國的國際人文交流貢獻力量。

三、澳門如何發揮促進國際人文交流的作用

澳門在促進中外人文交流過程中，既有獨特的優勢，又有歷史經驗，可以在人文交流內容、形式、工作機制等方面積極謀劃，將人文交流與合作理念融入對外交往各個領域，促進「一帶一路」建設中文化差異的跨越。

第一，從國家戰略高度進行謀劃與設計。高度重視澳門在國際人文交流中的作用，可以將其上升到國家發展戰略的高度，進行統籌規劃、共同推進。在國家對外文化交流戰略框架中，確立澳門的定位，使澳門成為國家對外人文交流的重要組成部分。同時，在國家規劃的框架下，特區政府應該制訂相應的政策、設立可行的機制、投入更多的資源，在人才培養、教育文化項目合作等方面有更加積極的舉措。

第二，充分立足於現有基礎與澳門特色。作為中國參與國際人文交流的橋樑與平台，實際上，澳門長期扮演了重要角色，也有相當的基礎，澳門可以充分利用現有優勢促進國際人文交流。

首先，可以發揮平台優勢，辦好中葡論壇。中葡論壇經過 17 年的發展，已經形成了良好的基礎，合作領域從經貿擴展到社會文化、法律、人才交流、教育等多個領域。可以進一步將中葡論壇發展成為一個包含參與國社會各個層面的發展合作平台，加深參與國對中葡論壇的合作忠誠度與參與度，形成良好的合作傳統。

其次，着力宣傳特色文化。特色文化是開展人文交流的重要載體，習近平

總書記指出:「加強中外人文交流,以我為主、兼收並蓄。推進國際傳播能力建設,講好中國故事,展現真實、立體、全面的中國,提高國家文化軟實力。」[5] 澳門的文化極富特色,不僅僅包括「不同而和、和而不同」的城市精神,中醫藥產業、美食也形成了獨特的品牌。2017 年,澳門被聯合國教科文組織評為「創意城市美食之都」,而經過多年的發展,澳門中醫藥產業的影響力已逐漸擴展至歐洲及非洲。特區政府可以在此類文化資源的保護、傳承、推廣等方面投入更多資源,使其形成更強的傳播力。

第三,豐富人文交流形式。首先,要搭建促進中外雙向人文交流的平台,可以充分利用澳門建設世界旅遊休閒中心的機遇,把澳門打造成世界頂級的旅遊目的地,讓來自不同國家的人們共享澳門的娛樂與美景、開放與包容,共同體驗中華文化的獨特魅力。其次,要豐富文化交流合作的內涵與形式。文化交流合作除旅遊、會展、教育、體育、音樂、藝術等傳統領域的交流外,還可以拓展文藝展演、新聞出版、影視交流、文物博覽、科學技術、學術往來、知識產權保護等文化交流合作新領域,搭建新的交流合作平台,創新交流合作的形式,從而加強國際人文交流,引導國際社會客觀理性看待中國發展,向世界展示真實、立體、全面的中國。充分發揮澳門中西文化交流紐帶作用,傳播中華優秀文化,講好當代中國故事,講好「一國兩制」成功實踐的澳門故事。

第四,結合自身優勢,重點對接優勢區域。在全球化背景下,一個大國需要全方位地與世界各國保持密切聯繫,通常按照國內不同地區的歷史文化背景和國際聯繫方位,構造定向聯繫不同國家、不同城市、不同文明的跨文化國際交流平台。美國的紐約、洛杉磯、邁阿密分別是通向歐洲、亞洲、拉丁美洲的門戶,俄羅斯則以聖彼得堡和海參崴為聯繫歐、亞兩大洲的樞紐。[6] 同樣,中國的澳門具有國際聯繫廣泛的特點,尤其是與葡萄語國家以及東南亞國家,這兩個區域是澳門可以重點對接的區域。澳門與葡語國家有着深厚的歷史關係,而葡語國家相對來說,也比其他國家更加樂意跟中國交往、更加容易接受中國傳

5 習近平:《決勝全面建成小康社會,奪取新時代中國特色社會主義偉大勝利——在中國共產黨第十九次全國代表大會上的報告》(單行本),北京:人民出版社,2017 年。

6 汪海:《澳門:全球化時代中國的跨文化國際交流平台》,《行政》,2006 年第 4 期。

統文化。所以，在推動澳門作為中國與葡語國家合作平台的過程中，不僅僅要注重經貿關係，更要重視文化交流。

第五，健全全社會廣泛參與的體制及機制。[7] 人文交流的核心在於從根本上促進民心相通，這就需要全方位、深層次、多渠道來加強溝通和交流，需要廣泛動員廣大人民群眾的力量參與。澳門有非常發達的民間社會，不僅華人社團眾多，其他族群的社團在澳門也為數不少，以葡語社群為例，在澳門，就有澳門安哥拉風土及友人協會，中澳聖多美和普林西比友人聯誼會，澳門佛得角友好協會，幾內亞比紹本土人及友人聯合會，果阿、達曼和第烏文化協進會等。[8] 在國際人文交流中，除了政府推動的對外文化交流外，澳門特區政府還可以利用對社團資助的機會，引導這些社團積極開展與國際人文交流相關的活動，從而促進「官民並舉、多方參與」格局的形成。

當然，深度挖掘澳門歷史文化的內涵和價值，努力構建好「澳門學」，發掘澳門學所具有的中外文化交流的歷史內涵，使之成為凝聚各國學者進行深度合作研究的學科領域，並進而探索未來中西文化更好交流合作的路徑和方法。

總之，在當今國際人文交流在全球興起的時代，作為中國特別行政區的澳門，可以充分利用其積累的中西文化交流的經驗與優勢，運用自身具備的條件，通過深化現有的交流平台建設，健全政府與民間全方位的參與機制，重點對接葡語國家與東南亞國家及地區，拓展交流內涵，豐富交流形式，促進中華文化的對外傳播，講好中國故事及「一國兩制」在澳門成功實踐的故事，積極承擔起促進中西文化交流、助力國家「一帶一路」發展戰略的角色。

（在清華大學「港澳會講——港澳在國家新時代改革開放中獨特優勢」上的主旨發言）

2020 年 12 月 11 日

7 中共中央辦公廳 國務院辦公廳：《關於加強和改進中外人文交流工作的若干意見》，新華網：http://www.xinhuanet.com/2017-12/21/c_1122148432.htm。

8 于會春：《中國與葡語國家文化交流中的澳門平台作用》，見「第三屆國際現代管理、教育技術和社會科學」國際學術會議，2018 年 9 月 28 日，廣東珠海。

我們的李松大哥

早上打開電話，就看到李松大哥突然離開我們的噩耗，腦海一片空白。呆坐了好一會，才定下神來，回想過去十幾年來他為《十部文藝集成志書·澳門卷》嘔心瀝血上下奔走的情景，眼淚不禁流了下來。認識李松大哥完全是工作上的關係。他擔任文化部（今文化和旅遊部）中國民族民間文藝發展中心主任期間，每年都與澳門市政署（民政總署）合作，春節期間在盧廉若公園舉辦不同省市的民俗展，傳播中國的節慶文化。有一次，他帶隊來基金會交流，相談甚歡。在交談中，他介紹《十部文藝集成志書》是 1979 年開始的普查、收集、整理當地民族民間文化資源的重大文化建設工程，各省市大致已經完成，港澳台卷雖然已經列入計劃，但至今未能開展，甚為可惜。

目前，香港特區政府方面已經開始籌備香港卷的編撰工作，詢問澳門基金會是否可以承擔起責任，牽頭澳門卷的編撰工作，而審稿、出版工作統一由文化部負責。他還表示，內地各省市的《十部文藝集成志書》共 298 卷 400 冊，2009 年 10 月份能夠全部出版，屆時將贈送一套給澳門特區，作為澳門回歸祖國 10 周年的賀禮。澳門雖然擁有豐富的歷史文化底蘊，在保存傳統文化基因方面相對完整，史料檔案文獻的整理也頗有成效，但民族民間文化許多是口傳的，沒有記錄或記錄不完整，而我們又缺乏大型文化資源普查的經驗，也缺乏這方面的人才，對開展這項工作還是頗有顧慮的。在他的多次催促和鼓勵下，2009 年 3 月 16 日，雙方在北京舉行工作會議，對《十部文藝集成志書·澳門卷》進行了認真而深入的討論，並達成了幾項共識：

一、《十部文藝集成志書》是國家重大科研項目，澳門卷的編纂是其中一個組成部分，不僅僅是完成國家重大項目的需要，對摸清澳門民族民間文化基礎資源、培養和鍛煉澳門的文化藝術人才也具有十分重要而深遠的意義，有助於澳門的文化建設。

二、澳門卷的編輯工作必須在特區政府的領導下進行，成果需要得到特區政府的認可，並且代表澳門的研究水平。中心建議由澳門基金會負責組織澳門卷的編撰，在資金方面提供保障，確保工作順利進行。澳門卷的編撰出版，包括資源普查、資料收集、整理、編纂、審定、出版等一系列工作，要力爭在三年左右時間完成。文化部及相關部委將全力支援推動澳門開展這項工作，民族民間文藝發展中心將全力做好前期的聯絡、溝通以及編纂後期的審定、出版等工作。

三、要確保澳門卷的編輯和出版品質。加強內地與澳門的合作，推動澳門卷的工作。由於澳門本地缺乏編輯「集成」有經驗的專業人員，在工作推進上存在一定困難，因此，建議在澳門有關方面的主持下，邀請內地、特別是廣東地區熟悉澳門民族民間文化的專家學者承擔部分相關工作。

四、建議澳門方面和文化部相關部門盡快就澳門卷有關工作的計劃和安排形成正式檔案，報請有關主管部門審批，以確保澳門卷相關工作開展的正當性和合理性。同時，基於澳門卷編輯工作的特殊性，建議由文化部和澳門雙方就澳門卷編輯出版的相關事宜達成協議，以明確雙方工作的職責等問題。

完成一系列程序之後，2010 年我們將此計劃與特區政府文化局溝通，希望與文化局共同開展這一工作。吳衛鳴局長表示文化局將全力給予支持，但無法參與具體工作，希望基金會承擔此一責任。為此，基金會着手聯繫組織相關的專家學者，成立一個團隊就立項一部，展開相關工作。就這樣，也用了將近三年的時間才完全將十部的工作團隊建立起來。雖然我們對困難有了充分的預期，中心也給了許多專業的指導和協助，包括組織工作團隊去參訪學習，接受培訓，但工作的難度和進度還是出乎我們意料之外。每部的資料收集和整理、編撰以及因澳門特殊情況在體例上的突破，尤其是土生葡人民間文化的收編，李松大哥都帶領專家團隊幾乎手把手地指導我們，尋找解決方案，初審、中審和終審會議上作者和審稿者的針鋒相對的討論、爭論和爭議，更是我們學習的過程。令人感動和敬佩的是，我們從來沒有遇見過像他這樣的領導傾心傾力、全情投入的，也極少看見像他這樣對所有問題都有相當了解並耐心講解的。他在參與澳門卷的編輯工作中，對澳門文化亦有了更深入的了解，並且對澳門文化的發展及其在國家文化建設中的意義有許多深入的思考，特別是對澳門記憶工程和澳門學的建設提出了很多真知灼見。和他長時間的對話交流，也令我們獲益匪淺，對澳門文化有了新的、更加系統的認識。

正如澳門卷其中一部的負責人沈秉和先生看到我們悼念李松大哥的訃告之後所感言：「李松先生的話固然是擲地有聲，但亦令人有壯士一去兮不復還的悲慨！從這篇悼念文中的引述，我才最終認識到從 2012 年他領導組織澳門卷直至前幾年退休，這全過程中他的付出並不只是對一項工作的『負責』。他的每次發言、建議都透出一種韌如青松的信念，浸透着一以貫之、無法捨棄的對中華民族文化的熱愛。對澳門這個基本上沒有戲曲原始資料積累的地區，對我們這個只有熱情而完全無修史經驗的團隊，他引導、辨析、包容、給辦法、定規範，不厭其煩地介紹其他省區的治史經驗，以其獨具性格的清醒冷靜和深隱其中的沸騰熱血，和其他內地專家齊心合力，年復一年地帶領我們一步一步地向目標推進。我相信，他的目標不只是一本『書』，還在於『育』出一批熱心傳播傳統文化的人！人，才是所有希望之起點。

李松先生，我作為《十部文藝集成志書戲曲志 · 澳門卷》的負責人之一，我頓首受教了！在你的指導下，我們已出版了第一卷《戲曲志》，第二卷《曲藝志》亦已修好有待付梓。在我內心深處，我覺得在完成全部四卷後，我們這個團隊才真的具備資格，向你道一聲『感謝』！但竟然，連這一卑微的願望上天也不輕予，天何人哉！唯將微語表哀情，同人等唯有盡力完成餘下工作，以不負囑託為報！」

秉和兄的感言道出了澳門卷十個團隊百多人的心聲和哀思。事實上，他退休之後還經常關心澳門卷的進展，在他參與的項目中也不忘澳門。去年還跟我說，他「正在主編《中國音樂大典 · 音像篇》，編一部中國傳統音樂作品總目，計劃彙編 16 萬首作品，是迄今為止中國規模最大的傳統音樂作品集成。這其中的澳門作品就在集成各卷工作基礎上遴選，不用基金會再投入力量和經費。」

澳門文化的發展，得到很多機構和許多人的關心和幫助。澳門文化人永遠銘記於心，澳門人也感激不盡。像李松大哥這樣全心全意、無私無悔投入澳門文化事業的人，恐怕不是一句「感謝」能夠表達我們的心情。事實上，在十多年的交往中，我一直以李主任恭敬地稱呼他，從來沒叫過他「大哥」。但在他壯年離世之時，我要深情地叫他一聲「大哥」，因為無論從哪個角度，他都是我們的領頭大哥，是我們學習的榜樣。

李松大哥走好！我們一定會完成你的遺願，將澳門卷工作開展下去，直到全部出版完畢，為澳門文化大廈建設打好地基，添磚加瓦。

（《澳門日報》B07 及 B12 版「新園地」）

2022 年 9 月 6 日及 7 日

回歸以來澳門基金會與澳門文化發展：成就與經驗

一、前言

澳門回歸祖國以來，社會經濟快速發展進步，同時受到澳門歷史城區榮列聯合國教科文組織《世界遺產名錄》、一系列國際盛事在澳門舉辦或長期落戶澳門等帶動，逐漸形成「世界旅遊休閒中心」和「以中華文化為主流，多元文化共存的交流合作基地」的格局。誠然，中西文化薈萃的澳門，憑藉其豐厚的歷史沉澱和獨特的對外交往話語體系，完全具備向世界傳播中華傳統文化、中國價值和中國理念、參與構建人類共同價值的所有基礎條件；而作為一個促進澳門社會發展和進步，促進澳門對外交流的公共機構，澳門基金會在推動澳門文化發展和建設方面也履行了自己的職責。

澳門基金會在推動澳門文化發展和建設的工作，是一個不斷探索和意識累積的過程。在 1980 年代的創設初期，澳門基金會曾舉辦過以籌募經費為目的的電視綜藝晚會、向何東圖書館捐出流動圖書車，在代表澳葡行政當局收購東亞大學後，又籌劃設立葡語研究所、開辦葡國亞洲研究碩士課程、舉辦一些公開的歷史學術講座等。這段時期基金會在文化建設方面的介入非常有限，而且十分零散，直至 1992 年修改章程，澳門基金會確立為一個推動澳門教育、科學和文化發展的機構，與 1998 年成立的澳門發展與合作基金會一道，在文化領域的工作開始被提上日程，陸續推出過一些項目並初步形成規模。隨着 2001 年二者合併、改組為現澳門基金會後，推動澳門文化發展和建設成為基金會的工作重點，在以往經驗的基礎上經歷從點到面、從個體到集體、從業餘到專業、從實踐到理論，以及從本地到國家，並走向國際的發展歷程。

二、從點到面

澳門基金會在文化領域的工作，「從點到面」是最重要的特徵，既是澳門本土文化體系的推動者、組織者和奠基者、也是建設者和傳播者。特別在促進澳門本土文學發展方面，基金會所取得的成績是有目共睹的，在 33 平方千米、68 萬人口的澳門便有超過 100 位作家，本土作家隊伍隨着基金會項目覆蓋面的擴張而日漸壯大，本土文學漸見規模。

澳門基金會於 1993 年與澳門筆會合辦兩年一屆的「澳門文學獎」，涵蓋小說、散文、新詩、戲劇四大類型，鼓勵創作，挖掘新人，為新一代文學愛好者走上創作之路創造了良好的機會，持續推動文學的發展與繁榮。文學獎提供了發表和觀摩作品的平台，向世界各地推介澳門文學，讓外界認識澳門的文學水平，建立鮮明的澳門文學形象，見證了澳門文學的成長。而為了推廣閱讀風氣，提升青少年的閱讀興趣，讓閱讀成為生活的一部分，培養初階文學創作的社會氛圍，澳門基金會自 1996 年起，每年與《澳門日報》合辦「澳門中學生讀後感徵文比賽」，經過多年的探索，現已發展出訂定每屆比賽主題、輔以文學創作講座活動的形式，具針對性地培養澳門中學生閱讀和寫作興趣，而參賽作品持續反映中學生閱讀的書籍類型、範圍逐漸擴張，視野更見開闊，寫作水平漸趨成熟，為傳承澳門本土文學儲備能量。

特區成立後，澳門對外交流日益增加，澳門基金會順應發展大勢，走出澳門，開展文學評獎，為澳門文學的發展搭建更廣闊的平台。2004 年，配合澳門特別行政區成立 5 周年，推出首屆「我心中的澳門」全球華文散文大賽、自 2008 年起組織「澳門中篇小說徵稿」活動，推動澳門文學活動從本土到全球，以本土看世界，以世界觀本土，相輔相成，相得益彰，為有志投入寫作的青年提供發揮機會及分享寫作經驗的平台，加強文學交流，推動澳門文學創作，深耕文學土壤，書寫澳門故事。

文學出版工作是基金會擴大澳門本土文學影響的重要舉措，自 1990 年代起陸續出版《澳門散文選》、《澳門新詩選》、《澳門短篇小說選》（1996 年）、《澳門文學評論選》（1998 年）、《澳門當代劇作選》（2000 年）、《澳門現代詩選》（2007 年）等，1999 年與中國文聯出版社合作出版了「澳門文學叢書」20 種。在 2006 至 2020 年間，澳門基金會與廣東省作家協會詩歌創作委員會和珠海市作家協會合作，參與出版《中西詩歌》雙月刊，近年來又與澳門特別行政區政府文化局合作，出版《年度澳門文學作品選》；與中國作家出版社合作，組織澳門文學界的中堅分子編撰新的「澳門文學叢書」系列等。這一連串舉措，構築了澳門文學的輪廓。

與發展文學同步的是推動澳門的學術研究，從規律歸納的層面構建澳門本土知識體系中的文化部分。澳門基金會的出版工作早在 1994 年便已開始，在高峰時期平均每一星期出版一部書籍，不少早年出版的作品都有着當今資深研究人員的青年印記。時至今日，澳門基金會已成為澳門的主要出版機構之一，在推進出版工作的過程不忘不斷探索，自我提升，擴大澳門學術研究的對外影響力，例如與廣東人民出版社合作出版「澳門叢書」和「澳門學研究叢書」，與社會科學文獻出版社合作出版「澳門研究叢書」、「澳門特別行政區法律叢書」、「澳門經濟社會發展報告（澳門藍皮書）」等重要出版物，與三聯書店（香港）有限公司合作出版「澳門知識叢書」，開創拓展華文澳門學術研究出版物的海外市場的先河。基金會自 2004 年開始，和廣東省社會科學界聯合會、中國社會科學雜誌社合辦「澳門人文社會科學研究優秀成果獎」，現已成為澳門學術界的一件盛事，通過對澳門人文社會科學研究能作出全面、客觀的階段性檢閱、總結和回顧，忠實地見證了澳門學術研究的成長歷程。

三、從個體到集體、從業餘到專業

在「從點到面」的發展歷程中，澳門基金會文化領域工作的覆蓋面同時從個體走向集體，並從業餘走向專業。特區成立後，澳門社會的快速變化和經濟總量的提升帶動了各界對文化、展覽要求的不斷提高。城市生活品味和居民生活素質的提升不可能離開藝術的滋養，這決定了提升藝術修養、熏陶藝術氣氛的必要性。基於這種意識，澳門基金會主動改變以往單純組織業餘藝術家舉辦個人展演的安排，重新以觀眾為中心作為拓展文藝活動的目的和定位，推動和活躍基層的文娛活動；通過支持及舉辦豐富多彩的文藝活動，豐富了澳門居民的精神生活，拉近藝術與生活的距離，加強文化藝術的宣傳教育和推廣，使原本一片片的藝術孤島得以連成一片，同時推動澳門文化藝術界的專業發展，構建具有本地特色，並專屬於澳門的文化綠洲。

首先，針對澳門各類展覽缺乏系統性和長期性的藝術推廣活動的問題，澳門基金會於 2011 年度啟動「澳門藝術家推廣計劃」、於 2013 年度啟動「澳門基金會市民專場演出」以及於 2019 年度啟動「澳門青年藝術家推廣計劃」，以更好提升澳門藝術家和表演藝術團體的專業形象，打破市場局限。

「澳門藝術家推廣計劃」以澳門本地或在澳門從事創作的藝術家為對象，以系統地推動本地文化藝術發展為目的，一方面通過規範的甄選準則，激勵本地藝術家自發鑽研加強個人技藝，進而提升本地文化藝術水平，另一方面，為本地藝術家於區域以至國際上增加知名度構建平台，達至推廣澳門的目的。該計劃每年根據藝術家的造詣、作品質素和數量等，邀約一定數量的本地知名藝術家參加，為其出版個人作品集結集成「澳門藝術家叢書」、舉辦個人作品展覽或表演及主題式活動。該計劃尚包括舉辦季度藝術家交流會，邀請澳門和外地的藝術家交流，並通過舉辦新秀聯展，發掘具潛質的新秀等內容。計劃的推出有助於活躍澳門藝術創作氣氛，檢視目前的美術創作水平，深化藝術教育，形塑文化城市形象，弘揚城市的文化性格，並在喚起廣大市民對文化創意產業的重視與支持方面均起到積極的作用，是集中展示優秀澳門藝術家創作的「百人計劃」。

為配合特區政府 2013 年施政報告中提出「強化本土文化特色，推動澳門文化發展」的方針，澳門基金會推出「澳門基金會市民專場演出」系列活動，以「澳門製作、本土情懷」為口號，邀請演藝團體定期推出不同類型的演出，通過包括音樂、舞蹈、繪畫、新媒體、雕塑、設計、演藝等不同範疇的藝術工作者參與和跨界別合作，激發更多創意火花，提高市民大眾對澳門本地文化藝術的關注度及參與度，加深居民認識藝術創作及文化創意，藉以提升藝術修養及欣賞水平。

「澳門青年藝術家推廣計劃」是澳門基金會在文化藝術領域的另一個品牌項目，是在總結「澳門藝術家推廣計劃」新秀聯展的經驗之上獨立發展出來的。計劃尤其得到國家藝術基金的支持，通過公開報名和國家藝術基金專家的專業評審，廣泛選拔優秀藝術青年，為其舉辦展覽、出版圖錄，提供展示作品及藝術推廣的機會，一方面為發掘藝術新人，向其提供展示作品及藝術推廣的機會，藉以建立澳門藝術家人才儲備，另一方面藉專家評審提升本地藝術創作水平，塑造更高水平的文化城市形象。

與此同時，澳門基金會多次邀請外地知名的藝術團體到澳門演出。例如合辦「濠江明月夜」中秋藝術晚會、邀請中國國家話劇院公演《四世同堂》、《青蛇》等大型話劇、與香港聯合藝術發展中心共同主辦「偶在港澳影出歡樂」中國木偶皮影戲演出、與中國京劇藝術基金會合辦「京韻樂濠情唱響澳門校園：中國少年京劇藝術團」專場晚會等。這些高雅藝文活動均頗具特色與影響力，對構建澳門文化城市形象有促進作用。此外，基金會也針對澳門居民特別是青少年群體開展有關文化藝術、創意的培育。為加深澳門居民認識芭蕾舞藝術，澳門基金會自 2006 年起邀請中國國家芭蕾舞團舉辦「走進芭蕾」活動。該活動是中國國家芭蕾舞團普及芭蕾舞藝術教育的一個全國層面的長期項目，富有教育意義，是一個集現場講解、示範表演及互動交流為一體的公益活動。

澳門基金會還通過資源合作的方式與澳門內外的有關機構舉辦文化合作項目，支持高水平、多樣化展覽吸引海內外的觀眾，例如連續多年協辦澳門藝術博物館與故宮博物院合作舉辦的專題文物特展。特展每年引入故宮特別展品舉辦主題展覽，已成為澳門一個年度固定文化品牌，影響輻射至東南亞國家以至世界各地，助益加強澳門的文化建設並提高其軟實力。此外，邀請內地和港台著名畫家如饒宗頤、韓美林、許欽松、江明賢等來澳展出。

澳門基金會也不定期為文化藝術界從業人員舉辦研修活動，例如與南京大學合辦「澳門社科界學者研修班」、與中國文聯等機構合辦「澳門藝術人才訪學研修班」、「視覺藝術人才訪日交流活動」等，透過藝術論壇、專家溝通、現場體驗、案例詳析、劇目賞析等活動，促進澳門與外地同業交流，提升澳門從業人員的專業水平。自 2006 年起，基金會每年組織澳門的藝術人士參與中華人民共和國文化和旅遊部面向港澳台文化界的重點品牌項目「藝海流金」，讓澳門文藝界進一步感受中華文化的博大精深，實現彼此交流、共同發展。

四、從實踐到理論、從本地到國家

澳門在國家發展戰略中有許多特殊的優勢，其中最重要、最具價值、最能作出貢獻的就是文化。澳門擁有古今同在、中西並舉的深厚歷史文化底蘊，具有各美其美、美美與共的文化交流互鑒豐富經驗，有不同而和、和而不同的良好社會環境，有你中有我、我中有你的獨特話語體系。這些特徵是通過長期以來的學術研究而得出的客觀規律，而澳門基金會在推出助益澳門文化發展的項目和活動上，也意識到從實踐走向理論的重要性，通過推動學術研究，特別是強調「澳門特色」的文化元素，彰顯澳門在國家發展戰略中的價值，助力澳門融入國家發展大局。

推動「澳門學」的不斷持續發展，是澳門基金會學術研究工作重中之重。事實上，在澳門人文社會科學的發展歷程中，「澳門學」是整個歷程的中軸，而且在某種意義上，澳門人文社會科學就是圍繞這一中軸而發展起來的。自 1980 年代「澳門學」被首次提出以來，一直是澳門學術界努力的方向，及至回歸後澳門經濟社會的飛躍發展，使全面而系統地發展「澳門學」成為廣泛共識。「澳門學」在過去三十多年以建立類似敦煌學、徽學等地方顯學作為主要目標，有關「澳門學」的討論在理論上側重於概念和學術邊界的界定，在實踐中則側重於歷史文化研究。然而，隨着時代的變化，這已經不能滿足當前社會對「澳門學」學科建設的期待。構建本土知識體系、形成一套反映出澳門獨特性的完整系統的宏觀敘述及解釋體系，探索澳門發展理論、發展道路和發展制度，是現階段「澳門學」的學科建設願景之一。澳門基金會於 2010 年起，定期舉辦「澳門學國際學術研討會」，為討論和交流「澳門學」的學術範式、學科建設和學科發展，展示澳門學研究的最新成果提供必不可少的平台。自 2019

年起，研討會調整舉辦形式，以支撐澳門學學科發展方向的領域和研究現實問題為主題，注重研究成果和經驗的連貫累積，使今後舉辦的研討會能自然地向「澳門學」學科建設轉型，從而提煉構成澳門本土人文關懷和城市精神的重要元素，以期取得拋磚引玉之效。

要提煉出構成澳門本土人文關懷和城市精神的元素，離不開對本土風俗、習慣、景物和事件的系統整理和記錄，尋找澳門傳統文化的基因，既能作為喚起澳門居民集體回憶的證物，也為開展歷史、文化、文化遺產等領域的學術研究提供盡量貼近現實和客觀原貌的基礎資料，搶救澳門非物質文化遺產的瑰寶，從而盡可能得以完整保育和傳承。

澳門基金會於 2008 年啟動「澳門記憶」大型項目。該項目具有時代意義，通過動員各方力量構建龐大的可檢索網絡系統，將澳門珍貴資料、生活場景、建築、風土人情等，科學有序地儲存和累積，成為歷史的載體。作為一項全面挖掘和整合澳門歷史資源的大型文化工程，基金會整合澳門本地、中國內地的學界和民間社團多方面的資源和力量，並適當尋求國際組織的技術協助。2008 年，澳門基金會舉辦「澳門記憶工程」籌備工作第一次專家會議，同時參與聯合國教科文組織「世界記憶工程」及相關活動、會議，如於 2010 年與世界記憶工程亞太區委員會合辦了第四屆會議，會上通過了天主教澳門教區檔案文獻列入亞太區《世界記憶名錄》決議；與世界記憶工程國際諮詢委員會、澳門文獻資訊學會在 2012 年合辦「世界記憶研學與澳門——文獻遺產新視野」國際論壇。此外，還通過不同形式與澳門的教育、歷史學、文創業、影視、語言學、收藏家、文物關注、書畫、資訊科技、文獻及圖書館、動漫等相關界別的機構及社團領袖討論，引起社會各界的關注。基金會對有關計劃給予全力的推動、組織和支持，以重點打造專題為起步點，通過縱橫的歷史記憶、文獻史料、風景名勝、歷史古跡、名人專題、傳統習俗、老照片、收藏品，冀使「澳門記憶」成為全民參與的長期項目，以及與大眾溝通的互動平台，讓市民分享集體回憶，也藉此提升澳門人對本土文化的認同感、自豪感和歸屬感，增強家國情懷。

澳門基金會承擔的另一項大型文化編纂出版項目是與中華人民共和國文

化和旅遊部民族民間文藝發展中心合作的《中國民族民間文藝集成志書·澳門卷》。該項目是由10個獨立的編纂子項目組成，對本土民歌、歌謠、諺語、故事、戲曲、曲藝、舞蹈等範疇展開深入系統的挖掘和田野調研。澳門基金會於2012年度啟動編纂工作，結合文化和旅遊部的專家與澳門相關領域團隊的力量，全面搜集、整理澳門民間藝術資源。項目開展以來，與各方保持密切的溝通和聯繫，並在本地組織工作坊、講座等活動，凝聚澳門民間力量，規範編纂內容。部分項目的編纂小組更構建網上徵集系統，務求吸引市民參與，挖掘更多資源。目前已完成《中國戲曲志·澳門卷》和《中國曲藝志·澳門卷》的編纂並出版發行，其餘各卷也正陸續進入終審和補充修訂階段。這一國家大型的修志工程在澳門的啟動，不但搶救了澳門民間潛在失傳的文藝，明確澳門的文化符號，也標誌着澳門文化建設工程開始融入國家文化建設大局，通過展示澳門文化特色，凸顯中華文化「道並行而不相悖，萬物並育而不相害」的並收兼蓄、有容乃大的精神。

五、小結：展望未來

中西文化的交匯在澳門留下豐厚的文化遺產，文化成為構成澳門城市軟實力的比較優勢，也成為國家發展戰略中的一項重要資產。自1990年代開始，澳門基金會在推動發展澳門文化方面不遺餘力，並在過程中兼顧發展高雅文化和大眾文化，配合不同階段澳門的發展重點和文化需求，全方位開展工作。尤其在特區成立後，澳門基金會通過多樣化的方式，構建多元化的平台，致力於維護傳統文化、推動文化創新、培育文化人才，提高文藝水平、促進文化交流、活躍文化氣氛、豐富文化生活。

一句話，澳門基金會作為澳門本土文化體系的推動者、組織者、奠基者、建設者和傳播者，其工作就是發掘並弘揚澳門城市獨特的人文優勢，深耕澳門本土文化，使它開花、結果，飄香海內外。

澳門回歸25年來，在文化建設方面取得了巨大發展，成績有目共睹。展望未來，澳門應乘粵港澳大灣區建設的新平台，通過構建人文灣區，從文化的側面融入國家發展大局。粵港澳大灣區不僅僅是一個經濟共同體，更是一個命運共同體。大灣區不僅僅要有經濟發展、科技創新，還必須建成一個共同的精神家園，需要構建共享的價值和共同的身份認同。只有這樣，粵港澳三地才能擰成一股繩，併船出海，才有足夠力量發揮其應有的國際影響力。因此，需要尋找有效構建人文灣區的模式和路徑，這對增強中華民族共同體意識和構建與人類共同價值也具有很大的理論和實踐意義。

嶺南文化在中外文化交流中是先行者，澳門是古今嶺南文化最精彩的演繹者，也成為嶺南文化的核心地帶。在長期的歷史演變中，不同民族、不同文化、不同宗教、不同信仰在澳門共存共生共榮，形成了中西並舉、古今同在，不同而和、和而不同的城市特性，塑造了各美其美、美美與共，你中有我、我中有你的城市精神，中華文化和其他文化既有自身的獨特個性，不同文化之間也存在共通點。澳門的歷史經驗不僅創新性地豐富了中華文化的內涵和外延，構築了西學東漸、東學西傳的橋樑，還成為人類文明交流互鑒、兼容並蓄的典範。這種在中外文明都能辨別得到的澳門文化標記，使得我們在現階段建設澳門的「一平台」和「一基地」過程中，應着力探討澳門長期對外交往所形成的獨特話語體系的基本內容，特別是中外群體在澳門長期共同生活、交往交流的過程中所形成的對話範式、中外敘事相互結合，敘事方式交叉互換，以及中國視角和世界視野兼顧共融的具體特徵。

既然粵港澳大灣區可以在新時代的中國發展中發揮先鋒作用，在打造人文灣區、促進文化貿易方面，也可以充分利用港澳為文化創意帶來新的靈感，開拓新的市場。澳門有條件打造成中國的文化矽谷，在充分發揮其特殊地位和「一國兩制」的特殊政策優勢，充分利用澳門對外文化交流的網絡和經驗，並且在尊重文化差異和多樣化為前提下，豐富大灣區的傳統文化、推動對外文化交流，特別是青少年之間的文化交流，進而形成共享的價值和共同的歸屬，將澳門打造成為中外文明交流互鑒的理想地。

「一國兩制」在澳門的成功實踐，也是當代澳門值得向世界傳播的其中一項重要內容。「一國兩制」方針凝聚中國人民的智慧和中華文化的精粹，是中國政府堅持開放思維、堅持吸收和借鑒人類社會創造的一切文明成果、堅持

「和平共處五項原則」的具體表現，其成功實踐不但能充分證明世界爭端能通過和平、互利、共贏的方式得以解決，為解決當今國際上的一些複雜問題提供有益的探索；其實踐的不斷深化更有助於催生文明發展和國家治理的新形態，結合澳門獨特的中外交往話語體系，應該成為講好澳門故事和中國故事的重要題材。

針對上述的建設目標和發展趨勢，澳門基金會持之以恆，為配合國家發展戰略和特區政府施政方針而已開展了一些工作，例如在最近兩屆「澳門學國際學術研討會」上設定「澳門學與澳門民間文化」和「『一國兩制』與『澳門學』」為會議主題、舉辦「中國——葡語國家文明互鑒論壇」、持續推進和深化《中國民族民間文藝集成志書·澳門卷》的編纂和「澳門記憶」的項目工作、推出「澳琴情懷」資助計劃等。而隨着澳門在文化建設方面的深入推進，澳門基金會將繼續通過提供財政資助或開展本身活動的形式，玉成澳門文化建設事業，助力澳門文化融入國家發展大局，也助力中外文明交流互鑒和中華文化更好地走向世界。

（在「回歸以來澳門文化發展的成就與經驗學術研討會」上的發言）

2024 年 11 月 28 日

新時代澳門理論界的擔當

在最近舉行的中國共產黨第二十次全國代表大會上，確立以中國式現代化全面推進中華民族偉大復興，不但成為全黨的中心任務，而且為中國今後的發展道路指明了方向。

自第十八次全國代表大會召開以來，中國共產黨帶領人民經歷三件具有重大現實意義和深遠歷史意義的大事，一是迎來中國共產黨百年華誕，二是中國特色社會主義進入新時代，三是完成脫貧攻堅、全面建成小康社會的歷史任務，勝利實現了中國共產黨自十二大以來提出的第一個百年奮鬥目標。

在這個過程中，中國人民的物質和精神文明生活都得到空前的提升，國家建成並不斷完善世界上規模最大的教育體系、社會保障體系和醫療衛生體系，提前完成聯合國關於消除發展中國家貧困人口的「可持續發展目標」，脫貧攻堅飛躍至鄉村振興，為國家實現第二個百年奮鬥目標奠定了堅實的基礎。

在這個過程中，對外開放的進程不斷深化，國家建成了一批高標準的自由貿易區、自由貿易試驗區和自由貿易港，提出「一帶一路」倡議、全球發展倡議和全球安全倡議，在對外關係上堅持高舉和平、合作、發展、共贏的旗幟，形成範圍廣泛、領域寬闊、層次深厚的對外開放格局，開創了促進世界和平與發展的新局面，使構建人類命運共同體的倡議成為現實，也使中國發展的走向對世界發展格局產生更加積極而深遠的影響。

在這個過程中，堅持中國共產黨的領導和中國特色社會主義始終得到貫徹，成為中國式現代化最本質的特徵。作為世界上最大的發展中國家，中國現代化的發展背景、起點、推進方式以及在世界體系中的位置、遇到的矛盾和問題等都有別於發達國家。中國共產黨着眼於中國的歷史文化和國情實際，以堅持社會主義發展方向為大原則，賦予現代化鮮明的中國特色，探索出符合本國現實國情的現代化發展道路，成功克服盲從發達國家現代化模式的思維，以扎實亮麗的發展成績證明世界各國完全可以走出適合自己的發展道路，還原世界多元繽紛的本來面貌，對於實現人類文明進步和現代化，都是嶄新的推動和拓展。

由此可見，中國式現代化的意義在於：中國共產黨從中國的實際出發，領導全國人民堅定道路自信、理論自信、制度自信、文化自信和歷史自信，堅持走中國特色社會主義現代化道路，為解決人類發展的共同問題提出中國智慧、中國方案、中國力量，為人類實現現代化提供了新的選擇。正如習近平總書記在二十大報告中提出：「中國式現代化，是中國共產黨領導的社會主義現代化，既有各國現代化的共同特徵，更有基於自己國情的中國特色。……中國式現代化的本質要求是：堅持中國共產黨領導，堅持中國特色社會主義，實現高質量發展，發展全過程人民民主，豐富人民精神世界，實現全體人民共同富裕，促進人與自然和諧共生，推動構建人類命運共同體，創造人類文明新形態。」

習近平總書記在二十大報告中再次強調，「『一國兩制』是中國特色社會主義的偉大創舉，是香港、澳門回歸後保持長期繁榮穩定的最佳制度安排，必須長期堅持」，並將「堅定不移貫徹『一個國家、兩種制度』方針」寫進《中國共產黨章程（修正案）》，不但有利於「一國兩制」實踐行穩致遠、推進祖國統一，是港澳未來發展的定海神針，同時也要求港澳特區在實現中華民族偉大復興的征程上，應結合自身優勢而有更自覺的擔當。

更好地融入國家發展大局、積極對接國家重大戰略，是新時代的澳門步向實現中國式現代化的新征程，為實現中華民族偉大復興更好發揮作用的必然選擇和必由之路。澳門理論界也要積極回應二十大報告提出的要求，充分而深刻地認識到二十大對中國、對世界發展的意義，認識到中國式現代化的理論意義和現實價值，認識到堅定不移貫徹「一國兩制」方針對港澳參與實現中華民族偉大復興進程的重要性，按照自身的定位和職志，認真學習、認識、宣傳和講解二十大報告的精神，做好以下五個方面的工作：

一是深化研究「一國兩制」方針的理論體系和實踐問題，為完善「一國兩制」制度體系，落實「愛國者治澳」原則，夯實澳門社會愛國、愛澳、擁黨的政治基礎，開拓學術創新；

二是支持特區政府依法施政，在發展經濟、改善民生、破解經濟社會發展中的深層次矛盾和問題上多展開政策研究，提供具建設性的施政建議；

三是在推進粵港澳大灣區建設，支持澳門更好融入國家發展大局，更好發揮澳門在實現中華民族偉大復興的作用方面，加強與內地和海外學術研究團體、機構的交往和合作，以交流、互鑒和共存為導向，構建粵港澳大灣區文化學術共同體，合三地之力共同對外講好「中國故事」、「澳門故事」；

四是積極參與構建中國特色哲學社會科學學科體系、學術體系、話語體系的工作，借鑒內地和海外先進的學術經驗，努力提升澳門人文社會科學研究的學術質量和水平；

五是培育壯大以愛國者為主體的哲學社會科學人才隊伍，在理論界領域發展壯大愛國愛澳力量，以學術研究成果鞏固並加強澳門同胞的愛國精神，形成更廣泛的國內外支持「一國兩制」的統一戰線。

習近平總書記在二十大報告中指出「堅持黨的全面領導是堅持和發展中國特色社會主義的必由之路，中國特色社會主義是實現中華民族偉大復興的必由之路，團結奮鬥是中國人民創造歷史偉業的必由之路，貫徹新發展理念是新時代我國發展壯大的必由之路」。在中國式現代化新征程的道路上，作為澳門知識界的一分子，也應當匯入時代潮流，承擔歷史責任，努力為建設粵港澳大灣區，為構建以中華文化為主流、多元文化共存的交流合作基地，為發展中國特色社會主義、實現國家第二個百年奮鬥目標、實現中華民族偉大復興而出謀獻策、貢獻力量。

（在「澳門理論界高端論壇——『二十大精神的貫徹與中央在特區實施全面管治權的思考』座談會」上的發言，刊於《澳門日報》B13 版「新園地」）

2022 年 12 月 2 日及 3 日

大視野，大格局，大發展

今年是中華人民共和國成立 75 周年，也是澳門特別行政區成立 25 周年。25 年來，在中央政府和祖國內地的大力支持下，澳門特區譜寫了具有澳門特色的「一國兩制」成功實踐的華彩篇章。中央港澳辦夏寶龍主任考察澳門期間，稱讚澳門 25 年來經濟實現跨越發展，社會保持長期穩定，居民生活持續改善，多元文化交相輝映，城市面貌獨具特色，國際影響力和國際知名度大幅提升，已發展成為國際大都市，並悉數列舉了澳門的六大優勢，認為澳門正迎來建設、發展的最好時期，寄望站在新起點的澳門，更好發揮自身的獨特地位和優勢，推動經濟社會高質量發展，齊心協力把澳門國際大都市「金名片」擦得更亮，在強國建設、民族復興中更好發揮澳門作用。有鑒於此，澳門學術界的人士今天齊聚一起，以「一國兩制」廿五載，擦亮澳門「金名片」為主題舉辦學術研討會，就是要結合澳門經濟社會發展的新形勢新要求，就「一國兩制」在澳門的成功實踐與新時代展望作更為深層、更為系統的研討與論證，期以為澳門特區的繁榮穩定和長治久安共謀良策。

澳門回歸祖國以來，澳門學術界一直是「愛國愛澳」力量的重要組成部分，也一直是澳門特區政府依法施政可以依賴和依靠的一支重要隊伍。無論是中央制定涉及澳門的重大政策、重大舉措，還是澳門特區出台的重要法律和政策以及舉辦的重大活動，澳門學術界都始終能團結一致，立場鮮明，把握「一國兩制」的正確方向，通過多種途徑及時發聲，有效發揮了輿論的正確引領作用，彰顯了澳門學術界較強的凝聚力和戰鬥力，為澳門牢牢掌握「一國兩制」

的話語權，為鞏固和發展同「一國兩制」相適應的社會政治基礎和核心價值作出了重要貢獻。

中共二十大報告對發揮澳門的優勢和特點提出了明確要求，強調鞏固提升澳門在文化旅游等領域的地位。發揮澳門的優勢和特色，是中央對澳門實行「一國兩制」方針的重要戰略考量，是澳門融入國家發展大局、提升國際競爭力的重要條件。澳門在推進新時代「一國兩制」偉大事業、進一步建設國際大都市的征程中，必須充分發揮澳門的地位和政策優勢，既要積極通過橫琴深合區的試驗更好地參與粵港澳大灣區建設，更好地融入國家發展大局，又要加強與國際聯繫，特別是與葡語國家的合作，更好地走向世界，為國家新時代更高水平開放貢獻力量。也只有這樣，我們才能持續推進「一中心、一平台、一基地」建設，在國家發展戰略中扮演一個積極的角色。以「基地」為例，澳門在國家發展戰略中有許多優勢，但其中最有價值、最為重要、最能作出貢獻的就是文化。夏寶龍主任列舉的澳門六大優勢中，就包括了中西文化薈萃的人文優勢。中西文化薈萃的澳門具備向世界傳播中華優秀傳統文化、中國價值和中國理念、參與構建人類共同價值的所有基礎條件，澳門要義不容辭地承擔起這個歷史責任，把澳門打造成中國的文化矽谷，打造成中西文化交流互鑒的理想地，推動中華文化更好走向世界。這不僅是「澳門所長」，也是「國家所需」。

澳門回歸 25 周年，值得我們全面、系統、科學地做一個中期總結。澳門學術界要繼續發揮智庫作用，為擦亮澳門國際大都市這張金名片群策群力，建言獻策，以實際行動推動「一國兩制」向更高水平的發展，迎接中華人民共和國成立 75 周年和澳門回歸祖國 25 周年。為此，我提幾點思考，請各位批評指正。

首先，學術界要堅定正確的價值導向。我們要時刻不忘「國之大者」，有鮮明的國家立場，任何有關特區的理論探索和政策研究都要站在國家整體利益和國家發展戰略的高度，不能僅僅考慮一地一策的利益。也只有這樣，澳門特區才能走上一條正確的、健康的、可持續發展的道路，才能保持長期的繁榮穩定。與此同時，如何創新性地理解「一國兩制」、創造性地運用基本法，將「1+1>2」，更加充分挖掘釋放「一國兩制」的政策優勢和潛力，服務國家，也應該成為學術界認真探索的重大課題。

其次，學術界要樹立大視野、大格局和大發展的意識。澳門的發展一定要背靠祖國、聯通世界，一方面融入國家發展大局，另一方面向國際尋求突破，我們的學術研究也一定要心繫祖國，面向世界。只有將視野和格局放大，我們才能將研究做活做優，研究的成果才能發揮作用。例如，粵港澳大灣區要早日建成，首先要港澳走向一體化，將「9+2」變成「1+1」，港澳同向同步發力，同心同德，參與國家發展戰略，並相互成就。同時，借助香港的國際化推動澳門的經濟多元化，將我們的一中心一平台一基地做實做強，真正成為「一國兩制」的典範。

第三，學術界一定要有強烈的現實關懷，深入社會，深入民間，多做田野研究，避免老在二手材料中倒來倒去，重複研究。多年來我們發現有很多宏大的研究，但缺乏小中見大、見微知著的個案研究。例如，我們的中小企應該怎麼生存發展？都市更新應該怎麼做好？社團要如何健康有序發展？都需要大量的第一手數據。然而，我們很缺乏這些資料。沒有數據怎麼出成果，勉強有成果出來，又怎麼能令人信服？怎麼能夠輔助決策？從研究經費的角度看，投入比跟產出比是嚴重不符合比例的，值得我們深思。

最後，學術界一定要大團結、大聯合，同時與外地學術界建立更加緊密的聯繫，分工協作，深耕細作，把澳門學術推進一個新的台階。回歸以來，澳門的學術力量不斷發展壯大，新人輩出；學術社團也如雨後春筍，活力十足。近年來，澳門的學術成果在國內外著名刊物、出版社發表的也愈來愈多，學術能見度和影響力與日俱增。但是，我們必須承認，從點到面、樹立學術界的整體形象還有一個過程，學術界的整體力量與其他地區相比還比較薄弱，需要整合資源，才能取得更多更好更具理論價值和實踐意義的學術成果，才能為「一國兩制」的偉大實踐、為實現中國式現代化和中華民族的偉大復興貢獻更多智慧和力量。

（在 2024 年「澳門理論界學術研討會」上的致辭）

2024 年 6 月 15 日

藝術活動創造社會資本

文明的發展，涵蓋了物質文明、市民道德和文化涵養諸多領域。藝術活動是提高市民道德和文化涵養的必由之路，而市民道德和文化涵養的提升又有助於創造和鞏固社會資本，促進社會和諧和文明發展。

澳門是一個小規模、人際關係密切的城市，也是一個典型的社團社會。在 60 多萬人口的澳門，有數以千計的文藝社團在政府和社會資源的支持下開展各種類型的文藝活動。

社團作為第三部門，主要是為了彌補政府和市場的失靈和功能不足，為不同群體提供更加直接到位的服務，增進公民參與，提高社會信任和增強政府管治。文藝社團也不例外，不僅提供各式各樣的活動作為公共產品，還增進了社會資本。

一方面，文藝活動的普及，豐富了市民的文化生活，提升了市民的文化修養；另一方面，社團之間、社團成員之間的密切交往和互動，增加了彼此之間的尊重、理解、信任和合作關係，從而推動了公民集體意識的提高以及對社群的認同，緩解了社會矛盾，促進了社會和諧穩定。

更進一步講，大量社團的存在和社團活動的展開，對維繫社會共同規範、共同信念，建立價值共同體以及對共同體的認同感、歸屬感，有直接的促進作用。應該說，澳門有今天和諧穩定的社會局面，龐大的社團網絡及其形形色色的活動是重要的黏合劑，跟藝術社團的大量活動也分不開。

澳門基金會一直以來是支持社團文藝活動的主要機構之一，在總結過去經驗的基礎上，努力整合、提升文化項目的專業水平。除開一般性每年資助數百個藝術團體的活動，2011 年推出「三個 100 計劃」：

一、「澳門文學叢書」：出版一套 100 部的「澳門文學叢書」，全面系統整理澳門文學創作成就，鼓勵文學創作，提高文學作品的質量，擴大澳門文學的影響力，塑造澳門城市的文化形象。

二、「澳門藝術家推廣計劃」：為 100 位澳門藝術家舉辦展覽，出版畫冊，展現澳門藝術家的群像，感謝他們對藝術的奉獻。

三、「市民專場演出」：通過社團組織 100 場文藝演出，強調「從市民中來，到市民中去」，要求這些節目在城市不同區域表演，期望送節目進社區、學校，活躍社區文化氣氛並提升節目專業水平。

至今，「澳門文學叢書」出版了 66 冊，「澳門藝術家推廣計劃」和「市民專場演出」已全部完成。

2019 年，我們為了鼓勵青年藝術家發展，又推出了「澳門青年藝術家推廣計劃」，在國家藝術基金支持下，從 70 多位 45 歲以下的藝術家選出了 20 位舉辦展覽，出版畫冊，舉辦工作坊。許多參與者均表示，這是提升藝術水平、親近觀眾的難得機會。這一系列活動，對促進藝術家與市民互動、藝術家之間的交流、豐富市民文化生活、增加社區文化氣息、提升市民文化欣賞力和藝術家創作水平、塑造澳門城市文化形象均起到積極作用。

新冠疫情的衝擊，不可避免地改變人們的交往方式、態度和藝術活動的展開，也造成社會資本的流失。在這種情況下，藝術活動如何創新形式，重新聯繫公眾，減少社會資本流失並增加新的社會資本，是藝術界急需思考的一個課題。

疫情期間，電子手段被廣泛使用，網上演出、展覽、研討會明顯增加。但是，這畢竟無法與觀眾面對面接觸，也大大局限了區域之間的藝術交流。在澳門，疫情初期藝術家舉辦過義賣展覽，或通過藝術手段表達對疫情的看法以及對抗疫者的敬意，也有藝術家「化整為零」，走進學校和社區，特別是老人活動中心、養老院等。更多的，利用疫情緩和初期，見縫插針舉辦展覽、演出，試圖不長期與公眾脫節。我們相信，隨着疫情政策的調整，藝術活動將再次蓬勃。我們也相信，澳門積累了豐厚的社會資本，只要大家齊心協力，完全可以重建一個更加繁榮的社會。

（在「第四屆國際文化領袖圓桌交流會——專題一：讓藝術與公眾聯繫」上的主旨發言，刊於《澳門日報》B09 及 B13 版「新園地」）

2023 年 1 月 27 日及 28 日

二 文學 澳門

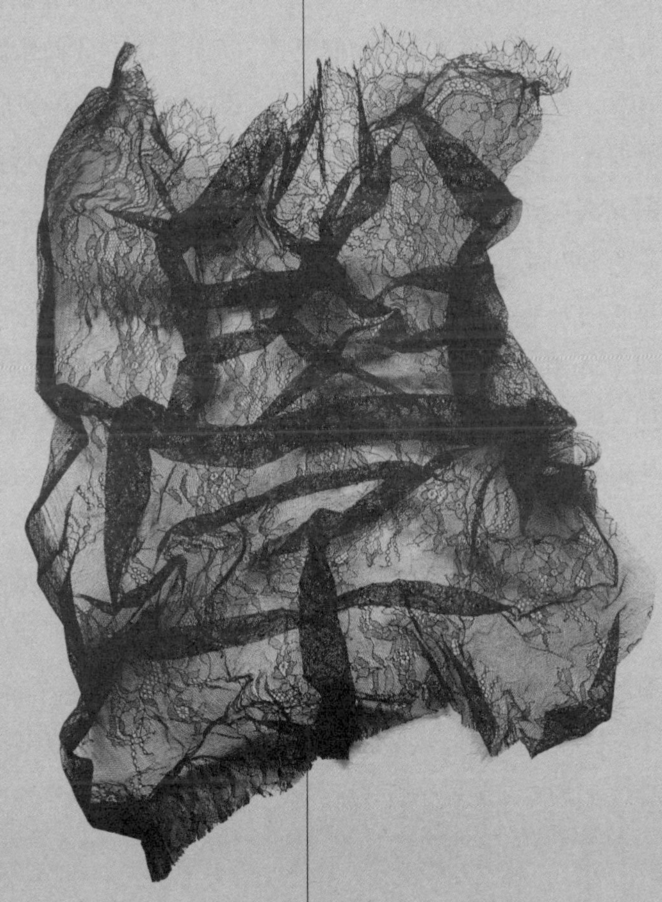

文學的澳門　澳門的文學

自從湯顯祖《牡丹亭》中出現香山嶴和多寶寺，澳門這座貿易城市就染上了文學色彩。香山嶴是澳門的古稱，多寶寺乃今天澳門宣傳的名片之一大三巴。湯顯祖存詩《香山驗香所採香口號》:「不絕如絲戲海龍，大魚春漲吐芙蓉。千金一片渾閑事，願得為雲護九重。」「千金一片」的是當年嘉靖帝尋求長生不老煉丹所需、海內外遍求的方物龍涎香，而此物又是當時掌握海權、較易搜獲的葡萄牙人得以據居澳門的原因之一，正如史學家梁嘉彬所言，「澳門之失，一失於龍涎，二失於鴉片！」故其時在香山設有驗香所。據稱，湯顯祖與利瑪竇有過交流，留詩「自言天竺原無佛，說與蓮花教主知」，從而開創了中國文人與「西來和尚」交往的先河，也道出了澳門中、西並舉的城市特質。

而最早皈依天主教的士人之一、準備赴羅馬翻譯《聖經》的明朝遺民吳歷也來到澳門，旅澳期間著有《三巴集》，其中一首詩 :「燈前鄉語各西東，未解還教筆可通。我寫蠅頭君寫爪，橫看直視更難窮。」生動微妙地刻劃出澳門天南地北移民匯聚及其在中西文化交流中欲通難通、不通還通的有趣狀態。

不僅這兩位文人，「神州騷客，常乘輿以南遊。嶺嶠英才，因風雲而際會。囊書仗劍，筆墨淋漓。或寄傲於榕蔭，或騁懷於沙嘴。撫煙霞之變幻，慨邦國之廢興。覽潮汐之漲消，紓胸襟之積悃。於是晴川芳草，盡入詩題。鶴渚鳧汀，遍留鴻爪」(黃天驥《澳門普濟禪院詩碑序》)。留存詩篇中，有歌詠澳門盛景的 :「望洋臨絕頂，千樹燭繽紛」;「萬里歸帆近，燈花艷紫氛」(印光任《望洋燈火》);「煙開蠔鏡風光異，好一派，繁華地。萬國來王成市肆。綺窓朱檻，玉樓雕鏤，這是三巴寺」〔黃呈蘭《青玉案》(澳門)〕。有描繪澳門貿易繁華的：「廣州諸舶口，最是澳門雄」、「洋船爭出是官商，十字門開向二洋。五絲八絲廣緞好，銀錢堆滿十三行」(屈大均《廣州竹枝詞》)。有聲稱葡萄牙人「自言慕義來中夏，天朝雨露真無私。世世沐浴聖人化，堅守臣節誓不移」(杜臻《香山澳》)的，也有肯定澳門華洋和睦共處的：「華人神誕喜燃礮，葡人禮拜例敲鐘。華葡雜處無貴賤，有財無德亦敬恭」(鄭觀應《澳門感事》)。但更多的，是慨嘆澳門「蒼生皆帝臣，尺地盡王土。誰將澳門山，輕與番夷處？」(程含章的《後海上篇》)，「可憐卧榻旁餘地，酣睡他人四百年」(陳徵文《蠔鏡雜詩》)。隨清朝的衰敗和國力積弱，這成了澳門文學的主調。而這一主調，在澳門回歸之時達到了高潮，聞一多《七子之歌》響徹中華大地：

你可知「媽港」不是我的真名姓？
我離開你的襁褓太久了，母親！
但是他們擄去的是我的肉體，
你依然保管着我內心的靈魂。
三百年來夢寐不忘的生母啊！
請叫兒的乳名，叫我一聲「澳門」！
母親！我要回來，母親！

《七子之歌》真實唱出了澳門人與祖國同命運、共呼吸的心聲，道出了澳門人樸素的家國情懷。在《七子之歌》的淒美旋律中，澳門獲得了新生。特別行政區成立後，一改回歸前治安不靖、經濟不景、民生不濟的困境，悲情城市變成為激情城市，走上了生機勃勃、欣欣向榮的康莊大道，開啟了「一國兩制」實踐的偉大征程。而澳門 20 世紀 80 年代開始勃興的當代文學，也隨着經濟的勃興、社會的發展而繁榮起來。據不完全統計，澳門回歸 20 年出版的文學類圖書超過 1,200 種，對一個 60 多萬人口的城市，每週有超過 1 本文學書問世，不可謂不令人驚嘆。

澳門文學的繁榮，有賴公、私機構的全力推動。澳門筆會作為最主要的文學團體，其會刊《澳門筆匯》數十年如一日堅持出版，成為澳門文學的主要期刊；澳門筆會在 2017 年還創立了紀念李鵬翥先生文學獎，表彰李先生的文學成就，緬懷李先生畢生推動澳門文學發展所做出的重大貢獻；《藝文雜誌》和《童一枝筆》（兒童文學）也一問世就贏得了口碑；澳門基金會和文化局 10 年前開始編輯出版《年度澳門文學作品選》，每年檢閱澳門文學的成果；澳門作家協會自 2012 年開始也出版年度《澳門作家文集》，持續鼓勵文學創作；《澳門日報》不僅每天有專版副刊「新園地」，為文學創作者提供發表平台，每週還有一個文學整版「鏡海」，成為澳門文學創作的孵化器；澳門日報出版社每年都出版數部文學作品，不遺餘力推動文學發展；更值得一提的是，教青局和澳門筆會聯合出版了《書寫我城——澳門文學補充教材（初中篇）》，正式讓澳門文學走進課堂，激勵文學新生力量；澳門基金會也組織本地青年作家走進校園，每年二十多場講座，幾乎座無虛席，令人欣喜。

澳門圖書市場很小，圖書出版通常是政府資助、民間操辦或公私合作方式。澳門的文學社團和出版社很多，民間出版社的後起之秀是文化公所，不到三年，出版了 26 部文學作品。別有天詩社過去三年也出版了 18 部作品，部分還在台灣刊行。文化局出版了一套「澳門文學館叢書」，史料、研究評論、作品三個系列共出版了 11 部著作。在文學史料方面，不能不提的是澳門大學朱壽桐教授窮 10 年之功主編完成的《澳門文學編年史》（5 卷）已經由花城出版社出版，是澳門 1920-1984 年的澳門文學史料長卷，有助於理解澳門文學的發展脈絡。

澳門文學如其城市特徵，也表現出不同文化交流交匯的現象。如澳門故事協會出版了 45 種中、英文的文學書，澳門文化局近年出版「中葡文學叢書」（5 種）、「鏡海譯叢」（4 種），澳門多家葡文出版社也翻譯出版中國古典著作，以及澳門文學節每年邀請不同國家，特別是中國和葡語國家作家來澳聚會對話，並出版中、葡文短篇小說，都體現出澳門在推動不同文學之間交流合作的努力。

澳門基金會三十多年來，一直推動、支持、資助澳門文學的發展，除開連續二十多年舉辦了 26 屆中學生讀後感徵文比賽和 13 屆文學獎（雙年獎，現改為三年一評），推動文學創作和閱讀風氣，培養和成就了大批文學愛好者和創作者，還與內地相關文學機構合作舉辦「我心中的澳門」全球華文散文大賽，擴大澳門文學的國內、外影響力。同時，澳門文學獎近年也設置公開組，鼓勵外地作家挖掘澳門題材參加比賽，以文學塑造澳門的文化形象。此外，澳門基金會還與廣東省作家協會等機構合作，支持出版《中西詩歌》（季刊），至今已刊行了 78 期。

更值得一提的是，繼 1999 年與中國文聯出版社合作出版了一套 20 卷本的「澳門自有文學以來最有規劃、最大部頭的製作」（「叢書」《前言》）「澳門文學叢書」後，澳門基金會 2014 年開始與作家出版社合作出版「澳門文學叢書」，至今出版了主要作家共 66 部作品，促進澳門文學融入中國文學的主流，擴大澳門文學的知名度，在一定意義上建立起澳門的文學形象。正如王蒙在該「叢書」《總序》中指出：「就小城而言，這是她回歸之後，文學收穫的第一次較全面的總結和較集中的展示；從全國來看，這又是一個觀賞的櫥窗，內地的寫作和讀者可由此了解、認識澳門文學。」他還認為這套「叢書」，「必將極大地鼓舞和推動澳門文學的發展」，「一塊與澳門人語言、生命和精神緊密結合的文學高地，正一步一步地隆起」。

隨着粵港澳大灣區發展戰略的實施，澳門基金會與廣東省作家協會、深圳市作家協會又倡議構建大灣區文學，並舉行大灣區文學高峰論壇，匯聚灣區 9+2 城市的力量，促進灣區文學的成長，構築港澳文學回歸中國文學的平台，搭造中國文學走向世界的橋樑，並希望以文學的力量，拉近廣東、內地與港澳居民的心理距離，打造共同的精神家園，推動文化灣區的建設。

當然，文學繁榮不僅表現在創作和出版，還有形形色色的各類活動，如文學獎、各種徵文比賽、故事會、工作坊、朗誦會、研修班、講座、研討會、文學節和交流項目，文學進校園、入社區，在媒體的支持、烘托下，形成人人都喜歡文學、全城都充滿文學氣息的景象。

雖然澳門還沒有專業作家、沒有標誌性的人物，澳門文學更多地書寫小城的人情風物，也缺乏重大題材、恢宏敘事的創作和經典性的作品，但澳門文學從離岸寫作到本土寫實、從僑居文學發展到本土文學，確立了主體性，澳門意識、文化歸屬和認同感與日俱增；副刊文化的休閒性寫作自然、率性、溫暖，也有其親切、別致的特色，形成富有生氣的文學生態，人間煙火味和人情味十足；多元文化的碰撞、交流、融合形成的獨特的澳門經驗、澳門體驗和澳門感受，在澳門文學創作中都會有意無意中體現出來，成為澳門文學一道亮麗的風景線。近年來，文學創作者將目光投放至澳門豐富的歷史文化底蘊，歷史題材的作品有增加的趨勢。同時，澳門作者投稿外地刊物或在外地出版作品的意願也在增強，跨域傳播，衝出在地局限。新的視野、新的理念、新的構思、新的技巧、新的嘗試，在新生代的文學創作中更加明顯，相信有朝一日會催生更具影響力的作品。

隨着近年來澳門文學回歸中國文學大家庭和粵港澳大灣區文學的進一步構建，我們相信，澳門文學界的視野會更加廣闊，創作題材會更加多元，創作水平會不斷提高，澳門文學隊伍會更加成長壯大，澳門文學會更加繁榮，澳門的文化價值會日益增強和凸顯，澳門的文化形象會更加鮮明，城市也會更加有靈氣和韻味，再現「明珠海上傳星氣，白玉河邊看月光」（湯顯祖《香嶴逢胡賈》）的美景，而澳門在振興中華的偉大事業中也將發揮愈來愈積極的作用。

（《文藝報》第 4 版）

2021 年 12 月 3 日

城市記憶傳承文化

城市是人類從農牧社會步入工業社會亦即是人類文明發展進步的產物，是更大規模的人、貨物和思想的交流集散地。與鄉村相比，城市給人一種全新的空間感和時間感。新建的城市，通常只給我們一種視覺上的空間感，只有歷史悠久的城市，才會給我們厚重的時間感，而這種時間感，是建立在城市記憶的基礎上的。

城市不僅是一組組建築群的拼構物，不僅是亭台樓閣和城牆炮台，更是居住在這個城市的人及其生活、生活方式和生活形態，是組織城市生活的種種機構和制度。一座座的建築只是城市的物質載體，城市居民世世代代的生存發展，才真正賦予城市的生命和活力，賦予城市的價值和意義，積蓄城市的記憶，形成城市的傳統，創造城市的歷史。正是城市的歷史記憶，鑄造出城市的精神、性格和文化，讓居民產生依戀情和歸屬感，成為維繫城市共同體和居民和睦相處、安居樂業的紐帶。

綜觀澳門一路走來的歷程，從小小的漁村到中、西近現代貿易和文化交流樞紐，再到今天名聞遐邇的世界旅遊休閒中心，歷盡滄桑，飽受洗禮，一步一個腳印，發展到今天中西並存、古今同在、傳統與現代相互映輝的繁榮都市。在此一演變過程中的一個個歷史印記，無論甜酸苦辣、喜怒哀樂，隨着時光荏苒都化作我們的集體記憶，留待我們去悉心發掘和細緻回味，更讓我們從中思考這個城市一直以來賴以生存的根本及其發展的真諦。

一座城市的記憶，就是城市的文化底蘊，也是展現其獨特個性的最好寫照。自從 2005 年「澳門歷史城區」成功申報成為聯合國教科文組織世界文化遺產之後，在政府和民間團體的共同努力下，社會逐漸形成了保護文化遺產、傳承優良傳統的意識和氛圍，認識到深藏於澳門記憶的文化是澳門持續發展的動力和源泉。特別是在保護有形的建築物之基礎上，強調無形的、非物質的文化遺產內涵，深入挖掘澳門文化的遺傳基因，例如風俗、習慣、民間文藝等等。澳門基金會在各界人士的支持和協助下，多年前開始大力挖掘整理澳門歷史檔案文獻，近年又組織編纂《十部文藝集成志書・澳門卷》、出版「澳門知識叢書」等系列本土歷史文化著作以及籌備「澳門記憶」網上平台，目的就是盡最大可能讓澳門的城市記憶得以全面保存、廣泛推廣和系統傳承，令澳門文化世代相傳。

舉辦「澳門中學生讀後感徵文比賽」的最終目的也是傳承文化。這是澳門基金會與澳門日報長期合作的一個項目，也是本會與社會團體和機構合作最成功的項目之一。二十多年來，一批又一批的中學生參加了此一徵文比賽，一批又一批的參賽者體會到寫作的樂趣後，又成為了「澳門文學獎」的得獎者，從而激發一批又一批的青年人走向了文學創作之路，令澳門文學隊伍不斷壯大、澳門文學空前繁榮。徵文比賽及其參與者和參與作品，不僅為城市留下了彌足珍貴的記憶，更成為我們這個城市記憶的一部分。

雖然在科技社會裏，記憶的儲存手段愈來愈先進，但我們必須承認，在信息泛濫年代，記憶變得愈來愈短暫，「記憶」本身的價值愈來愈不受重視。本屆比賽以「城市記憶」為主題，希望同學通過閱讀優秀讀物並抒發個人感想，激發他們思考「記憶」對認識自我、探索未來的重要性，從而增加他們的歷史厚重感和時代責任心，更好地了解自己從哪裏來、要到哪裏去，更具自信地面對將來的各種挑戰和考驗。從參賽、特別是得獎的作品看，我們欣慰地看到，澳門的城市記憶得到很大的共鳴，這種共鳴，在 2016 年澳門公共圖書館借閱圖書排名榜中《澳門編年史》排名第八這個事實中也得到旁證。由此，我們深深相信，澳門的歷史文脈將薪火相傳，澳門這道獨特的人類文明風景線將歷久常新，澳門的精神將繼續發光發熱。

（在第二十二屆「澳門中學生讀後感徵文比賽」頒獎禮上的致辭）

2017 年 4 月 22 日

小城故事

澳門素來被稱為「小城」，不但是她的面積使然，更多是因為在這裏人與人之間的關係密切，使這個「稱號」添上一絲絢麗的溫情和人文色彩。從一個小小的漁村，發展到今天中西並存、古今同在、傳統與現代相互輝映的現代化都市，澳門所經歷過的每一段時空，都留下一個又一個有待我們去發掘，去細緻回味的故事。這些故事，既是澳門彰顯獨特的城市魅力和城市精神的無窮泉源，更是歷來中外友人傾情澳門的主要原因。

尤其讓我們感到欣慰的是，即使今天的澳門已躋身現代化都市的行列，人與人之間守望相助的美德不但沒有褪色，還得以發揚光大。就以去年夏天，澳門遭受百年一遇的強烈颱風吹襲為例，面對這一嚴峻的考驗，社會各界和廣大居民充分發揮守望相助、同舟共濟、自強不息的優良傳統，自發行動，挺身而出，捐輸物資、接濟困弱，清理街區、恢復市容。相信在座的各位，多少都有投入過這個行列，其間出現的一個個感人的畫面和一樁樁動人的事蹟，充分彰顯了澳門閃亮的人性光輝和樸素的人間溫情。在這座小城裏，不但有你、有我、有他，一段段故事更是你的、是我的、是他的。

提到小城故事，相信在座的嘉賓一定聯想到鄧麗君小姐的同名歌曲。《小城故事》裏的歌詞，相當能描述澳門在過去和現在的一派景象：「看似一幅畫，聽像一首歌，人生境界真善美，這裏已包括。」舉辦「澳門中學生讀後感徵文比賽」的最終目的，也是為了講好澳門故事，抒發我們對澳門的一往深情。進一步說，本屆比賽以「小城故事」為題，目的是為了讓參賽同學了解到：小城的外形、面積雖小，但只要人間的溫情尚存，只要我們肯用心去發掘人性的真善美，這座小城——我們的共同家園的所在，也可以變得很偉大。而如畫如歌、「人生境界真善美」的景象，更要澳門的年輕一代好好把握，好好傳承，為的就是要把澳門精神進一步發揚光大，把屬於大家的澳門故事傳頌下去，並通過你們的文字，感染到更多的人。

（在第二十三屆「澳門中學生讀後感徵文比賽」頒獎禮上的致辭）

2018 年 4 月 14 日

回歸紀情

時光飛逝，屈指一算，澳門特別行政區在今年要慶祝她的 20 歲生日了。回想澳門剛回歸祖國之時，本地化的進程剛剛完成，城市的現代化也只是初步成形，社會經濟的奠基階段剛剛結束，接下來的總體發展方向卻有待探索。在這個基礎上，澳門還要面對公共財政緊絀、全球經濟疲弱，以至 SARS 疫情蔓延等內外因素所產生的種種困境，建設特區無疑是千頭萬緒，牽動着社會上下的心情。

慶幸的是，在社會各界的共同努力之下，澳門終能衝破重重的困難和障礙，在國家以至世界上找到了適當的角色，社會經濟面貌煥然一新，同時傳承過去優良的人文傳統，並把它們進一步發揚光大，使「世界遺產」與「創意城市」在這座小城和諧並列。澳門特區過去 20 年來所經歷的每一段時空，既有過去留下來的，也有在留下來的基礎上進一步發展的，更有過去沒有而到近期以至現在才冒起的。一路過來，我們分享過成功申遺、奧運聖火、港珠澳大橋通車等帶來的喜悅，也在 SARS、H1N1 流感疫情、「天鴿」風災等歷練中互相砥礪，共同成長。凡此種種，構成了一個又一個值得一代又一代人去頌揚、謳歌、反思、學習的故事，有待我們去發掘和回味。

為慶祝澳門特別行政區成立 20 周年，本屆比賽特別以「回歸紀情」為題，希望莘莘學子在澳門特區處於弱冠之年的關鍵時刻，通過閱讀優秀的作品，回顧澳門歷史的腳步，思考澳門未來的前途。尤其值得強調的是，參加本屆比賽的各位同學，都是在特區成立之後出生的一代，也就是澳門特區下一個二三十年的棟樑大柱。

作為長輩的我們，固然有責任把澳門的城市精神通過言傳身教傳承給後輩；而作為後輩的各位參賽者和獲獎者，你們也有責任在中華文化的光照下，把澳門的本土文化發揚光大，把屬於大家的澳門故事世世代代傳頌下去。你們的使命是高尚的，因為澳門的未來是你們的。

（在第二十四屆「澳門中學生讀後感徵文比賽」頒獎禮上的致辭）

2019 年 4 月 13 日

他鄉、家鄉、故鄉

最近有一齣以大城市做背景的熱播網劇，劇裏來自鄉下的男主角被調職到那座城市一段時間之後談論對當地的印象。他說：「我這輩子幾乎沒有離開過家鄉，完全想像不到在城市生活會是甚麼樣子。面對未知的事情，一開始還是會害怕的吧。這座城市既隨性又刺激，每天的表情也會時陰時晴，完全無法預測，但現在卻想去了解更多。」我們雖然不知道這位男主角對故鄉的情懷有多深，但從他的片言隻語中，仍然可以感受到他通過比較不同地方的生活體驗而使自己盡量適應新的生活，演繹出屬於他的生存之道。

至於劇裏的女主角是一頭「無腳鳥」，一直在那座城市長大，故鄉對她而言幾乎是遙不可及的事情。她曾經這樣說：「我因為是在城市出身的，所以很羨慕你們這些有故鄉的人。除了現在身處的地方，還有一個可以回去的地方，是一件很幸福的事情。」但當她在另一幕場景中看到城市的夜色之後，又說：「撇開自己是土生土長的城市人這一點，我也很喜歡這座城市。」後來她一走了之，而這一去也使自己成為了「有故鄉的人」，我們也相信當她一天選擇回去那座城市時，會像劇裏的其他角色一樣，感受到「有處可歸」——肉身有處容納、靈魂有處安放的幸福。

這些細膩的情節正好啟發我們對本屆比賽的主題——「我的故鄉情」的一些思考。我國自古以農業立國，要求人們要在固定的地方長期生活，久而久之形成了安土重遷的觀念，產生人們不應該輕言離開故鄉的想法。隨着現代工商業的發展，中國人也要漸漸學習和適應為原料和市場而奔波的生活方式，農業社會的既有文化觀念雖然因此受到巨大的衝擊，但家國同構的傳統文化使得血緣成為人們追求情感溝通和認同的重要基礎，並發展至以家庭為基礎，再通過宗族和鄉族而形成社會，再進一步建構出我們的國家。由此可見，家鄉是構成現代社會的中層建築，在農業文化始終是我國傳統文化的主導力量的推動下，對故鄉的情懷意味着對傳統的文化基因的思念，使人通過這種情懷而了解自己，了解周遭，了解世界。

在本屆比賽的得獎作品中，既有出自在澳門土生土長的同學之手，也有在澳門定居不久的同學的抒懷。不論各位得獎同學的背景如何，你們都是「有故鄉的人」，通過老師的循循善誘，你們漸漸學會傳統文化基因的主要內容，學會厚德盡善、和諧相處之道，並學會把這些美德應用在日常生活當中。無論你們的家鄉在廣東、福建、浙江還是南洋，無論你們的祖先是否很早已經在這裏落地生根，澳門都是你們現在生活的地方，是家鄉。當有一天你們為了升學或其他原因而離開這片土地的時候，澳門也成為了你們的故鄉，是你們在生命的重要時刻形成了解自己，了解周遭，了解世界的地方。人對事物和情景的情懷和留戀，只會隨着時間的遞增而逐漸變深變厚。你們在這片小城生活的點滴，隨着時間的流逝而化成記憶，再進一步昇華成為情懷，相信大家在二三十年後拿出自己的得獎作品再看一遍，一定會對自己的故鄉情有更深、更醇的感受，對自己、對周遭和對世界有更深入的理解，同時期望各位得獎的同學能繼續保持對閱讀的熱忱，讓自己的故鄉情懷能通過閱讀而帶來無窮無盡的自省和反思，不斷增強我們的家國情懷，使自己的故鄉情懷得以抒發，好讓身邊的人也能感受到「有一個可以回去的地方，是一件很幸福的事情」。

（在第二十五屆「澳門中學生讀後感徵文比賽」頒獎禮上的致辭）

2020年6月6日

認識灣區　融入灣區

粵港澳大灣區是近年提出的一個新概念，也是新時代中國改革開放的新引擎。粵港澳大灣區以五萬六千平方公里的珠江三角洲為腹地，是我國開放程度最高、經濟活力最強的區域之一，在國家發展大局中具有重要的戰略地位。

歷史上，粵港澳融為一體，同宗同源，同聲同氣，素有「廣州城、香港地、澳門街」的說法。從中原南遷的早期移民與古越族相遇交往，珠江三角洲的經濟發展自宋代以來漸見規模，形成以廣州世界貿易大港為中心、農業經濟和手工業經濟為依託的社會經濟格局。明代後期開始，珠江三角洲成為中國近代史上商品經濟和新興產業發展得最早的地區之一，具有獨特個性的廣府民系文化蔚然成型，成就了粵港澳大灣區的主流文化。

廣府民系文化既秉承中原文化以農業社會和儒家思想為根基的深厚傳統，也由於長期以來不斷與海外文化接觸交流，使得廣府民系視野開闊，較易接受外來事物，樂意學習、模仿和吸收外來文化，並與傳統文化相互比對，相互結合，一直以來憑藉「敢為天下先」的突出性格特徵而享譽全國。而珠江三角洲作為我國最早對外交流的窗口，使廣府民系文化的表現方式，往往成為西方人對中華傳統文化的第一印象，堪稱中華優秀傳統文化對外展示的樣板。

2019 年頒佈的《粵港澳大灣區發展規劃綱要》，銳意打造以創新為發展主軸，支持國家深化改革開放的世界級城市群，為港澳的持續發展提供廣闊的空間。澳門作為粵港澳大灣區的中心城市之一，既是區內世界旅遊休閒中心，更是中國與葡語國家商貿合作服務平台，以及以中華文化為主流、多元文化共存的交流合作基地。國家「十四五」發展規劃，又賦予澳門發展中醫藥產業、高新技術和特色金融的功能。在中央人民政府、港澳特區政府和灣區城市政府的大力支持下，在社會各界的共同努力下，近年來在人文灣區的建設上已取得相當的成績，尤其在文物古跡的修復、展示和活化方面進步驚人，成效顯著，灣區城市湧現出一批連繫中華優秀傳統文化精華和灣區人文精神內涵，並結合文化創意產業體系的街區和建築群。澳門的文化藝術也在這個空間佔有一定席位，鮮活地與灣區其他成員城市展開對話和交流，彰顯灣區精神。

澳門社會中的主流中華文化，因其地理位置使然而同樣以廣府民系文化為代表。儘管過去一年新冠肺炎疫情肆虐全球，但由於澳門和內地的疫情控制較佳，使我們比以往更加關注、更深品味澳門街頭和灣區城市，進一步感受廣府民系文化的脈絡與特性。從粵語到粵謳，從粵劇、粵曲到廣東音樂，從粵繡、廣彩到廣雕，從飲食文化、建築風格到陶瓷工藝，這些近在眼前的事物，都表現出悠久的歷史淵源和鮮明的個性，其內容之豐富、層次之縱深，雖然讓世人嘆為觀止，卻由於距離我們太近而極易被忽略。我們祈望，通過閱讀品味灣區，通過探析灣區文化，能喚起澳門青年學生對身邊的人、身邊的事、身邊的景和身邊的情多加關愛，培養出對鄰居、對社會、對灣區和對國家的關愛，使澳門在文化灣區建設中、在傳承中華優秀傳統文化中有更多的擔當、更大的貢獻。

（在第二十六屆「澳門中學生讀後感徵文比賽」頒獎禮上的致辭）

2021年4月24日

一本好書獻回歸

本屆賽事以「一本好書獻回歸」為主題，在選題上與過往相比可能有些不太一樣。用一本好書來作為慶祝澳門回歸祖國的獻禮，這件事本身足以考驗參賽者平時閱讀課外讀物的觸覺和功力，而通過雕琢讀後感的文字抒懷，又可以進一步給予參賽者反思澳門回歸以來的社會發展，發揮對澳門未來景象的無限想像，要處理好、平衡好兩者，實在並不容易。可喜的是，在我們收到的 508 份參賽作品中，不乏精闢佳作，而獲獎的讀後感作品，相信也可以為澳門回歸 25 周年的喜慶日子，呈獻出青年學子們的一份小小心意。

各位參賽者都是澳門特區成立之後出生的一代，未必經歷過回歸前後以至回歸初期的社會百態。通過閱讀澳門的出版物，以及長輩和老師的回憶，相信各位同學都了解到回歸後的澳門是處於歷史上最好的發展時期，原因在於回歸後澳門居民當家作主的意識和優良的人文傳統都得到充分的發揮。

在這裏，我冒昧向各位推介一本「書」，它的主要內容是這樣的：

有一座叫「澳門」的城市。一路過來，澳門人克服和突破了回歸初期公共財政緊絀、全球經濟疲弱和 SARS 疫情蔓延的困境，在國家和世界上找到了適當的位置，解放思想，勵精圖治，同舟共濟，守望相助，發揮「一國兩制」所長，使社會經濟面貌煥然一新。

一路過來，澳門人迎來了「澳門歷史城區」成功申報世界遺產，東亞運動會、葡語系運動會和亞洲室內運動會的成功舉辦，奧林匹克聖火的傳遞，澳門大學在橫琴建設新校區，港珠澳大橋和澳門輕軌系統通車，橫琴粵澳深度合作區投入運作，「澳科一號」順利升空等一個又一個既讓人引以為傲、又讓澳門可以飛得更遠的喜事。

一路過來，澳門人也接受過颱風、疫情等自然災害的歷練和洗禮。特別是近年的新冠疫情，不但給予我們互相砥礪、共同成長的機會，更讓我們深刻領悟到生命的脆弱和可貴，讓我們決意今後要做好充足的準備，凝心聚力，使澳門能更好地應對將來未知的挑戰。

這本滿載「澳門故事」的書，作者是你、是我、是他。我們每一天生活的點點滴滴，都是構成「澳門故事」種種細節的養分。這本書並不是一個人獨自創作的「天書」，而是由我們在中華傳統文化的滋養和澳門城市精神的感召下共同譜寫的。本屆賽事的得獎作品，固然能夠作為呈獻給澳門回歸的賀禮，但更重要的是，這些讀後感其實也為我們共同譜寫的「澳門故事」做了註腳，背後所帶出我們對澳門的熱愛和情懷，才是對慶祝澳門回歸祖國最有意義的獻禮。這是本屆賽事選用「一本好書獻回歸」為主題最大的意義所在。

（在第二十九屆「澳門中學生讀後感徵文比賽」頒獎禮上的致辭）

2024年4月20日

「澳門文學獎」的成人禮

本屆「澳門文學獎」和「我心中的澳門」全球華文散文大賽獲得文學界積極響應，參賽作品水平比過去亦有提升，足見澳門文學氛圍和文學創作更趨活躍。兩項文學活動從澳門到全球，以本土看世界，以世界觀本土，相輔相成，相得益彰，為廣大的文學愛好者搭建了穩定的交流平台，亦持續推動了澳門文學的發展與繁榮。活動的順利舉辦，與在座各位的參與和支持密不可分。在此，請允許我代表澳門基金會向比賽的合辦機構及各位評委、各位參賽者表示誠摯的感謝。

澳門是一個流動的城市。天南海北的移民，東來西往的人物，構成了這個城市色彩斑斕、跳躍閃爍的圖景。在這幅圖畫中，安分守己的人和瞬息萬變的事，美妙地組合出一串串畫面，吸引了無數文人騷客前來駐足，留下了許多優美的篇章。20 世紀 80 年代起，澳門當代文學逐漸興盛，一些標誌性的事件仍歷歷在目。1983 年《澳門日報．鏡海》文學版的創刊，開闢了文壇的第一塊陣地；1985 年澳門東亞大學中文學會「澳門文學創作叢書」的出版，是澳門文學集體意識的首次表露；1986 年澳門文學座談會的召開，呼喚出澳門文學的春天；1993 年澳門基金會和澳門筆會策劃兩年一度的「澳門文學獎」，至今已走過二十個年頭，250 篇得獎作品、126 位作者，厚重的四卷得獎作品集，見證了澳門文學的成長。2004 年首屆「我心中的澳門」全球華文散文大賽拉開帷幕，不知不覺亦度過了悠悠十載，不同地區數以千計的參賽作品和作者，90 篇得獎作品、71 位作者，印證了我們這個城市的迷人魅力。

在這兩個文學平台的基礎上，澳門基金會亦不遺餘力推動文學出版工作，陸續出版了澳門散文選、新詩選、現代詩選、當代劇作選、短篇小說選和文學叢書、年度文學作品選等。今年起，我們將與作家出版社合作出版新一輯「澳門文學叢書」，期望未來五年內推出 80 至 100 種澳門文學作品，描繪出澳門文學百花園的全景。

一個沒有文化的城市是一個沒有靈魂的城市，一個沒有文學的城市則是一個沒有靈氣的城市。澳門的文化，從來沒有得到如此重視；澳門的文學，也從來沒有受到如此的關注。從另一個角度看，澳門文化人、文學人也從來沒有像今天那樣感到任重道遠。今天的頒獎禮，是澳門文學獎的成人禮，行政長官、李主任、胡特派員以及眾多嘉賓與我們一起，見證此一時刻，不僅是對澳門當代文學發展歷程的一次回顧，也是對澳門文學隊伍的一次檢閱，更是對澳門文學的莫大鼓勵和鞭策。

澳門文學界沒有辜負大眾的期望，一代又一代文學人的文化自覺，喚醒了當代澳門文學的勃興；一代又一代文學人的默默耕耘，成就了當今文學繁榮的局面。澳門作家熱愛祖國，熱愛這片土地，熱愛生活，只要繼續保持創作的激情與熱情，拓展創作視野，磨煉寫作技巧，提升寫作水平，古老城市深厚的歷史文化底蘊及其人性光輝必將大放異彩，更加燦爛奪目。我們也熱誠歡迎海內外的華文作家多來澳門看看，將澳門的真、善、美傳頌四方；同時支持澳門作家多到內地和海外去採風，促進文學作品在題材、形式、風格等方面都有更新的開拓。澳門基金會願意與所有文學人一道，共同推動不同地區文學的交流與了解，搭建更多的發表平台，培養更多的創作人才，創作更多更好的優秀作品，更生動更鮮明地展現澳門的文化形象。

（在第十居「澳門文學獎」暨第五居「我心中的澳門」全球華文散文大賽頒獎禮暨《澳門文學獎十居得獎文集（1993-2013）》新書發行式上的致辭）

2014 年 4 月 27 日

澳門特有的無形遺產

常言道「人生有多少個十年」。「澳門文學獎」不經不覺已度過了它的兩個十年，而第十一屆賽事的順利舉行，標誌着它穩步進入了第三個十年。此時此刻，我們要深深懷念「澳門文學獎」的倡導人之一、剛剛去世的澳門筆會創會會長李成俊先生，以及前年離開我們的李鵬翥會長。沒有這兩位當代澳門文壇開拓者的長期堅守和大力扶持，「澳門文學獎」便沒有如今的普遍認同和廣泛影響力，澳門文壇便沒有今天繁榮的景象。

從「澳門文學獎」設立開始，它一直是澳門文學發展的重要平台，也是澳門社會變遷的見證者。一批又一批的文學創作者，或以小說、或以散文、或以詩歌、或以戲劇，把我們對時局困難的無奈徬徨、對回歸祖國和經濟復甦的熱切期盼、對經濟社會飛躍發展呈現出來的繽紛萬象，都一一忠實地記錄下來。歷屆參評和得獎作品，都比較真實地反映了時代風貌及其演變的脈絡。

時光荏苒，這些作品逐漸轉化成我們的共同記憶，從字裏行間，我們能一再感受到小城獨特的溫暖，能一再感受到澳門人的家國情懷和守望相助的精神，並在海內外讀者心中產生共鳴。久而久之，這些作品成為了澳門小城特有的無形遺產，而「澳門文學獎」作為本地文學創作的代表性殊榮，假以時日，得獎作品必將不斷地為澳門豐厚的歷史文化底蘊添磚加瓦。

澳門現正處於深刻轉型和調整的關鍵時期，我們有幸見證這個時代，參與此一變革。在這個變幻的時代，從文學創作的角度看，個人與群體之間、人類與自然之間的互動所產生的新現象、新啟發，為作家提供了源源不斷的靈感和題材。社會不停在變，但文學創作者對天、地、人的關懷卻始終不變，也不應改變，因為正是這種伴隨變化而產生極富感性的創作衝動，使一篇又一篇的優秀文學作品呈現在讀者面前，滋潤我們的心田，淨化我們的靈魂。

在這個變革的大時代，我們既要留住小城昔日獨特的溫情，更要藉着深刻轉型和調整的契機，重新認識我們的家園，重新規劃和展現我們對未來的期盼。為此，我誠懇呼籲澳門的文學創作者更好地挖掘歷史文化資源和現實生活題材，創作出更多更好的作品，不但使澳門文學的代際傳承延綿不斷，更要讓它在不同文化體之間流動、溝通，使澳門文學的內涵更豐富，表現方式更生動形象，令其影響力傳播遠方。

最後，再一次恭賀各位得獎者，並祝願「澳門文學獎」邁進更加豐盛的第三個十年。

（在第十一屆「澳門文學獎」頒獎禮上的致辭）

2016 年 1 月 10 日

文學增添城市的貴氣和韻味

共同承傳中華文脈、共同講好灣區故事、共同推動融合發展，是今年成立的「粵港澳大灣區文學聯盟」提出的倡議。「澳門文學獎」和「澳門文學叢書」及其精選版《美麗澳門》是澳門文學發展中具有指標意義的項目，我們將其頒獎和發佈儀式與「粵港澳大灣區文學發展峰會」一併舉行，一是與粵港澳大灣區的文學界分享我們的喜悅和經驗，二是表示我們對構建大灣區文學的全力參與。我們的目標是一致的，那就是建立大灣區文學和文化共同體。

「澳門文學獎」已經進入了第三個十年，凝聚了澳門文學界幾代人的心血，也在一定程度上促進了澳門文學今天的繁榮。而本屆評獎比以往有所突破，分設本地和公開組別，一方面繼續鼓勵優秀的本地文學創作，另一方面讓「澳門文學獎」的品牌效應擴展至其他地區優秀的華文文學作品，期待世界各地的文學家更加關注澳門、更多書寫澳門，謳歌澳門社會文化的奇特和澳門居民的人性光輝。由於這種開放性安排，本屆獲獎的文學作品比以往大幅增加，得獎者既有熟悉的臉孔，也有青年新晉。在此，我再次向各位得獎者致以熱烈的祝賀，更期望所有醉心筆耕的文學愛好者和參與者能夠再接再厲，創作出更多反映澳門獨特歷史文化和揭示新時代澳門發展種種面貌的佳作，就像今天發佈的第四批「澳門文學叢書」和《美麗澳門》一樣，將小城的真善美鮮活地展現在廣大讀者面前。

「澳門文學叢書」是我們塑造澳門文學群像的第二次嘗試。1999 年，澳門基金會與中國文聯合作出版了一套 20 卷的「澳門文學叢書」。2014 年，我們與中華文學基金會和作家出版社合作，推出全新一套「澳門文學叢書」，希望用10年時間出版100種，全面、系統整理出版不同體裁、不同風格的澳門當代文學作品，促進本土文學創作，令澳門城市的文化形象更加鮮明，並以此推動澳門文學回歸中國文學大家庭，擴大澳門文學的讀者圈和影響力。今年適逢澳門回歸祖國20周年，在合作機構的倡議下，我們出版了「澳門文學叢書」的精選本《美麗澳門》，作為文學界向澳門特區成立20周年的獻禮。

新時代的澳門，是參與粵港澳大灣區建設、融入國家發展大局、助力構建人類命運共同體的澳門。澳門希望在大灣區建設中發揮獨特的作用，作出應有的貢獻，並擴大自身的發展空間。澳門文學界也義不容辭，積極作為，爭取擔當先鋒隊的角色。事實上，在將粵港澳大灣區建設成為國際一流灣區城市群的過程中，文化建設是基礎。共同的文化基礎，是推動灣區建設的根本動力。而文化建設不能缺少文學界的全情投入，一方面促成大灣區內各成員城市共同的文化價值，另一方面夯實大灣區的對外軟實力和文化影響力。本屆「粵港澳大灣區文學發展峰會」，將集中討論共建灣區文學、建立長效合作機制、探索粵方言文學規律等富有特色和針對性的議題，相信對繁榮灣區文學創作、營造和諧灣區文學生態都會產生積極的影響。

一座沒有文學的城市是一座沒有靈氣的城市，一個缺少文學的灣區肯定也是一個沒有韻味的灣區。在今明兩天舉行的這場文學盛會，不僅是對澳門乃至粵港澳大灣區當代文學發展歷程的一次回顧，對澳門和粵港澳大灣區文學隊伍的一次檢閱，也是對澳門和粵港澳大灣區文學創作的一次動員。一代又一代文學人的文化自覺，奠定了當代文學的人文價值；一代又一代文學人的默默耕耘，成就了當今文學繁榮的局面。新時代要求我們有新擔當、新作為，也要求文學有新視野、新作品。澳門基金會作為「粵港澳大灣區文學聯盟」的支持單位，願意與所有文學人一道，共同謳歌我們的歷史，弘揚我們的文化，訴說我們的情懷，書寫我們的故事，進一步推動粵港澳大灣區文學的深度交流和了解，培養更多的優秀創作人才，創作更多更好的精品佳作，更生動更形象地展現澳門和大灣區的文化形象。我們更希望通過這些嘗試，讓本地、灣區城市和世界華文文學愛好者能互相切磋，互相砥礪，共同豐富中華文明的養分，為構建人類命運共同體，作出我們應有的貢獻。

（在第十二屆「澳門文學獎」頒獎禮、第二屆「粵港澳大灣區文學發展峰會」、「澳門文學叢書」暨《美麗澳門》新書發佈及座談會的致辭）

2019 年 9 月 23 日

這麼近　那麼遠

過去，橫琴對我們不少人來說，是「這麼近那麼遠」、若即若離的一個地方。蓮花大橋的通車，以及澳門回歸祖國，為澳門進一步與橫琴發展關係提供嶄新的契機。2013 年，澳門大學新校區落成啟用，是推動琴澳創新合作模式的一座里程碑，後來橫琴澳門青年創業谷、粵澳合作產業園等項目陸續落戶，琴澳合作逐漸形成規模。

2019 年頒佈的《粵港澳大灣區發展規劃綱要》，明確提出推進橫琴作為粵港澳深度合作的示範作用。2021 年，橫琴粵澳深度合作區成立，為澳門提供了促進經濟適度多元發展的新平台，以及便利居民生活就業的新空間。與此同時，通過琴澳協調發展，為豐富「一國兩制」實踐提供新的示範；通過琴澳共融發展，成為推動粵港澳大灣區建設的新高地。

合作區自成立以來，經過各方的不斷努力，已逐漸形成良好的發展趨勢，特別在高新科技領域，「澳門研發，橫琴轉化」已成為新常態。最近，粵澳兩地政府決定在橫琴共同建設中葡國際貿易中心，與在澳門籌辦的中國——葡語國家經貿博覽會（澳門）達至協同互補效應。由此可見，橫琴已成為澳門融入國家發展大局，促進經濟適度多元的一片廣闊腹地，是澳門第三次現代化的新引擎。通過橫琴，澳門連接國際、特別是葡語國家和海外僑商的平台作用，亦可以得到更精彩的發揮。

琴澳合作，是澳門融入國家發展大局的一個生動實例。當我們談及「融入國家發展大局」的時候，「大局」不僅是實現中華民族偉大復興的全局，還有共同參與應對世界百年未有之大變局的意思。在全球新冠疫情仍未完全受控的當下，不但是澳門，我們的國家以至全球都已經進入深度的社會經濟調整階段。對於澳門這個一直以來高度依賴博彩旅遊的經濟體而言，新冠疫情的警示和教訓特別深刻，催促我們加快步伐，以橫琴作為跳板，積極投身於蓬勃的國家經濟建設高潮中。本屆徵文比賽以「琴澳暢想」為主題，就是希望參賽者通過閱讀，想像琴澳的發展前景，進而細思祖國與澳門血濃於水、唇齒相依的關係。

今天同時舉行第十三屆「澳門文學獎」的頒獎儀式。澳門文學獎見證了澳門文學快速發展的歷史，也見證了澳門文學人才的成長過程。從本屆開始，「澳門文學獎」的參賽和評審方式有所改變，特別是設定投件數量和本地組中篇小說分兩階段進行。我們期望，通過這些改變，可達至培養更多本地文學創作人才，提升本地文學創作水平的效果，為澳門參與構建粵港澳大灣區文化共同體，講好「澳門故事」儲備充足的能量。同時，在澳門經濟社會進入深刻轉型期之際，期待文學界有更加敏感的觸角、深邃的觀察，真實記錄好此一轉變，並為澳門人提供更多的精神食糧，協助我們渡過深度調整的艱難時期。

澳門的繁榮，全賴祖國一直以來的支持，而祖國的復興大業，澳門必須全程投入，貢獻自己的力量。這需要在座各位同學和獲獎者在這方面有更深切的領悟，通過大家對近人、對社會、對灣區和對國家的關愛以及對人性的關懷，讓澳門人發光發熱，讓澳門在實現中華民族偉大復興的事業中能繼往開來，行穩致遠。

（在第十三屆「澳門文學獎」暨第二十七屆「澳門中學生讀後感徵文比賽」頒獎禮上的致辭）

2022 年 5 月 6 日

澳門文學是澳門文化的寶貴資源

——寫在第二批「澳門文學叢書」出版之際

去年北京國際圖書博覽會上，由澳門基金會聯合作家出版社、中華文學基金會出版的一套22本「澳門文學叢書」（以下簡稱叢書）首發，是澳門基金會繼1999年與中國文聯出版社合作在內地出版的首套20冊「澳門文學叢書」後的又一次重大嘗試，也是自澳門回歸祖國以來，澳門文學、澳門作家在內地再次集體亮相，是澳門文學真正走出澳門的里程碑式的標誌。叢書包括小說、詩歌、散文、評論四大體裁，涵蓋澳門老中青三代作家，年齡最大的九十歲，最小的作者是八零後，展現出澳門作家日益廣闊的文學視野和多元化的創作功力。

令人欣喜的是，這項意義深遠的出版合作項目並未就此止步，作家出版社以高效、優質的風格在今年又推出了第二批共21本的「澳門文學叢書」，依然是資深作家攜手新進作家，展現澳門作家在物欲喧囂中靜心觀照社會人生的人文情懷。叢書的出版，以及這些作者和作品，都是澳門文化的寶貴資源，在博彩業大發展的當下，可謂彌足珍貴。

二十年前，澳門基金會開始分別和《澳門日報》和澳門筆會合作舉辦「中學生讀後感徵文比賽」和「澳門文學獎」活動，旨在推動閱讀和鼓勵創作，建立和壯大澳門的讀者群和作者群，並希望以此為平台，使之形成一個承上啟下、相輔相成的有效的運作網絡。今天，我們可以欣慰地說，這兩項活動已經達到了預期的目的，不僅吸引了數以千計的讀者和作者參與，為澳門文學培養了一批生力軍，而且促使一批又一批佳作問世。在內地再度出版「澳門文學叢書」，實際上是上述兩項工作的接力和延伸。社會資源和文化資源都需要時日積累，叢書的出版，是從文學創作對澳門文化的一次充實，也是對其文化品格和審美價值的一次檢閱。

澳門有四百多年開埠的歷史，擁有豐厚的文化底蘊，需要文學工作者去挖掘深耕。回歸祖國後的澳門，面臨着新的機遇與挑戰，這也對澳門文學界提出了更新和更高的要求。澳門文學要創造更多的文化精品，還有賴於澳門作家們的不懈努力。文學是一方綠洲，是人類的心靈驛站；文學的目的就是要找到一座生命坐標、找到一個精神家園，追尋人的終極關懷。而文化資源的發掘和積累，更需要長期、持續不斷的投資、培育和推動，這需要全社會的理解、關心、重視、支持和共同努力。系列出版的「澳門文學叢書」，被譽為澳門文學新隆起的一塊高地，其厚重的文化蘊涵豐富了澳門文化資源，昭示着小城文學的春天正撲面而來。感謝作家出版社、中華文學基金會同仁的支持，感謝澳門新老作家們的努力！隨着澳門在國內、國際上的關注度日益提升，隨着澳門本土文學隊伍的不斷壯大，隨着「澳門文學叢書」的逐步擴容，我們相信澳門文學必將更加健康蓬勃發展！

（中國作家網）

2015 年 7 月 6 日

「給澳門的情書」
——「澳門文學節」談「澳門文學叢書」

澳門是個小城市，歷史上，從來沒有過高的理想，也沒有過高的期望。澳門居民一向安分守己，只求安居樂業，沒有太多追求，也不敢有太大的夢想。澳門作家更是長期默默耕耘，不求回報，淡泊名利。

然而，或許正因為她樸實無華的性格，受到無數旅居澳門的文人騷客的注視和謳歌，留存了無數優美的詩文。這些詩文，都傾注了作者對澳門的深情愛意，都是「給澳門的情書」。

可惜，澳門還是太小，特別是鴉片戰爭之後，逐漸被世人遺忘了，獨自成為一個世外桃源，「倚天照海花無數，流水高山心自知」。這些感人肺腑的「情書」，也猶如澳門這道美麗的人文風景線，長時間被掩藏起來了。

美是隱藏不住的。20 世紀 80 年代以來，特別是澳門前途問題被提上中葡兩國政府的日程上之後，人們再次發現了小城的美，深戀多時的「情人」終於走出深閨，塵封百年的「情書」也陸續呈現在讀者的眼前。可以說，在回歸祖國過程中，澳門才真正得到世人的廣泛關注。澳門回歸後，更逐漸發展成一個國際化的城市，澳門人、澳門事不再默默無聞，時常引起世人的目光。

澳門當代文學亦如是。20 世紀 80 年代以來，多個文學團體紛紛成立，宣示了對本土文學的關懷，加速了當代文學的發展。90 年代初，澳門基金會便與澳門日報和澳門筆會等合作舉辦「中學生讀後感徵文比賽」和「澳門文學獎」，一大批文學創作者脫穎而出，一大批文學作品相繼問世，將澳門當代文學推動到一個嶄新的繁榮階段。1999 年，澳門基金會與中國文聯出版社合作出版了一套20卷本的「澳門文學叢書」，受到文學界的好評。2012年，我們開始與中國作家協會屬下的作家出版社和中華文學基金會商議，籌備新一套「澳門文學叢書」，凝聚澳門作家，匯集澳門作品，展示澳門文學的新形象。在眾多作者的配合支持下，2014年第一批22種在北京國際圖書博覽會上首發，並同時舉辦「澳門文學座談會」，轟動一時。第二批21種和第三批13種也分別在2015年、2016年出版。我們的目標是在未來五年內，編輯出版到100部，整體呈現澳門的文學形象。

有人問，為甚麼選擇在北京出版「澳門文學叢書」？無疑，文學創作是個性化的，但文學作品卻是大眾的，需要讀者。澳門圖書市場不大，發行量和讀者有限。更為重要的是，澳門文學、至少中文文學是中國文學的一部分，回歸中國文學大家庭，回歸主流，與內地眾多作家和讀者親密交流，是澳門文學界的期望。再者，中國文聯出版社和作家出版社都是中國文學出版界的翹楚，可以大大提高澳門文學的能見度和澳門作家的知名度。事實上，新一套「澳門文學叢書」出版後，澳門文學在內地乃至整個華文文學界的聲名非往時可比，對澳門作家的認知度大大提升。

一個60多萬人口的城市，能夠有那麼多作家和作品，是一件令人興奮、令人鼓舞和令人驕傲的事情。這有賴於澳門文學愛好者長期不問寒暑堅持創作，有賴於澳門深厚歷史文化底蘊提供的豐富養分，也離不開特區政府的高度重視和各公、私機構的有力支持。

然而，我們並不能滿足於目前的狀況，澳門文學應該有更大的作為。過去兩年來，澳門基金會邀請澳門作家在十多所中學舉行講座，吸引了眾多學生的參與。澳門筆會也創新手法，以微電影形式宣傳澳門文學作品，頗受青年人歡迎。我們認為，澳門作家應該更加深入基層，澳門文學應該更走向民間，到不同界別去了解民情民意，尋找靈感，挖掘題材；同時，廣泛推介澳門文學，動員更多的同道，推動閱讀，推動寫作。澳門筆會今年成立三十周年，當義不容辭地承擔起此一重任。當然，最關鍵的是澳門作家還需深耕細作，根植歷史文化土壤，把握時代脈搏，了解社會現實，寫好澳門故事，創作更多佳作；澳門作家也需要更多的世界眼光和普世關懷，寫出引起更多人共鳴的作品，更好地對外交流、合作、宣導，將其影響力擴展至更遠的地方。

這不是夢想，只要持之以恆不懈努力，我們完全能夠到達目標。初初籌備「澳門文學叢書」的時候，許多人也不相信，可以編一套 100 部的叢書。五年之後，我們發現，看似遙不可及的路已經走了一大半。感謝「澳門文學節」的主辦方，給我們這麼一個機會，向國外文學界全面介紹和講述本土創作，盡訴當代作家對澳門這塊土地的心中情，踏出澳門當代文學走向世界的重要一步。我們期待，舉辦了六屆的「澳門文學節」逐漸發展成為一個對外推介澳門文學、中國文學的平台，成為中外文學交流的好舞台。我們更加期望，澳門不同語言的文學人可以攜手並肩，齊心協力，將澳門打造成為一個世界知名的文學城市，不負澳門歷史文化名城之美譽。

（在「寫給澳門的情書——澳門文學叢書」分享會上的致辭）

2017 年 3 月 12 日

三十而立　再上征程

——慶祝澳門筆會成立三十周年

今天，我們匯聚一堂，隆重慶祝澳門筆會成立三十周年。今天的聚會，不僅為了慶賀一個文學團體的生日，更為了祝賀澳門文學過去三十年所取得的矚目成就。

三十年前澳門筆會成立之際，適逢《中葡聯合聲明》簽訂，中葡兩國就歷史遺留下來的澳門問題達成解決方案，澳門前景從政治和法律上明朗化。一年後，正式進入政權交接的過渡期，澳門從此拉開當代史最波瀾壯闊的年代。澳門筆會見證了《基本法》起草和頒佈的全過程，也經受了回歸前經濟高低起伏和腥風血雨日子的考驗，更身歷了政權交接的歡欣和澳門特區成立的喜悅。

三十年來，澳門筆會參與了澳門當代歷史變遷最壯觀、最動人的每一個場景；三十年來，澳門筆會經歷了祖國改革開放的大浪潮和世界格局的劇烈變化。三十年來，以澳門筆會成員為主體的澳門作家，生活在此一大變革年代，生活在此一大轉型的地方，也創造了數量巨大和質量很高的文學作品，推動了澳門文學的空前繁榮，將澳門新文學推向一個嶄新的高峰。

萬山磅礴看主峰。站在這個高峰上回望，雖然歷史的悲情與激情已經漸行漸遠，但歷史的記憶和溫情卻彷彿在眼前：我們不僅要向近百年來眾多澳門新文學的創造者致敬，也深深懷念澳門筆會的創辦人梁雪予、李成俊、李鵬翥、余君慧、佟立章諸君；同時，感謝所有在艱苦歲月裏默默耕耘、用血汗和淚水築成澳門文學高峰的建設者。我們慶幸有這樣追求遠大理想的前輩和同道，我們慶幸生活在這個激盪人心時代，我們慶幸生活在這個美麗溫馨地方。是這些前輩和同道，給了我們莫大的精神引導和鼓勵；是這個時代，給了我們無限的創作靈感和衝動；是這個地方，給了我們文學取之不盡的養分和力量。

站在這個高峰上前瞻，前途十分寬闊，前景一片光明，但我們卻感到任重道遠：肩負五千年中華文明的深厚積澱，腳踏四百多年的城市歷史文化寶礦，澳門文學人怎樣在新時代創作更多更優秀的作品，講好澳門故事，弘揚澳門精神，以延續我們先輩的文脈、傳承我們的文化傳統、弘揚我們城市的光芒？三十年之後，下一代文學人回顧我們的創作的時候，會不會說我們這一代人將澳門文學又推上了另一個高峰？我想，只要我們放寬視野、磨練自己、深入生活、扎根傳統、謳歌時代，我們一定會再創高峰。我們應該有這樣的自信，我們應該有這樣的擔當，我們也一定會有這樣的榮耀。

繁榮文化、振興民族的號角已經吹響，我們整裝待發。澳門特區也發展到一個歷史的轉折點，即將進入一個全新的時代，為澳門作家提供了一個廣闊的舞台。澳門基金會過去是、現在是、將來也是澳門筆會的堅定支持者和忠誠同行者，一如既往地與澳門文學創作者一起，砥礪前行，共擔推動文學發展的歷史責任，同享文學興盛的偉大榮光。

（在「慶祝澳門筆會成立三十周年」暨「紀念李鵬翥文學獎」頒獎典禮上的致辭）

2017 年 10 月 29 日

文學的社會責任

今年是澳門回歸 20 周年，大家都在總結各個領域的成就。過去 20 年，澳門文學的進步是有目共睹的，澳門文學隊伍的壯大也是前所未有的。澳門文學的繁榮，有賴於全體作家的默默耕耘和共同努力，有賴於各位作家對社會責任的堅守。這種社會責任，體現在三個方面：一是對謳歌城市真善美的堅守。這是我們的家園，有我們的歷史文化積澱，有我們的民風民俗，有我們自己的傳統，而文學作為薪火相傳的重要載體，發揮了重大作用；二是對家國觀念的堅守。澳門與祖國同呼吸、共命運，榮辱與共，文學創作也必須反映澳門的主流意識，堅持此一核心價值；三是對開放包容的堅守。澳門是中國的，但具有相當的國際性，我們必須兼收並蓄，維護多元文化格局，為中國文學走向國際舞台扮演更加積極的角色。文學家履行社會責任，不僅促進了澳門文學的繁榮發展，也為「一國兩制」的成功實踐貢獻了力量。

2018 年是「粵港澳大灣區」進入實質規劃階段之年。這一年，港珠澳大橋通車，這是一件大事、盛事和喜事。大橋使珠江兩岸的粵港澳大灣區成員城市更緊密地連結起來，同時通過彼此的外溢效應而帶動本身的發展。就在社會思考「粵港澳大灣區」應該是怎樣的一個城市群的時候，往往會想到大灣區的經濟意義。在我看來，「粵港澳大灣區」不僅是一個經濟共同體，更應該是一個文化共同體，文學應該在構建大灣區文化共同體的過程中發揮首要作用。而澳門文學有條件成為粵港澳大灣區文化共同體的一名領頭兵，在新的舞台上大顯身手。澳門獨特的歷史文化環境，形成了「不同而和、和而不同」的人文性格，包容開放、兼收並蓄，這一文化特性是大灣區文學大交流、大合作、大發展、大融合所必須的，也是澳門在大灣區文學合作中的優勢所在。我們對此應該有充分的認識，並竭盡所能，將此一優勢發揮出來。

今年年初，粵港澳大灣區成員城市的文學工作者出於對建設文化共同體的自覺，推動成立了「粵港澳大灣區文學聯盟」，以「共同傳承中華文脈、共同講好灣區故事、共同推動融合發展」為目標，奠定和夯實大灣區共同的文化基礎，使之成為推動粵港澳大灣區建設的根本動力，從而形成成員城市之間的共同文化價值，及其對外的軟實力和文化影響力。9 月下旬，澳門基金會與澳門筆會、作家出版社、中華文學基金會合作舉辦第二屆「粵港澳大灣區文學發展峰會」，圍繞「推動地方文化建設，繁榮灣區文學發展」的主題，分享各地文學發展經驗，探討大灣區現代文學的發展走向、青年作家的培育，以及粵方言文學的現狀等，在交流互鑒中共同成長，共同進步，為大灣區文學的構建創造更好的條件。

收錄在《2018 年度澳門文學作品選》的小說、散文、新詩和詩詞，雖然大多以描寫和反思澳門本土風物面貌和社會現象為主，但字裏行間仍滲透出澳門包容開放、兼收並蓄的人文氣息，可以為粵港澳大灣區文化共同體的奠基和發展提供有益的啟發，為大灣區成員城市的文學發展提供養分。澳門文學界的創作視野也應該拓展，更加直接地參與到大灣區文學的建設中去。事實上，當前比任何時候都更需要文學界擔當起社會責任，守護我們的家園，增強家國情懷，擁抱祖國，擁抱世界。

如果港珠澳大橋用道路聯繫、連結大灣區成員城市是經濟的基礎建設，文學就好像一道橋樑，能把各城市居民的心連結起來，是文化的基礎建設。相信澳門文學界同仁一定會敞開胸懷，擁抱和投身大灣區，為把澳門建設成以「中華文化為主流，多元文化共存」的交流合作基地盡心盡力，促進粵港澳民心相通和大灣區文化共同體的形成，推動中國文學走向世界，為擴大中華文化的國際影響、構建人類命運共同體貢獻出澳門的力量。

（在《2018 年度澳門文學作品選》新書發行儀式上的致辭）

2019 年 11 月 17 日

疫情前後的文學創作

在2018至2020年這短短三年的時間，澳門和世界上其他地方一樣，走過了高山低谷。雖然澳門在這一場世紀疫情經歷過驚濤駭浪，猶幸安然渡過，但也足以喚起我們對生命、對生活態度、對周遭境況的種種反思，至少我們當前面對比以往更多的種種不確定、模糊和複雜。疫情下，人性裸露在公眾視野。一些在過去覺得是理所當然的事情，如今需要考慮的層次要多出很多很多。對「人生無常」，有了更加深刻的體會。如何理解人生、面對人生，如何克服今天的困難去迎接愈來愈難預測的未來，是每一個人都在思考的問題，也為文學創作增添了新的元素。

或許正是由於我們身處在非常時期當中，種種反思所帶來的「多愁善感」，使我們在文學創作的路線上也出現一些變化。這些變化，對於提升澳門文學創作的質量，無疑能產生積極的引導作用。收錄在本期《澳門文學作品選》和《澳門演藝評論選》內的小說、散文、新詩、詩詞和演藝評論，便不乏對過往虛幻世界的揭露，以及天災下人生的無常，但更多的是對各界抗疫的英勇和奉獻謳歌讚揚。用文字譜寫出一篇又一篇彰顯人性光輝的篇章，讓讀者看見黑暗中的一道光，讓讀者積極面對和克服當前的困境，為疫後的新世界帶來憧憬的希望。

由於疫情的原因，本期《澳門文學作品選》和《澳門演藝評論選》的徵稿工作也受到一定的影響。除了向各位主編付出的額外辛勞表示感謝之外，更要向過去十年一直為《澳門演藝評論選》擔任主編的周凡夫先生表達懷念之意。周凡夫先生過去四十多年筆耕不斷，為海峽兩岸暨香港、澳門藝壇寫下大量扎實的音樂和文藝評論，見證了澳門文藝界從無到有、從有到精的發展歷程，他的隨和性格更廣為文藝界稱許。周凡夫先生於今遽逝，不但是《澳門演藝評論選》，也是海峽兩岸暨香港、澳門文藝評論界難以彌補的損失。讓我們靜默片刻，向周凡夫先生致以崇高的敬意。

展望未來，疫後世界隨着疫苗的普及而逐漸成為現實，抗疫常態化也使文學和演藝呈現出嶄新的表現方式。這需要文藝界同仁更多更好地發揮觀察力、想像力和創作力，為在疫後的世界講好澳門故事儲備能量。而隨着粵港澳大灣區進入實質建設階段，隨着橫琴粵澳深度合作區的成立，大灣區文化共同體的構建也將進入實務階段。我們倡導，以構建粵港澳大灣區文學為切入點，築造文化灣區的共同精神家園。可以預期，澳門文藝界將比以往更要積極講好澳門故事、投身發展大灣區文學、打造粵港澳大灣區文化共同體。為此，讓我們一起攜手，擁抱和投身人文灣區，促進民心相通，為弘揚澳門獨特的人文價值，為推動中國文化走向世界，貢獻出澳門的力量。

（在《2019-2020 年度澳門文學作品選》暨《2018-2020 年度澳門演藝評論選》新書發行儀式上的致辭）

2021 年 11 月 7 日

澳門文學根植於多元文化環境

我們知道，文學是一種以語言文字為媒介的藝術表現，從小說、散文、詩歌、劇本，到文學技巧、手段和批評，各種各樣的文學創作所反映的是個人的體驗與想像以及它們與群體和主客觀社會現象之間的錯綜複雜關係，是文化的重要載體。通過文學創作，創作者的情緒和感觸得以抒發和釋放，而通過讀者的欣賞，進而觸動他們的情感，實現創作者與讀者主觀情感的對話，也使文學的發展進一步與人類文明的發展和進步緊密地聯繫起來。

澳門由於她的歷史和地緣關係，成為近代史上中西文化最早交匯的地方。自明中葉以來，中外文人墨客相繼來到澳門或附近地區遊歷旅居，所見所聞，無不觸動他們的情感和靈感，在諸多文學佳作中留下這些感懷的蹤跡。例如湯顯祖所作的《香嶴逢賈胡》，便反映出他首次遇見西方商人的驚喜，在《牡丹亭》中以佛學的宗教標記代指澳門天主教傳教事業的蓬勃景象，如今已成為澳門城市發展初期社會面貌的生動寫照。另一方面，葡萄牙詩人卡蒙斯遊歷東方所作的《盧濟塔尼亞人之歌》的部分情節，通過紀念建築的描繪而早已深入澳門民間，也成為澳門城市文化標記之一。

及至清代，吳歷創作《澳門雜詠》三十首，其中「一曲樓臺五里沙，鄉音幾處客為家。海鳩獨拙催農事，拋卻濠田隔浪斜」，生動地反映出當時澳門商埠的地位以及在經濟上對海外貿易的倚重。後期在澳門長期生活的葡國詩人庇山耶所創作的《滴漏》，更在葡萄牙文學史上被視為象徵主義詩歌的典範，對20世紀葡萄牙的現代主義詩歌創作產生了巨大影響。

進入 20 世紀，澳門文學邁進百花齊放的繁榮年代。中文、葡文以至「土生葡語」文學都取得長足的發展。以創作舊體詩詞為主的「雪社」，與民國幾乎同齡，雖然只是一個由五六個人組成的雅集，沒有嚴密的組織，也稱不上是甚麼「社會團體」，但它作為澳門文學史上第一個以本地居民為骨幹的文學團體群落，對澳門詩歌發展的貢獻顯然是突出的，影響也非常深遠。1930 年代，澳門出生的詩人華鈴（原名馮錦釗）在上海發表了大量的新詩和譯作，在抗戰時期名噪詩壇。1960 年代「紅豆文社」的成立，既標誌着進步文學與澳門文學合流，也為文學創作題材本土化、更多地反映澳門基層社會現實提供了不可多得的平台，奠定了日後澳門現代文學蓬勃發展的根基。葡裔社群在同一時期也湧現出一批既反映族群生活、又反映對種族文化和平共處的期盼，例如江道蓮、飛歷奇、飛雅德、高美士等。

澳門在 1976 年開始進入社會制度本地化的歷史新階段，並隨着中葡兩國順利解決澳門前途問題而使其進程深化。不少澳門的居住人口從逗留的觀念逐漸演變成定居，各項社會設備的建設和落成，使澳門的不同群體有了共同相處的空間和溝通的機會，造就了澳門本地造型藝術、文學創作、歷史研究和出版方面自 1980 年代開始蓬勃發展。在這段時期成立的「澳門筆會」，目前是聯繫團結澳門文學創作者的重要平台，在構建澳門本地身份認同的過程中，發揮總結經驗、鞏固記憶、提煉精粹、充實內涵的作用。澳門基金會在 1990 年代初與澳門筆會和《澳門日報》合作，設立的「澳門文學獎」、「中學生讀後感徵文比賽」、《澳門文學作品選》徵稿活動，十多年前與文化局合作出版《年度澳門文學作品選》，以及由其他文學團體舉辦的「澳門文學節」、文化部門開設的「澳門文學館」等，更為儲備澳門文學創作人才提供平台，為進一步發展和繁榮澳門文學事業創造條件。

隨着澳門回歸祖國的大家庭，在主權治權合一符合澳門社會結構和時空框架的條件下，本地文化以中華文化為主流、多元文化並存的特性既是社會現實，也成為澳門社會的普遍共識，融入國家發展大局更成為當前澳門社會的奮鬥目標之一。具體而言，隨着粵港澳大灣區進入實質建設階段，隨着橫琴粵澳深度合作區的成立，大灣區文化共同體的構建也將進入實務階段。可以預期，澳門文學藝術界將比以往更積極地講好澳門故事、投身發展大灣區文學、打造粵港澳大灣區文化共同體。

從澳門文學發展歷程可見，儘管澳門文學根植於多元文化環境，但更為重要的是，澳門的命運和國家的命運是休戚與共、息息相關的。過去，我們把澳門文學視作海外華文文學的一部分，通過這個角度探討歷史上澳門的文學現象，本身有一定的現實需要，也具備一定的科學性。然而，隨着澳門和內地兄弟省市在發展歷程中產生愈來愈多的共同經歷，澳門文學已奠定了與過往不同的社會基礎，其發展方向也被賦予一層嶄新的社會意義。澳門文學回歸祖國文學大家庭，作為中國文學的一個組成部分，已經具備充足的條件和說服力。對澳門文學的研究，也應該按照其歷史語境和社會現實，更多地從中國文學的視角加以剖析，既可鞏固澳門主流社會在回歸後對澳門歷史和社會論述的話語權，也使「和而不同，群己合一」以及愛國愛澳的價值觀作為澳門社會的磐石進一步得到鞏固，強化澳門社會的政治共識和中華民族共同體意識。

兩岸同胞同屬中華民族，都是炎黃子孫。廈門大學成立台港澳作家研究中心，將有助於促進台灣、香港和澳門地區的作家和文學作品的研究，對加強海峽兩岸暨香港、澳門的文化交流也將有莫大的助益。台、港、澳文學的發展壯大，必將促進中國文學的繁榮，而中國文學也可以利用台、港、澳的特殊地位和作用，更好地推動國際傳播，擴大國際影響力。借此機會，我也衷心期待，海峽兩岸暨香港、澳門文學理論界的先進友好更多關注澳門文學，更好地發揮澳門的作用，在打造粵港澳文化共同體和繁榮中國文學、增加中國文學國際話語權的道路上出謀獻策，助力澳門文學更積極地發揮講好澳門故事、講好中國故事的天職，為增強中華民族共同體的意識發揮更大的作用。

（在廈門大學「台港澳作家研究中心」成立儀式上的致辭）

2022 年 10 月 29 日

三 悅讀澳門

繼往開來　走出濠江

——《創作與批評在此相遇——澳門文學十五年回望》序

2014 年是祖國 65 周年華誕，又適逢澳門回歸祖國 15 周年的大喜日子。普天同慶，文學界當然不會也不能缺席。的確，2014 年是澳門文學界歡樂豐收的一年。

就在這一年的春天，我們不僅在魯迅文學院的支持下開辦了首屆澳門作家寫作班，還隆重舉辦了第十屆澳門文學獎的頒獎禮，出版了十屆文學獎的得獎文集，對澳門文學過去二十年的發展歷程進行了一次全面大檢閱；夏天，「澳門文學叢書」第一批 22 冊在北京圖書博覽會中國作家館首發，中國作家協會高度重視，引起內地讀者、評論界和傳媒的廣泛關注；冬天，「創作與批評在此相遇——澳門文學十五年回望」文學研討會召開，本地與內地作家、評論家面對面坦誠交流，共同理性探討澳門文學作品的得與失。無論是活動的頻率還是深度，2014 年注定是澳門文學史不平凡的一年。

不平凡的意義有三層。首先，是繼往開來，即澳門文學逐步從旅居文學走向了完全的本土化。澳門文學史可以追溯至明代開埠時，並且有許多膾炙人口的優美詩文存世，這也成為澳門城市文化的重要積澱，但本土化的過程不僅起步晚，步履亦蹣跚。即使從《紅豆》開始，也不過幾十年的歷史。快速的成長，是近二三十年的事情。大量本土作者，特別是年輕作者的冒升，大量本土作品的面世，見證了這段時期的文學繁榮。一個老、中、青相結合的作者隊伍的形成壯大，為澳門文學本土化進程增添了動力和活力。

其次，是走出濠江。如果將 1999 年澳門回歸祖國之際中國文聯出版社出版的第一套「澳門文學叢書」（20 卷）作為揚帆點，那 2014 年由作家出版社出版的新一套「澳門文學叢書」（首批 22 本，今年再有 20 多本面世）則可視為澳門文學進入了乘風破浪的航程。新一套「叢書」收入作家範圍之廣、受關注程度之高、受點評之深，都是前所未有的。可以說，這一年是澳門文學全方位整體衝出濠江的標誌性一年。澳門文學走進中華大地，是走向世界的第一步，將產生深遠的影響。

第三，在繼往開來、創造繁榮和走出濠江、引人注目的基礎上，進一步推動了澳門文學批評和自我批評氛圍的形成，促進了澳門文學的開放性。他者的目光，不僅將推動當代澳門文學的更加健康成長及其創作水平的更加快速提升，真正意義上文學批評的構建，還會改變澳門文學的生態，促進開放性的生成，使其與澳門文化的開放性、包容性更好地契合。而一個更加開放的環境，可以令澳門文學更好地吐故納新，令澳門文學隊伍更加強大，令澳門文學作品更受世人矚目。我想，這也是眾多文學創作人的期待與夢想。

在過去的一年，我們同時見證了澳門文學本土化和開放性的成長。充分的本土化，為開放堅定了信心；而開放的環境，又可進一步鞏固本土化。在我們看來，本土化和開放性是澳門文學持續繁榮的必要條件。具備了這兩個條件，才能真正講好澳門故事，傳頌澳門故事，使澳門文學在中國文學、世界文學舞台上扮演一個更加積極、更加顯著的角色。

飲水思源。澳門文學有今天繁榮的局面，是一代又一代文學創作者默默耕耘的結果；澳門文學有今天清晰的群像，也有賴於天南海北有心人不遺餘力的無私推動。結束此文時，我們不能不向眾多關心、協助澳門文學發展的朋友致敬，特別是緬懷去世不久的李鵬翥先生。他是《澳門日報》文學專版「鏡海」和「澳門文學獎」的倡導人之一，也是《澳門文學獎十屆得獎文集》的主編之一，在組織編輯「澳門文學叢書」時，他更給予了莫大的鼓勵和幫助。作為當代文學人，應該向他學習，敞開胸懷，包容共濟，互相學習，守望相助，再創澳門文學的新輝煌。

2015 年 3 月 13 日

《我心中的澳門——全球華人看澳門》序

澳門基金會一直不遺餘力推動澳門文化的發展。文學作為文化的重要組成部分，自然也得到特別的眷顧。自20世紀90年代初以來，我們就與《澳門日報》和澳門筆會等機構合作，舉辦「讀後感徵文比賽」和「澳門文學獎」，鼓勵和支持澳門文學創作和出版，並與內地出版社聯手，組織出版「澳門文學叢書」，全面促進本土文學的發展。

「我心中的澳門」也是澳門基金會繁榮文學創作的其中一項重要舉措。我們一直認為，澳門文學由本土創作和外地有關澳門的書寫組成，而且後者起源更早、影響更廣、作者群更大，不少還是廣為流傳的名篇佳作。我們和百花文藝出版社《散文海外版》雜誌聯合推出「我心中的澳門」全球華文散文大賽，就是為了傳承此一文脈，從另一方面豐富澳門文學的內涵，拓展澳門文學的邊界，傳播澳門文學的意義，張揚澳門文學的開放性。

事實證明，我們的嘗試是成功的，所取得的成效遠遠超出了預期。一方面，「我心中的澳門」全球華文散文大賽促成了澳門文學獎增加了公開組，大大擴展了徵稿範圍，為澳門文學發展開闢了一條新路；另一方面，該項比賽吸引作者和讀者之廣、應徵作品之多和水平之高，出乎意料之外。不少知名作家也紛紛響應，為澳門文學添磚加瓦。呈現在讀者眼前的這本書，就是從歷屆徵文比賽獲獎作品中精選出來的佳作。

我們時常在想，是甚麼吸引了眾多文人雅士對澳門蕞爾小城的目光？又是甚麼魅力迷倒他們大書特書澳門的前世今生？我們曾經說過，在同等規模的城市裏，沒有哪個城市比澳門擁有更多的歷史檔案和文獻資料，而且這些檔案文獻語種之多、散佈之廣，令人驚嘆不已。到底是甚麼，迷戀着世人對澳門的關愛？

是她的光輝人性，是她的無疆大愛。澳門是一個移民城市，來自不同地方、鄉音不一、禮俗相異的人們，不同而和，和而不同，「但求安居便死心」，守望相助，同舟共濟，齊心協力守護耕耘着這塊土地；對不斷湧入的新移民甚至因天災人禍逃至的難民，時刻伸出援手、展示愛心，無論這些人是去是留，都心存感念，親情綿綿。

是她的本真人性，是她的默默溫情。率真樸質、從不矯情的城市個性，不僅令澳門在風雲變幻的歷史演變過程中處變不驚，坐看風舒雲卷，靜候雨過天晴，也令來自天南海北的商旅人士流連忘返，充分釋放，自由發展，久而久之，「倚天照海花無數，高山流水心自知」，澳門遂成溫柔之鄉、世外桃源。

是她的家國情懷，是她的絲絲鄉愁。無需張揚，不必展示，在她的靈魂深處，在她的血液裏，哪是家，哪是鄉，哪是國，一清二楚，容不得半點虛假，容不下半點雜質。在國家需要的時候，無論興衰，旗幟鮮明，理直氣壯，全心投入，全力以赴。尤其是在民族危亡之際，赴湯蹈火，在所不惜。拳拳中國心、深深民族情，表露無遺。

是她古今同在的人文景觀，是她中西並舉的精神風貌。彈丸之地，與國運世情息息相關，絲絲入扣。鄉土氣息，居然沾染着國際胸懷和高尚情操。看似不起眼的景物，原來有那麼多的故事；看似不相干的事情，原來有那麼大的關聯。一磚一瓦，一草一木，都會給人無限的遐想；許多不協調的東西，放在一起，竟然顯得那麼和諧。世界文化遺產的美譽，果真名不虛傳。

最為難得的是，這一切，都生動反映在當下的澳門社會實踐中，都真實體現在澳門人的日常生活裏，成就了澳門的品格和韻味，成為了澳門城市的脈搏，成為了澳門文化的基因，薪火相傳，生生不息。即使發展到今天的新城市新時代，澳門的傳統還如影隨形，清晰可見。我們也衷心希望，我們的城市、我們的居民珍惜、愛護、傳承、弘揚我們的文化財富，為特區發展、國家進步、民族復興、人類和平貢獻綿薄之力；我們更加期待，澳門的朋友們可以像本書的作者那樣，一如既往關愛澳門，真心實意支持我們，集結更大的力量，充分發揮澳門傳統的作用，放大澳門文化的光芒，照亮更多的人。

2019 年 12 月 6 日

《第十四屆澳門文學獎得獎作品集》序

澳門文學獎作為一個鼓勵澳門文學創作、推動文學發展的平台，已經進入了而立之年。自從舉辦以來，澳門文學獎得到了廣大澳門文學愛好者的積極響應、支持和參與，設立公開組之後，也得到了海內外文學工作者的踴躍投稿參評，在這個意義上，澳門文學獎不僅系統推動、見證、參與了澳門文學的發展繁榮，也明顯增加了澳門文學和城市文化形象的能見度和影響力，令人振奮鼓舞，我們也倍感自豪驕傲。

回想 1993 年春夏之交的某一天中午，我約請澳門日報李成俊社長、李鵬翥總編輯、澳門筆會陶里理事長和澳門大學中文系李觀鼎教授在國際銀行四樓海洋酒樓一起餐敘，試探性地提出設立澳門文學獎和讀後感徵文比賽的構思。出乎意料的是，他們很爽快就答應支持。那時候，澳門基金會給人的印象就是管理澳門東亞大學的機構，在社會上的知名度並不是很高。事實上，因為澳門東亞大學、澳門理工學院[1]和亞洲國際公開大學於 1991 年相繼成立，澳門基金會在高等教育領域的主要任務已經完成，正要轉型，尋找新的發展方向。我們除了推動與內地交流和中葡合作之外，也試圖更多參與澳門的學術文化事業。這次聚會，打開了與本地文化機構和社團的緊密合作之門，也找到了合作的有效路徑和模式。這兩個獎項就這樣應運而生，不知不覺，已經歷了 30 個寒

1　澳門理工學院於 2022 年 3 月 1 日更名為澳門理工大學。

暑，並且成為文學界的知名品牌，李成俊、李鵬翥、陶里三位澳門文化界的前輩如果泉下有知，也應感欣慰。如今，海洋酒樓已不復存在，但我們在澳門文學獎三十而立之年，必須飲水思源，對三位前輩致以最崇高的敬意，不僅因為這個獎項的設立，更因為他們畢生為澳門文學所作出的巨大努力和傑出貢獻。毋庸置疑，他們是澳門當代文學界中最突出的「開荒牛」和奠基者。

澳門本土當代文學發軔於 1950 年創辦《新園地》，其真正興盛當始於 1983 年《澳門日報・鏡海》純文學版的創刊。1986 年和 1988 年兩次澳門文學座談會的召開，是澳門文學界集體意識的全面覺醒，大大激發了本土文學創作的熱情。澳門文學獎的設立，則為這股熱情的抒發創設了一個更大的平台。隨後，澳門基金會編輯出版的澳門文學「八選」——《澳門離岸文學拾遺》（上、下冊）、《澳門當代詩詞紀事》（上、下冊）、《澳門短篇小說選》、《澳門散文選》、《澳門新詩選》、《澳門文學評論選》（上、下編）、《澳門當代劇作選》以及《澳門現代詩選》（上、下冊），並在澳門回歸前夕，與中國文聯出版社合作出版了一套 20 卷本的「澳門文學叢書」。回歸後，又與作家出版社和中華文學基金會聯手出版了一套全新的「澳門文學叢書」，目前已經出版了 66 冊，還有 13 冊今年推出。同時，我們又從 2011 年開始與文化局合作出版年度文學作品選和演藝評論選，如今已分別出版了 11 冊和 4 冊，其他機構和社團也出版了很多文學期刊和作品。至此，澳門當代文學全貌的脈絡和輪廓已基本清晰，澳門文學界的群像也樹立起來了。

澳門回歸 25 年，是澳門歷史上發展最快最好的時期，也是澳門文學最活躍最繁榮的時期。我們有幸成為這個激情澎湃時代的見證者和參與者，更有幸成為這個翻天覆地時代的記錄者和書寫者。澳門的文學不僅書寫小城的景物事件、社會變遷和人情世故，已經逐漸將視野拓展到更大的時空，將城市的命運與國家和世界命運更加緊密相連，澳門文學作品的讀者也擴展到中原大地，不少優秀作品還翻譯成外文出版。一句話，澳門文學創作大大豐富了澳門文化的內涵和市民的精神生活，令城市的文化形象、韻味更加親近、可愛、鮮活，也大大促進了人們對澳門文化的了解和認知，增強了澳門文化的知名度和傳播力，澳門作家也成為了澳門這個偉大時代的積極建設者和貢獻者。

當然，與其他城市相比，澳門文學雖然綠草成蔭，生意盎然，但我們必須承認，還缺乏標杆性作品和標誌性作家，我們期待，在澳門這片擁有豐富歷史文化底蘊和充滿人性光輝的沃土上，有一天參天大樹拔地而起，創造澳門文學耀眼的高峰，照亮更多的人。我們相信，如果我們繼續保持旺盛的創作熱情，追尋歷史，探究文化，深入民間，緊跟時代，這一天一定會到來。

衷心感謝澳門文學獎過去 30 年的所有合作者、支持者、參與者，祝賀所有的得獎者，因為你們才有澳門今天的文學盛景，因為有你們才有文化澳門的未來。願我們齊心協力，一如既往做好文學百花園的園丁，用心栽花種草植樹，共同迎接百花齊放的新時代；更盼百家爭鳴中，長出參天大樹，為文學立碑，為澳門爭光，為國家建功，為文明添彩。

2024 年 11 月 6 日

傳承歷史，貫通未來

——《人居澳門：五星照耀下的蓮花》序

中國現代社會學和人類學的奠基人之一費孝通教授在題為《人文價值再思考》的演講中，曾對人類的未來提出了著名的十六字願景：「各美其美，美人之美，美美與共，天下大同」。「各美其美」就是不同文化中的不同人群對自己傳統的欣賞；「美人之美」就是要求我們去了解和接納他人的文化優勢和美感；「美美與共」就是不同人群在人文價值上取得共識，從而達至和平共處的「天下大同」的境界。不同文化唯有通過不斷的對話，在溝通中互鑒欣賞、取長補短，才能創造出引導人類命運通向和諧共生的共同價值，這也是當今構建人類命運共同體的過程中所提倡和必需的。

「各美其美，美人之美，美美與共，天下大同」不但反映出中華文化並收兼蓄、有容乃大的一貫精神，也反映出長期以來中國人民把中華文明實踐的智慧融入和貢獻人類文明積極發展、豐富中華文明自身內涵的善意願望。環顧中華大地，最有可能率先實現費孝通教授願景的地方之一就是澳門——中國一顆璀璨的文化明珠、中華民族珍貴的文化財富。

澳門地方雖然不大，也沒有很優厚的自然地理條件，但作為東西方文明交流互鑒的平台和橋樑角色已維持了好幾個世紀，從未間斷。今天的澳門，擁有古今同在、中西並舉的深厚歷史文化底蘊，積累了各美其美、美美與共的豐富文化交流互鑒經驗，締造出不同而和、和而不同的良好社會環境，構建出你中有我、我中有你的獨特話語體系，不但成為澳門關鍵的軟實力，也是中華文化軟實力通往世界、讓世界認識中華文化真實面貌的典範。澳門的歷史文化特質和精神不但反映在有形的歷史建築之上，也體現在各式各樣的風俗習慣之上。這些歷史建築和風俗習慣，通過國際、國家、特區和民間多層次、全方位地使澳門的當下能連繫過去，也盡最大力量把它們貫通到未來。

單霽翔教授長期參與國家城市規劃和文化遺產保護工作，見證了我國從單純的文物保護，通往奠基和構建中國特色文化遺產保護體系，再由此進一步推進文化遺產承先啟後、傳承發展這一段殊不簡單的歷程。他在國家文物局局長任內直接參與「澳門歷史建築群」（後正名為「澳門歷史城區」）申報為聯合國教科文組織世界文化遺產前後的全過程；在出任故宮博物院院長後，成功帶領博物院走進社會，又從提升人文素質出發，注意文化和旅遊互補關係的有機結合，以故宮博物院為起點，實現文化旅遊在神州大地開花結果，是改革開放進程的直接參與者，也是弘揚傳承中華優秀傳統文化事業的重要開拓者。單教授退休後仍筆耕不斷，三年間完成撰寫十多本著作，又粉墨登場，亮相《萬里走單騎——遺產裏的中國》、《老單走東城》等膾炙人口的電視節目，更一直為「北京中軸線」申遺而奔波。「擇一業，終一生」是他的事業座右銘，在在赤子之心，實為吾人敬仰。

本書《人居澳門：五星照耀下的蓮花》，對澳門的建築和非物質文化遺產做了一次系統性的檢閱，集知識性、學術性和專業性於一體。本書既可被視作普及入門讀物，也可被視作學術研究著作，尤其披露澳門申遺的具體經過，以及在成功申遺後澳門特區在中央政府的關懷和支持下，對維護歷史城區景觀、彰顯其突出的普遍價值方面所作出的不懈努力，及其獲得國際社會認同的經過。與同類書籍相比，《人居澳門》具有很不一樣的參考價值，生動的文筆和嚴謹的措辭，對概念傳達和事例佐證的並重，以至深入淺出的敘事手法，都使人讀起來感到特別暢快，也充分反映出單教授心思縝密的素有個性。

從經濟社會發展的角度看，中西文化薈萃的人文優勢，不但是澳門鞏固其作為「國際大都市」地位的必要條件，也是建設「人文灣區」、構建粵港澳大灣區文化共同體必不可少的構成元素。一直以來，如何平衡經濟社會的發展和城市特色的保存，是每一座都市必須面對和處理的課題，對於身處發展轉型期的澳門而言，這個課題更見突出。從單教授以下的這段文字，不但可以感受到他為保存澳門城市文化特色而提出的誠懇心意，也讓我們不得不讚嘆他在這方面敏銳的洞察力：

> 澳門的城市文化特色，與澳門早期發展及不同時期的建設共生，並逐漸變得鮮明而豐滿，這些成長信息被大量地保留和記錄在了澳門城市之中，它們既是城市的文化積澱，也是城市的文化載體，更是城市的文化起點。作為世界文化遺產城市的澳門，正是依賴於文化傳承才形成鮮明的城市特色，而城市特色一旦形成，就是無法再生的資源和財富。任何城市的繁榮與發展，都是以先人創造的城市特色為依據進行再創造的過程。如果城市丟失了文化特色，就是丟失了最為巨大的財富和最為珍貴的資源。因此，澳門的城市特色也是今天澳門建設與發展的科學依據，對城市特色的整理、研究和保護，不僅關係到城市文脈的完整性，也關係到城市獨特魅力的延續和傳承。

應該指出的是，「澳門歷史城區」雖已榮列《世界遺產名錄》，各式各樣的風俗習慣隨着它們陸續被列入國家和澳門特區層次的《非物質文化遺產名錄》而逐漸被外界所認識，澳門的人文優勢也在各類政策和規劃文件中得到肯定，但在建設以中華文化為主流、多元文化共存的交流合作基地的征途上，澳門在中國歷史和人類文明發展的實際作用，仍有待研究者和關心文化發展的同仁加以發掘，從而獲得她應有的、更充分的評價，以提升澳門文化的能見度、影響力，更好發揮澳門在新時代國家發展戰略中的作用。期望《人居澳門》能作為其中一個切入點和關注點，讓我們進一步反思澳門的城市文化特色，把這些特色貫通到澳門的未來，讓我們城市的獨特魅力，就如澳門特區區旗上的蓮花一樣，在五星照耀下不斷延續和傳承下去，生生不息，閃亮人間。

是為序。

2024 年 7 月 3 日

夾縫中的生存
——《迷城咒》讀後感

作為中國最早最持久對外開放的城市，澳門近現代史是中國歷史的真實縮影。中國近現代史許多重大事件和重要人物，或多或少都跟澳門有直接的關聯。例如湯顯祖的《牡丹亭》就有「香山嶴」一幕，據說他還和西來傳教的利瑪竇有過會面和對談；皈依天主教的明朝遺民吳歷本欲經澳門去羅馬教廷翻譯《聖經》，卻因禮儀之爭而滯留澳門，給我們留下了《三巴集》；羅馬教皇遣使多羅主教赴華交涉禮儀之爭，最後被康熙皇帝驅逐至澳門看守，抑鬱而終；鄭觀應在上海怡和洋行買辦位置退下來之後旅居澳門，不僅建造了鄭家大屋，還寫出了影響深遠的《盛世危言》；容閎來到澳門馬禮遜小學讀書，成為首位去美國留學的中國學生，開啟了幼童留美的歷史；康有為、梁啟超戊戌變法失敗之後逃難至澳門，創辦了《知新報》，繼續革命宣傳；林則徐通過澳門「開眼看世界」，組織編譯《澳門新聞紙》；孫中山從澳門「首見大海之浩瀚」，遠赴檀香山求學；如此種種，不勝枚舉。其恢宏的歷史場景，其豐厚的文化底蘊，為文學創作提供了無盡的靈感和題材。

很可惜，一直以來，這些題材基本上只是歷史學者的研究對象，在文學界還沒有引起足夠的關注和重視，相關的文學作品更屈指可數。30 年前我們創辦「澳門文學獎」，就開始呼籲文學界拓展視野，跳出都市文學的框框，深挖澳門的歷史文化資源進行深度文學創作，以更加直觀、感性和普羅大眾更容易接受的文學筆法，探索澳門歷史的價值和意義，講好澳門故事，使澳門的歷史文化名城形象更加有血有肉、更加鮮明奪目，令澳門文化成為中華文化的一張靚麗名片，令澳門這個人類文明實驗室成為一座燈塔，在當今混亂繁雜、變幻莫測的世界裏照亮更多的人。

令人欣慰的是，年輕作家鄧曉炯以其執着的澳門情懷，知難而進，深挖澳門檔案史料，梳理歷史發展脈絡，繼以沈志亮義士刺殺亞馬留總督的故事寫成了中篇小說《刺客》，又以文學的筆法重構當年林則徐巡視澳門的原貌，創作了《迷城咒》，並再次獲得澳門文學獎的中篇小說獎。這是非常大膽又十分成功的嘗試。

澳門自明代中葉成為中國對外開放的港口城市，是早期全球化的結晶，也是中西經貿文化交往交流的前沿陣地。澳門的生存發展，既取決於中華帝國的興盛衰敗，又取決於中國與西方關係的變化起伏。換一句話說，澳門一直在中外的夾縫中生存發展。葡萄牙人據居澳門之後，成立了自我管理的機構——議事會，負責葡人社群內部事務及其與中國當局的關係。一方面，澳門葡萄牙人的議事會是根據當時葡萄牙的法律成立的，要接受他們宗主國的約束；另一方面，居住在澳門的葡萄牙人也深明他們的衣食父母是中華帝國，必須與中華帝國建立良好的關係。也正是因為無論是居澳華人還是葡萄牙人的這種理性認知和切身感受，澳門這艘小船才能在歷史的長河中左搖右擺，生生不息，神話般地沒有擱淺。

一直以來，澳門通商中西，獲得了遠東最繁盛的港口城市之美譽；葡萄牙人也左右逢源，令後來與中國貿易的其他西方國家「羡慕嫉妒恨」。無論是荷蘭人還是英國人，多次垂涎澳門，不惜採取軍事行動，希望佔為己有，都因為中國當局「偏愛」葡萄牙人無功而返。由此可見，上述兩個事件是前所未見的燙手山芋，直接關係到澳門港口的存續和葡萄牙人的去留，萬一處理不好，皮之不存，毛將焉附？

鴉片戰爭時期，國際形勢動盪混亂，中英葡三國關係撲朔迷離，澳門葡萄牙當局左右為難，即使對於歷史學者也很難梳理清楚其間的脈絡，更難把握好其中的人物性格和關係。無論是沈志亮刺殺亞馬留還是林則徐巡澳事件，都深深觸動了葡萄牙和英國這兩個國家的神經，也為中華帝國與這兩個國家的關係留下了深深的烙印。在某種意義上，還影響了國際關係和國際格局，其間諸多人物穿插其中，斡旋調和，或煽風點火，以圖漁翁之利。也許正因為這種錯綜複雜的關係和世事如棋的萬千變幻，為作者提供了豐富的想像和創作空間，激發了作者的寫作熱情。

最為難得的是，作者在歷史和文學之間游離而不分離，生動創作不離基本史實，穿插很多人物對話，令讀者愛不釋手。以文學寫歷史，本來就非一件容易的事，往往吃力不討好。過往諸多歷史小說，在史學界貶多於褒，文學界也不買賬。有人說三分歷史，七分創作；也有人說七分歷史，三分文學。但是，實際上，這並沒有明顯的科學分界，也很難有比重之大小，完全靠作者個人的把握和拿捏。我認為，文學創作歷史題材，既需要尊重歷史事實，又要將歷史事件、歷史人物和歷史場景以文學的筆法寫得鮮活動人，增加歷史的現場感，甚至為了增加故事和敘事的情節感和曲折性，可以適當加入杜撰的成分，只要像本書的作者那樣在註釋中加以說明就可以（如理事官利馬的卒年），以免誤導讀者，以訛傳訛。否則，歷史小說寫出來之後，既不是歷史又不是文學，非驢非馬，兩面不討好。

作為喜好文學又熱愛寫作的澳門歷史學者，讀這本書，不僅增加了對那一段歷史的了解，增添了對澳門這座城市的迷戀，加強了自己對歷史題材進行文學創作的信心，更為重要的是，對澳門在國家近現代化過程中的角色、地位和作用有了更加深刻而感性的認識，對澳門的未來也有了更大的想像和憧憬。我相信，各位讀者看完之後，也會有這種感受。

2024 年 5 月 21 日

澳門曲藝的「百科全書」

澳門基金會受國家文化和旅遊部委託，自 2012 年正式啟動《十部文藝集成志書・澳門卷》的編纂工作以來，承蒙國家文化和旅遊部港澳台辦公室、民族民間文藝發展中心的悉心關懷和指導，在內地和澳門各位專家的共同努力之下，在 2020 年成功出版首部分卷《中國戲曲志・澳門卷》，同時完成了《中國曲藝音樂集成・澳門卷》的終審。雖然新冠疫情對各項後續工作曾帶來一些影響，一些補充性的田野調查甚至不得不暫時停頓，但我們成功克服了當中的困難，爭取到用兩年左右時間完成出版。為此，我要特別對文化和旅遊部港澳事務局、民族民間文藝發展中心、《中國曲藝志・澳門卷》團隊的各位成員和所有提供資料、接受訪問的熱心人士的辛勤付出表示衷心的感謝！

曲藝是中華大地獨有的藝術展現形式，它之所以成為一門藝術，又與中華人民共和國的成立息息相關。在過去的封建社會，說書、演義、小唱等多被視為「不入流」的「市井文化」，在學術層次並未獲得充分的重視，直至中華人民共和國成立後，新社會讓這些真正屬於人民大眾的文藝形式得到新生，概括稱為「曲藝」。在中國共產黨的英明領導下，曲藝通過系統性的歷史調查和科學研究，逐步建立起自身的藝術理論體系，如今已然昇華成為民族文化的一張靚麗名片，既是中國人民站起來的典型寫照，也使這份屬於廣大中國勞動人民的非物質文化遺產，得以在世人面前綻放獨特的華彩。

澳門的曲藝活動，與貿易和娛樂事業的發展密不可分。同時，澳門作為中西文明交流互鑒的重要平台，也讓曲藝文化得以向西方推廣，例如廣東木魚書

《花箋記》便是通過駐澳門的東印度公司僱員翻譯，而得以傳到英國，爾後再向歐洲傳播的。澳門的特殊地位也成為對國事憂懷的仁人志士利用「志士班」、「名伶大會串」等曲藝表現平台，結合粵曲、小唱、說書等技藝，宣揚革命思想、呼籲賑濟救亡。如今酬神演出、戲院演出、業餘劇團仍為澳門曲藝活動的三大支柱，形式逐漸固定下來。古腔、南音、粵謳、龍舟和新腔，在澳門曲藝表現形式的歷史長河中從未缺席，至今仍得到相對完整的保留。新舊粵曲、工尺譜簡譜並陳，舊調新腔俱唱，成為當今澳門曲藝活動的一大特色。

今天呈現在各位面前的《中國曲藝志．澳門卷》，凡 67 萬 5 千字，提供了近千個曲目的有關信息，同時包括南音、粵謳、龍舟、粵曲等的曲詞，詳細記錄澳門歷來演出曲藝的機構、場所及場地過百處，並全面地整理藝人資料，為 57 名澳門曲藝人士立傳。《中國曲藝志．澳門卷》既從宏觀的視野組織編纂，也細緻深入地引介事件人物，編纂成果保存地方特色和時代背景及人文風貌，可謂澳門曲藝的「百科全書」。

事實上，作為規模最大、持續時間最長、參與人員最多的本土民間文藝整理運動，《十部文藝集成志書．澳門卷》是澳門基金會高度重視的一個項目，其目的在於系統尋找澳門傳統文化的基因，讓澳門非物質文化遺產的瑰寶得以完整保育和傳承。為此，我們真誠期望社會各界繼續關注並支持有關工作，完成餘下八部的整理、編輯和出版，共同參與澳門的文化保育、建設和傳承，為澳門建設「以中華文化為主流、多元文化共存的交流合作基地」添磚加瓦。

（在《十部文藝集成志書．澳門卷》之《中國曲藝志．澳門卷》發行儀式上的致辭）

2024 年 2 月 7 日

《駛向東方——全球地圖中的澳門》序言

隨着澳門研究的縱深發展，愈來愈多的學者和機構也將注意力轉向專題。《駛向東方——全球地圖中的澳門》的出版，便是此一細緻化努力的最新成果，可喜可賀。

學術界基本有了共識，澳門是早期全球化的結晶。既然澳門港城的出現、生存和發展是全球化的結果，那麼，就必須置於全球化的大背景下來考察和探究澳門，換言之，唯其如此，才能拓寬我們的研究視野，才能顯現澳門歷史的意義和價值，才能找到澳門在世界近代化進程中的位置，彰顯其曾經發揮的作用以及強化未來可以扮演的角色。這也是我們今天構建澳門學要關注的核心和主軸。

本書收錄的地圖，也強有力地說明了澳門這個彈丸之地的輝煌歷史。毫無疑問，澳門是中國最早納入世界網絡的一個城市，足見其在早期世界體系形成中的地位和作用。如果沒有早期全球化，便沒有澳門港城的誕生；同樣，沒有澳門這個 16 至 19 世紀在全球貿易往來和中西文化交流中發揮重要作用的紐帶，世界體系便可能不是今天的樣子。澳門架搭起橋樑和通道，不僅將西方的思想、文化和物品源源不斷地引入了東方，也將東方文明持續不停地傳播至西方，從諸方面深深影響了東、西方兩個世界的社會演變。時至今日，這種交互作用還在不同程度地發生着。大家都期盼，澳門可以更好弘揚其傳統，履行其歷史使命，在新世紀發揮更加積極的作用。

澳門在東西方交往中所扮演的角色及其留下的歷史遺存，就是我們擁有的最寶貴財富。此一歷史文化資源，需要更多人從不同側面、不同角度、不同領域去系統、深入挖掘。澳門歷史研究多年來在史料整理、出版方面碩果纍纍，但圖像資料的搜集明顯滯後，近年來才引起較大的關注。澳門科技大學社會與文化研究所和圖書館全力以赴，整理出版散見各檔案館、圖書館與澳門相關的地圖，是學術界一大善舉，也是對澳門的一大貢獻。藉此機會，向各位參與者表示由衷的敬意。

2014 年 10 月 8 日

《全球地圖中的澳門》第二卷序

在世界地圖上，澳門是一個小得不能再小的點；在中國地圖上，澳門也似乎顯得微不足道。然而，並沒有因為她小而被忽視，相反，她在國際國內的影響力、知名度和能見度遠遠超出其面積、人口和城市規模不知凡幾，而東來西往的旅行家、神學者和文人騷客為她留下的筆墨更是汗牛充棟，所構建的澳門形象令人神往、攝人心魂。

澳門的影響力，始於其在中西交通史上所扮演的獨一無二的角色；澳門的知名度，源於其為中西經貿文化交流所作出的特殊貢獻；澳門的能見度，在於其古今相融、中西並舉的獨特人文風景線。正是她的角色、貢獻及其在歷史長河中形成的這道別緻的人文風景線，獨領人類不同文明共生共存的風騷，閃爍着人性樸素而偉大的光輝。

澳門像是一個神話，但她不是虛構的故事，而是歷史的客觀存在。散見世界各地的千萬文獻，以不同的語言、從不同角度記述和有力證明了此一客觀存在。一代又一代學者的不懈努力，以科學的方法不斷地求證其歷史淵源，摸索其歷史規律，彰顯其歷史意義，弘揚其歷史傳統，期望找到人類文明和睦相處、不斷前行的道路。

感謝中外幾代學者的鍥而不捨，澳門歷史的原貌得以逐漸重現，尤其近年來學界將關注點轉向更加直觀的圖像文獻研究，且碩果纍纍。本書所收錄的成果，便是又一明證。澳門基金會非常榮幸與澳門科技大學合作，對古今中外的澳門地圖資料進行全面的搜集、整理、研究，並取得顯著的成績。眾多學者在不同時期的古地圖中尋找澳門這個點，然後再將這個點放大，讓她閃光發熱，凸顯澳門在世界和中國近代史上、在人類文明發展進程中的重要價值，令人感動。我們更要感謝所有參與此一項目的學者，沒有他們長期持續的專業研究，便沒有本書的出版，便沒有澳門研究今天的成就。澳門基金會將一如既往，繼續推動、組織和支持所有與澳門相關的研究，以期早日完成澳門本土知識體系的構建，為當今世界文明的共同進步再獻新猷。

是為序。

2016 年 3 月 17 日

《革命、戰爭與澳門》後記

綜觀澳門開埠以來四百多年的歷史，風雲變幻，波瀾壯闊。風雲變幻，是因為她作為中西相遇、相交、相撞、相融第一城，作為中國對外交往的一個橋頭堡，既要隨着古老帝國的改朝換代、祖國的興衰以及世界局勢的變局而順天應人、潮起潮落，又要在西方列強弱肉強食、國際政治舞台刀光劍影中左閃右避、風吹雨打，更要在中國與西方發生衝突時保持民族尊嚴、在夾縫中找到生存空間，可能是，還要為緩衝其間的矛盾尋求折衷之道。波瀾壯闊，是因為她從開埠那天起，就與祖國的命運、全球化的進程息息相關、絲絲相扣，身臨其境地見證和參與了全過程；她的歷史，在相當程度上是中國近代史、世界近代史和中外交通史的一個縮影，中國和世界近代化過程中的許多重大事件，多少與澳門都有顯性或潛在的關聯，令這個彈丸之地扮演着一個與其規模極不相稱的重要角色，也因此成就了其人類文明實驗室的地位。

正是此一風雲變幻、波瀾壯闊的歷史畫卷，吸引了不少歷史學者對這個港口城市的關注。在中國諸多城市中，澳門為我們留下的歷史檔案文獻數量之多、質量之高，也是很多城市羨慕不已的。然而，長期以來，人們研究澳門的關注點多在明清之際，且着力處落在中西交流和中葡交往方面，對清末之後的歷史以及澳門社會內部演變的研究顯得不足。此外，澳門歷史研究通常具有周期性，即當澳門問題在中國政治或中葡關係中成為議題時，通常熱鬧一時，然後歸於寂靜，19 世紀中葡爭議澳門主權時如是，20 世紀前、中葉反帝反殖民時期和 20 世紀末中葡談判澳門前途和移交政權前後亦然。

澳門特區成立初期，因「回歸熱」而興盛與喧嘩一時的澳門歷史研究一度沉寂。然而，在經歷了短暫的冷清之後，澳門歷史研究再遇勃興良機。2005 年澳門歷史城區被列入《世界文化遺產名錄》事件再度引燃學界關注澳門史的熱情，加上「澳門學」重新啟航，推動了澳門歷史研究成為學術熱點。應該說，近三十年，是澳門歷史研究新作迭出、碩果纍纍的時期。

然而，梳理既有的澳門歷史研究成果，就不難發現，在澳門斷代史研究方面，愈是接近現當代，研究成果愈為薄弱的現象，而 20 世紀以來的近百年澳門史研究更是成果稀疏。因此，加強現當代澳門史研究，已經成為澳門歷史學界的基本共識之一。而本書講述的 1911 年至 1949 年 38 年澳門史，就是屬於尚待深入開拓與耕耘的現代澳門歷史時段。

嚴格地說，澳門或許並無民國時期的劃分，因為中華民國時期的澳門由葡萄牙管治，而葡萄牙本土雖然在 1910 年結束了布拉甘薩（Bragança）王朝統治，建立共和體制，卻並沒有改變澳門作為受殖民統治的處境，也沒有放棄管治澳門的殖民總督制度，相反，還一度強化葡萄牙對澳門的中央集權統治，所以，就澳門內部管治來說，澳門並無所謂的「民國時期」。儘管如此，澳門自開埠以來的歷史是連續的，同時，也始終無法割斷澳門與中國歷史千絲萬縷的聯繫，因此，縱然未必一定要將 1911 年至 1949 年的澳門史稱作為「民國時期的澳門」，卻不能無視澳門在其間所經歷的特殊歷史進程，以及其間澳門歷史細節與中華民族命運的同構共振關係，還有與那段革命、戰爭兩大主題相互交織的世界歷史之密切聯繫。正因此，本書以「風雲變幻」來敘述、概括與命名那段澳門歷史上令人難忘的曲折歲月。

本書能夠順利面世，應該感謝南京大學中華民國史研究中心張憲文教授，他在設計與組織「兩岸四地中華民國史專題研究」時，熱情地邀請我們參與，倘若無此契機，即使我們有意研究 1911 年至 1949 年間的澳門歷史，也難以在短時間內成書出版。此外，還要感謝審稿人與南京大學出版社責任編輯耐心細緻的審校，使本書可以避免不必要的舛誤，更臻完善。最後，需要說明的是，本書屬於集體合作的成果。緒論、第一章與第三章由吳志良負責，第四章、第五章與結語由婁勝華負責，而何偉傑則負責第二章。此外，在資料整理與文稿撰寫過程中，還得到了趙新良、臧小華、白爽等人的協助。在此，我們一併表示感謝。

需要說明的是，儘管在動筆之前，我們共同討論寫作提綱，撰寫過程中，數次溝通協調，書稿完成後，又經多次修改及統稿，然而，作為一本分工協作撰寫而成的著作，因撰稿者表述習慣等差異，難免仍舊存在諸如文風不盡統一等問題，在此，祈請讀者宥恕及批評指教。

2013 年 12 月 3 日

《讀山——澳門青洲山考察報告》序

打開勞工子弟學校歷史學會撰編的《讀山——澳門青洲山考察報告》，不敢相信這是一批初、高中學生在老師指導下完成的文稿：一不敢相信研究方向之明確、研究概況之全面、史料略述之清晰；二不敢相信田野考察內容之翔實、方法之科學、描述之精準、繪圖之講究；三不敢相信歷史鈎沉時段劃分之得體、脈絡之清楚；更不敢相信結語中對城市歷史之守望之情、對集體記憶之關切之意以及對深厚家國情懷之樸素表達。如果被送去匿名評審，專家們一定會認為這是一篇碩士論文。依我看，其學術水平和價值遠遠超出一篇學位論文。

這是一篇用心撰寫的《考察報告》。歷史是鮮活的，有血有肉，許多國家的歷史還是以血肉鑄造出來的。書寫歷史的人，特別是書寫自己土地歷史的人，也一定要有理想和情懷，要用心。用心基於作者對土地之熱愛，對社會之歸屬，對家國之眷戀，對人民之關懷。「遊走青洲山，採擷歷史的碎片，那些散佚的遙遠光景，縫繾在歷史的溪澗中，細水長流，並凝結成一座山一座城對歷史的守望，講好青洲的故事，澳門的故事，祖國的故事，還有你我他們的故事」。「結語」中這段話，就是作者們心之寫照。

這是一篇用力撰寫的《考察報告》。田野考察是費力氣、流汗水的研究，「登山三十餘次，基本上跑遍整座山」，恐非一般研究者所能做到。用力之處當然不僅登山跑路，上圖書館尋查史料，田野考察期間尋找古跡、丈量實物、拍攝照片，考察回來繪圖製表、整理材料，處處都需要用神用力。真不敢想像，這些孩子可以如此專心致志地耐着性子，不辭勞苦地從搜尋遺跡、深度記錄到室內整理，一件一件去完成這麼繁雜精細的工作。若非如此，也不會有這麼一部力作的問世。

這還是一篇學術規範嚴格的《考察報告》。歷史考察報告需要理論指導和研究方法指引，「我們運用歷史學、考古學的理論知識和技術方法做了大量的考古工作，每次上山總有新的發現和新的認識」（「研究緣起」）。作者們在實地考察基礎上，研讀文獻、廣徵博引，即考古發現與傳世文獻有機結合、相互印證，充分使用了「二重證據法」:「我們針對青洲文獻、圖像、口述、實物史料各自的內容和特點，除嚴格遵從傳統的研究範式，還靈活運用『以詩證史』、『以圖證史』、『以物證史』、『數據分析』和『復原研究』等治史方法，達至多重史料互相構築史實的效果」（「結語」）。由此可見，作者們在研究過程中十分講究方法，而且非常之嚴謹、規範；呈現在讀者面前的這部《考察報告》，確證作者們的努力是有成果的，而且成果令人滿意、令人刮目相看。

不錯，這是一篇用心、用力、講求研究方法的《考察報告》。但是，不能不指出的是，這篇《考察報告》的意義遠遠超出報告本身。其一，學校重視社會實踐和文化體驗，充分體現了「全人教育」的理念；其二，老師帶領學生考察史跡、撰寫報告，有助於對歷史文化的切身認識和薪火相傳；其三，學生的親身體驗，不僅促進了傳承的效果，更增加了他們的家國情懷；其四，田野研究和史料搜集的展開，對學生是難得的方法培訓，有助於提升其專業素質和能力。從這篇《考察報告》，我看到了澳門歷史研究的方向，看到了歷史文化傳承的路徑，更看到澳門年輕人的前途和澳門未來發展的希望。

青洲山是澳門歷史的一個縮影，而澳門歷史又從一個側面反映了中國近現代史的一個輪廓。讀一座山，不僅在觀一座城，還在瞭望一個國家，在感受和體會一個民族——民族的命運、民族的精神。山不語，城無言，但其無盡的生命力穿透煙雨迷霧，散發出人性的光芒。正確書寫一座山、一座城的小故事大歷史，需要一代又一代的有心人去記錄、去代言，去闡發、去傳承，去弘揚、去創造。這篇《考察報告》為我們樹立了榜樣，值得廣為傳頌，作為一個全力推動、深度參與澳門歷史研究四分之一世紀的人，我深受鼓舞、深受感動，以欽佩之情、欣慰之心，向小作者們、向指導老師、向所有參與和支持這篇報告的人士致以崇高的敬意。

是為序。

2019 年 10 月 18 日

《澳門城市特許狀》序

懷着十分的熱情和興致，一字一句認真讀完了這部著作。熱情，是因為受到兩位年輕學者和譯者一絲不苟鑽研精神的感染和鼓動；興致則出於對澳門歷史的熱愛和敬畏以及對這份重要文獻的長期關注。

諸多歷史著作都有提及「澳門城市特許狀」，30 年前自己寫博士論文時也瀏覽過，只是摘取所需，因為當時要查閱的文獻甚多，而且這份文獻看起來非常繁雜乏味，這次承蒙作者不棄，要求作序，才有機緣從頭到尾細細品讀，且受益匪淺，頗有豁然開朗之感。

這是一部研究澳門開埠後與葡萄牙的制度淵源無法迴避的核心文獻。從本書的目錄看，的確令人望而生畏；翻開內文，更覺艱澀難讀。十分可貴的是，兩位作者知難而進，從「特許狀」的版本、收藏地及其來龍去脈再到澳門與葡萄牙王國其他城市的制度傳承，進行了全面、系統的梳理、翻譯、解說，並參照僅有的研究成果，提出了自己獨特的見解。讀者得窺全貌後會發現，所謂的「澳門城市特許狀」，是由一系列文件組成的匯編，而不是一個簡單的法令法規。

古代民族國家的建立，是一個不斷征戰和佔領、擴張領土的過程。葡萄牙也不例外。所謂的城市特許狀，就是此一過程的產物。正如本書所指出，葡萄牙立國前，已有不少貴族和主教授出土地契約「Foral」，為更有效地控制、開發、管理新征服的土地，吸引更多的人口去聚居，達至更好地抵抗外族入侵、長期佔有的目的。當征服的土地有愈來愈多人居住、達到一定規模的時候，則需要設定規則收稅，維護居住地的日常管理，並約定「住民」的權利義務以及違反之罰則，調節社會關係，維持社會秩序。隨着民族國家建立的不斷演進，又產生了在領土內如何整體統一規範各式各樣土地契約以及由此進化而成的更寬泛的社會契約的問題。特別是居住地發展成為城市後，這一需要變得更為迫切。於是，大約在公元 1100 年前後，開國君主阿豐素・恩里克斯（Dom Afonso Henriques）在其佔領地基馬拉斯（Guimarães）頒發了第一份「城市特許狀」，以規範城市的管理和運作。

君權神授。葡萄牙 1143 年成為獨立國家，1179 年獲羅馬教廷承認，擴土拓疆有了上帝的「祝福」。當年 5 月，唐・阿豐素一世（Dom Alfonso I）頒佈了 1147 年已佔領的里斯本的城市特許狀。從里斯本的城市特許狀可以看出，特許狀不僅似基馬拉斯的那樣需要得到不同朝代國王的確認而得以延續，內容也可以因城市人口增加、貿易繁盛、管理難度增大的需要變得更加豐富和複雜。而隨着國家的發展，管理模式也逐漸走向中央集權，中央權力對地方的立法、司法、行政的介入和干預不斷深化，城市特許狀不可避免要統一規範，並收回以前頒發的五花八門的特許狀，促進領土完整性和治理現代化。澳門城市特許狀的淵源——埃武拉（Évora）城市特許狀便是此一改革後的新式特許狀，1510 年 9 月 1 日頒佈生效。

同樣得到羅馬教皇「恩賜」的葡萄牙海外擴張，沿襲了此一城市管理模式。設在印度果阿（Goa）的東方大本營，由副王（Vice-Rei）總督全權，獲得里斯本同等的地位，而科欽（Cochin）則得到了「二級城市」埃武拉同等的地位、自由和特權。1586 年，葡印總督也應居住在澳門的葡人之請，承認 1584 選舉產生的議事會並授予澳門如同埃武拉的「特權、自由、榮譽和地位」，並於 1595 年獲得國王確認，澳門也從居住地（Povoação）升格為城市。

從本書我們了解到，特許狀的頒發由請求、謄寫到認證、送達，有固定的程序，謄寫在來源地城市議事會成員見證下完成，送達後還要在目的地城市議事會成員見證下再謄寫以存檔。由此可見，權力的轉授和獲得是公開、透明的，目的為得到更多的信用和更好的認受。澳門城市特許狀是間接從科欽而不是埃武拉的特許狀謄寫的，要求頒發特許狀的直接原因是代表王權的艦隊巡航司令居無定所，而本地兵頭又難以服眾，需要就地設立管理機構——議事會，而由當地「住民」選舉產生的議事會則須得到王權確認其合法地位。從本書我們還了解到，監察官、檢察長、王室法官、孤兒法官是甚麼樣的職位及其如何履職，特別是檢察長（中文文獻的「理事官」）的特殊作用；市民、住民、居民和平民的區別何在以及議事會的組成、職權和議事的空間佈局、禮儀。一句話，閱讀本書後，我們對葡萄牙王國以其海外屬地的政治、財政和社會治理模式、獲頒授特許狀的城市的權力來源和運作方式以及海外屬地之間的關係，都有了更加全面、系統和深入的認識，同時，也可以透過這些文獻，進一步了解當時的社會風貌和城市日常生活。

讀者或許會奇怪，為甚麼澳門城市特許狀組成部分尚包涵了兩份判決書和兩次巡遊的詳盡記錄。我們認為，這有點類似中國傳統上的禮治和法治。法治與禮治是古代政治思想的兩大思潮，也是維護王權統治的核心基礎，看來中外亦然。法旨在規範社會控制的手段，是維持社會秩序的工具；禮的價值取向為人倫道德，講究的是服飾、程序、步驟，起的是教化作用。「凡治人之道，莫急於禮。禮有五經，莫重於祭」。「心怵而奉之以禮」，國王駕崩，舉國（包括殖民地）哀悼，儀式隆重，禮節嚴格，無非也為了馴服民心、鞏固王權。這樣，就不難理解為甚麼特許狀會附上描述得巨細無遺的宗教巡遊和喪禮的文獻了。尤其對於「天高皇帝遠」的殖民地管理，要萬民歸順並服從王法，禮治尤為重要。卷宗製作者的苦心，昭然若揭。

兩位年輕研究者的用心和專業，不僅體現在對文獻的爬梳、翻譯和解讀，更反映在註釋中的翻譯、釋義和勘比，功力之深，令人敬佩;特別是每章的「後記」，足見作者的文史涵養和水平，令人折服。值得強調的是，閱讀此書，需要同樣的心力，慢讀細品才能理解這些文獻所蘊藏的價值以及認識本研究的重要性；讀完此書，令人振奮，欣慰長江後浪推前浪，欣喜澳門歷史研究的縱深發展。我們相信，兩位年輕學者會有更多的成果問世；我們也期望，更多的青年學者加入到澳門研究的隊伍，推動澳門學術發展邁進新的台階。

是為序。

2024 年 8 月 16 日

《澳門影像志》序

澳門作為中國最早、最持久對外開放的港口城市，一直是西學東漸、東學西傳的橋樑，在中西文化交流中扮演了重要的角色，也奠定了在中外交通史上的獨特地位。在此一過程中，澳門積累了古今同在、中西並舉的深厚歷史文化底蘊和各美其美、美美與共的豐富交流互鑒經驗，形成了不同而和、和而不同的良好社會環境和你中有我、我中有你的獨有話語體系。

正因為澳門這種特殊地位和城市精神，湯顯祖在《牡丹亭》中為澳門留下了異域風情一幕，吳漁山從江南來到大三巴學道準備奔赴羅馬，容閎前來馬禮遜學校讀書並成為中國留學生之父，林則徐巡視澳門禁煙並從澳門「開眼看世界」，鄭觀應移居阿婆井旁奮筆疾書《盛世危言》影響中國近代進程，康有為、梁啟超在澳門開辦《知新報》宣傳革命思想，孫中山在濠江「首見大海之浩瀚」開啟「振興中華」革命生涯，高劍父在澳門接觸西方藝術後伏居觀音堂創新嶺南畫派，葉挺將軍在澳門休整後重返戰場保家衛國。這一個個人物的到來，強化了澳門與民族命運、國家前途唇齒相依的聯繫，增強了澳門人樸實無華又濃厚深沉的家國情懷。

也正因為澳門這種特殊地位和城市精神，以利瑪竇為首的傳教士將西方的幾何、天文、曆法、輿圖和西洋繪畫、音樂傳入了中原大地，掀起洋為中用之熱潮；同時，將中國的經典傳到歐洲，影響了啟蒙運動。在澳門，出版了第一部《葡中字典》和《英華字典》，促進中西對話、溝通和理解。在澳門，引進了第一部西式印刷機，拍攝了第一張照片，《蜜蜂華報》成為中國新聞史上的第一份現代報刊。在澳門，聖保祿書院是遠東第一所大學，歌劇也首次在崗頂戲院上演。在澳門，開設了第一家西醫醫院，首次種牛痘，中醫也為澳葡政府承認，救人濟世。這許許多多的第一次，加強了中國與世界的聯繫，也鑄就了澳門的國際性。

澳門是中華文化巨大包容性和開放性的典範，也是不同民族、不同文化、不同宗教、不同信仰的融匯地，是人類文明名副其實的實驗室。彈丸之地，留存了與其城市規模極不相稱的巨量檔案、文獻和資料，而其存放地之廣、語種之多、保存之完好也令人驚嘆。這些材料，不僅僅是城市發展的軌跡和見證，也是澳門的寶貴財富。

過去近半個世紀以來，中外學者開始對這些資料進行挖掘、整理和研究。澳門基金會也不遺餘力組織力量，投入資源，全面系統搜集、整理、出版存放在世界各地眾多檔案館、圖書館和博物館的檔案文獻和資料，讓這些藏在深閨中的寶貝重見光明，也為研究者提供更多的便利。特別是近十來年，學術界對澳門歷史的圖像和音頻資料更加重視和關注，也有不少研究成果問世，使得更多的讀者可以更加感性、直觀地了解澳門歷史，認識澳門在中外交流和人類文明發展上的獨特意義、價值和貢獻，使得澳門的城市文化形象更加鮮明奪目。

在澳門回歸祖國 25 周年之際，李健老師用心收集了澳門歷史演變過程中政治、經濟、文化、社會各領域的諸多圖像資料，編寫了這本書，再次帶我們進入時光隧道，重溫澳門的歷史光輝，重溫澳門的人文關懷，重溫城市的日常點滴，令人感動，謹為此文，向李老師致敬和致謝。

是為序。

2024 年 8 月 18 日

《雙嶼港史料彙編》叢書序二

（英、法文部分・分冊序）

2012 年，我到訪過雙嶼，實地考察並聽取當地文化部門的考古工作介紹後，十分贊同目前國內外專家學者關於雙嶼港在六橫島的學術主張。

16 世紀上半葉，葡萄牙人沿海而上，從廣東到福建到浙江，留下斑斑足跡。而浙江之雙嶼是史實最翔、史家最寵、史論最多的焦點、重點和亮點之一。近悉，舟山市政府已把雙嶼港列入「海上絲綢之路」申報世界文化遺產項目的一個重點，可喜可賀。然而，作為「申遺點」，必須要強有力的學術支撐。我堅信，不遠的將來，六橫地底、水下定會有重大的考古發現。之所以堅信，是因為舟山市團結了大批的專家學者，集中了大量的財力物力，於雙嶼港史料挖掘、整理和研究上正在不懈努力，並且日漸廓清了 16 世紀第一波全球化浪潮發端於舟山的歷史真實。

舟山市文化廣電新聞出版局協同浙江舟山群島新區六橫管委會精心組織，聯合發起編輯出版的《雙嶼港史料彙編》叢書，便是其中一項重要成果。今細讀其稿（英、法文部分），感觸良多：

一、文稿於英、法文部分史料發掘一端，花費了不少心思，且不乏新穎之處。

1. 編者收入晚清幾部重要中國沿海水文調查專書，如 1870 年代金約翰（John W. King）編輯的《海道圖說》、1890 年代陳壽彭（1855-?）的《中國江海險要圖志》等書，都是研究近代中國水文知識的經典著作。編者依據原始英文的版本，就其中的六橫部分加以翻譯，例如，《中國江海險要圖志》中，編者將英文原文、中文原譯文和中文譯文三種並陳，便於讀者查找、對照，也顯示翻譯的水平。

2. 本書收入鴉片戰爭之前英國對華水文調查一些較罕見的史料，其中一個例子是收入英國東印度公司（English East India Company, 1600-1874；下文亦稱東印度公司）知名水文專家豪斯伯格（James Horsburgh, 1762-1836）的著作。19 世紀初期，豪斯伯格擔任東印度公司的水文師（Hydrographer），其出版的《印度航海指南》（*India Directory*）受到高度好評，被公認十分準確。該書 1809 年印行後，至 1852 年，前後總計出版六個版本，甚至在豪斯伯格去世後，該書仍持續刊行。本書收錄和翻譯 1817 年的第二版和 1836 年第四版的相關資料，編者並比較兩個版本之間的些微差異。關於舟山群島周圍海域的描述，《印度航海指南》直到 1852 年的第六版，才與先前版本有較大的擴充。

3. 編者搜尋近代關於雙嶼的海洋水文知識專書時，經常發現不同著作之間相互傳抄的情形，如將各種著作一一列出翻譯，因為重複性高，並無多大意義，故本書僅搜取其中較重要的幾種著作加以翻譯，並在批注中指出譯文和其他著作之間的關聯性，例如，編者比對後，發現 1861 年金約翰所編《中國引水》（*China Pilot*）第三版的雙嶼部分，實際上和 1873 年英國海軍部編的《中國海指南》（*The China Sea Directory*）的內文十分相似。

二、文稿披露的新史料，將有助於糾正以前的某些觀點，打開雙嶼港歷史文化研究的新視野。

（一）糾偏方面：

1. 過去學界對於 18、19 世紀歐洲海洋國家建構雙嶼港水文知識的過程和前後的差異，並未有十分深入的談論，但本書透過編年式的史料編排，讓讀者清楚了解到近代以來西方海洋國家認知雙嶼、六橫周圍海域的幾個階段性演變，例如，從英文史料中，可看出在鴉片戰爭前後英國對於舟山地區的水文認知具明顯的不同。《中國叢報》（*The*

Chinese Repository）裏，描述六橫附近的水文情勢如高夫水道（Gough passage）、杜菲德水道（Duffield's passage，雙嶼門，雙嶼水道）等，和先前著作相比，明顯細緻許多，這與當時英國海軍在華作戰時進行的水文調查息息相關。《中國叢報》摘引和傳播了當時知名人員如柯林森（Richard Collinson, 1811-1883）的水文調查成果，由於柯林森的量測準確，他的團隊對雙嶼的描述成為之後幾個世代中國水文著作的書寫標準，一再被傳抄。例如，1855 年，由龍立（Robert Loney）編著的《中國引水》對雙嶼周圍的描述，與《中國叢報》的重複性頗高。與英國資料相比，法文資料較早，但顯得簡單，還未進入水文調查階段，甚至有些資料是從葡萄牙文、荷蘭文和英文等語言的有關資料翻譯過來的。當然也有些遊記的記載屬於一手材料，但總體上來說，未超過英文水文資料的水平。

2. 過去學界對近代西方人所記中國沿海地名的原意，常有爭議，本書收錄部分重要的史料，針對部分有疑義的地名，在批注中加以解釋，幫助學界釐清相關問題。如早期葡萄牙人史料中的 Liampo，曾被認為是現在的寧波，但考察當時相關史料記載的內容和前後文，往往應指今日的六橫島和雙嶼港才是。法文資料有一點應強調：從雙嶼門到澳門經過了這樣一條路線：雙嶼——漳州海外——上川——浪白——澳門。此點在收入的兩份 19 世紀的法語文獻中得到佐證。這個看法儘管比較晚近，但它所列舉的事實符合歷史。

（二）啟示方面：

1. 本書從編選的史料中，集中回顧 18、19 世紀中外往來的歷史和六橫與舟山在其中的角色。地理大發現以來，以海洋為國家擴張基礎的歐洲各國，看重舟山優越的地理位置和隱含的龐大商機，使其成為中國沿海重要的港口之一，吸引葡萄牙、西班牙、法國、荷蘭、英國一批又一批西方商人前來。他們對舟山附近水文知識的掌握，一方面保障其船隻往返的安全，另一方面，這也是其軍事作戰的基礎。本書從搜羅的史料中可知，西方海洋探索背後的動因，除了對陌生地理世界探索的熱情外，往往還與各國在全球的殖民擴張和經濟需求具有密切的相關性。由此可知，在近代世界，了解海洋、掌握海洋對於一個國家富強的重要性，這可作為未來中國發展「21 世紀海上絲綢之路」、「一帶一路」的借鑒和啟示。

2. 近代以來，西方各個海洋國家對於世界各地的海洋情勢，具有濃厚的興趣和好奇心，各國政府或民間不間斷地支持關於海洋的探險或研究，並透過大量出版，傳播相關知識，這些舉措為其帶來豐厚的回報。而他們探勘六橫（雙嶼）、舟山周邊水文情形和收集相關政治、經濟信息，僅是他們在中國和全球各地的足跡之一。以史為鑒，身處全球化的海洋時代，推動海洋相關文史研究，亦將有助於擴大中國的全球視野、國際化程度和豐富自身的文化底蘊。
3. 史料是史學研究的基礎工作之一，透過挖掘、整理重要的史料，往往有助於學界對於研究課題認知的擴大及其層次的提升。近年來，許多散失的重要古籍如《四庫未收》、《四庫禁毀》、《清代詩文集彙編》等的整理和出版，皆是大型的文化工程，致力於弘揚中華文化，同時促進中國歷史的研究。本書編者秉持相同理念，希望透過史料的搜集、翻譯，發揚雙嶼和舟山在近代中外往來交流過程中的歷史和文化。

雙嶼門與澳門之間的淵源關係頗深。1521-1522 年間，中葡廣東西草灣海上衝突之後，葡萄牙人沿着海岸北上，分別開闢了南澳（Lamao）、漳州海面（Chincheo）和雙嶼港（Syongicam/Porto de Liampó）貿易據點。前者為航海中繼站，中間者兼有中繼與貿易功能，後者為較固定、規模較大的貿易居留地，因為它是往日本的始發地。至 16 世紀 40 年代，雙嶼港改由葡萄牙人主導，成為東亞海域最著名的國際貿易港。對葡人軍事優勢的清醒認識後來影響到了中國對葡人的政策調整以及澳門的出現。為了有效地解決倭寇問題，中國當局有目的地開放了澳門，以安插葡萄牙人。可以不誇張地說，雙嶼是澳門的前身。

長期以來，由於史料、尤其是外文史料的不足和局限，造成對雙嶼學術研究的不足和局限。此套彙編是歷代中外史料的集成，將開創雙嶼研究的一個新時代，深具意義。此外，對雙嶼歷史資料的系統整理，也能幫助我們更好地認識澳門的出現。正是在舟山政府的重視與支持下和有關學者的共同努力下，彙編工作得以順利進行，成果斐然。可以相信，無論研究者還是讀者，都將受益無窮。

是為序。

2015 年 11 月 4 日

《馬禮遜對華傳播活動研究》序言

利瑪竇和馬禮遜是西學東漸、東學西傳最具代表性的其中兩位西方人物。這兩位分別為天主教和基督教派遣到中國傳教的使者，屬於不同的年代，但大致均採取「適應性」政策，強調尊重和順應中華文化傳統以實現傳教之目的。為吸引更多人關注和適應中國的「土壤」，他們不僅帶來了許多西方的科學知識和文化理念，也虛心學習中國傳統文化並將其傳播至西方世界，大大增加了當時西方人對中國的認識，客觀上促進了中西文化之交流，也奠定了他們在中西文化交流史上的地位。

研究這兩位人物的著作，可謂汗牛充棟。劉偉博士知難而進，選擇《印中搜聞》作為切入點，以第一手材料對馬禮遜報刊傳教模式進行系統、深入、細緻的探討，並得出馬禮遜「自下而上」以報刊傳教的方式在中國傳播基督教新模式的結論。馬禮遜的這種傳教方式有別於早年傳教士「自上而下」以書籍傳教的做法。以傳播方式來探索傳教功效，角度獨特，觀點新穎。

毫無疑問，方式不同，效果也不一樣。相對而言，報刊傳播的受眾更大、範圍更廣、影響更深。不謀而合，劉偉博士的研究與我多年來一直思考的兩個問題密切相關：其一，早期中西文化初次接觸的時候人們是如何溝通的？有甚麼誤會和碰撞？如何互相理解、交流而達至融洽甚至融和？換一句話說，文化的傳播模式是甚麼？怎樣產生更佳功效？其二，無論是利瑪竇還是馬禮遜的傳教事業和文化傳播工作都基本以澳門為基地，澳門也是史學界、學術界公認的中西文化交流要津，國家近年頒佈的《粵港澳大灣區發展規劃綱要》也提出澳門要「打造以中華文化為主流，多元文化共存的交流合作基地」，我們應如何弘揚澳門的傳統功能、發揮澳門的特殊優勢，為當今中國的國際人文交流合作做出新貢獻？

多年來，我們不斷強調探索早期中西交流方式和路徑的必要性和重要性，推介重新深入研究利瑪竇《葡中字典》和馬禮遜《華英字典》的內容，推動整理、翻譯和研究早期的報刊雜誌，以期對中西文化接觸初期的碰撞、誤讀、衝突、理解、包容和融和的全過程有更清晰、系統、全面的了解和認識，以古鑒今，為當下中西文化以及不同文化體系的人們之間的互相尊重、互相理解提供有說服力的經驗和理據，以及可行的路徑，減少當今世界不同文化之間的誤讀、誤解、誤判，這不僅對我們今天發出中國聲音、講好中國故事、促進世界對中國發展的了解和中華振興的理解有直接的幫助，也將對不同民族、不同國家之間消除歧見、偏見，促進交流合作和共同發展有莫大的好處。

劉偉博士經過實證研究，總結出了馬禮遜新聞傳教活動的五個特點——「適應性」的繼承與發展的策略、直接傳播與迂迴傳播互補的途徑、西學東漸和東學西傳並重的內容、兼顧中國與西方國家的傳播體系的渠道、教義的有限影響與文化的深遠傳播的效果。雖然馬禮遜傳教已時過境遷，但對當今中國的文化傳播策略的制定仍有極高的參考價值。我們相信，讀者也可以從中受到很多啟發。

在全球化、信息化的時代，生活在地球不同角落的人們似乎拉近了彼此間的距離，但事實上，人們之間的文化誤讀、政治誤判、經濟社會差異並沒有減少，在某種程度上，還有增加的趨勢。正因為這樣，我們有必要回顧從前走過的路，探索早期人們溝通、交流、相互理解的過程，充分認識到文化傳播手段的重要性，正確利用文化傳播的力量，攜手並肩，正向、同向努力，共同促進人類文明的進步。雖然時代不同了，但人類的終極關懷和目標並沒有改變，那就是：追求一個更加和平、穩定的發展環境，更加安全、舒適的生活環境，更加富足、美好的生活。要達成這個目標，就要減少誤解、避免衝突、互相尊重、加深理解，就要「不同而和、和而不同」，各美其美、共生共榮，最終建立人類命運共同體，休戚與共。我們期待，劉偉博士繼續深耕此一領域，有更多的佳作問世，嘉惠士林；我們更加希望，更多的學者投入以澳門歷史為中心的文化傳播研究，深入剖析澳門作為中西文化交流橋樑所具有的功能與扮演的角色，積極推動澳門的文化基地建設，以在新時代中國發展戰略中發揮更大的作用。

2021 年 8 月 18 日

《澳門特別行政區治理模式研究》序

這是一部從治理角度研究澳門特別行政區制度及其運行規律的作品。它的突出特點是堅持理論與實際緊密結合，立足於「一國兩制」在澳門的實踐，通過對澳門特別行政區治理主體、治理原則、治理過程的深入分析，全面描述了中央授權下澳門特別行政區實行的「澳人治澳」、高度自治的具體形態，從一個新的視角揭示了「一國兩制」的制度特點與實踐特徵。

自 1999 年 12 月 20 日澳門回歸祖國、澳門特別行政區成立、《中華人民共和國澳門特別行政區基本法》（下稱《澳門基本法》）正式實施以來，澳門作為直轄於中央政府的一個特別行政區，重新納入國家治理體系，中央政府依照「憲法」和《澳門基本法》對澳門實行管治，與之相應的特別行政區制度和體制得以確立。「一國兩制」既是國家治理中的一個有機組成部分，又是一個特殊組成部分。它堅持「一國」原則，又保持「兩制」狀態，它創建了國家管理的新形式，即地方「高度自治」的制度，使國家對地方管理制度由一般地方治理、少數民族聚居地區的民族區域自治，擴展到特別行政區高度自治這一新的治理方式。基於特別行政區保持原有的資本主義制度不變，從維護國家主權、安全、發展利益，維護特別行政區繁榮穩定的現實需要出發，中央在堅持對特別行政區保留全面管治權的同時，授予特別行政區行政管理權、立法權、獨立的司法權和終審權，形成了中央對特別行政區享有全面管治權與特別行政區享有高度自治權有機結合的局面。在中央授權下的特別行政區高度自治中，「澳人治澳」又是一個突出的特點。因此，「一國兩制」實踐從一開始就呈現出豐富多彩的面貌。經過 20 年的實踐，「一國兩制」這一全新的制度在澳門全面實施，並取得了舉世公認的成就，展示了「一國兩制」的科學性和強大生命力。

澳門「一國兩制」的成功實踐從一個方面豐富着治理理論。興起於 20 世紀末的治理理論，是在世界上諸多矛盾相互交織的大背景下探討彌補國家和市場在調控和協調過程中的某些不足的產物，是各國政府對經濟、政治以及意識形態變化作出的理論和實踐上的回應。追求「善治」，即實現政府與公民對公共生活的合作管理，強調政府與公民的良好合作以及公民的積極參與，實現公共利益最大化，是「國家治理」方面的一個探討方向。本書作者在這一邏輯起點上，結合「一國兩制」在澳門的實踐，做了許多有益的探討。

在治理理論方面，作者提出治理有國家治理和地方治理之分，國家治理既體現出「治理」理論的一般邏輯，也延伸出一些在特定國家範圍內進行治理活動的特殊規律。國家治理具有綜合性、差異性和以憲法為指引的特點，同時還具有國家利益至上、中央與地方分層次治理、塑造全社會的共同價值體系的特點。地方治理是國家治理的一部分，在國家治理的整個框架下運作並服從於國家治理，並具有細化官民合作、落實國家治理意圖、推進地方法治建設等特點。國家治理和地方治理的區分，為澳門特別行政區治理作為國家治理體系一部分這一重大命題，提出了必要的理論佐證。

在特別行政區治理模式方面，作者提出，澳門特別行政區的治理是國家治理的一個有機的、特殊的組成部分。澳門特別行政區治理體系作為國家治理體系的一部分，是通過「憲法」和《澳門基本法》加以連接的。在中央與特別行政區關係方面，既有「憲法」和《澳門基本法》規定的相關制度，又有依據「憲法」和《澳門基本法》的規定在實踐中所形成的各種必要的工作機制。這些制度和機制的突出特點是，中央對特別行政區的全面管治權和特別行政區所享有的高度自治權，是一個有機結合的整體。澳門特別行政區的治理體系包含三個方面內容，即：中央對特別行政區全面管治權與特別行政區所享有的高度自治權的有效銜接和有機結合；特區政權機構之間的相互配合與相互制約；特區政府與社會公眾的良好互動和緊密配合。

在書中，作者還就以愛國者為主體的「澳人治澳」、特區政府建設與特別行政區治理、法治建設與特別行政區治理、社團建設與特別行政區治理，以及信息化時代的特別行政區治理等方面進行了探討，這些也是十分有益的。

2017 年 7 月 1 日，習近平主席在慶祝香港回歸祖國二十周年大會暨香港特別行政區第五屆政府就職典禮上的講話裏指出，「作為直轄於中央政府的一個特別行政區，香港從回歸之日起，重新納入國家治理體系」。2019 年 12 月 20 日，習近平主席在慶祝澳門回歸祖國二十周年暨澳門特別行政區第五屆政府就職典禮上的講話中指出，澳門回歸祖國 20 年來，「特別行政區政府團結帶領社會各界人士，積極探索適合澳門實際的治理方式和發展路徑」。習近平主席這些重要論斷，不僅從法律地位、國家管理形態等角度科學地評價了香港和澳門回到祖國懷抱的歷史事實，而且為研究澳門特別行政區在國家治理體系中的地位、特別行政區治理模式和運作方式提出了一個新的方向。「憲法」和《澳門基本法》規定的特別行政區制度是國家對某些區域採取的特殊管理制度。特別行政區制度決定了澳門特別行政區的治理模式。治理與管理既有相同之處，又有不同之處。從治理的角度研究特別行政區制度，可以更加清晰地揭示出中央與特區之間，特區行政、立法、司法機關之間，以及特區權力架構與社會組織、廣大居民之間相互聯繫、相互促進、共同承擔治理責任的關係，可以更加清晰地揭示以愛國者為主體的「澳人治澳」的邏輯與規律。目前對澳門特別行政區治理模式的研究還剛剛起步，尚缺乏較為系統的研究成果。本書探討澳門特別行政區治理模式，對深刻理解特別行政區制度，深刻理解澳門特別行政區與中央的關係和特別行政區各政權機關的職責與運作規則，深刻理解澳門特別行政區社會組織和廣大居民參與社會事務管理的途徑與方式都有重要意義。

澳門特別行政區治理模式研究，是一個具有較強理論性和實踐性的研究課題。本書系統梳理近些年理論界提出的治理理論，把握「憲法」和《澳門基本法》對特別行政區治理的內在規定性，並系統地分析澳門回歸後「一國兩制」實踐情況，提出了一些新的理論觀點，有助於進一步帶動有關澳門特別行政區治理的更多研究成果問世，促進澳門特別行政區治理體系和治理能力的現代化。因此，我非常高興看到本書的公開出版。

是為序。

2021 年 5 月 4 日

《澳門居民國家認同感問題研究》序

非常榮幸見證《澳門居民國家認同感問題研究》課題成果的面世，一同分享澳門的「一國兩制」成功實踐經驗。作為本課題的支持單位，我謹代表澳門基金會向各位致以崇高的敬意，也向本課題的承辦單位上海社會科學院法學研究所表示衷心的感謝。

「國家認同」的概念於 1970 年代開始從心理學進入政治學的研究視野，逐漸在當代政治學裏佔據重要位置。國家認同的定義複雜多元，不同的學者各有理解，但不管從哪個角度切入，國家認同大體是指個人自主地對國家認知的心理情感歸屬和行為確認，簡言之，就是要解答像塞繆爾·亨廷頓（Samuel P. Huntington）所提出「我們是誰」的疑問。

澳門學界在 1980 年代伊始提出「澳門學」的概念，就是要解答「我們是誰，我們在哪，我們要往何處去」的問題。在澳門學的學科建設過程中，學者們積極探討澳門歷史發展規律和社會獨特性，闡述澳門在中國與世界交流過程中的地位和作用，全面挖掘澳門獨特的人文意義和普遍價值，以便澳門的治權順利過渡，並為澳門特區的成立創造條件。

正如習近平主席 2019 年 12 月 20 日在慶祝澳門回歸祖國二十周年大會暨澳門特區第五屆政府就職典禮上的講話中指出，「廣大澳門同胞素有愛國傳統，有強烈的國家認同感、歸屬感和民族自豪感，這是『一國兩制』在澳門成功實踐的最重要原因」。這強烈的國家認同感、歸屬感和民族自豪感，並非產生於一朝一夕，它能在澳門社會擁有廣泛而深厚的社會基礎，自有深刻的歷史根基和文化淵源。

「我們是誰？」在四百多年的歷史過程中，澳門人無論順境逆境、國勢興衰，始終保持自信，心繫家國，堅持與中華民族同呼吸共命運，這種自身的文化獨特性和內在的生機、動力，正是植根於澳門居民對中國傳統文化的深刻認同和長期堅守，讓愛國愛澳成為澳門居民的精神底色，孕育出澳門開放多元、「和而不同」的社會實踐和文化經驗。

「我們在哪？」還有三天，澳門即將迎來回歸祖國 21 周年。這 21 年來，既開創了澳門歷史上最好的發展局面，也面臨了一些新挑戰和機遇。我們必須認真總結澳門「一國兩制」成功實踐的經驗，全面認識澳門歷史文化的價值和意義，深刻把握只有在全社會形成廣泛的國家認同，才能全面落實「一國兩制」。正如習近平主席所說：「澳門『一國兩制』的實踐，是沿着一條正確的道路往前走，最後結出了繁榮昌盛發展的碩果。愛國主義為『一國兩制』成功實踐打下了一個堅實的政治社會基礎。」正是這樣的家國情懷，陪伴着我們堅定地走過昨天、走到今天、走向明天。

「我們要往何處去？」當今世界正處於百年未有之大變局，無論中國的發展，還是澳門特區「一國兩制」的事業，都進入了新時代。總結過去，展望將來，澳門將更積極主動弘揚澳門城市的人文價值和中華文化傳統，繼續提升澳門居民的國家認同感，為特區發展、國家現代化、中華民族的偉大復興和人類文明作出更大的貢獻。

最後，再次感謝研究團隊為「澳門居民的國家認同感」這一課題所付出的努力與貢獻，這次的研究成果是系統、宏觀、並有理論支撐的新嘗試，有助從另一視角探究「一國兩制」的強大生命力。

2020 年 12 月 17 日

《轉型時期的澳門政治精英》序

「精英」一詞源於法文「elite」，原意是指「特別優良的商品」或者「遴選出來的少數東西」，後來又轉指「特別優秀的人物」、「傑出人物」、「精華」等。在古代漢語裏，「精英」一詞見於杜牧的《阿房宮賦》「齊楚之精英」，意指「精華」、「精粹」。現代漢語裏「精英」一詞是指「特別傑出的人物」或者「智能、才能超眾的優秀分子」等。

在社會科學中，精英理論認為應該由少數具備知識、財富與地位的社會精英來進行政治決策，主導社會走向。系統而有影響的精英主義形成於 19 世紀末 20 世紀初，在 20 世紀 70 年代達到其發展的頂峰。莫斯卡、帕累托、米歇爾斯等人在批判大眾民主的基礎上發展了早期的精英主義理論，韋伯、熊彼特等人則從民主政治出發，論證了精英民主的政治合理性。當代的精英主義者，如伯納姆、米爾斯等人從經濟和制度的角度論證了精英主義。

因為在解釋權力、政治和社會變遷過程中作出了重要貢獻，精英理論受到了政治學、社會學和歷史學界的廣泛關注。但在民主日益成為世界主要潮流的今天，精英主義備受質疑、批判與挑戰。

雖然如此，精英主導公共事務運作的情形，即使在自由民主社會中仍屢見不鮮。如在美國，精英集團的鞏固和普選是並行不悖的（形式民主和實質民主、精英執政和大眾民主）。因此，在民主化的趨勢下談精英主義的意義何在？如何看待精英與大眾的關係，精英主義又是否與民主背道而馳？《轉型時期的澳門政治精英》一書為我們探索這些問題提供了可供參考的答案。

基於歷史的原因，澳門與香港在殖民管治下生成了精英治理的傳統。在「一國兩制」的政策下，根據「港人治港」、「澳人治澳」的要求，民主政治的發展在兩個特區成為不可避免的主題。在此背景下，原有的精英治理與新時期的民主發展是否必然會產生衝突，又該如何調適與銜接，亦成為兩個特區政府需要解決的主要問題。從這個角度而言，蔡永君博士的《轉型時期的澳門政治精英》（以下簡稱《精英》）一書以社會轉型的視角分析澳門政治精英的代際轉換，在明晰澳門地區政治精英的特質、精英結構的基礎上揭示了其在利益代表中存在的問題，為本澳在新時期尋求適當的治理模式提供了一個可參考的思路與方向。

《精英》一書以回歸前後的澳門為案例，把視角投放在利益代表與表達的實際執行者——政治精英身上，討論了「精英資格的先決條件是甚麼」、「甚麼人才可以成為精英」、「少數族群如何才能更多地躋身於精英行列」、「精英群體是否具有凝聚力」、「他們會團結為一個整體還是會由於利益衝突不斷產生緊張、分化」、「精英的繼承體系是循環流動的、還是封閉堅守的」、「精英如何才能適應社會轉型中的革命性變化」等一系列問題。

在對上述問題的分析解釋中，本書打破了人們以往印象中「精英——大眾」的兩分法，以代際轉換的動態視角，考察不同時期的精英特徵、精英間的結構對利益代表的影響來解釋精英與大眾的聯繫以及對社會穩定的作用。通過這一研究，我們可以發現民主參與與精英代表不是必然衝突的。

一方面，精英與大眾的界限並非絕對的。早期的精英主義有一種貴族傾向，把身份、地位、財產作為衡量精英的標準。但到後期，對精英的定義轉向了後天性的標準，如習得的技能等。由此，我們不應該從靜態的視角將精英視為一種脫離社會和國家以及對社區、社會、民族不承擔任何責任的獨立存在，而應視精英是可以生成、流動和轉換、再生產的。精英循環理論確定了精英研究走向「民主」的價值轉向。該理論認為精英循環是社會發展的動力，為推進社會民主化進程提供了重要的理論基礎，並直接影響了現代精英理論的產生。其代表人物拉斯維爾主張應從社會的各階層而非少數階級中挑選精英。

因此，一個有活力的精英執政集團應該是充滿流動性的。在一個積極的社會中，精英的角色和位置是向所有人開放的，大眾都有機會在社會流動中成為精英，從而形成「精英的循環」。在一定的競爭性選拔的過程中，社會中下層的人群可以通過一定的法則進入精英集團，人們必須能夠根據其表現在社會層級的階梯上上升或者下降。

另一方面，精英治理只是讓那些最有才能的人去做最困難的、最重要同時也可能是報酬最豐厚的工作，而不是讓少數人代替多數人做決定。我們不應該只關注與抽象意義上或者結構意義上的精英制，而同時應該考察精英及其所代表的民眾之間的代表性問題。因此，精英制並不是只精英當權而已，不能把目光僅停留在「如何把精英選出來」，而需要將視野擴展到如何在精英和其他社會階層之間建立一種普遍的代表性問題。

大部分人都能認同：極端而穩定的「精英主義」社會和「民主」社會都只是理想化的狀態。當今幾乎所有國家、地區的政體均建基於某一種形式代議制政府，而民主也被界定為把大量的公眾意見透過數量及質性差異較少的、被選舉出來的代表作為大眾利益偏好表達的過程。早期的精英主義認為精英是統治者。但在不斷的發展過程中，精英主義逐漸接受並融合了民主的某些要素，發展成為精英民主。精英主義民主更傾向於將民主視為一種方法或是一種程序，對民主採取工具主義的態度。

根據本書的研究，精英結構和組成與社會經濟發展之間的時間差應盡可能縮短，以減低積累影響社會安定的負面因素。因此，作者建議由社會變遷而造成的利益表達需求，及其與制定變遷相結合而形成的精英生成模式，如能處在相同的變遷步伐上，將能更及時地反映社會各階層的利益需求，有助於保持社會的穩定發展。

由於各種不同的社會政治精英之間通常並不存在統一的利益、價值觀或者意識形態，也不存在統一的組織和行動，在精英或者精英集團之間存在着競爭和妥協。作者進而提出，精英整合程度是指精英間是否透過正式和非正式的網絡聯結在一起，並能使經營與決策行為者保持聯繫，同時在主要政治規則上是否具有相當的共識，而分化程度則更多針對精英的來源是否在組織和功能上的多元化，以及他們之間及其與國家、政府間是否具相對的獨立性。在推動澳門民主政制發展的過程中，可考慮的方向是精英結構向「共識型的精英」邁進。

自澳門特別行政區政府成立以來，澳門經濟社會發展迅速，對人才的渴求日漸突出。中央政府亦一直強調要重視和加強參政議政人才的培養，確保愛國愛澳力量後繼有人，薪火相傳。為了配合社會發展的需求，順利地推進特區各項事業的建設，特區政府於 2014 年初設立「人才發展委員會」，以規劃人才發展的戰略部署及加強人才的培養和儲備。換言之，中央和特區政府以及社會各界已經充分認識到，只要加速人才培養，壯大精英隊伍，加快精英循環和代際交替，才能適應新時期特區發展的需要及其可持續進步，才能確保「一國兩制」偉大構想的實現。

人才培養是政府和社會的共同責任，需要社會各方共同參與。在此過程中，了解澳門政治人才的發展脈絡、特徵重點及未來方向，為有關工作的開展提供了基礎。雖然《精英》一書以澳門立法會議員為分析主體，但「政治精英」的範圍實際上更為廣泛，包括那些已經或者可能掌握社會政治領導權，具有傑出領導才能並且已經或者可能控制重大決策過程的優秀人物，不僅包括當權的和在朝者，還包括那些潛在的精英人物。由此，《精英》一書為該主題的研究打開了一扇門，希望未來有更多的後繼者可以不斷豐富及深化這一研究，在探討澳門政治精英與治理模式獨特性的同時，為澳門社會的順利轉型提供更全面的理論支持。

是為序。

2016 年 5 月 15 日

《澳門特別行政區立法會產生辦法的研究》序

中國社會科學院台港澳研究中心特聘研究員沈然先生和澳門理工學院「一國兩制」研究中心副教授王禹先生從 2015 年 5 月起開始進行《澳門特別行政區立法會產生辦法的研究》課題研究工作，到 2016 年 4 月形成了研究報告，經過多次修訂，現在終於交付出版社出版。我非常高興看到這一研究成果的公開發表，與關注澳門政治發展的讀者分享。

本課題研究立足《澳門基本法》的規定，運用中國憲法精神和西方民主理論，通過對澳門立法會在特區政治體制中地位和性質的深入分析，對澳門立法會產生辦法與西方民主制度的比較，以及對澳門立法會產生辦法歷史形成過程、回歸前後實踐情況的分析論證，有力說明由直選、間選和委任議員構成的澳門特區立法會產生辦法符合澳門社會實際情況，具有合法性、正當性和必要性，應當長期堅持。更重要的是，作者理論有機聯繫實際，論證埋據十分充分。在本課題的後四章，側重於實務方面的分析，以三個章的篇幅分別分析直接選舉、間接選舉和委任議員的制度與實踐，最後一章提出研究者對完善直選、間選和委任制度的思考、意見和建議。

本課題有不少理論創新之處。比如，作者在論證立法會直選、間選和委任三種組成結構方面，指出：（1）澳門立法會是澳門特別行政區政治體制的重要組成部分，是澳門特區唯一立法機關，是特區的民意代表機關和代議機關，是地方立法機關。立法會議員有明確職責和某些特權，立法會議員應具備必要的政治資格、法律資格和道德資格。（2）立法會功能和議員的職責、資格要求，決定了必須有與之相匹配的產生辦法。立法會產生辦法是優秀人才的選拔機制，也是居民政治參與的途徑。(3) 在政治人才產生機制上，有國家層次政治人才產生選拔和地方政治人才選拔之別。在西方實行選舉制度的國家，國家最高領導人和民意代表的產生主要通過選舉產生。國家層次上的選舉，其核心是對政權的爭奪，是對政權合法性的投票肯定。由於選舉是 49% 必須服從 51%，事實上有很高的社會成本。地方民主與國家民主有很大的不同，地方權力本身是中央授予的，不存在權力合法性問題，而是通過選舉方法選擇出更優秀和更合適的人才擔任地方領導和政治職位。因此，地方層次的政治人才選拔制度對比國家層次的制度更具靈活性。《澳門基本法》及其附件二規定的澳門特別行政區立法會產生辦法，以及澳門本地的相關法律，規定的是地方性政治人才產生辦法。說明這一點，對今後政治發展的討論有重要指向價值。(4) 民主形式是多樣的。同為西方國家的選舉，由於不同的歷史和不同的文化背景，其形式則有所不同，民主的多樣性在國際法上有明確的確認。澳門立法會產生辦法有自己的特點，是符合民主發展規律的。澳門立法會產生辦法演繹了《中葡聯合聲明》的精神實質，是競爭民主和協商民主的統一，民主發展性和民主穩定性的統一。這些觀點和理論論證，有助於我們進一步深入理解和正確認識立法會三種組成結構的正當性、必要性和合法性。

又如，本課題在探討立法會直選、間選和委任方式方面，指出：(1) 澳門立法會的直接選舉制度的價值取向是：參與的廣泛性、選人的競爭性和選舉活動的公平性。回歸後的直接選舉，呈現出選團板塊化、選團基礎多樣性、政綱效應置後化和政治選擇與情感因素相交織等特點。(2) 澳門立法會的間接選舉制度的價值取向是：體現均衡參與原則、尊重澳門社團文化現實、減少對抗性競爭。回歸後的間接選舉，呈現出界別內參與度較高、選舉目標較為集中等特點。(3) 澳門立法會由行政長官委任部分議員制度的價值取向是：補充選舉的不足、吸納和培養人才、促進特區政府體制的良好運作。回歸後行政長官委任的實踐，呈現出注重委任議員的社會影響力、注重委任議員的專業性、與直接選舉及間接選舉有機配合等特點。(4) 目前澳門立法會產生過程中反映一些值得注意和研究的問題。直選方面值得進一步關注的問題主要是，錯位代表性問題、攻擊抹黑問題和賄選問題；間選方面反映出的問題主要是，選舉競爭性不夠、界別劃分不嚴謹和間接產生的議員結構上不夠合理；委任方面值得進一步探討的問題主要是，委任議員的標準問題、行政長官委任的輔助機制問題和委任議員的代表性問題。這些分析、意見和建議，有助於我們進一步改進目前直選、間選和委任的具體制度，有較強的現實針對性和實踐意義。

課題最後指出，在當前形勢下，應當遵循《澳門基本法》規定，以科學的態度來審視立法會產生辦法。完善立法會產生制度重點不應放在調整直選、間選、委任的相互比例關係上，而應放在完善各項具體制度上，也就是說，要在保持澳門立法會產生辦法合理框架的基礎上，穩步推進相關制度的改進完善。這與我們多年前的觀點不謀而合。（1）完善立法會直接選舉制度，當前重點應在增強選舉的公正性方面，包括代表性的公平性和選舉過程的公平性。可研究推進選團改革、探討細分選區、加強對選舉活動的監管。（2）完善立法會間接選舉制度，當前重點應在增強選舉的競爭性方面。可研究進一步完善確認法人選民基礎、進一步科學劃分界別、進一步擴大參與機會。（3）完善行政長官委任立法會部分議員的制度，當前重點應在增強這項工作的規範性和透明度上。可研究進一步側重委任面、增加透明度、完善輔助機制。這些意見和建議，充分體現出作者對澳門立法會選舉制度的長期考察和思考，體現出作者的研究功力，符合澳門的政治社會運作實際情況，並且有較高的對策意義和操作性。

本課題對澳門特別行政區將來民主政治建設和選舉制度完善進行了有益的初步探索，不僅對立法會選舉制度多年的實踐進行了較為系統客觀的總結，既肯定其優點和成績，也直面存在的問題與缺陷，帶給我們很多新的啟發，也為後來的研究打下了堅實的基礎。我很高興能提前閱讀了本書，並鄭重向讀者推薦。我認為，本書有相當的實踐意義和理論價值，並期待帶動更多的研究成果問世，以促進立法會選舉制度的日臻完善，促進政治社會運作及其程序更加公正、公平與透明。

是為序。

2016年11月4日

《博物攬勝——澳門博物館掃描》序言

「博物洽聞，通達古今。」博物館是搜集、保存、研究、傳播和展覽人類和人類環境見證物、為社會和社會發展服務、向公眾開放的永久性機構。這是國際博物館協會在其章程的一般性定義。在我看來，博物館還是展示一個民族、國家和地區歷史底蘊、文化底氣及其文化自覺、文化自信的最好場所。

一個民族、一個國家之所以成立並且能夠生存發展下來，必然有其獨特的歷史與文化，必然有其歷史文化發展的連續性和延續性，必然有其內在的強大生命力。無論如何受到外族的侵略、壓迫甚至殘殺，只要一息尚存，就會勇敢地戰鬥下去；無論經濟社會如何不發達，只要生存意願尚在，就會竭盡所能搜集、保存民族、國家起源、生存和發展的遺存，以傳子孫後代，以示外人外族，以圖自省自愛，以求獨立自主。

去年到南太平洋一個僅有 50 萬人口的小國旅遊，臨時建築物裏的國家博物館只有二三百平方米，陳列也非常簡陋，而旁邊的只有數十平方米的國家圖書館更是僅有一些外國出版的有關圖書，但令人吃驚和欣佩的是工作人員表現出來的文化自覺和民族自尊；多年前到一個亞洲發達國家參觀其國立博物館，建築古色古香，典雅精緻，陳列也非常現代，管理更是一流，但觀看完畢，心裏總有一種戚戚然的感覺：在敘述解釋這些文物時，正面的不敢直言受中國文化影響，反面也不敢坦認受日本侵略，概以「外國人」籠統稱之。缺乏文化自信，莫此為大。

並非每一個國家都地大物博、淵源流長，歷史底蘊有深有淺，文化底氣有高有低，但底蘊必定存，底氣更必須有；並非每一個國家都經濟繁榮、社會進步、科技發達，博物館的建築可以簡陋，也可以富麗堂皇；收藏可以不多，也可以豐富；展示可以傳統，也可以現代，修建博物館本身，也已經顯示出其文化自覺，但更為重要的，一定要展現文化自信心和民族自豪感。

澳門是一個既充分展示中華文化自信心又充分顯現中華文化包容性的城市。背靠祖國，面向世界，海納百川，成就自我，古今同在，中西並舉，構築了一道絢麗多姿的人文風景線。蘇寧女士是個有心人，居澳期間筆耕不輟，以資深新聞工作者的獨到眼光，不僅為澳門的博物館塑造了一個栩栩如生的群像，還一一解剖了其前世今生，生動展現了澳門歷史文化的豐富性和多元性，直觀地揭示了澳門人的文化自覺和文化自信。感謝她的用心和努力，使我們驚訝發現澳門竟然有那麼多博物館，使我們明白地小也可以做到物博的道理，使我們對澳門歷史文化增添了多一份的敬意和愛意。我們可以更加自豪地說，澳門雖小，但澳門真的很有文化，豐富又多樣；澳門人不多，但我們真的很自信、很自豪，如果你讀完這本書還不相信、還不滿足，就去親眼看看我們的博物館，親身來感受一下我們這個小城的韻味吧！

有感而發，是為序。

2018 年 4 月 12 日

《澳門歷史讀本：小城的時光之旅》序

澳門雖小，但經歷過接近五個世紀東西方相遇、對話、碰撞和交流的洗禮，留下了大量有形和無形的歷史文化寶藏。過往不少人以為澳門是一片「文化沙漠」，但通過近四十年來持續不斷對歷史文化檔案、文獻和古跡的系統挖掘和整理，特別是「澳門歷史城區」在 2005 年榮列聯合國教科文組織世界文化遺產名錄之後，「文化沙漠」的說法已鮮見，反而認為澳門是一座「文化綠洲」的人愈來愈多了。

全面系統研究和推廣澳門歷史文化，傳播和弘揚中華優秀傳統文化，一直是澳門基金會及其歷史文化工作委員會致力的工作。二十一世紀回歸祖國的澳門，在經濟、社會和文化方面都取得了飛躍的進步，而且更進一步與全球體系接軌聯動。特區成立後，政府與社會各界對青少年國情、區情教育的重視提升至嶄新的高度。讓澳門新生一代認識和尊重以中華文化為主流、多元文化共存的澳門文化特色，已成為澳門基礎教育的總目標之一；構成澳門歷史文化的基本元素，已通過正規教育課程進入課本、進入課堂、進入校園，務求澳門歷史的優良傳統和文化的核心價值得以薪火相傳。

呈現在讀者面前的這本《澳門歷史讀本：小城的時光之旅》，是澳門基金會歷史文化工作委員會為滿足澳門青少年學習和求知需要而出版的課外讀物。本書的編撰者都是在教學前線工作的歷史學者，充分把握歷史教育的藝術，也深入了解青少年學生的需求，通過淺白的文字和豐富的插圖，力求比較直觀、生動、感性地展現澳門自遠古時代到 1945 年為止的歷史文化輪廓和脈絡，激發青少年對澳門歷史文化的興趣，為進一步探究澳門歷史文化的方方面面提供一些引導和啟發，促進他們對澳門歷史文化的認識和理解，增強其家國情懷，鞏固澳門良好的社會政治基礎，齊心協力推動「一國兩制」的偉大事業行穩致遠。

誠然，澳門這座「文化綠洲」仍有大量的歷史文化寶藏有待我們深入發掘，澳門的宏觀歷史敘述仍有待大家共同努力去完善。「澳門故事」是一部有你、有我、有大家的故事，也只有通過我們的堅持不懈，「澳門故事」才會更加豐滿，「澳門故事」的訴說才會更加動人，澳門的艷麗才會不斷令人眼前一亮。青少年是社會的棟樑、未來的希望，講好「澳門故事」的重任最終也落在澳門青少年身上。我們衷心期望，通過這本《澳門歷史讀本：小城的時光之旅》，澳門青少年能夠更好感受到澳門歷史文化底蘊的厚重和澳門歷史文化意涵的深遠，並身體力行，創造澳門文化的新局面、譜寫澳門歷史的新篇章。

2021 年 1 月 25 日

五百年來誰著史

東西望洋，日出日落；十字門外，潮起潮伏。數百年來，作為中西經貿文化交往交流之地，澳門一直是中外文人商賈的往來之地。天南海北的移民，縱橫江湖的英豪，都以澳門為落腳點和匯聚地，風雲際會，濟濟一堂，「不住田園不樹桑，珴珂衣錦下雲檣」，早年成就了澳門為遠東最繁盛的港口，「明珠海上傳星氣，白玉河邊看月光」。

媽閣廟外，中學西傳；大三巴裏，西學東漸。數百年來，作為永恆的出發點和到達站，中西交匯，古今融合，不同而和，和而不同，你中有我，我中有你，澳門成為了人類文明的實驗室，鑄造出中西相映成輝的亮麗人文風景線，耀眼奪目，光彩四射。「華人神誕喜燃炮，葡人禮拜例敲鐘。華葡雜處無貴賤，有財無德亦敬恭」。

「廣州諸舶口，最是澳門雄」。在澳門回歸祖國母親懷抱 25 年的今天，打造國際大都市又成為了街談巷議的熱門話題，好似我們終於認識到這塊彈丸之地的無限潛力及其在國家發展戰略中的獨特價值。彈丸之地，要在世界百年未見之大變局中成為國際大都市，就要守正創新，繼往開來，在小桌子唱大戲。唱大戲的通常會選擇大舞台，能唱大戲的小桌子肯定是基礎牢靠的，也必有特別之處，要不歷史悠久，要不工藝精湛，否則很難吸引人來唱大戲。對於小桌子，雖然不無雕琢打磨的空間，也需要認真講好故事，但我們還是有信心能派上用場的。既然是大戲，必然不是自娛自樂、圖個熱鬧那種，肯定是名家名曲、轟動四方的。從前，我們一直陶醉在「小就是美」的自我世界，如今，我們不得不在「小中見大」中尋求突破。

「小中見大」需要真功夫、真本領、真能力，需要大視野、大格局、大發展。「真」靠磨練，「大」要開拓。當年，林則徐「開眼看世界」、鄭觀應疾書《盛世危言》、孫中山「始見大海之浩瀚」，都發生在澳門。如今，我們更要「從澳門看中國，從澳門看世界」，也只有這樣，才能認識到自己的優勢與不足，取長補短，才可以看到另一番風景，體驗到另一番滋味，進入另一個境界。在新的境界裏，相信外國人也會對我們另眼相看，紛紜沓至，群賢雲集。

三年前，應張裕兄之囑，為《從澳門向世界出發》寫下了「天地蒼穹，寫意人生」的序文。三年後，在打造國際大都市的感召下，突然醒覺小城市應該鼓足勇氣、義無反顧地走出去、引進來，打開格局，佔領高地，讓世界更好地認識中國，讓中國更好地了解世界；而澳門人也都需要離開習慣已久的舒適圈，像張裕兄及其驢友那樣，走南闖北，接受歷練，開拓視野，敞開心胸，海納百川，以「五百年來誰著史」的豪情，重續澳門的歷史傳統，再創城市的新輝煌，造福後世，服務國家，貢獻人類。

2024 年 6 月 6 日

近現代澳門史的文學再現

——《呂程澳門文集》九卷本序

在澳門社會各界熱烈慶祝中國共產黨成立100周年的美好日子裏，《呂程澳門文集》九卷本就要出版了，這是呂程先生幾十年書寫澳門的心血結集，也是澳門文學向中國共產黨誕辰獻上的一份賀禮。呂程先生筆耕不輟，以文學形式再現澳門近現代歷史人物與事件，歌頌澳門人的家國情懷和愛國主義精神，令人欣佩，令人感動，我謹代表澳門基金會向呂程先生表示誠摯的敬意和衷心的感謝。

中國作家協會會員、澳門影視製作中心主席、澳門影視出版中心主席呂程（呂乃國）先生的《呂程澳門文集》九卷本，全部都是謳歌澳門歷史的風雲人物，謳歌香山文化中流砥柱人物：孫中山、鄭觀應、楊鶴齡、何賢、柯正平、崔德勝、馬萬祺、何鴻燊、霍英東、容閎、陳芳、唐昭儀、容國團等。這部《呂程澳門文集》九卷本，是澳門的一曲英雄譜，更是一部比較完整的文化紀錄、文化形象、文化史詩，形象地反映了澳門與祖國同命運、共呼吸的真實面貌。

習近平主席說過，文化是一個國家、一個民族的靈魂。澳門有今天的發展進步，正正因為她在風雨中堅定守住了這個靈魂。澳門有深厚的歷史文化底蘊，文化中西並舉、古今同在，也是澳門最有價值之處，是繁榮穩定的壓艙石，全方位大力發展澳門文化，是我們每一個人的責任，也勢在必行。我們要攜手並肩，承傳澳門的文脈，更廣泛地傳播小城的真善美，最終達至充實豐滿澳門文化形象的目標。

呂程先生一直致力於挖掘澳門歷史題材進行文學創作，一直致力於傳播小城的真善美，一直致力於宣傳澳門，謳歌澳門，充實豐滿澳門的文化形象。早在 1986 年 10 月，呂程調來《珠海特區報》的第二年，就撰寫了長篇報告文學《微笑的力量》，榮獲澳門《大眾報》徵文獎。1996 年 4 月 28 日呂程《澳門詩頁》大篇幅全文發表在《珠海特區報》。此後又有更多的澳門題材小說、澳門題材詩歌、澳門題材劇本面世：《路環島》、《黑沙灣》、《風順堂街》、《水坑尾》、《白鴿巢》、《望廈山不會忘記》、《澳門的橋》、《澳門王》、《澳門學童》、《古船》、《蓮花的笑聲》、《澳門凱歌》、《從澳門離家到澳門歸來》等作品陸續發表在《作品》、《詩潮》、《詩刊》、《遼陽詩選》、《珠海影視》、《澳門影視》、《珠海文學》、《中國作家》等報刊雜誌上。

最為突出的是，講述澳門水坑尾大井頭的澳門同胞抗擊澳葡當局胡作非為故事的呂程九場話劇《中山井》（又名《澳門井》），發表在中國文學權威刊物《中國作家》2017 年 1 月號上，佔篇幅 22 頁，以澳門劇紀念孫中山誕辰 150 周年，為澳門增光添彩，為推廣澳門、宣傳澳門作出了重要的貢獻。

長期以來，澳門基金會不遺餘力地推動澳門文化建設，呂程先生也一直與澳門基金會保持密切合作。早年的九場話劇《竹仙洞》或近年的《澳門三部曲》、《澳門之歌》等多部文學作品，都得到澳門基金會的大力支持。出版《呂程澳門文集》九卷之際，我們深感榮幸應約為之作序，祝願呂程先生佳作不斷，為澳門文學、為粵港澳大灣區人文建設作出更多的貢獻。

2021 年 6 月 15 日

《發達微型經濟體財政預算過程研究——對澳門特別行政區的啟示》序

一

澳門自開埠以來，一直是一個商貿港口，經濟發展經歷了幾個階段和興衰循環，產業結構也追隨時勢多次自我調整，但是，由於城市規模細小，缺乏自然和人力資源，深受外部環境和外來因素影響而隨波逐流依然是其最大的特色。

澳門雖然在 16 世紀就成為遠東最繁榮的貿易港口，今天博彩業的規模也遠遠超過拉斯維加斯，創造了增長的奇跡和經濟的輝煌，作為微型經濟體，產業結構單一且客源單一，財政收入過度依賴優勢產業，一直令各方關注和擔憂。2014 年博彩業已受到嚴重衝擊，這次新冠肺炎，更令澳門經濟、財政的脆弱性和風險暴露無遺，經濟產業多元化迫在眉睫。

澳門發展與國家興盛息息相關，絲絲相扣。過去近半個世紀，澳門有兩次經濟騰飛，一是剛好趕上國家改革開放之大浪潮，各行各業受惠發展，令城市得以快速現代化；二是回歸後乘國家加入世界貿易組織之東風，適度開放博彩業，令特區得以快速國際化。當今澳門之成就，傲視微型經濟體，舉世矚目。

一個隨波逐流、脆弱性不改但又取得巨大成功的微型經濟體，如何應對風雲變幻的新形勢而確保可持續健康發展，是困擾澳門多年的難題，各界也一直在探索方案、尋找出路，相信隨着粵港澳大灣區建設的展開，特別是橫琴開發共商共建共管模式之形成，答案會逐漸明朗。澳門背靠祖國，借助共同開發橫琴，參與粵港澳大灣區建設，乘搭國家發展快車，是澳門經濟產業多元化之必由之路，也是澳門解決多年積累的深層次、結構性問題和矛盾的不二選擇。

二

學術界多年來研究澳門經濟的路徑之一，就是比較其他微型經濟體，並且帶來不少啟示。本文從財政預算之過程切入做比較研究，角度新穎，且不無啟發，不僅令我們對世界其他主要微型經濟體有了更全面完整的認識，對澳門公共財政的運用也有更客觀深入的了解，特別是當今澳門經濟財政已初具規模，公共財政在資源配置、提供及分配公共物品與服務以及穩定總體經濟的作用益加顯著。事實上，澳門回歸後，隨着經濟迅猛增長，財政收入水漲船高，在教育、衛生和社會福利的投入也大幅增加，一方面，改善民生為社會和諧穩定奠定了牢固基礎，也為經濟持續發展創造了有利條件，但另一方面，經常性支出比例已經高達 80%，值得高度關注。雖然特區一向奉行「量入為出」的原則，財政預算與國民生產總值增長基本呈正向關係且財政儲備相對豐厚，但考慮到澳門經濟受外部因素影響很大且不可避免波動而剛性支出很難降低，公共財政的可持續性仍將面臨相當的挑戰。

改革公共行政，理順政府職能、重整架構、控制甚至壓縮公務員人數，在一定程度上可以削減公共開支。同時，在預算中引入專款專用、效益、經濟、效率和透明度等原則，也有助於善用和節省公共資源。借助企業化經營和精細化管理方式，將大大提升公共財政運用的效率和效益，這不僅是政府應該奉行的原則，也是社會、尤其是受政府資助社團需要遵守的原則。這次抗疫行動告訴我們，大手大腳花錢的時代已經過去，省約節儉的日子已經到來，無論是政府管理還是社會治理，都必須講成本效益，有所為有所不為。

這次疫情還提醒我們建立中期預算框架的重要性。花無百日紅，沒有遠慮，必有近憂。我們應該盡快對未來數年（例如五年）的經濟發展數據進行科學預測，並估計這段時間的財政收入和預算規模，制訂中期財政預算框架和目標，從而增加公共財政的可持續性，確保投資者和市民對未來的信心。作為題外話，有效管理澳門財政儲備，提升其回報率，也是當務之急。

為了應對這次疫情，政府採取了一系列穩經濟、保就業和顧民生的措施，大幅調整了財政預算，投放了大量資源，充分發揮了公共財政的應有作用。我們相信，這種作用，在微型經濟結構調整和社會轉型中會愈來愈明顯。

偉鴻這些年來勤於思考，勇於探索，在學術上孜孜以求，並且取得令人驕傲的進步。假以時日，必有大成。他論文出版之際，囑我寫序，分享他的喜悅，樂意之極。是為序。

2020 年 4 月

《濠藝百粹——澳門藝術家推廣計劃回顧展作品集》序

唐代思想家柳宗元說：「美不自美，因人而彰。」世間萬物之所以為美，需要有人去發現、感受、欣賞，才能成全其美。感恩澳門這片土地上，一直有很多藝術家在藝術探索之路上孜孜不倦、砥礪前行，透過文化藝術傳達澳門獨特的人文風情，讓更多的人看到這座小城所擁有的美和力量。

「濠藝百粹——『澳門藝術家推廣計劃』回顧展」是我們向長期以來默默耕耘、無私奉獻的澳門藝術家致敬的一次集體展覽。是次展覽集結了百位曾參與「澳門藝術家推廣計劃」（下簡稱「藝推計劃」）的藝術家，每位精選一件新作或一件精品展示，舉凡國畫、書法、西畫、攝影、雕塑、裝置等多個門類，均有佳作迭見。總體而言，這些作品或承續傳統，或力求創新，皆流露着藝術家們對澳門的深情厚意以及對文化的追求和堅守，展現出豐盈的生命力和創造力，也見證了「藝推計劃」的全過程，可一覽澳門藝壇的多元新貌。

回想當初澳門基金會推出「藝推計劃」，冀藉着建立此藝術品牌和文化平台，凝聚和團結本地文藝界，鼓勵和支持他們不斷創作、交流、觀摩、創新，促進形成具本地特色的藝術個性，活躍澳門社會的藝術氛圍，希望文化藝術在澳門蓬勃發展。窮十年之力，「藝推計劃」終於畢其全功，澳門藝術家的群像也清晰可見。

文化和思想的傳播對人的影響不能立竿見影、一蹴而至，而是潛移默化、潤物無聲。這項開展逾十年的項目證明，我們的嘗試是有益的，取得的成效遠超預期。一方面，「藝推計劃」自 2011 年至 2021 年開展期間，得到一百位澳門資深及青年藝術家的積極響應，這一百場的個人展覽歷歷在目，一百冊的作品圖錄沉沉甸甸，象徵着本地文化藝術的蓬勃朝氣與厚重力量。另一方面，這一百場展覽的觀展人數達 26,000 人次，連同自 2018 年起舉辦逾 20 場的展覽配套活動，包括親子工作坊、藝術創作體驗、講座等，吸引超過 630 人次的市民參與其中，有效帶動了藝術走近民眾，鼓勵市民感受文化生活的美。除此以外，澳門基金會也投入了眾多資源推動文化藝術的進步，例如推出「澳門製作·本土情懷——澳門基金會市民專場」、「澳門青年藝術家推廣計劃」和「澳門文學叢書」等多個平台，匯聚本土多元的藝術能量，全方位樹立澳門的文化形象，促進社會資本的形成和社會和諧穩定。

自明代中葉開始，澳門已成為中西文化薈萃之地，西方文化由此東傳，經歷數百年形成今天古今同在、中西並舉的文化個性。欣賞這些作品，我們可感受到澳門藝術家們始終堅守着中華傳統文化，一直視其為文化根脈和源泉，卻以開放包容、海納百川的心態對西方文化藝術抗衡和吸收，體現出高度的人文關懷和文化自覺，也展示了高度的文化自尊和文化自信。在他們的不懈努力下，創造出澳門文化藝術的獨特面貌和全新景象，百家和鳴，佳作疊出。而這樣的繁榮局面及其生生不息的創造力，正是中華文化復興的希望所在，相信澳門文藝界也將更多地堅持創作，觀照時代，無愧歷史，面向未來，為打造「以中華文化為主流，多元文化共存的交流合作基地」、為中華文化的偉大復興作出應有的貢獻。

然而，礙於「藝推計劃」名額有限，有些澳門的著名藝術家未及入選，遺珠之憾，在所難免。另外，令人痛惜的是，參與「藝推計劃」者已有十位藝術家離世，於此回顧展舉辦之際，謹此寄託我們的懷念，也衷心感謝他們的參與，為澳門藝壇增光、為澳門文化添彩。我們更期待，年輕一代藝術家在前輩築好的地基上，薪火相傳，開拓創新，再創澳門藝術的新時代，讓澳門無愧於文化名城之美譽。

是為序。

2022 年 12 月 5 日

四 灣區

澳門

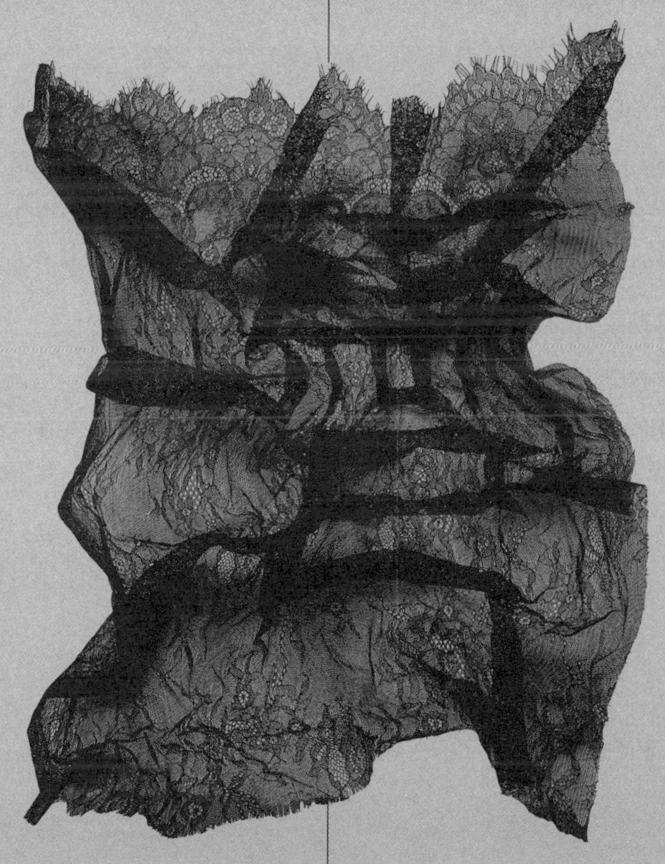

擁抱大灣區　建設大灣區

——兼論澳門發展與澳門青年融入大灣區建設

一、改革開放與澳門發展

1978 年開始實行的改革開放政策，是中國近現代史的一件大事，也是當代世界發展史上的一件大事。改革開放創造了當代世界經濟史的一個奇跡，使一個佔世界人口 1/5 的大國發生了翻天覆地的變化，開創了生機勃勃的發展局面，中國這個歷史悠久的國家真正地邁入現代化的征途，令數以十億計的人口解決了溫飽問題，如今更歷史性地全面建成小康社會。「創新是改革開放的生命。」[1] 改革開放極大地創新了中國的政治、經濟、社會治理體系，極大地釋放了中國古老文明的活力和創造力，使得偉大的中華民族完全恢復了自信心、自強力和自豪感。如今的中國，不僅以前所未有的姿態重新融入國際社會，而且在國際事務中擔負愈來愈重大的責任，發揮愈來愈重要的作用，中國已然進入世界舞台的中央，為人類和平發展做出重要的貢獻。

改革開放為澳門地區的進一步發展帶來了前所未有的機遇。乘着改革開放的東風，澳門同胞率先進入內地投資，開創了內地引進外資的先河。澳門商人的成功投資，帶動了大批台灣地區和外國投資者前往內地投資興業，投資區域也從珠海特區擴展到珠三角其他地區。雖然澳門商人的投資規模相對後來的

1《習近平：在慶祝改革開放 40 周年大會上的講話》，新華網，網址：http://www.xinhuanet.com/politics/leaders/2018-12/18/c_1123872025.htm，2018 年 12 月 18 日。

外資不大，但對改革開放初期引入外資起到了帶頭、引領和示範作用，功不可沒。特別是當時的澳門商人向內地輸入技術、人才、管理經驗和外資網絡，為改革開放的探索和實踐做出了示範、提供了動力；澳門利用當時與葡萄牙的特殊聯繫，推動中國與葡萄牙的經貿合作；在教育、文化、法律、社會等諸領域，為內地改革開放提供了協助、借鑒和經驗。1995 年 11 月，澳門國際機場通航，就航權安排形成了「澳門模式」，為兩岸「三通」做出了直接的貢獻。內地多個省市政府、企業相繼在澳門設立了經濟組織，投資澳門的貿易、旅遊、金融保險、工業和基礎設施建設，獲得了境外投資經驗、培養了相關人才，使這些企業從澳門走向世界。

改革開放也直接推動了澳門的繁榮發展、順利回歸祖國以及澳門特區的成功創立。特別是「一國兩制」方針的提出，不僅是實現國家和平統一的基本國策，也符合中華民族的根本利益。事實證明，「一國兩制」是香港澳門特區經濟、社會繁榮穩定的根本保障，是港澳發展的根本依歸。因為國家的改革開放，才有「一國兩制」政策和澳門的順利回歸，澳門才能成為一個特別行政區，澳門居民才能當家作主，才有「澳人治澳」、「高度自治」。這樣和平和穩定的政治變遷，是人類文明發展史上的一次偉大創舉。

2017 年 10 月，中國共產黨第十九次全國代表大會勝利召開，習近平總書記在《決勝全面建成小康社會　奪取新時代中國特色社會主義偉大勝利》中提出，十九大報告要支持港澳融入國家發展大局，發展壯大愛國愛港愛澳力量，增強港澳同胞的國家意識和愛國精神，讓港澳同胞共擔民族復興的責任、共享祖國繁榮富強的偉大榮光。2018 年 11 月 12 日，習近平總書記在會見香港、澳門各界慶祝國家改革開放 40 周年訪問團時指出，國家改革開放的歷程就是香港、澳門同內地優勢互補、一起發展的歷程。對於香港澳門來說，「一國兩制」是其最大的優勢，共建「一帶一路」、粵港澳大灣區建設等國家戰略，是港澳發展的新的重大機遇。在改革開放進程中，香港澳門同胞和社會各界人士主要發揮了投資興業的龍頭作用、市場經濟的示範作用、體制改革的助推作用、雙向開放的橋樑作用、先行先試的試點作用和城市管理的借鑒作用等。香港澳門特區今後要更加積極主動地助力國家的全面開放，更加積極主動地融入國家發展大局中，更加積極主動地參與國家治理實踐，更加積極主動地促進國際人文交流。

顯然，改革開放的進程，既是國家發展進步的進程，也是港澳發展進步的進程。改革開放的成功，促成了香港澳門的順利回歸和特區的繁榮穩定；港澳的順利回歸和特區的成功創建，也為改革開放注入了新的動力。從這個意義上講，香港澳門回歸是改革開放取得的重大成就，改革開放是港澳長期繁榮穩定的最大推動力和最可靠保證。習近平總書記在十九大中對港澳同胞提出的希望，是在全面總結港澳過去 40 年參與國家改革開放歷史進程和發展經驗基礎上提煉出來的，既為特區未來確立了定位，也指明了特區未來的發展方向。

推動內地與港澳互利合作，促進港澳融入內地發展，是十九大的重大戰略決策，而建設粵港澳大灣區是落實這一戰略的具體舉措。建設粵港澳大灣區，不僅可以為國家新時期改革開放提供源源不斷的動力，同時可以確保香港澳門的繁榮穩定、長治久安。因此，這是中國改革開放 40 年以及港澳回歸祖國 20 年發展進程的必然結果。新時代的改革開放，將進一步推動港澳特區的繁榮穩定，而港澳特區也可以在新一輪的改革開放進程中發揮更大的作用。粵港澳大灣區戰略的適時提出和實施，提供了一個千載難逢的發展機遇。

二、粵港大灣區規劃與澳門融入國家發展大局

（一）粵港澳大灣區發展規劃的提出

圍繞着珠江三角洲伶仃洋的粵港澳大灣區城市群，憑藉其得天獨厚的地理優勢，長期以來擔負着中國對外開放窗口和門戶的重要角色。改革開放以來，粵港澳地區這種窗口和門戶作用得到進一步凸顯。這裏不僅是中國「先富起來」的城市群之一，更提供了豐沛的資源和條件，為把國家建設成為現代化強國，協力勾勒出宏偉的藍圖。

事實上，由廣州、深圳、珠海、佛山、東莞、中山、江門、惠州、肇慶、香港和澳門組成的粵港澳大灣區城市群，是世界的第四大灣區[2]，有條件在國家

2 美國的舊金山灣、紐約灣，日本的東京灣和我國的粵港澳大灣區並稱為世界四大灣區。

現代化的征程上實現其應有的擔當。一方面，粵港澳大灣區的市場主導程度遠超中國其他地區。香港和澳門因其歷史背景，開放程度超越其他內地城市。物流、服務、資金、科技、人才和資源可以在港澳間自由流動，兩地同時具備與國際先進水平相當的監管模式、商業運作、基礎設施和生活方式。

另一方面，世界工業正朝着智能製造的方向發展，並正在顛覆過去三十多年的現代工業生產模式。要使中國產品在出口市場保持競爭力，滿足以國內大循環為主體、國內國際雙循環相互促進的新發展大局，發掘和提升工商業經濟的創造性，自然成為了中國經濟轉型進程中的一項重要任務。最適合推動國家創新發展的地區，非粵港澳大灣區莫屬。

習近平總書記在十九大報告中明確提出：「香港、澳門發展同內地發展緊密相連。要支持香港、澳門融入國家發展大局，以粵港澳大灣區建設、粵港澳合作、泛珠三角區域合作等為重點，全面推進內地同香港、澳門互利合作，制定完善便利香港、澳門居民在內地發展的政策措施。」[3] 從泛珠三角區域合作到粵港澳合作，香港澳門融入國家發展戰略的方向和路徑愈來愈明確，港澳在民族振興、國家發展中的地位和作用也愈來愈清晰。2018 年，隨着港珠澳大橋通車，以及一地兩檢通關模式的建立，珠江兩岸的交通更加便捷，兩岸人民的交往愈加密切，粵港澳大灣區發展戰略的確立水到渠成。

2019 年 2 月，中共中央、國務院印發了《粵港澳大灣區發展規劃綱要》[4]，為國家新時代改革開放添加了一個新引擎，也為澳門融入國家發展大局、助力國家改革開放以及為其未來發展搭建了一個新平台。粵港澳大灣區是習近平總書記親自謀劃、親自部署、親自推動的國家重大發展戰略之一，是新時代推動形成全面開放新格局的新嘗試，也是推動「一國兩制」事業發展的新實踐，有助於保持香港澳門特區的長期繁榮穩定。事實上，粵港澳大灣區建設是泛珠三角區域合作和粵港澳合作的延續和深化，但已經有了質的變化和飛躍。前期的合作，是優

3　參見《習近平：決勝全面建成小康社會　奪取新時代中國特色社會主義偉大勝利——在中國共產黨第十九次全國代表大會上的報告》，中央政府網，網址：https://www.gov.cn/zhuanti/2017-10/27/content_5234876.htm，2017 年 10 月 27 日。

4　中共中央、國務院印發《粵港澳大灣區發展規劃綱要》，中央政府網，網址：http://www.gov.cn/zhengce/2019-02/18/content_5366593.htm#1，2019 年 2 月 18 日。

勢互補、各顯所長、各取所需、各有所得。而大灣區建設，則是一個新的區域共同體的創建。未來的大灣區，應該是一個制度相融、產業相依、設施相通、人心相凝、高度聚合的區域性經濟共同體，而文化共同體則是一個沒有隔閡、沒有障礙、融通便利的共同生活圈。要落實這一國家發展策略，不僅要促進粵港澳三地的經濟互利合作、基礎設施互聯互通，還要推動人文交流、達至民心相通。因此，必須形成共同的願望和意志、建立共同的願景和目標。

（二）澳門融入大灣區發展的契機

澳門的發展一直受到自然地理環境的局限，參與大灣區建設必然有助於擴大澳門的發展空間和格局，前景令人期待。參與大灣區建設，不僅是澳門經濟多元化的必由之路，也為澳門緩解自身矛盾、解決深層次結構性問題拓展了空間，提供了契機。澳門一定要抓住機遇，乘勢而為，從珠澳橫琴合作出發，找到參與大灣區建設的最佳路徑，為澳門特區的未來發展開創一個全新的局面。要達至這個美好的願景和目標，就需要我們解放思想，打破傳統的思維模式，打破行政地域的限制，不再畫地為牢，在思考問題、尋找方案時打開格局、創新思路。從大灣區整體建設和發展出發，選擇澳門發展的最佳路徑、探索全新的合作模式和工作機制，共建共治、共贏共享。

在大灣區城市群中，澳門的土地面積最小、人口最少，但其作用不可低估。第一，澳門具有「一國兩制」優勢，有利於國家的進一步改革開放。有大灣區作為腹地，有與葡語國家的交流合作，可以更好地發揮澳門特區的作用，成為中國與葡語國家合作發展的平台；第二，中華文化在澳門傳承從未中斷，文化基因保存完整，又長期與西方文化平等交流，有助於充分發揮澳門的經濟與文化功能，促進中國的國際人文交流和灣區文化共同體的形成；第三，澳門的特色金融發展創新空間較大，旅遊、酒店管理水平居於世界前列，可以為灣區建設提供幫助；第四，港澳兩地生活方式接近，粵澳兩地同屬大陸法系，在三地合作中，澳門可以為合作關係比較強的粵港兩地擔任聯繫人的角色。甚至在三地合作中，澳門可以分別與香港、廣東在某些方面先行先試，成功之後再擴大至三地，加速灣區制度對接與創新，以及文化的融合。

（三）澳門參與及貢獻灣區文化共同體建設

在粵港澳大灣區建設成為國際一流灣區的進程中，必須以文化建設為基礎。文化共同體是經濟共同體建立的必要條件，是一種新的身份認同構建。只要建立起共同的精神家園，以文化紐帶作為揉合劑和潤滑劑，以文化軟實力淡化經濟競爭色彩，才能促成大交流、大合作、大發展。培育共同的文化基礎，培育大灣區內各成員城市共同的文化價值是推動灣區建設的根本動力。同時要夯實大灣區的對外軟實力和文化影響力。在粵港澳大灣區文化共同體的建設中，需要把嶺南文化的共通性與粵、港、澳文化發展的獨特性有機地結合起來，這樣才能打動人心、溝通情感、引起共鳴。

澳門是中國最早對外開放的港口城市之一，它不僅是早期中西文化交流的重要場所，也是亞洲文化最早和最集中的匯聚之地，是亞洲多元文化共存共生共榮的一個縮影。澳門是 16 至 18 世紀遠東最繁盛的貿易港口，許多南亞、東南亞、東亞以及中國廣東、福建、江浙、安徽的商旅之士都到澳門經商，不少在這裏定居，朝夕相處，共同生活。澳門作為一個移民城市，長期孤懸海外，那些從天南海北來到澳門居住的，無論是華人還是其他國家人士，都能保持自己的文化傳統和風俗習慣。在澳門，中華傳統文化保存完好，其他民族文化也能在此落地生根。中華文化、西方文化以及亞洲文化在澳門和睦相處，平等相待，取長補短，形成了一道「不同而和、和而不同」的獨特人文風景線，被歷史學家稱為「人類文明的實驗室」。[5]

正因為古今同在、中西並舉的城市風貌和城市精神，澳門歷史城區在 2005 年被聯合國教科文組織列入《世界文化遺產名錄》。澳門成為世界文化遺產，不僅是因為各類建築，諸如廟宇教堂的歷史、藝術價值，更是因為不同民族、不同文化、不同信仰和諧與共的相處之道和生活方式，是因為澳門具有不同族群同舟共濟、守望相助的社區精神。在這個特定的時空裏，人與人的交往密切，你中有我，我中有你，但又不失自我，不失自信，既保持各自的獨特性，

5 吳志良：《建構澳門話語體系 融入國家發展大局》，澳門月刊，網址：http://www.mna.net.cn/aomen/focus/2019-12-21/269515.html，2019 年 12 月 20 日。

又從不強迫他人接受自己的價值，更不強迫「你成為我」，大家敞開心胸，密切來往，互相尊重，相互了解，相互理解，相互諒解，相互信任。也正因為這樣一種精神面貌和社會環境，賦予了澳門特定的氣質和力量，令澳門在歷史長河中屢經風浪、生生不息，成為今天中國繁榮穩定的特別行政區，成為世界旅遊休閒城市。澳門的文化經驗，充分證明了中華文化的巨大包容性，充分證明不同文化是可以共存共生共榮的，這也是《粵港澳大灣區發展規劃綱要》中提出的，澳門成為「以中華文化為主流，多元文化共存的交流合作基地」的其中一個重要理由。

粵港澳大灣區近年來在人文灣區的建設上已取得很大的成績。尤其在文物古跡的修復、展示和活化方面進步驚人，成效顯著。灣區城市湧現出一批體現中華優秀傳統文化精華和灣區人文精神內涵，並結合文化創意產業體系的街區和建築群。澳門的文化藝術也在這個空間佔有一定位置，鮮活地與灣區其他城市展開對話和交流，彰顯了灣區精神。事實上，由於粵港澳大灣區在地理位置上背靠內地，面向海洋，使得嶺南文化具有海陸交融的重要特徵，具有天然的開放性和創新能力，具有走南洋、闖世界的天生勇氣，並且積累了非常豐富的文化發展經驗。大灣區作為嶺南文化的核心地域，我們一方面要大力弘揚嶺南文化的開放性精神和開創性傳統；另一方面要發揮「一國兩制」的優勢和港澳地區長期與西方交往、交流、交匯的實踐經驗，以西方人更容易接受的方式方法，推動中華文化扎實、有效地走向世界，讓世界認識我們的生活，了解我們的思想，理解我們的文化傳統和社會制度。這樣，文化話語權就會逐漸形成和不斷擴大。大灣區具有這樣的文化傳統、經濟基礎和社會條件，完全可以為中華文化走向世界舞台中央貢獻更大的力量。澳門同樣可以為中華文化走向世界，特別是走向葡語國家做出新貢獻。

三、橫琴粵澳深度合作區——澳門融入國家發展大局的又一平台

習近平總書記對於通過橫琴實現澳門的長遠健康發展，一直給予深切的關

懷和高度的重視。2009 年 1 月，時任中共中央政治局常委、國家副主席習近平在澳門宣佈：「中央政府決定同意開發橫琴島，並將在開發過程中充分考慮澳門實現經濟適度多元發展的需要。」[6]2012 年 12 月，習近平總書記考察橫琴時指出，開發橫琴，是一個審時度勢之舉。既有利於珠海建設生態文明新特區，又有利於澳門經濟適度多元發展。[7]2018 年，習近平第四次考察橫琴時，強調：「建設橫琴新區的初心就是為澳門產業多元發展創造條件。橫琴有粵澳合作的先天優勢，要加強政策扶持，豐富合作內涵，拓展合作空間，發展新興產業，促進澳門經濟發展更具活力。」[8]2019 年 12 月 20 日，習近平總書記在慶祝澳門回歸祖國 20 周年大會上提到：「當前，特別要做好珠澳合作開發橫琴這篇文章，為澳門長遠發展開闢廣闊空間、注入新動力。」[9] 黨中央、國務院根據區域協調發展戰略部署和習近平總書記歷次講話的精神，先後推出橫琴新區、中國（廣東）自由貿易試驗區珠海橫琴片區、橫琴國際休閒旅遊島建設方案等重要舉措，為橫琴以及澳門的長遠健康發展創造必要的條件。

目前，橫琴與澳門之間的合作已經具備一定的基礎。現有 3,290 家澳資企業進駐橫琴新區，粵澳合作中醫藥科技產業園累計註冊醫藥企業 189 家，橫琴· 澳門青年創業谷累計引進企業 634 家。澳門四所國家重點實驗室都在橫琴設立分部。在粵澳跨境金融合作（珠海）示範區，已有 18 家符合條件的澳門金融企業入駐。[10] 一方面，橫琴新區已成為澳資企業最集中的區域，也是澳門以外直接投資最集中的區域。在澳門以外直接投資的收益中，相當一部分是澳資企業在橫琴新區所得。另一方面，自《粵港澳大灣區發展規劃綱要》發佈以

6 做好粵澳合作開發橫琴這篇大文章——以習近平同志為核心的黨中央關心橫琴粵澳深度合作區建設紀實，人民網，網址：http://paper.people.com.cn/rmrb/html/2021-09/11/nw.D110000renmrb_20210911 _6-01.htm，2021 年 9 月 11 日。

7 〈習近平總書記十年四次到橫琴考察　橫琴新區：立足優勢　始終不忘發展初心〉，載《珠海特區報》（2018 年 10 月 26 日）。

8 習近平在廣東考察時強調：高舉新時代改革開放旗幟　把改革開放不斷推向深入〉，載《人民日報》(2018 年 10 月 26 日 01 版)。

9 〈習近平：在慶祝澳門回歸祖國 20 周年大會暨澳門特別行政區第五屆政府就職典禮上的講話〉，新華網，網址：http://www.xinhuanet.com/politics/leaders/2019-12/20/c_1125371345.htm，2019 年 12 月 20 日。

10 吳志良：〈澳門發展新機遇「一國兩制」新示範〉，載《光明日報》（2021 年 9 月 7 日 07 版）。

來，灣區內地城市提速發展，城際融合加快，到處一片蓬勃發展景象，但港澳融入灣區發展、國家發展大局仍相對遲緩。而橫琴的實體經濟仍有待充分體現，仍需要突出服務澳門並作為澳門經濟適度多元發展的平台和腹地的特徵，仍需要加強連接澳門與其他粵港澳大灣區城市，實現琴澳一體化發展。

配合「十四五」時期經濟社會發展的主要目標和 2035 年我國將基本實現社會主義現代化的遠景目標，黨中央、國務院在 2021 年 9 月 5 日印發《橫琴粵澳深度合作區建設總體方案》（以下簡稱《總體方案》）。方案突出澳門在粵港澳大灣區的中心城市功能，推進粵澳深度合作，大力促進澳門經濟適度多元發展，便利澳門居民的生活就業，構建澳門一體化高水平開放新體系，支持澳門融入國家發展大局，為「一國兩制」偉大實踐行穩致遠提供清晰的路線圖和注入全新的動能，同時，凸顯深耕澳門——珠海合作對粵港澳大灣區建設的引領作用，通過橫琴深度合作區，輻射帶動珠江西岸地區加快發展，縮小珠江兩岸的發展差距。《總體方案》強調，以粵澳「共商、共建、共管、共享」的創造性思路，從開發管理、開發執行、合作區屬地管理、收益共享和常態化評估方面，通過粵澳兩地合作協商，力爭使合作區成為深化改革、擴大開放的試驗田和先行區，從而對提升粵澳兩地社會治理能力建設，提升澳門特區、橫琴地區以至粵港澳大灣區西部城市的國際地位起到巨大的促進作用。

澳門要利用好粵港澳大灣區發展規劃，尤其是橫琴粵澳深度合作區平台，積極參與國家發展戰略，融入國家發展大局；要填補制度空白並有所創新，包括法律制度、政府電子政務制度等，充分發揮「一國兩制」的優勢；要培養人才、引進高端人才，以人才引進項目帶動新產業的發展。目前，疫情仍肆虐全球，2020 年 5 月，中共中央政治局常委會會議首次提出，「深化供給側結構性改革，充分發揮我國超大規模市場優勢和內需潛力，構建國內國際雙循環相互促進的新發展格局」，這使澳門社會各界對於打破對博彩旅遊業的長期側重，推動經濟適度多元發展開始形成較統一的認識。澳門要充分利用好中央給予的政策優勢，按照《總體方案》的要求，着力發展科技研發和高端製造、中醫藥、文旅會展商貿、現代金融等產業。既不能好高騖遠，又不能瞻前顧後，要在實事求是、科學論證的基礎上大膽嘗試，既要滿足澳門經濟適度多元發展的需要，更要切實成為國家對外聯繫的重要窗口和平台，形成澳門經濟雙循環發展的新格局。

今後，澳門應積極利用青茂口岸和橫琴口岸 24 小時通關的便利，善用橫琴粵澳深度合作區平台，重點發展大健康產業、現代金融、高新技術、會展商貿和文化體育等產業，推進澳門產業結構適度多元合理佈局，增強宏觀經濟發展動力，擴闊澳門居民的就業機會和空間；同時培育和提升澳資企業的競爭力、發展信心和抗風險能力。大健康產業將以中醫藥研發製造為推動力，引進著名製藥企業落戶澳門，並進一步完善中醫藥註冊法律制度。現代金融業將以發展債券、財富管理、融資租賃業務為主軸，發揮葡語國家人民幣清算中心、融資平台和綠色金融交易平台的功能。高新技術產業將依託目前落戶澳門的四個國家重點實驗室[11]，加速科研成果的商品化，推動產學研一體化發展，尤其是通過發展集成電路、電子元器件、新材料、新能源、大數據、人工智能、物聯網、生物醫藥產業、微電子產業鏈、下一代互聯網產業等澳門國家重點實驗室具有比較優勢的研究領域，直接帶動深度合作區的發展。會展商貿產業將作為澳門既有產業的延伸，進一步推動線上線下的結合和提質發展，側重建設高品質消費品交易市場、中葡國際貿易中心、數字貿易國際樞紐港和毛坯鑽石、寶石加工和交易中心等，帶動其他產業的聯動發展。

文化體育產業是近年澳門特區主動提出的產業培育方向，原因在於澳門本身具備豐富的文化旅遊資源，例如大賽車、馬拉松等國際級體育競賽品牌。澳門的文化產業目前已經具備一定的基礎，今後應注意與文化交流合作基地的定位配合。體育產業的培育，不但有助於澳門善用已建成的各項基礎設施，而且有助於傳統旅遊業、大健康產業以及會展商貿產業的聯動發展。

11 香港 16 家和澳門 4 家國家重點實驗室名單（2020 年），科學技術發展基金網，網址：https://www.fdct.gov.mo/zh_tw/state_key_lab.html。

四、對澳門青年融入大灣區發展的思考

港澳青年是建設粵港澳大灣區的重要力量，也是引領大灣區創新驅動發展的生力軍。對於澳門青年而言，除了必須主動增強自身的競爭力之外，社會各界也應該加強澳門青年創新創業工作，引導與支持他們積極地融入粵港澳大灣區發展。唯有這樣，澳門青年才能搭上國家發展的快車，分享到發展紅利。對於青年融入大灣區發展，以下幾個方面值得我們做進一步的思考。

（一）培養澳門青年的國家認同與愛國情懷

澳門作為大灣區城市之一，與灣區內的其他城市同屬嶺南文化圈，澳門文化與嶺南文化有着共同的歷史文化記憶，借助建設人文灣區的契機，通過澳門文化與嶺南文化的親緣關係，在認識歷史、了解國情的基礎上，培養澳門青年對國家和民族的認同感。

粵港澳大灣區有着豐富的愛國主義教育資源。在中國近代史上，無數仁人志士在廣東大地上是前仆後繼，奮勇向前，救國救民。改革開放以來，廣東作為全國的前沿，一馬當先，在中國的改革開放史上寫下了光輝的愛國主義篇章，取得了巨大的成就。澳門青年在認識大灣區、融入大灣區發展的過程中，可以在大灣區接觸到豐富的愛國主義教育資源。例如，澳門青聯組織的「中國心、粵澳情」主題參訪團，組織澳門青年去灣區城市參訪，體驗嶺南文化的特色魅力。通過參訪灣區內愛國主義教育基地、歷史人文遺跡，觀摩內地改革開放的成就，以親身體驗的方式，增強澳門青年對國家的認同感與自豪感。

（二）合作打造國際一流青少年科普教育中心

統籌國際科技創新中心和教育人才高地建設，利用智慧城市建設中加速推進大數據和人工智能等高科技應用的有利條件，積極回應大灣區居民，尤其是青少年群體日益增長的科普教育的需求，整合粵港澳三地的資金資源，共同打造國際一流的青少年科普教育中心，建設具有全球影響力的國際科技創新中心的基礎配套工程，示範帶動大灣區各城市更加重視全民科普教育投入和科技人才培養，助力大灣區居民科學素質的整體提升，逐步塑造並形成熱愛科學、注重實踐、勇於創新的社會風尚。同時，科普教育中心要成為開展港澳青少年國情教育和愛國主義教育，增進港澳青少年國家民族文化認同，促進港澳青少年與內地加強交流、交往的重要窗口和重要載體。澳門科學館可以先行先試。

（三）更好發揮各級各類「眾創空間」示範引領作用

國家高度重視支持港澳青年的創新創業工作，先後將「澳門青年創業孵化中心」和「澳門大學創新創業中心」升級為「國家級眾創空間」，納入到體系化統一管理機制，給予大量的政策資金支持，成為推動粵澳產學研深度合作、助力澳門青年成長成才的新平台。這需要進一步強化政策協同，優化制度供給，加快規則銜接，擴大宣傳推介，密切項目協作，促進「港澳科研資源——眾創空間——內地生產企業」順暢緊密聯結，推動大灣區內各級各類「眾創空間」高質量發展，推進產學研資源跨境深度融合，引領更多優秀港澳青年來粵創新創業，幫助港澳培養具有創新精神、創業能力的青年一代。

（四）不斷優化港澳青年在粵創新創業的政策環境

《粵港澳大灣區發展規劃綱要》發佈以來，廣東省陸續出台了多項支持港澳青年到大灣區城市就業創業的鼓勵政策，包括落戶補貼、貸款貼息補貼、場地租金補貼、重大活動補貼、參展補貼、創業成長獎勵等，有力地拓展了港澳青年在大灣區的成長發展空間。目前要進一步把吸引港澳青年來大灣區內地城市創業就業放在更加突出的位置，進一步降低人才政策門檻，擴大政策受益範圍，吸取《粵港澳大灣區（內地）事業單位公開招聘港澳居民管理辦法（試行）》的經驗，不斷完善招聘工作。粵港澳三地可以探索合作創辦一批國際化的職業教育院校，引導更多港澳青年到大灣區內地城市接受教育並就地創業就業。設立面向港澳青年的創業就業綜合服務平台，優化創業就業扶持政策並擴大宣傳力度，幫助更多港澳有志青年到粵港澳大灣區創夢、築夢、圓夢。

（五）方便澳門青年融入灣區生活

為激勵澳門青年前往大灣區生活，需要創造更加便捷的生活條件與環境，解決他們在灣區生活中面對的一些難題。既要開放大灣區內一些事業單位崗位面向港澳青年招聘，也要探索澳門與灣區城市的職業資格互相認證，與國際接軌，為港澳青年中從事會計、醫療、教育、旅遊、建築等職業的專業人士在大灣區內執業、就業創造條件與空間。着力推動港澳青年在住房、就學、就醫、養老、社保等基本民生保障方面與內地居民享受同等待遇，開辦港澳子弟學校與班級，支持港澳青年在大灣區置業，幫助港澳青年「一站式」解決隨遷家屬就業、居住等難題，便利港澳青年在灣區生活，使他們具有看得見的獲得感與滿足感。

結語

改革開放四十多年來，不僅促進了澳門的全方位發展，為澳門帶來根本性的深刻變化，更為重要的，在參與國家改革開放的進程中，在落實「一國兩制」的實踐中，澳門人得到全面的歷練，增加了能力和信心。從泛珠三角區域合作到粵港澳合作，港澳融入國家發展的方向和路徑愈來愈明晰，港澳在國家發展、民族振興中的地位和作用也愈來愈清晰。而「粵港澳大灣區」從概念提出，到規劃出台，再指定橫琴作為粵澳深度合作區，為澳門參與大灣區建設和進一步融入國家發展大局，提供了必不可少的發展基礎，為確保澳門特區長期繁榮穩定發展和可持續發展，實現「一國兩制」偉大實踐行穩致遠，提供廣闊的新天地。今後，澳門要按照《橫琴粵澳深度合作區建設總體方案》等規劃文件的要求，充分利用好國家給予的政策和優惠措施，致力發展新技術、新產業、新業態、新模式，力爭各項發展目標依期甚至提前完成，最終達至 2035 年澳門經濟實力和科技競爭力大幅提升、經濟適度多元發展的目標基本實現，使澳門的發展成為國家 2035 年遠景目標的重要構成部分之一。

粵港澳大灣區建設為港澳青年開闢了創業、就業與生活的新空間。為使港澳青年融入灣區發展，必須落實習近平總書記的囑託，「為港澳青年發展多搭台、多搭梯，幫助青年解決在學業、就業、創業等方面遇到的實際困難和問題，創造有利於青年成就人生夢想的社會環境」[12]。唯有如此，才能使港澳青年成為大灣區建設的重要力量，使他們發展在灣區、生活在灣區、成就在灣區。

（《廣東青年研究》2021 年第 4 期）

2021 年 11 月

12《八條措施助力港澳青年融入祖國發展大局》，載《光明日報》(2021 年 9 月 17 日 02 版)。

構建粵港澳大灣區文學

粵港澳大灣區是習近平總書記親自謀劃、親自部署、親自推動的國家重大發展戰略，一為保持港澳特區的長期繁榮穩定，二為國家改革開放提供源源不斷的新動力。要落實此一國家發展策略，不僅要促進粵港澳三地的經濟互利合作、基礎設施互連互通、建立一小時生活圈，還要推動人文交流、達至民心相通，形成一個區域性文化共同體。

粵港澳同屬嶺南文化的核心圈，人相親，習相近，心相通，同根同源，同聲同氣，是一個自然的文化生態圈，有天然的文化認同感和親切感。由於歷史的原因，港澳地區在相當長時間又受英、葡管治，與祖國母親分隔了很長時間，港澳文化產生了獨特性，這種歷史文化的獨特性及其經濟社會制度的獨特性，形成了今天的「一國兩制」。

2018 年 9 月 5 日我在第十二屆泛珠三角區域合作與發展論壇暨經貿洽談會上，提出建立粵港澳大灣區文化共同體的構思。我甚至認為，文化共同體是經濟共同體建立的必要條件，是一種新的身份認同構建。只有建立起共同的精神家園，以文化紐帶作為糅合劑和潤滑劑，以文化軟實力淡化經濟競爭色彩，才能促成大交流、大合作、大發展、大融合。這個文化共同體的建設，需要嶺南文化的共通性與粵港澳文化發展的獨特性的有機結合，更需要文學走在前面，因為文學是共通性和獨特性比較容易找到契合點、也是結合得相對好的領域，是比較容易打動人心、溝通情感、引起共鳴的一個文化領域。

從前，大廣東（包括港澳）的人都說，廣州城、香港地、澳門街，只分地域的大小，沒有感情的遠近，都是一家人。這裏有共同的傳統、共同的民風民俗、共同的社會實踐、共同的話語、共同的故事。在40年的改革開放過程中，大家又走在一起，為國家發展共同奮鬥，也有許多共知共識的事件、事跡和故事值得文學家去書寫、去謳歌。在某種意義上，粵港澳大灣區文學的形成是自然的，甚至是必然的，只需要我們有這種意識並有一批有心人去搭建平台、建立機制、順勢推動。

兩年前在中國作協全委會上，我向深圳市作協李蘭妮主席提出了此一建議，蘭妮也馬上意識到此議可為，並快速行動，在深圳市委宣傳部、深圳市文聯的支持下，2017年12月促成了「第一屆粵港澳大灣區文學發展峰會」的召開。遺憾的是，第一屆峰會準備較為倉促，內地9個城市作協或相關人士與會的不多。今年第二屆峰會召開時，則全都來了並作了發言，踴躍建策，積極參與。為甚麼要11個城市的作協都來，原因很簡單，就是需要11個城市都有共同的意願、共同的意識，需要整合大家的力量，一起來推動，並逐漸形成共識和共同的願景、共同行動綱領，加快粵港澳大灣區文學的建構。

經過兩次峰會，大家對建設協調機制和工作平台達成了基本的共識：首先，建立「9+2」城市作協或文學團體的聯繫會議，每年定期磋商大灣區文學發展的方向和戰略，並同時舉辦大灣區文學發展峰會；條件成熟時，召開大灣區文學專題研討會；其次，促進11個城市文學團體和文學家的交流、互動、採風，促進城際文學深度合作；第三，建立大灣區文學微信公眾號，互通相關城市文學創作、文學活動信息；第四，籌辦大灣區文學雜誌，或在國內著名文學報刊雜誌開闢專刊、專輯，或以書代刊，塑造大灣區文學形象；第五，編輯大灣區文學叢書，集結11城市文學家書寫大灣區的作品，凝聚大灣區作家的人氣和力量；第六，設立大灣區文學獎，提升大灣區文學創作水平，擴大大灣區文學的影響力；第七，創設大灣區文學研究中心，以大學為依託，對大灣區的文學淵源、文學史料、文學理論進行系統研究、整理和探索；第八，開辦大灣區青年作家研修班，由中國作協提供協助，邀請具潛力的粵港澳青年作家一起研修，既培養感情、建立友誼，又提高創作水平；第九，設立大灣區文學峰會常設秘書處，協調11個城市的常規性交流合作。

坦率地說，粵港澳大灣區的文學發展狀況與其經濟發展水平是不相符的，但是，粵港澳作為中國與西方世界交往交流的前沿陣地，與西方的交流合作具有較大的便利性，也較為西方所熟悉，較容易為西方理解，因此，只要我們先易後難，逐步落實前述的九點共識，粵港澳文學不僅可以在交流合作中快速發展，促進大灣區文化共同體的形成，還可以成為中國文學走向世界的先鋒隊，為擴大中華文化的國際影響力貢獻力量。這是新時代賦予粵港澳文學界的歷史責任，也是粵港澳文學界應有的理想、抱負、情懷和擔當。

（在「第二屆粵港澳大灣區文學發展峰會」上的發言）

2018 年 9 月 26 日

粵港澳大灣區文學的初心使命

顧名思義，粵港澳大灣區文學概念的提出，源於粵港澳大灣區發展戰略的構想。中共十九大提出粵港澳大灣區發展戰略，為港澳特區拓寬發展格局和空間，促進港澳融入國家發展大局，保持港澳的長期繁榮穩定；同時，集結中國改革開放前沿城市的力量，進一步推動新時期的改革開放事業，全面參與世界競爭，爭奪制定國際規則的話語權，擴大政治文化的國際影響力。

然而，粵港澳大灣區與其他國家的灣區又有顯著的區別：內地 9 個城市和實行「一國兩制」的港澳兩個特區有不同的社會制度、不同的經濟規則、不同的生活方式。港澳雖然回歸祖國多年，但長期與祖國的分離並生活在殖民主義的統治下，與內地 9 個城市的差異比較大，制度和規則的銜接還需要相當長的時間。也正因為這樣，粵港澳大灣區發展戰略的其中一個重要功能，就是為港澳融入國家發展大局搭建平台，通過這個平台，同時也為廣東以及內地其他省市的持續改革開放注入新的動力，成為新時代國家發展的一個新引擎。

一、粵港澳大灣區文學的初心

一般來說，大灣區是一個經濟概念，是指不同經濟產業在灣區的規模集結和結構優化，從而形成發展優勢，提高競爭力。但是，粵港澳大灣區涉及兩種制度和三個法域，文化也各具獨特性，其內涵就不僅僅是經濟的，還涉及規則的對接、文化的認同和生活方式的趨同。換言之，粵港澳大灣區的使命不僅僅是經濟建設，還有文化建設。甚至可以說，經濟灣區成功與否，與文化灣區建設息息相關。所以，我們認為，建設粵港澳大灣區，首先要打造「9+2」城市民心相通、價值相連的共同精神家園，建構共同的文化認同和身份認同。只有這樣，粵港澳大灣區才能真正成為一個有機結合、有機統一的整體，成為一個同命運、共呼吸的共同體，在國家新時代發展中扮演更加積極的角色、發揮更大的作用。

必須承認，文化灣區的建設是一個複雜的系統工程。一個共同的精神家園，一個命運共同體，需要內核，需要紐帶，需要黏合劑，需要價值的有效連結。構建粵港澳大灣區文學，只是其中的一個路徑選擇。因為文學是共通性和獨特性比較容易找到契合點，也是會結合得相對好的領域，是比較容易打動人心、溝通情感、引起共鳴的一個文化領域，所以，我們認為文學應該走在前面，成為其中的一條紐帶或一種黏合劑，助推價值的接近和趨同。再者，無論選擇哪一個切入點，都需要有人舉起一面旗幟，提出一種理念，帶領、引導和鼓勵志同道合者朝着一個方向前進，闖出一條新路。正如魯迅所說，地上本來沒甚麼路，走的人多了，就成了路。這就是提出粵港澳大灣區文學構想的初衷。

從這個意義上，構建粵港澳大灣區文學也是現實的需要。這不僅是人文灣區建設中不可缺少的元素，對推動粵港澳三地本身的文學發展也有莫大的幫助。眾所周知，粵港澳三地的文學之間既有共通性又有特殊性，文學理論界已有相當的研究，但有一點共同遺憾：其發展水平與經濟發展水平極不相稱，相對於其他兄弟省市，甚至感到落後。如果粵港澳大灣區文學成功構建，作為平台，一方面可以促進港澳文學更好地回歸中國文學主流，提高自身的發展水平，壯大中國文學力量，另一方面，又可以發揮港澳對外開放的優勢，推動中國文學更好地走向世界，與其他國家的文學開展更多的對話、交流和合作，擴大中國文學的國際影響力和話語權，使中國文學在構建民族命運共同體和人類命運共同體中扮演更加積極的角色。在這個過程中，粵港澳文學將互相激發內生的動力，更加發展繁榮，而粵港澳大灣區文學作為中國文學的一個新標杆，在中國文學大家庭中的地位和作用也自然會大大提升。

二、粵港澳大灣區文學的進展

粵港澳大灣區文學是甚麼？如何建構？坦白說，我們心中並沒有一個非常明確清晰的概念，更無法從學理上提出具說服力的解說。直到現在甚至在未來相當長一段時間，也很難從理論上給一個科學規範的定義。既然是一條新路，就只能靠大家不斷地探索，最終將這條路走出來。只要我們心中有共同的理想、合作的意願、堅定的信念，認為粵港澳大灣區建設需要共同的精神家園，其最終目標是打造一個命運共同體，而文學是建設人文灣區的其中一條可行路徑，粵港澳大灣區文學一定會成型成長的，並且將成為中國文學百花園中一朵綻放的鮮花。

令人欣慰的是，自從粵港澳大灣區文學的構想提出之後，各方的反響出乎意料。2017 年 12 月 21 日，深圳舉辦了首屆粵港澳大灣區文學發展峰會，「9+2」城市的文學團體負責人和部分專家學者參加了會議，並對大灣區文學的構想及其構建進行了熱烈的討論，形成了共同的願景，對建設協調機制和工作平台達成了基本的共識。其後，又在深圳、廣州、澳門和汕頭一共舉辦了 5 屆大灣區文學發展峰會，在 2018 年深圳第二屆峰會上還發表了《粵港澳大灣區文學合作發展倡議書》；2019 年廣州峰會上，廣東省作家協會更促成了粵港澳大灣區文學聯盟的成立，並發表《粵港澳大灣區文學聯盟倡議書》。在某種意義上，這兩份倡議書既代表了「9+2」城市對構建粵港澳大灣區文學的共同意志和共同願景，也將成為共建文學灣區的行動綱領。

更加令人高興的是，首屆深圳峰會上提出的許多構想和建議已經逐步落實。除了前述的倡議書，2018 年 11 月，首屆粵港澳大灣區文學研討會在暨南大學舉辦，對大灣區文學進行了理論的探討，並同時啟動了粵港澳大灣區文學工作坊。2021 年 1 月汕頭大學舉辦的以「文化自信與文學建構」為題的粵港澳大灣區文學峰會，也是一次理論研討會。2018 年 8 月，廣東高等教育出版社推出了「粵港澳大灣區文學叢書」，為三地文學互鑒、互動、互補搭建了一個新的平台；2019 年 10 月，粵港澳大灣區文學筆會在北京啟動，在中國作家協會的協助下，廣東省宣傳部組織作家到廣州、深圳、珠海採風、創作、交流，為大灣區文學造勢；同期，《花城》出版了粵港澳大灣區文學特刊，開創先河；2020年10月，廣東省作家協會主辦的《粵港澳大灣區文學評論》問世，成為大灣區文學的一面旗幟；11月，《作品》出版了粵港澳大灣區文學專號，為大灣區文學搖旗助威；2021年，《羊城晚報》和澳門基金會、澳門筆會等機構合作，舉辦了第一屆粵港澳大灣區文學獎，得到三地作家的積極響應和踴躍參與。這些年來，粵港澳大灣區在兒童文學、小小說、散文等組別也有徵文比賽或文學獎，而粵港澳大灣區文學微信公眾號也誕生了。

眾人拾柴火焰高。粵港澳大灣區文學無論在平台的搭建、機制的完善、人員的培訓和交流上，還是在文學的創作和理論的探索上，在短時間內都取得了巨大的進展，聚集了強大的力量，發展態勢良好，形勢喜人。正是因為有了這樣的努力和成果，中國作家協會第十次全國代表大會將構建粵港澳大灣區文學寫入了工作報告，正式進入國家層面的文學事業發展日程，令人鼓舞，令人信心倍增，前景也十分值得期待。當然，粵港澳大灣區文學界的責任也更加重大。

三、粵港澳大灣區文學的可能性

的確，粵港澳大灣區文學橫空出世，不是空穴來風，也不是空中樓閣。有人說，粵港澳大灣區文學是一種大膽的文學想像，是一種全新的經驗；也有人相信，它將成為中國文學版圖上的重要一極。粵港澳大灣區文學到底是未來主義的東西，還是一種「前存在」，相信在學術上有很大的探討空間，也必將取得重要研究的成果。

任何學派的形成，都是歷史沉澱的結果；任何學科的建構，都有一個漫長的過程。「構建」粵港澳大灣區文學，給人的第一感覺可能是人為的、人造的甚至是人設的。但事實並非如此。粵港澳大灣區文學並不是三地文學的物理拼湊組合，其真正意義在於化學的交匯融合。換言之，粵港澳大灣區文學並不是三地文學的加總，也不是三地文學的結盟，而是三地文學交匯、融通、重塑的結晶，要在三地文學中找到其內核並通過某些紐帶打通並建立其內在聯繫、內在邏輯和內在肌理，通過某種黏合劑將其有機連接起來，打造成為一個全新的文學體，自成一派。同時，又必須承認，粵港澳三地文學在相當長時間內還要各自獨立存在，保持每一個個體的特殊性，發揮每一個個體的功能，並使它們之間持續對話、交流、碰撞、會通，以恆久激發新文學體的生命力。

那麼，粵港澳大灣區文學的內核、紐帶和黏合劑在哪裏呢？我們認為，共同的歷史文化背景是粵港澳大灣區文學的內核，共同的改革開放經驗是紐帶，而共同的使命任務則是黏合劑。

香港和澳門本來無論從行政上還是文化上、歷史上與廣東都屬同一個區域。雖然行政上的分離超過百年，但事實上，人民的往來從未間斷，而且交往十分頻密。更為重要的是，粵港澳三地從屬嶺南文化圈，一直接受中華傳統文化的滋養。在殖民統治期間，部分港澳居民接受過西方的教育和文化，但中華傳統文化的底色並沒有改變；部分華人還接受了西方的法律認同，甚至歸化了其他國籍，但沒法改變血統，也不可能完全改變其文化認同。同宗同源、同聲同氣的中華歷史文化背景，人相親、習相近的嶺南文化脈絡和印記，無法隔斷的社會和人際網絡，構成了粵港澳大灣區堅實的文化內核。唇齒相依的經濟貿易關係和生存發展條件，令此一文化內核更加鞏固、更加牢不可破。

20 世紀 70 年代末開始的改革開放，進一步密切了三地的經貿合作、文化教育交流和人員來往，出入境工作、定居的群體也愈來愈大，進一步強化了三地的依存度，增加了粵港澳居民之間的相互了解、相互認識和情感關係。四十多年改革開放拼搏奮鬥的共同經驗，構成了堅韌的文化紐帶。隨着粵港澳三地經濟民生發展水平的接近和生活方式的趨同，你中有我、我中有你的同心圓愈畫愈大，在很多情況下，甚至很難分清你我，文化的紐帶從顯性走向隱性，從有意識走向無意識，無時不在，無處不在。近年香港發生的政治風波和社會動亂所造成的消極影響，僅僅是暫時的現象，並不會改變這種長期趨勢的發展。

中國的發展已經進入新時代，中華民族的偉大復興也邁進了不可逆轉的進程。隨着中央對港澳特區全面管治權和愛國者治港、愛國者治澳的落實，港澳將加速融入國家發展，港澳在國家發展戰略中的優勢和潛能將得到更好的發揮和釋放，粵港澳大灣區的戰略地位也將日漸凸顯。實現第二個百年目標和中華民族的偉大復興，是每一個中華兒女的光榮使命，當然也是港澳特區及廣大港澳居民的神聖任務，共擔國家發展的重任、共享民族復興的榮光。在這個過程中，全力建設好粵港澳大灣區，保持港澳地區的長期繁榮穩定，豐富「一國兩制」的理論和實踐，充分展示「一國兩制」制度的正確性和優越性，是對國家的最大貢獻。最近，習近平總書記在中國文聯第十一屆、中國作協第十屆全國代表大會上，還號召廣大文藝工作者要站在歷史的高度，心繫民族復興大業，緊跟時代步伐，堅守人民立場，以精品力作描繪新時代新征程的恢宏氣象，用情用力講好中國故事，向世界展現可信、可愛、可敬的中國形象。我們相信，共同的使命任務，將成為粵港澳大灣區人文建設的最好黏合劑。

粵港澳大灣區深受嶺南文化的滋養，其特徵既具備中原母體以農業為骨幹的文化要素，又在長期的對外交往中，自然而然地吸收了海洋文化的有益養分，漸漸形成以中原文化為主體、深受海洋文化強烈影響、農耕文化與海洋文化並存的特色，塑造出包容並蓄、務實創新、敢為天下先的共同文化價值。此一共同價值，是我們構建人文灣區的基礎，也是大灣區文學能夠為中國文學做貢獻的亮點所在。特別是在中國文學日益需要擴大國際傳播力和影響力，增加在世界文學中的話語權的新時代，構建大灣區文學的意義尤其突出。而嶺南文化的固有基因，又為大灣區文學的構建增加了可能性。

四、粵港澳大灣區文學中澳門的地位和作用

粵港澳大灣區中，澳門是人口最少和面積最小的一個城市。澳門的文學隊伍和文學創作，從數量上也不大。但是，澳門一向處於嶺南文化對外開放的最前沿，是嶺南與西方文化交流的旗手，既比較完整地保存了中華傳統文化的基因，充分體現了中華傳統文化的巨大包容性和開放性；數百年來跟西方文化的平等交流交往，成就了她中西並舉、古今同在的城市氣質以及不同而和、和而不同的社會環境，又形成了與不同民族、不同文化對話、溝通的特殊話語體系，奠定了她在中西文化交流中的地位和作用。因此，在《粵港澳大灣區規劃發展綱要》中，賦予了澳門一個特殊的任務：建設以中華文化為主流、多元文化共存的交流合作基地。

這是國家根據澳門的歷史和現實情況，賦予澳門的光榮使命。充分挖掘澳門的文化歷史底蘊，釋放澳門的發展優勢和潛力，在粵港澳大灣區建設中發揮其傳統功能，是澳門義不容辭的責任。因此，澳門很樂意也能夠在建設人文灣區、構建粵港澳大灣區文學這個新的舞台上，扮演一個更加積極的角色。澳門從文化上，與廣東更加接近；從生活方式上，又跟香港趨同。澳門具備堅實的社會政治基礎和兼容並蓄的文化環境，可以在粵港兩地擔任精準聯絡人，作用靈活，關鍵時發揮巧妙功能。歷史上，澳門是西學東漸、東學西傳的重要橋樑；在新時代，澳門同樣可以為弘揚中華傳統文化、堅定文化自信、推動國際人文交流、促進民心相通、講好中國故事、助力灣區建設作出新的貢獻。

（《粵港澳大灣區文學評論》2022 年 2 期）

2022 年 4 月

全力推動粵港澳大灣區文學建設

中共中央、國務院近日印發《橫琴粵澳深度合作區建設總體方案》和《全面深化前海深港現代服務業合作區改革開放方案》，粵港澳大灣區建設進入了全面實施階段。我們相信，在中央的全力推動下，在粵港澳三地政府的積極努力下，粵港澳大灣區建設將如火如荼地展開。在這一偉大工程中，文學界也應有積極的擔當和作為。

粵港澳三地是中國改革開放的前沿陣地和經濟發展的重要引擎。中共十九大提出粵港澳大灣區發展戰略，既是新時代中國改革開放、更好參與國際競爭的需要，也為港澳更好融入國家發展大局提供了便捷的路徑和重要的平台。粵港澳合作已經推行多年，經濟貿易關係和人員往來密切，近年來在基礎設施方面也逐漸地銜接，但是，由於三地有兩種制度、三個法域和三種貨幣，三地之間的深度融合還存在不少問題和障礙。這也是粵港澳大灣區與世界上其他灣區的最大區別。

一、以文化力量拉近心理距離

要全面建設粵港澳大灣區，就必須解決這些問題，排除這些障礙。有些問題和障礙是制度性的，但不可否認，很多問題和障礙多年解決不了，深層的原因是人們存在認識的差異和心理的距離。如果不減少三地之間的認識差異和心理距離，就不可能正確理解大灣區發展戰略的意義，很難全面達成對大灣區發展戰略的共識，粵港澳三地也不可能充分、高效地形成合力，共同為新時代中國發展貢獻最大的力量。

人們一般從經濟意義上去看大灣區，將大灣區視為一個經濟共同體。但粵港澳大灣區有其歷史和現實的特殊性，要建設好經濟共同體，首先要建立文化共同體，以文化的力量化解認識的差距和心理的距離，才能逐步解決制度的問題與障礙。

況且，粵港澳三地本為一家人，原共為一省，同屬嶺南文化，同宗同源，同聲同氣，習相近，人相親，心相通。近代行政上的人為分割和制度上的差異，雖然產生了不同程度的特殊性，且在某一歷史時期由於經濟社會發展水平不同還放大了這種特殊性，但從根本上看並沒有割斷文化的脈絡和感情的紐帶，之間的共性遠遠大於差異，過去四十多年改革開放過程中，粵港澳居民攜手並肩並發展，又有了相當多的共同生活經驗，完全具備建立文化共同體的條件。甚至可以說，它本來就是一個文化共同體，只是我們受到很多表象的干擾而沒有充分認識到。只要三地有了這種意識和願景並主動去推動，配以適當的政策，就水到渠成。有了共同的精神家園，其他問題也會迎刃而解。

二、以文學為建設文化共同體的平台

建立粵港澳大灣區文化共同體有很多路徑選擇，但我認為，文學是非常好的一個切入口，因為文學的表達非常細膩、感性、形象，容易打動人心，容易引起共鳴和共情，促進心靈相通。而共同的文化淵源、風俗習慣和生活體驗，又便於共性文學的創作。因此，我們提出了粵港澳大灣區文學的概念，作為推動粵港澳大灣區文化共同體建設的一個平台。

大灣區文學應該是區域文學，如何從學術上定義或者從理論上建構，將是一個長期探索的問題，在實踐過程中會逐漸明晰。由於地理的原因，大灣區文化傳統基因保存完好，長期與世界的接觸交流又賦予其極大的開放精神和創新能力，這在文學創作上也有所體現。大灣區文學必然會根植於中華文化傳統，放眼世界，有所繼承，有所創新，真實反映粵港澳地區的歷史演變、文化性格、精神面貌、城市內涵和人民生活，彰顯其獨特的時代精神和區域特色，在中國文學大家庭裏獨樹一幟。

港澳回歸祖國已經二十多年，我們不應該再將港澳文學放在世界華人華文文學中來考察。港澳要融入國家發展大局，港澳文學也應該回歸中國文學主流，與其他兄弟省市一樣，真正成為中國文學大家庭裏的一分子。我們很希望，內地文學界更加關注、重視和支持港澳文學的發展，文學報刊雜誌也能刊登更多港澳的文學作品和港澳的文學批評文章，共同推動港澳文學的繁榮，促進大灣區文學的成長。同時，充分認識到港澳文學的世界性和開放性，更好地發揮港澳的網絡和平台優勢，向國際社會傳播中國文學。而大灣區文學就是港澳文學回歸中國文學大家庭的一條有效路徑，也是中國文學走向世界的一個優質平台。

三、以機制創新推動大灣區文學的成長

粵港澳大灣區文學提出之後，得到「9+2」城市的積極響應、支持和參與。2018 年在深圳舉辦的第一屆大灣區文學發展高峰論壇，各地都派出了作家協會或文學團體的負責人參加。論壇還邀請了作家和專家學者，共同討論大灣區文學建設。在這次論壇上，大家都認為構建大灣區文學有其必要性，也存在學術上的可能，並且對大灣區文化建設具有重大意義。各地文學機構負責人還達成了共識，希望建立恆常的協調機制，採取更多鼓勵措施，共同推動大灣區文學的成長。

應該說，這次峰會提出的許多建議已經逐步落實，前景令人期待。2019 年，我們在深圳舉辦了第二次峰會，之後又在廣州和澳門分別舉辦了峰會，粵港澳大灣區的聯盟發表了《粵港澳大灣區文學聯盟倡議書》，共同傳承中華文脈，共同講好灣區故事，共同推動融合發展。在某種意義上，峰會已經成為了共商大灣區文學發展的平台和協調機制。隨後，暨南大學舉辦了大灣區文學研討會，從理論上探討建構大灣區文學的可能性。目前，《粵港澳大灣區文學評論》已經創刊並公開發行，成為了大灣區文學建設的重要陣地。

為了從機制上推動灣區文學發展，廣東省主動牽頭成立了粵港澳大灣區文學聯盟，密切三地文學界的聯繫，團結和凝聚大灣區文學力量。根據《粵港澳大灣區文學聯盟戰略合作協議》，要實施「粵港澳大灣區文學名家造就工程」，包括創建粵港澳大灣區文學院、實行「文學名家造就計劃」；實施「粵港澳大灣區文學精品工程」，包括扶持大灣區題材創作、設立大灣區文學獎、出版《粵港澳大灣區文學雙年選》、扶持創辦大灣區文學雜誌、推出大灣區文學年度排行榜；實施「粵港澳大灣區文學互動工程」，包括開展三地文學互動活動、抓好文學人才培訓、加強青少年文學交流、推動文學創意融合；實施「粵港澳大灣區文學傳播工程」，包括建好廣東文學館、推動國際華文文學合作交流、推動大灣區文學國際傳播等。

我們希望，疫情緩解之後，在中國作協的指導和支持下，可以盡快落實大灣區文學建設各項舉措，推動大灣區文學的發展。當然，我們尤其希望更多的文學研究機構關注大灣區文學的建構並進行深入系統的理論探討，令大灣區文學構建早日成為現實，也令大灣區文學成為中國文學發展的一面旗幟，成為中國文學走向世界的一支先鋒隊。

四、從理論上構建大灣區文學

如何從理論上解釋和建構粵港澳大灣區文學，存在許多學術的可行性。作為後殖民、後現代的結構主義的互文性文學理論，是路徑選擇之一。

簡單來說，大灣區文學就是在廣東、香港和澳門文學的基礎上建立一個更大的體系。在這個體系內，有文本的對話、主體的對話和文化的對話。在對話過程中，三地文學從對立、對峙到交流、合作和融合，從引用、改寫、吸收、擴展到改造，在一段時間內肯定會形成很大的張力。而這種張力，恰恰是大灣區文學的生命力所在。主體的對話也如是，最終的目的是達至三地文學創作者共同參與、主體共享和共同創造，打造一個新的文學流派。在文化對話方面，也會經歷背離、叛逆、衝突、變異到認可、接受、認同和相互浸透。這個過程，其實是對本土文化、民族文化和外來文化的一個重新認知過程，對三地文學都會帶來不同的衝擊和體驗。但是，如果大家都有意願去走這個過程，粵港澳大灣區文學就自然地構建起來了。

值得一提的是，構建粵港澳大灣區文學還必須和中國文學和世界文學產生關聯、進行對話。在這個更大體系的對話過程中，粵港澳文學可以扮演不同的角色。廣東文學可以更好促進跟中華傳統文化的對接，香港文學則可以着力推動跟西方的對話。而澳門文學既堅守了中華傳統文化，又融合了西方文明，可以發揮槓桿作用，成為重要的助推器。但前提是，大家一定要解開心結，放下成見，衷誠合作，互相配合，互相學習。

我們提出大灣區文學概念的初衷，是為大灣區文化共同體的建立創造必要的條件，為港澳文學回歸中國文學大家庭建立暢通的渠道，也為中國文學的國際交流搭建一個新的平台。我們相信，在構建大灣區文學的過程中，香港文學和澳門文學可以對中華傳統文化有更系統深入的認識，廣東文學也可以更加全面廣泛地開展與西方文學的合作交流，而三地文學可以減少之間的誤讀誤解、增加理解、互相接受、共同進步，最後融為一體，成就一個新的文學共同體，為粵港澳大灣區文化共同體的建設、為中華民族的偉大復興作出最大的貢獻。

（《文藝報》4 版）

2021 年 9 月 4 日

粵港澳大灣區文學如何成爲中國文學新的增長點

粵港澳大灣區文學自2018年提出倡議以來，得到粵港澳三地文學界的積極呼應和中國文學主要機構和大家的鼎力支持，發展勢頭令人欣喜，也取得了顯著的成果。粵港澳大灣區文學年度高峰論壇連續舉辦，粵港澳大灣區文學聯盟已經成立，不同形式和規模的研討會、座談會、培訓班接連不斷，多個重要文學期刊推出了粵港澳大灣區文學專輯專刊，《粵港澳大灣區文學評論》的創刊更是其中的重要成果之一。可以說，粵港澳大灣區文學不僅在構建的必要性和重要性方面短期內獲得了文學界廣泛的共識，創作上也出現了不少成果，還從概念探討階段進入了理論建構階段，取得了實質性的進展。從另一個角度看，粵港澳大灣區文學的構建，也為粵港澳三地文學增加了影響力。

粵港澳大灣區文學的輪廓已經初步顯現，如何成為中國文學新的增長點？我認為，除開作品量的增加和質的提高，還需要人膽創新。也只有創新，粵港澳大灣區文學才具有蓬勃的生命力，才能在中國文學大家庭中獨樹一幟，自成一派，為中國文學的發展繁榮做出獨特的貢獻。

創新是永恆的主題，也是生命的動力。粵港澳大灣區文學是一個全新的命題，既是中國文學版圖的一部分，又要有所創新，突破內部和外部區域的界限，換言之，需要根植於中華優秀傳統文化，以嶺南文化突破粵港澳三地的內部界限，以「敢為天下先」的精神走向世界，建構自己獨特的敘事和話語體系。

這是粵港澳大灣區文學的使命和擔當。我認為，可以從以下四個維度去思考這個問題：

首先，是嶺南文化的實踐。嶺南文化是中華傳統文化的一個分支，也是重要組成部分。當年，先民從中原大地來到嶺南開墾拓荒，不僅完整保存了中原文化的傳統基因，還因為生存的需要長期吸收當地和外來的元素，不無拓展，不無創造性轉化和創新性發展，不僅源源不斷為中原文化輸送新的元素，也不斷地對外擴展。這些元素就是開放和包容，兼收並蓄，敢為天下先。海洋文化和中原文化相互交融，不僅豐富了內涵，也拓展了外延，形成了嶺南文化的鮮明特色，又通過港澳這兩個特殊地區，傳播至世界各地，繼續不斷吸納創新。滋養粵港澳大灣區文學的嶺南文化，本身就是創新融合的結果。此一豐富多彩的文化經驗，十分值得我們在構建粵港澳大灣區文學時參考借鑒。

其次，是改革開放的經驗。中國過去四十多年的改革開放，是人類文明發展史上的一大奇跡，不僅為中國未來的發展奠定了堅實的基礎，也為世界發展做出了巨大的貢獻，深遠影響了世界的格局變化。港澳回歸祖國和粵港澳大灣區戰略，也是在此一背景下國家發展強大的自然結果。港澳地區在回歸前後深度參與改革開放，不僅促進了兩地的經濟深度融合和規則逐步對接，也大大促進了港澳與內地人民的深層了解。更為重要的是，粵港澳三地成為中國與西方經濟、文化、科技全方位的接觸、交流和融匯的巨大試驗田，使得中國文化前所未有地得到了創新，而通過這塊試驗田，中西文化有了更加真實深刻的相互理解。這一場史無前例的文化交流運動，尚未得到很好的理論總結；這個過程中有很多故事，也沒有得到應有的書寫，卻恰恰是粵港澳大灣區文學生長、創新的土壤。

第三，是粵港澳三地的融合。雖然在改革開放的過程中，粵港澳三地居民交往密切，極大程度地加深了相互的了解和認識，但是，港澳特別行政區適用的制度畢竟跟內地不一致，而港澳長期與內地的分離，依然存在思想觀念上的隔閡，全面融入國家發展大局還有很長一段路要走。因此，粵港澳三地融合到最終建設成為一個人心相通、觀念接近、規則對接、經濟融合的大灣區，是一項巨大的制度創新工程，這也是大灣區文學發展的豐富素材。而文學最能貼近社會、體現民情、表現人性、觸動人心，粵港澳大灣區文學作為其中的紐帶，應該擔當起構建人文灣區共同精神家園的歷史責任。我們一直認為，只有建立起公認的共同精神家園，大灣區的建設才能畢其全功。

第四，是傳播模式的創新和傳播範圍的拓展。科技的發展，很大程度上顛覆了過往的傳播模式。粵港澳大灣區文學作為中國區域文學的後起之秀，應該先行先試，全面總結港澳在國際傳播上的先進經驗並充分利用其特殊地位和網絡優勢，更好發揮港澳地區既有中華文化自身特色又比較容易為世人理解接受的話語體系的作用，在文學傳播模式上尋求更大的突破，以更有效的方式向世界傳播中國文學和中華文化。同時，通過港澳這兩座橋樑，大灣區文學可以更好地與其他國家的文學進行深層的交流，吸收更多的外來元素，拓展創新的空間和能力。粵港澳大灣區文學要在中國文學大家庭裏異軍突起，彰顯其存在價值和意義，就應該以港澳文學在一個更加國際化環境下生長的過程為觀照，拓寬我們的視野，而且必須在中外文學交流中扮演一個更加積極而關鍵的角色，必須為中國文學走向世界擔當更大的責任，作出獨特的貢獻。

習近平總書記在中共二十大報告中指出，中國式現代化是我們的奮鬥目標，是實現中華民族偉大復興的必由之路。中國式現代化既具有其他國家現代化的共性，又有結合中國國情和中華文化的特性，是物質文明和精神文明相協調的現代化，要為構建人類命運共同體和創造人類文明新形態貢獻中國智慧、中國力量和中國方案。這正正是構建粵港澳大灣區文學的目標：創造中國文學和世界文學的一種新形態，成為中國文學與世界文學交流的先鋒隊，為實現中國式現代化、構建中華民族共同體和人類命運共同體作出應有的貢獻。

（在「廣東文學評論年會」上的發言，刊於《文藝報》第 4 版）

2022 年 12 月 23 日

粵港澳大灣區文學的使命擔當

中國經過四十多年的改革開放，已經成為世界第二大經濟體，在國際舞台上的影響力也與日俱增。面對極其複雜的國際形勢，隨着國際話語權的增加，遇到的困難和挑戰也與日俱增。如何讓世界更加了解中國發展理念，理解中華傳統文化，認識中國價值觀念，直接關係到第二個百年目標的順利如期實現，是擺在我們面前的重大課題。

這個課題的核心是我們如何看世界，世界又如何看我們？毫無疑問，中國的崛起深刻影響了世界格局的走向，但是，我們怎樣才能讓世界真正明白中國的發展推動了世界經濟增長和人類文明進步，有利於世界的和平與發展？事實勝於雄辯，一方面，我們要以實際的行動來化解某些人對中國發展的誤讀與誤解，去粉碎另外一些人對中國發展理念的攻擊和抹黑；另一方面，我們也要主動用對方明白的語言去講好中國故事，傳播中國價值，特別是「不同而和、和而不同」、「各美其美、美美與共」的傳統思想，讓世界愈來愈多的人認識到，不同國家、不同民族、不同文化是完全可以共生共存共榮的，也完全可以做得到你中有我、我中有你。事實上，只有求同存異、兼收並蓄，才能有容乃大；只有互尊互通、各得其所，才會世界大同。

我們不能否認，中西方文化存在巨大的差異，價值觀的分歧也是顯而易見的。正因為這樣，更需要文化的交流合作，才能加深彼此之間的了解和認識，增加彼此之間的理解和尊重，促進人心相通，促進文明進步。而文學最能跨越國界，觸動人心，引起共情，既是講好故事的最佳載體，也是喚醒人性的最佳方式。作為文學工作者，當應擔負起時代的責任，貢獻自身的力量。

粵港澳大灣區向來是中國對外交流合作的前沿陣地，開放程度、發展水平以及與其他文化的融合度都比較高。作為新發展格局的戰略支點、高品質發展的示範地和中國式現代化的引領地，要在實現中華民族偉大復興的進程中扮演先鋒的角色，發揮特殊的作用，大灣區文學也不例外。

首先，我們應該以文學的力量推動人文灣區建設，促進大灣區內粵港澳三地的人文交流和人心相通，打造我們共同的精神家園，將大灣區建設成為人類文明新形態的示範地、中國國際人文交流的引領地和對外傳播的重要基地。

其次，充分利用大灣區的天時、地利、人和，充分利用世界對大灣區的關注度，講好大灣區故事，講好「一國兩制」成功實踐的故事，講好中國改革開放的故事，為傳播中國價值和中國理念提供有說服力的素材和內容。

第三，更好發揮港澳的特殊地位和特殊作用，充分利用其「背靠祖國、聯通世界」的優勢及網路，促進中國文學與世界文學的交流合作，推動中國文學更好地走向世界，讓中國故事和中國聲音傳得更遠、更廣。

澳門是中國最早、最持久對外交往的城市，是中西文化交流的橋樑。不同民族、不同文化、不同宗教、不同信仰在澳門和睦相處數百年，素有人類文明的實驗室之美譽，不僅在文化交流互鑒方面有豐富的經驗，還形成了西方人容易理解的話語體系，當義不容辭，全力以赴，履行我們的歷史使命。

（在第三屆「粵港澳大灣區文學周」粵港澳大灣區文學發展峰會上的發言）

2023 年 9 月 18 日

從嶺南出發

作為中華傳統文化的重要有機組成部分，嶺南文化起源於南方，是珠江流域文化的代表，從一開始就具有與北方文化不同的特徵，特別是在發端初期已經和荊楚文化、吳越文化產生初步互動，開始培養善於吸收外來文化，藉以豐富自身地域文化內涵的性格。

到了商代至戰國晚期，這種性格促成了具備多元特色的嶺南文化格局，無論在物質文化、器物文化、工藝技術和觀念文化方面，已經初步吸收了中原文化甚至海外文化的一些先進因素。

嶺南文化與中原文化的全面交流，當數秦始皇進軍嶺南之後。越族居民與中原漢族的共融交流，使嶺南文化加速納入中華民族文化發展的軌道之中，也使當時嶺南地區的社會文化深受封建社會的影響。中原地區先進的工藝技術，直接促進嶺南地區的農業經濟發展；同時，合浦、徐聞在漢代開港，使嶺南地區成為中國最早從事海外貿易的地域之一，進一步形成以商業為中心的物質文化結構和重商精神，成為當時中華文化的一朵艷麗奇葩，至今亦然。

16 世紀中葉，位處香山的澳門成為葡萄牙的一個商站。通過澳門這座跳板，使香山成為傳承、發展嶺南文化的橋頭堡。作為中國與西方經貿文化交流的前沿陣地，作為西學東漸、中學西傳的重要橋樑，中西文化通過澳門，彼此碰撞、對話和共融，其影響進一步輻射至香山當時已經初步形成的農業、手工業和商業協調發展的格局，促使多元、兼容的文化性格走向成熟。特別是清中葉以後，澳門和香港直接受到西方文化的滲入和衝擊，通過與內地的商品貿易往來而使嶺南文化得以吸收西方文化的大量精華，壯大自身的多元文化格局，嶺南文化發展迎來了歷史上最全面、最深刻的大繁榮期，不但使自身的文化特色和個性飛躍至質的進步，更為近代國人探索變革圖存、引領全國踏上現代化的征途、使當今嶺南文化進入大全盛期奠定了深厚的文化根基。

澳門在中西文化交流史上，扮演了公認的舉足輕重的角色。澳門既具備嶺南文化的一切應有特徵，更系統地吸收了以基督宗教為基礎的西方傳統文化重要元素。如何更好挖掘澳門的歷史文化資源和價值，利用澳門在中西文化交流中的特殊地位以及特有的話語系統和聯繫網絡，發揮澳門的傳統功能，在新形勢下為說好中國故事、提高中國在世界上的文化傳播力、國際話語權發揮更大的作用，值得我們高度重視。如果港澳聯手，形成合力，共同參與粵港澳大灣區建設，打造共同的精神家園，更可以大大提高我們助力於國家發展戰略的能力。

我認為，澳門完全具備條件建設成為中華文化的國際交流基地，特別是作為國家話語傳播的重要平台。通過這個基地和平台，一方面加強用海外聽得懂的方式說好中國故事，引導海外各界準確認識中國，正面了解中國；另一方面，善用澳門本地會展服務配套完善的優勢，把國家一些與海外的大型文化交流活動、外事工作會議活動等放在澳門舉辦，拓展中國與世界文化交流的平台，從而形成廣泛凝聚海內外支持中國式現代化、支持「一國兩制」、支持祖國和平統一、支持世界和平發展、支持構建人類命運共同體的統一戰線。

香山文化與嶺南文化唇齒相依，無法分割，近現代澳門在滋潤香山文化、豐富嶺南文化內涵的角色和效果，更是有目共睹的。「香山文化論壇」的舉辦，是讓我們共同追憶、共同探討、共同展望的一個絕佳平台，為實現建設「人文灣區」，為推動珠海建設成現代化和國際化的經濟特區發揮積極的作用。在此，謹祝「香山文化論壇」圓滿成功，各位來賓工作順利，也希望各位能從今天的討論中得到寶貴的文化啟迪，共同推動香山文化發出更大的光芒。

（在「潮起香山——2023 香山文化論壇」上的致辭）

2023 年 5 月 7 日

塑造人文灣區，促進文明互鑒

粵港澳大灣區是重大的國家發展戰略。習近平總書記 2023 年在廣東視察時強調，讓粵港澳大灣區成為新發展格局的戰略支點、高質量發展的示範地、中國式現代化的引領地。

總書記 2022 年在香港的「七一講話」中指出，港澳是中華民族偉大復興的重要組成部分。在 2023 年十四屆人大第一次會議閉幕式上，他再次強調，強國建設離不開港澳的長期繁榮穩定。中央決定成立中央港澳工作辦公室，提升港澳在新時代國家發展戰略中的地位，相信港澳在實現中國式現代化的進程中，將扮演更加關鍵的角色，發揮愈來愈重要的作用。而積極參與粵港澳大灣區建設，全面融入國家發展大局，不僅是港澳發揮獨特優勢的最佳選擇，也是港澳特別行政區的歷史使命。

一、提高對粵港澳大灣區的認識

粵港澳大灣區是國家在新時代制定的支點戰略。一方面，要在國家新時期改革開放進程中擔任先鋒隊、排頭兵，成為國家高質量發展的新引擎、新示範；另一方面，要成為國家高水平開放的前沿陣地，揚帆出海，參與國際競爭，爭奪國際話語權、規則制定權和物品定價權，增強國家在世界舞台上的影響力。

粵港澳大灣區同時又是港澳融入國家發展大局的重要平台和路徑。港澳特區要保持長期繁榮穩定，必須擴大發展格局和發展空間，乘搭祖國發展的快車。在此一過程中，港澳的特殊地位和特殊優勢方能得到最佳的發揮，不僅可以尋求自身更好的發展，還可以豐富「一國兩制」的實踐與內涵，為國家發展戰略貢獻更多的力量。

需要強調的是，粵港澳大灣區不僅僅是一個經濟和利益共同體，不僅僅是一個一小時生活圈，更應該是粵港澳三地人民的共同精神家園。換言之，粵港澳大灣區不僅僅要經濟高度協調發展和基礎設施聯通，還要制度規則對接、人心民意相通，形成共同的價值認同和身份認同，也只有這樣，粵港澳大灣區建設才能畢其全功，才能在以中國式現代化實現中華民族偉大復興的進程中發揮最大的作用，作出最大的貢獻。由此可見，構建人文灣區的重要性和必要性。

二、提高對「一國兩制」的認識

「一國兩制」是前無古人的偉大創舉，既是解決歷史遺留下來的港澳問題的最佳方案，也是港澳回歸後保持長期繁榮穩定的最佳制度安排，更為重要的，是對人類政治發展模式的一大貢獻，為國際社會解決類似歷史遺留問題提供了富有東方智慧的中國方案，是人類文明進步的一種新形態，並且經過了實踐的成功檢驗。

「一國兩制」是國家的大政方針，寫進了黨章國法。「一國兩制」是中國特色社會主義的其中一項重要制度創新，也是粵港澳大灣區相對於其他大灣區的獨有特徵。在一個灣區裏面存在兩種不同的社會制度和法律體系，的確會為兩者之間的銜接和融合帶來困難和挑戰，但如果利用得當，「兩制」可能是粵港澳大灣區最大的優勢。如何充分挖掘「兩制」的價值和潛力，系統整理港澳社會發展規律和歷史文化的底蘊並進行創新性轉化，為創造性構建人文灣區提供獨特的元素，應該成為我們構建粵港澳大灣區的重大課題。

「一國兩制」是人文灣區的最大特色，是中華文明連續性、創新性、統一性、包容性、和平性的生動寫照，是促進中國國際人文交流和世界文明互鑒的推動力。港澳不僅完整保存了中華傳統優秀文化的基因，更充分展示了中華文化的巨大開放性、包容性和創新性，近代以來，港澳一直是中國對外開放的前沿陣地，是中國對外文化經貿往來的重要窗口和橋樑，是中西文明終極「對決」的「主戰場」，在中西文化交流交鋒融合中發揮了不可替代的作用，也積累了豐富的對外交往經驗，形成了獨特的話語體系和敘事方式，建立了廣泛的國際聯繫網絡。但是，港澳的體量小，如果能夠與灣區內地其他城市聯合起來，各展所長，互為補充，資源共享，協調發展，形成合力，不僅可以充實「一國兩制」的理論和實踐，對促進中外文明交流互鑒也將發揮更大的作用。

三、塑造人文灣區的要素、困難和路徑

自從《粵港澳大灣區發展規劃綱要》頒佈以來，學術界和社會各界對人文灣區建設有了廣泛而深入的討論，共識正在逐步凝聚，許多具體的工作也在落實中，大勢已經形成。我們可以從時間和空間兩個維度來探討塑造人文灣區的要素。

從時間維度來看，粵港澳大灣區擁有共同的文化傳承和文化記憶，嶺南文化就是我們共有的思想淵源、價值內核、精神紐帶和認同基礎。嶺南文化採九州之精華、納四海之新風，敢為人先，務實創新，開放包容，以人為本，應該是灣區人文的共性和底色，也應該成為塑造人文灣區的主體性要素。但是，由於港澳地區在相當長一段時間離開了母親的懷抱，並且生活在不同的法律體系和社會制度下，與灣區其他城市又有了差異性的發展，在思維方式和行為習慣有所區別，一方面，這豐富了嶺南文化的多樣性和多元性，增加了嶺南文化的活力，另一方面，不可否認，增加了我們今天塑造人文灣區共同精神家園的難度。四十多年改革開放的共同經歷，一定程度上拉近了雙方的鴻溝，但之間的心理距離並沒有完全消除。

從空間維度看，大灣區應該是一個整體。但事實上，不僅港澳的歷史發展過程不完全一致，內地 9 個城市的發展程度也不一樣，不僅擁有不同的人文資源，也有不同的利益訴求，歷史與現實、時間和空間、整體與局部很難在短時間內完全協調起來。既然是各有特色，各有優勢，各有所求，可以預計，在

相當長時間裏都會求大同、存大異。關鍵是，大灣區各組成城市要有共同的認知、共同的信念、共同的意志、共同的願景，保持開放、互動、協作、共贏的心態，朝着共同的目標步調一致地前行。而塑造人文灣區歸根結底是文化重構的過程，文化基因與各種要素化學反應，聚合擴張，最後產生一種新的範式和形態，並且在此一過程中，會有共同經驗和情感共鳴，從而形成共同的心理結構、身份認同和價值認同。

從路徑上，廣東省加速組織整合內地 9 個城市的優勢，形成合力，而制度相近的港澳兩個特區聯手合作，走向同城，則可以加快人文灣區建設的步伐。事實上，廣東省方面已經率先行動，除開在政府層面與港澳特區保持密切合作，也推動與港澳在教育、科技、文學、藝術、學術諸領域的民間交流，促成了相關領域聯盟的成立，並且有序地開展工作。不同層面、不同渠道交流合作的空間是巨大的，從歷史古跡的保護與連線、文博機構的聯動、圖書館資源的聯通、藝術展演的連城、高等學校學科的互認、科技、學術研究的聯合、影視和文化創意產品的共同製作以及文化設施的共享，都有助於夯實灣區的人文基礎、深化灣區的人文內涵、豐富灣區的人文精神。但不可否認，這些交流合作從框架進入實質，從碎片化走向制度化，還需要調動各組成城市更大的積極性，需要更多的支持和參與，需要更多項目和活動的帶動和充實，需要更多的理念、機制和模式的創新。

四、齊心協力促進中外文明交流互鑒

塑造人文灣區的目的不僅是形塑共同的價值和身份認同，構建共同的精神家園，為加強中華民族共同體意識作出探索，還要凝聚共同的意志、匯合更大的力量，拼船出海，發揮先鋒隊的作用，齊心協力去促進中外文明交流互鑒，促進中華文明創新性發展。

文化是一個國家、一個民族的靈魂和最深沉的力量，文化的影響力也是國家軟實力的重要標誌。文化的傳播與文明交流互鑒需要潤物細無聲的長期工作。高度認識粵港澳大灣區戰略和「一國兩制」政策對構建人文灣區的重要性，充分發揮好港澳的特殊地位和特殊優勢，會有事半功倍的效果。

在《粵港澳大灣區發展規劃綱要》中，香港的定位是「中外文化藝術交流中心」，而澳門的定位是「以中華文化為主流、多元文化共存的交流合作基地」。要完成此一光榮任務，一方面，要進一步完善中國歷史大背景下的港澳歷史敘事，加強中國歷史文化教育，增強港澳同胞的民族觀念和國家意識，築牢底線；另一方面，要拓展港澳的世界敘事視野、經驗和能力，充分發揮港澳「背靠祖國，聯通世界」的功能，強化港澳的國際傳播平台作用，深化世界各國對當代中國價值觀念和政策理念的理解和認同，促進不同文化之間的交流和了解。

港澳回歸二十多年來，中央堅定不移、全面準確貫徹「一國兩制」的方針政策，「一國兩制」的偉大事業取得了舉世矚目的成功。雖然其間不無風雨，甚至出現過驚濤駭浪，但在中央的堅強領導下，在祖國的堅定支持下，香港進入了由亂及治、由治及興的新發展階段。中央的一系列果斷措施，使得港澳逐步納入國家治理體系，「愛國者治港」、「愛國者治澳」的新局面已經形成，政治、社會氣氛有了根本性的好轉；粵港澳大灣區戰略的實施，為港澳全面融入國家發展大局搭建了平台，港澳與內地在基礎設施聯通、制度規則對接和人心民意相通等軟硬件建設方面都取得了顯著的進步，港澳與內地的交流合作日益密切。

港澳居民也愈來愈清楚地認識到，只有增強民族觀念和國家意識，堅定文化自信，守住國家安全的底線，全面融入國家發展大局，全力配合國家發展戰略，「一國兩制」的政策優勢和本身的潛在價值才會更加凸顯，港澳的特殊地位和特殊作用才能更充分地展現，港澳才能激發更大的活力來發展經濟、改善民生、解決長期積累的結構性深層次矛盾和問題。這一切，都有利於加快人文灣區的建設，也增強了我們塑造人文灣區的信心。

澳門是中國最早對外開放的港口城市，也是最持久與西方交往的基地，不僅旗幟鮮明、立場堅定的守護中華傳統文化，在中西文化交流中的先鋒地位和作用也舉世公認，為早期中西思想文化交流作出了卓越的貢獻，並且形成了「中西並舉、古今同在」、「各美其美、美美與共」的靚麗人文風景線以及和「不同而和、和而不同」、兼收並蓄、有容乃大的社會環境以及「你中有我、我中有你」的人文特質，形成了自成一格、西方人容易理解、能夠接受的話語體系。

在回歸前後，社會各界和政府全力挖掘整理澳門豐富的歷史文化資源，弘揚傳播中華優秀傳統文化，推動國際人文交流、特別是與葡語國家的文化交流合作，取得了顯著的效果，成就了今天和諧穩定的社會局面和愛國愛澳、擁護中國共產黨的政治基礎。澳門的經驗，需要科學系統總結，也值得塑造人文灣區時借鑒。我相信，澳門在塑造人文灣區、促進文明互鑒方面可以擔當關鍵的角色、發揮獨特的作用、作出特殊的貢獻。

（在中宣部「2023 文化強國建設高峰論壇建設人文灣區分論壇」上的主題發言）

2023 年 8 月 2 日

如何構建大灣區與人類共同價值

中國人民經過長期艱苦卓絕的探索和奮鬥，中華民族的偉大復興已經邁入了不可逆轉的歷史進程。在百年不遇的世界大變局中，我們愈來愈清醒地認識到，民族復興，不僅要經濟增長、科技創新、社會進步，還需要回歸傳統和文化傳承發展，重振民族精神，需要與其他文化交流互鑒，讓其他國家和民族更好地認識我們的傳統文化，理解我們的發展理念，尊重我們的傳統價值觀。也只有這樣，我們在重塑世界格局和構建人類共同價值上才有更大的話語權，才能扮演更加積極、重要的角色。

粵港澳大灣區戰略是新時代中國改革開放的重大決策，也是中國參與世界的重大舉措。正如習近平主席所說，讓粵港澳大灣區成為新發展格局的戰略支點，高品質發展的示範地，中國式現代化的引領地。以中國式現代化實現中華民族偉大復興是我們的第二個百年奮鬥目標，由此可見，中央對粵港澳大灣區建設寄予厚望。

我們一直認為，粵港澳大灣區不僅僅是一個經濟共同體，更是一個命運共同體。粵港澳大灣區建設要畢其全功，不僅僅要經濟發展、科技創新，還必須建成一個共同的精神家園，需要構建共同的身份認同和價值認同，只有這樣，我們才能擰成一股繩，並船出海，才有足夠的力量去爭奪國際話語權，擴大國際影響力。

更為重要的是，粵港澳三地雖然同屬嶺南文化地域，人相親，習相近，地相鄰，但由於歷史的特殊原因，經濟發展程度、社會和法律制度不同，思想觀念和思維方式也存在一定的差別，構建共用價值本身就具有示範引領作用。換言之，在探索構建人文灣區的過程中，我們如何尋找有效的模式和路徑，對增強中華民族共同意識和構建與人類共同價值具有很大的理論和實踐意義。

2023 年 3 月 15 日，中共中央總書記、國家主席習近平在中國共產黨與世界政黨高層對話會上，首次提出全球文明倡議，與各國共同宣導「尊重世界文明多樣性」;「弘揚全人類共同價值」;「重視文明傳承和創新」;「加強國際人文交流合作」。這四個方面環環相扣、相輔相成，共同構成了全球文明倡議，是具有很強的時代感和針對性以及高度建設性和可操作性的重大倡議。

習主席的全球文明倡議，為我們在大灣區先行先試提供了理論指導，我們要認真學習領會和貫徹落實。粵港澳大灣區在構建人類共同價值的成功嘗試，將是對中華民族偉大復興乃至人類文明進步的重大貢獻。

怎麼來構建大灣區的共同價值？構建的模式和路徑尚有待我們去探索。但我認為，可以先從以下幾個方面着手：首先，要重溫我們的共同文化傳統，認真總結粵港澳三地在改革開放過程中的共同經驗，加強三地人民、特別是青少年的交往交流，進一步增強我們的感情紐帶，夯實我們的思想基礎。其次，從中央到地方推出有力的政策措施，以具體的項目和最適合的方式，從不同領域、不同層次促成粵港澳三地政府和民間形成共同的願景、意志和決心，同心同德、全力以赴參與大灣區建設。第三，高度重視港澳的特殊地位和「一國兩制」的政策優勢，充分認識港澳在中外文明對話交流中的經驗和網絡的作用，尊重粵港澳三地因為不同的歷史發展而產生的文化差異性和多樣性，並以這種差異性和多樣性作為創新的出發點，融合發展，既可以更加豐富中華文化，又可以更好地與其他文化交流互鑒。

被譽為「人類文明實驗室」的澳門在這方面有過成功的探索，是一個鮮活的例子。

在中外文明交流史上，嶺南文化是先行者。在嶺南文化圈，澳門又是核心地帶。澳門是嶺南文化的最佳演繹，既完整保留了中華文化的傳統基因，又充分體現了中華文化的巨大包容性和開放性。數百年來，澳門是西學東漸、中學西傳的重要橋樑，為不同文明交往交流和相互理解作出了不可替代的貢獻，其歷史地位也是世界公認的。澳門是歷史上中外文明交融的結果，也是未來中外文明交流互鑒的渾然天成的基地。如果將澳門比喻成為一個文化標識，無論是中國人還是西方人，都很容易識別，也容易理解和接受。

因此，我們一直認為，澳門在國家發展戰略的諸多優勢中，其中最為重要、最具價值、最能作出貢獻的就是文化，文化是澳門最大的最優質的資本，是澳門參與粵港澳大灣區建設的強項。澳門擁有古今同在、中西並舉的深厚歷史文化底蘊，具有各美其美、美美與共的文化交流互鑒豐富經驗，有不同而和、和而不同的良好社會環境，有你中有我、我中有你的獨特話語體系。這些要素，是構建人類共同價值的必要條件。一句話，中西文化薈萃的澳門，相對於其他灣區城市來說，更加具備向世界傳播中華傳統文化、中國價值和中國理念、參與構建人類共同價值的所有基礎條件，應該義不容辭承擔起此歷史使命，將澳門打造成中國的文化矽谷，打造成中西文化交流互鑒的理想地。

舞台的地基和輪廓已經打造好了，現在就等着大家來擴建完善，等着大家來唱戲。這個舞台和這台戲是澳門的，也是大灣區的，更是我們國家的。習近平主席對澳門寄予厚望，在澳門回歸祖國 20 周年的慶祝大會上曾經指出「小桌子可以唱大戲」。在粵港澳大灣區建設如火如荼的時刻，澳門該大顯身手了。為了用好這個舞台、唱好這台戲，單靠澳門的力量是不夠的，需要更多人、更多機構的參與，一起來擦亮澳門這張文化名片，共同建設中國的文化矽谷。我相信，大家都有一個角色，也都責無旁貸。

（在深圳文化強國建設論壇「人文灣區　機遇灣區」分論壇上的發言）

2024 年 5 月 24 日

澳門與人文灣區建設

文化是一個國家、一個民族的靈魂。文化興國運興，文化強民族強。沒有高度的文化自信，沒有文化的繁榮興盛，就沒有中華民族偉大復興。在世界百年未有之大變局加速演進、中華民族偉大復興進入關鍵時期的時代背景下，習近平文化思想於 2023 年 10 月舉行的全國宣傳思想文化工作會議上首次被提出，這是順應時代變化發展、推進文化強國建設、實現民族復興偉業的重要舉措，是推進建設新時代中國特色社會主義文化、建設中華民族現代文明建設的重要基礎。

習近平文化思想從價值層面出發，強調發揮文化的作用，突出文化中鮮明的時代特徵。他指出：「價值觀念在一定社會的文化中是起中軸作用的，文化的影響力首先是價值觀念的影響力」，「如果沒有共同的核心價值觀，一個民族、一個國家就會魂無定所、行無依歸」。建設文化強國，就是為了更好滿足人民日益增長的精神文化生活需要，不斷豐富人民的精神世界、增強人民的精神力量。

在建設文化強國的征程中，我們對中國傳統文化既要繼承也要創新，既要堅守中國的價值體系和核心價值觀，也要通過發展和繁榮文化並取得歷史性的進步，並與外國文化交流互鑒，實現新時代中國社會的飛躍和中華文明的昇華。在建設文化強國的征程中，我們也要意識到它與高質量發展有着密不可分的關係。高質量發展是全面建設社會主義現代化國家的首要任務，也是實現中國式現代化的本質要求。

文藝創作也不例外。通過扎根人民、扎根生活，以文化作為推動高質量發展的內生動力，推動中華優秀傳統文化的創造性轉化和創新性發展，以開放寬容的態度借鑒外來文明的優秀成果，構建中國話語和中國敘事體系，同時不斷完善文化產品和推出文藝精品，發展文化生產力、提升文化創新、擴大文化影響、改善文化環境品質、提升人民文化生活品質，讓文化成為推動高質量發展的重要支點，使物質文明和精神文明協調發展。

《粵港澳大灣區發展規劃綱要》提出共建人文灣區，塑造灣區人文精神，為構建灣區文化共同體擘畫了基本的藍圖。《綱要》提出，灣區城市要堅定文化自信，共同推進中華優秀傳統文化傳承發展，發揮粵港澳地域相近、文脈相親的優勢，共同推動文化繁榮發展，加強粵港澳青少年交流，推動中外文化交流互鑒。對於後者，尤其應發揮大灣區中西文化長期交匯共存等綜合優勢，促進中華文化與其他文化的交流合作，創新人文交流方式，豐富文化交流內容，提高文化交流水平。澳門在這一方面要發揮東西方多元文化長期交融共存的特色，加快發展文化產業和文化旅遊，建設中國與葡語國家文化交流中心，為人文灣區建設貢獻力量。

基於獨特的歷史和地理條件，由廣府文化、客家文化、華僑文化和粵商文化作為主要組成部分的嶺南文化，是構建灣區文化共同體的豐富泉源，而澳門數百年不間斷的中西交流經歷，不僅奠定澳門在中西文化交流史上的歷史地位，成就了澳門作為嶺南文化的核心地帶，也造就了澳門在國家發展大局中的定位。事實上，無論是世界旅遊休閒中心，還是中國與葡語國家經貿合作服務平台，貫穿其中的都是文化。澳門擁有古今同在、中西並舉的深厚歷史文化底蘊，具有各美其美、美美與共的文化交流互鑒豐富經驗，有不同而和、和而不同的良好社會環境，有你中有我、我中有你的獨特話語體系，是名副其實的人類文明實驗室。澳門最擅長的中外文化交流互鑒，也是國家在全力提高軟實力的當下所最需要的，是澳門在助力文化強國建設、推動灣區文藝創新中最能發揮作用和作出積極貢獻之處。

如果將澳門比喻成一個文化符號，無論是西方人還是中國人，都很容易識別、讀懂和接受。如果我們將這個符號做大做強，用西方人能接受的方式、能聽得懂的語言講好中國故事和「一國兩制」成功實踐的故事，敞開胸懷歡迎世界各地的文藝大家前來交流合作，澳門將成為中國文化的一張靚麗名片，成為以灣區為依託，向世界傳播中華文化、中國理念、中國制度和中國價值以及中外文明交流互鑒的重要基地，也必將為以中國式現代化實現中華民族的偉大復興作出最大的貢獻。

我曾經提出把澳門打造成中國的「文化矽谷」，通過創造更好的政策條件和營商環境，發揮澳門中西文化薈萃的人文優勢。之所以用「矽谷」來形容，是因為矽谷創新文化的精粹，多元文化交流互鑒會產生化學反應，產生新的價值認同：創業精神和開放溝通，既值得澳門繼續去傳承發展，使澳門能真正成為積極參與共建人類命運共同體的重要平台，也通過吸引中外文藝名家、文博機構和文博項目來澳門落戶，交流思想，切磋技藝，共同創作，聯合展演，鼓勵和引導灣區文藝創新，這是共建人文灣區、助力文化強國建設所需要的。

文化鑄魂、文化賦能，繁榮發展文化事業和文化產業，保護傳承弘揚中華優秀傳統文化，堅守中華文化立場、推動文明交流互鑒，不斷增強中華文化傳播力和影響力，是加快建設文化強國、推動文化高質量發展的基本要求。讓我們互助互勉，同心協力，推動灣區文藝創新，讓充滿活力的灣區文化，不但在粵港澳大灣區綻放出耀眼的光芒，也能在建設文化強國的征途上發揮示範作用，為日益昇華的中華文明添磚加瓦。

（在「新起點　新使命　新作為——文化強國建設中的灣區文藝創新」論壇上的發言）

2024 年 6 月 29 日

紅色文化與灣區發展新動能

紅色文化是中國共產黨領導中國人民在革命、建設和改革的偉大實踐中創造積累的先進文化。習近平總書記在 2023 年 6 月舉行的文化傳承發展座談會上，提出把馬克思主義基本原理同中華優秀傳統文化相結合。這「第二個結合」，也是紅色文化的精神結晶，是解答中國共產黨為甚麼能帶領中國人民從站起來到富起來再到強起來，以及中國特色社會主義為甚麼好的關鍵密碼。

中國共產黨之所以能，其中一個關鍵是因為它開闢了一條具有中國特色的社會主義道路。而中國特色社會主義道路之所以好，是因為它是在馬克思主義的指引下走出來的，也是因為它是從五千多年中華文明發展的歷史長河中走出來的。馬克思主義是紅色文化的思想靈魂，中國共產黨是創造和弘揚紅色文化的主導力量，共產黨人的精神譜系和中國精神是紅色文化的精神內核。中國共產黨的領導是中國特色社會主義最本質的特徵，因此，只有立足馬克思主義的基本立場和博大精深中華優秀傳統文化的深厚底蘊，才能真正理解和把握中國道路、中國理論、中國制度的歷史必然，以及中國共產黨人在革命和建設的實踐中形成、累積而來的文化底色和獨特優勢。

推動文化繁榮、建設文化強國、建設中華民族現代文明，是新時代文藝社科工作者的光榮任務。推動文化繁榮，要以樹立文化自信為前提；建設文化強國，是實現中華民族偉大復興的重要基礎；構建中華民族現代文明，要求我們要突出中國特色。這個前提，這個基礎，這個要求，無不以堅持紅色文化為根源，也無不以弘揚紅色文化為依歸。弘揚紅色文化講求守正創新，堅持中華民族文化的主體性，堅持紅色文化的思想靈魂、精神內核和根本立場，並結合新時代的實踐要求，實現傳統與現代的有機銜接，不斷豐富和發展紅色文化的內涵和表現形式，講好中國共產黨領導下的中國故事，讓革命和建設歷程的艱辛和輝煌，讓「到處都是活躍躍的創造，到處都是日新月異的進步」，讓光輝璀璨的民族復興榮景更生動、更鮮活地呈現在人民眼前，鼓舞人民昂揚奮進，獻身於建設社會主義現代化強國的壯麗事業中去。

《粵港澳大灣區發展規劃綱要》的其中一項基本建設原則是創新驅動，改革引領。結合廣東改革開放先行先試和港澳地區實施「一國兩制」的制度優勢，灣區城市完全有條件按照《綱要》提出的要求，發揮地域相近、文脈相通、人緣相親的優勢，以創新驅動發展戰略塑造灣區人文精神，共同推動文化繁榮發展，加強青少年交流和推動中外文化交流互鑒，從文化的側面打造粵港澳大灣區成為中國實現高質量發展的典範。國務院印發的《「十四五」旅遊業發展規劃》也提出大力發展紅色旅遊，把建黨精神融入到旅遊路線設計、展陳展示、講解體驗中，講好革命故事、英烈故事，讓人民群眾在旅遊中傳承紅色基因，同時積極發揮紅色旅遊實現鄉村振興的作用，依託當地紅色文化等重要資源，培育壯大特色旅遊產業，增進革命老區人民福祉。這一方面又與《綱要》提出發展特色城鎮，促進城鄉融合發展呈現對接。

從《綱要》和《規劃》提出的具體要求看，弘揚紅色文化，豐富紅色文化內涵，讓世界聽得懂、看得見、感受得到中國故事，都是灣區城市在共建人文灣區的過程中所必須做到的。事實上，灣區城市擁有豐富的紅色文化資源，有待我們加以發掘整理，藉以更完整地對外訴說一代代中國人為實現國家的自主獨立、人民的富強幸福而前仆後繼、艱苦奮鬥的故事。根據廣東省文化和旅遊廳先後頒佈的兩批《廣東省革命文物名錄》，屬於省內灣區城市的不可移動革命文物共 557 處，可移動革命文物共 4,319 件。澳門也有與中國共產黨從事革命和建設活動密切關係的景點和建築，例如葉挺故居、新中行舊址、鏡湖醫院、濠江中學、河邊新街南光公司和澳門日報社舊址等。香港也不乏紅色歷史景點，包括烏蛟騰抗日英烈紀念碑、元朗凹頭潘屋和十八鄉楊家村，還有皇后大道中的八路軍駐港辦事處舊址、彌敦道新華社舊址等，這些都記錄了中國共產黨在香港參與抗日的事跡。

形成發展新動能的先決條件，是發展新質生產力。從發展文化角度看來，實現業態創新和管理創新，能對推動形成灣區發展新動能起到積極的作用。弘揚紅色文化，豐富紅色文化內涵，是推動愛國教育以及國家歷史、民族文化的教育宣傳的重要組成部分。按照《粵港澳大灣區發展規劃綱要》的要求，完善大灣區內公共文化服務體系和文化創意產業體系，推動青少年研學旅遊合作，共建研學旅遊示範基地，都可以是發展灣區文化旅遊事業和產業新質生產力的切入點。結合廣州作為嶺南文化中心和對外文化交流門戶、深圳作為具有世界影響力的創新創意之都、香港作為中外文化藝術交流中心、澳門作為以中華文化為主流，多元文化共存的交流合作基地的互動互補作用，讓紅色文化與推動中外文化交流互鑒實現對接，通過發展出一系列創新的對外宣傳形態和文化旅遊產品，使灣區形成具有競爭優勢的新質生產力，形成灣區獨有的人文優勢，從而形成繁榮灣區文化、實現鄉村振興、催生灣區特色城鎮的新動能。

粵港澳大灣區（廣東）文史論壇在強化粵港澳三地文史研究交流合作方面一直發揮積極的作用，現已成為助力人文灣區建設，促進灣區文化共融，提升灣區文化軟實力，對外宣傳展示嶺南文化歷史研究成果的品牌項目。歷史因銘記而永恆，精神因傳承而發揚。期待各位通過在本屆論壇展示的各項文史研究成果，能在弘揚嶺南紅色文化、豐富紅色文化內涵方面貢獻新猷，讓紅色文化在共建人文灣區的新征程上煥發時代光芒。

（在 2024 年粵港澳大灣區（廣東）文史論壇的發言）

2024 年 7 月 18 日

五 家國

澳門

行是知之始，知是行之成

——記「澳門青年人才上海學習實踐計劃」

「愛國愛澳」是澳門優良的社會傳統。澳門回歸祖國時，受過去幾年經濟低迷和治安不靖的影響而百廢待興，猶幸當時全澳居民懷着當家作主的精神，以十足的精神和幹勁，同心同德、同舟共濟、共克難關，成為了擁護「一國兩制」、積極建設澳門特區的主流力量。

青年是澳門社會的未來棟樑。我工作了多年的澳門基金會長期以來高度重視青年工作。回歸前，我們就開始推動相關項目，例如舉辦「中學生讀後感徵文比賽」、「優異生旅行團」和發放研究生獎學金等，嘗試在不同層面給予青年學生認識祖國、了解澳門、感受澳門與祖國同呼吸、共命運的機會。回歸後，澳門經濟飛躍發展，社會轉型速度加快，培養青年愛國愛澳、厚德盡善的品格、構建主流核心價值成為了現實的需要。澳門基金會配合特區政府的施政，在既有的基礎上發展、推出或舉辦新的項目與活動，例如擴大與內地和海外交流項目的規模、籌設以青少年為對象的澳門科學館、開辦社會科學界學者研修班、舉辦增進歸屬感的歷史文化知識的競賽、出版本土歷史文化的圖書等，不但拓寬了青年學生的視野，在推動澳門與內地密切交往和交流方面也取得了一定的成效。這些項目中很多都是具有開拓意義的，為日後本地的社團機構推出類似的項目活動提供了組織上的參考。

進入新時代，中華民族將邁進全新的歷史階段，世界也將進入百年未有之大變局。中華民族偉大復興中國夢的實現，從未像新時代般如此接近；世界格局的變化，百年來未像新時代般來得如此緊迫。這一切，更要求我們配合以習近平總書記為核心的中共中央所作出的各項戰略部署，以奮發有為的精神，把「一國兩制」偉大事業不斷向前推進。具體到我們的工作層面，創造條件讓澳門青年認識祖國，使他們積極自覺配合和融入國家發展大局，「愛國愛澳」優良傳統得以薪火相傳、後繼有人，便成為確保「一國兩制」偉大事業行穩致遠的重要任務。

2011 年，全國政協港澳台僑委員會組織澳區全國政協委員前往上海考察。乘着改革開放的春風而取得突飛猛進社會經濟發展的上海，社會管理日漸成熟，處處煥發生機。一年前，上海成功舉辦了中國第一次、也是發展中國家第一次舉辦的世界博覽會。為了舉辦這次盛會，上海市作出了大量的投入，無論在基礎建設、管理水平和生態環境方面都有大幅度的明顯提升，城市面貌煥然一新。其時，上海正朝着「創新驅動、轉型發展」的方向努力，與澳門致力發展成為「世界旅遊休閒中心」的轉型目標高度契合，上海在公共管理和社區服務方面取得的成功經驗，顯然值得澳門加以借鑒。

何厚鏵副主席念茲在茲，一直希望加強滬澳合作關係。考慮到澳門青年只有熟悉內地經濟社會發展情況，不斷提升綜合素質，才能把握機遇與挑戰，在澳門與內地交流合作中佔領先機，何厚鏵副主席在考察期間提出希望可以設立一個穩定的平台和機制，每年派出一定數量的澳門青年到上海學習實踐，然後帶着上海的經驗回到澳門，服務特區。他回到澳門與時任行政長官崔世安先生交換意見後，確定由全國政協港澳台僑委員會、上海市政協、澳門特區全國政協委員、澳門中聯辦和澳門基金會共同主辦這個項目，由澳門基金會負責具體的組織工作和提供資金上的支持。

確定分工後，我們又在選派學員、實習時長以至住宿安排、學習內容等與有關方面反覆研究和討論，最終確定學員主要來自基層社團，以從事社區工作的人員為試點，每一期學員人數不超過 30 人，時長三個月，學員在出發前必須完成《澳門基本法》、社會經濟發展情況等行前培訓，到上海後再完成一個星期的學習，務求先讓學員形成必要的國家意識和較廣闊的視野，再通過在上海的實習活動吸取經驗，以較高的水平完成學習實踐。由於這個計劃以培育澳門青年人才為目的，所以我們把它命名為「澳門青年人才上海學習實踐計劃」

（下稱「計劃」），時間定在每年的 9 月至 12 月。

當「計劃」在 2012 年 7 月下旬公開接受申請時，招募情況不太踴躍。畢竟「計劃」還是一項新的嘗試，而那時澳門青年對內地的認知度也遠不如現在，要他們「離鄉別井」到上海實習三個月，無疑是一種「挑戰」，「人生路不熟」所產生的心理焦慮需要調適。因應這種情況，我們以「計劃」提出對擬報名學員須具有一年或以上工作或社會服務經驗的要求為切入點，拜訪澳門主要的社會團體，主動聽取他們的意見。針對社區工作人員人手相對緊張的意見反饋，我們耐心地向他們解釋「計劃」對提升社團服務和管理水平的益處，同時決定在「計劃」實施初期調派一名基金會人員作為學員領隊常駐上海，負責日常聯絡和管理工作，讓學員們能安心學習，最後說服社團派出具潛質的優秀青年人員參加「計劃」。

在開班式上，我曾對入選的學員們說過：「能夠參與此一計劃，得到悉心的栽培，在座 28 名學員都是幸運兒。」尤其感到欣慰的是，經過三個月的理論學習、實地參觀和工作實踐後，學員們也切實感到自己能入選參加「計劃」真是幸運兒：「我們是幸運的，因為關於上海的種種，並非靠幾則新聞，或是大量的材料和模型就能體會得到的。即使生活在上海多些日子，也無法從日常體驗中得到諸如這樣有系統、有序，並且環環相扣的資訊，所以我們是幸運的。」也有學員比對上海和澳門的發展情況，不無感嘆：「城市的發展是相似的，但城市發展的軌跡各不相同。生於澳門、長於澳門的我們，儘管一直生活在一個被標籤為『中西文化交融』的國際化城市中，擁有最多的渠道去了解世界，但若非走出家門，也許我們不曾發現，自己對世界的認知是如此的膚淺，宛如井底之蛙」，更意識到「在實踐的過程中，加深對上海城市的了解和體驗，並且消化當中的精華，最終回饋我們的社會，這正是對何副主席、本計劃以及所有為它付出過汗水的老師和工作人員最大的報答」。通過學員們的親身體會，「計劃」期望為澳門青年帶來的積極效益就這樣發揮出來了。

或許是學員們口耳相傳的結果，始料不及的是，從 2013 年舉辦第二期「計劃」起，我們每年都收到大量的查詢，「遊說參加」從此變成「爭搶名額」。我們也總結經驗，把學員的招收面從社團服務人員的試點擴大到各類機構的專業人才。可以說，「計劃」的短短三個月，不但使學員有機會在上海生活，深入體會當地海納百川的文化特色，開拓眼界，也讓學員體認到即使人在內地，即使文化背景有所不同，在同一個社會大舞台上也完全可以施展所長，澳門青年完全可以用更宏觀的視野審視自己、看待社會。更重要的是，他們對國情的認知，對國家的感情都有了非常大的提升，成為日後推動澳門發展，助力澳門進一步融入國家發展大局的動力，讓報效國家、服務澳門的意識深深植根在學員的心中。「計劃」在上海成功開展，也給予我們充足的信心和底氣，在 2015 年再舉辦分別以社區工作者和大學生為對象的「澳門社區工作者陝西體驗式研修計劃」和「澳門大學生天津學習交流計劃」，還從 2016 年至 2019 年間執行行政長官辦公室與教育部和全國青聯合作、以每年選拔一千名青年學生到內地交流學習為目標的「千人計劃」活動，務求通過不同層次、不同領域、不同方式的培育，發展和壯大具備大局意識和家國情懷的澳門青年人才隊伍。粵港澳大灣區的縱深建設，推動形成澳門進一步融入國家發展的大格局。從學員對內地認知不足，到兩地交流交往日漸頻繁密切，進而使學員的學習態度也愈來愈積極，心態愈來愈成熟。為了使「計劃」達至更大的效果，就在第一期「計劃」結業的時候，我們便提議成立一個社團組織，凝聚歷屆「計劃」學員，使之成為一支愛國愛澳的青年梯隊。2014 年，「匯智社」成立，構築起一座搭橋鋪路、團結學員的舞台，伴隨他們更好地成長。有些參加過「計劃」的年輕護士已經成為護士長，有些銀行職員已擢升為經理，有些普通社工現在已經成為社會服務中心的總監。學員們在「計劃」的學習實踐中所吸取的種種經驗和切身體會，成為他們心智成長的催化劑，為他們日後的事業發展和人生規劃架築起一條不一樣的道路，也讓「計劃」的道路愈走愈寬，成為青年培訓工作的品牌項目。

2019 年，第八期「計劃」全體學員滿懷熱情向習近平主席寫了一封信，信中提及他們從學習實踐中深刻感受到我們的國家制度是符合實際、與時俱進的，有信心把「一國兩制」的制度優勢堅持好、發展好、完善好，得到習主席來澳出席回歸祖國 20 周年慶祝活動時熱情回應。習主席的表揚，令歷屆參加「計劃」的學員和參與「計劃」籌備和執行工作的人員深受鼓舞。

時光荏苒，2024 年迎來「澳門青年人才上海學習實踐計劃」的第十期。回想起我在第一期「計劃」的結業式上對學員說過：「行是知之始，知是行之成。」何厚鏵副主席的遠見，滬津延澳各級機構人員和同事的通力合作，學員們的不懈努力，知行合一，如今有成，令人欣慰。不論是上海還是天津和延安的學習計劃，我們都是本着同樣的初心和使命，就是讓澳門青年在各種各樣的學習、實踐和交流中時時砥礪自己，不斷鍛煉成長，在活動結束後能以年輕人應有的心態面貌、創新思維和孜孜不倦的精神，為澳門社會發展不斷注入新的動力，更要讓新一代澳門青年愛國愛澳、自信自強的精神風貌在新時代煥發耀眼璀璨的光芒。正如其中一位近年結業的學員在總結時說：「也許，我們離『人才』仍有一段距離，但我們更明確要以成為『人才』為目標，以更高標準、更負責任的態度要求自己，努力提升自己，更好地服務社會。」作為參與其中工作的一員，我們感到十分驕傲和自豪。

（中國文史出版社《新時代澳門發展親歷記》）

2024 年 12 月

重視歷史教育 促進國家認同

人類早期群居的共同生活經驗和歷史記憶，是民族形成和國家構建的基礎，因為人們在共同生活中，對這個共同體經歷了辨識、選擇和認可的過程，從而從內心產生了一種歸屬感，認識到自己是其中的一員並樂意成為其中的成員。這種歸屬感，以及由此衍生出來的自豪感、忠誠感、責任感和使命感，就是我們當今所說的對民族和國家的認同感。民族有別離，國家有分合，但只要共同的生活經驗和歷史記憶能夠維繫其認同感，民族就能聚合延續，國家就能統一富強。

我國著名思想家梁啟超先生早就指出：「史學者，學問之最博大而最切要者也，國民之明鏡也，愛國心之源泉也。」[1] 錢穆先生進一步強調：「若一民族對其已往歷史了無所知，此必為無文化之民族。此民族中之分子，對其民族，必無甚深之愛，必不能為其民族真奮鬥而犧牲，此民族終將無爭存於並世之力量。」[2] 學習和傳承歷史對民族振興與國家發展的重要性，躍然紙上。美國學者亨廷頓說得更直白：「國家利益來源於國家認同。我們必須先知道我們是誰，然後才知道我們的利益是甚麼。」[3]

因此，民族獨立、國家建立之後，無不着力建構自己的歷史敘事，重視

1 梁啟超：〈新史學——中國之舊史〉，載《新民叢報》，1902 年。
2 錢穆：《國史大綱》（上冊），北京，商務印書館，1996 年。
3 Samuel P. Huntington, 'The Erosion of American National Interest', in Eugene R. Wittkopf and James M. McCormick, eds., *The Domestic Sources of American Foreign Policy*. Rowman & Littlefield Publishers, 1999.

歷史傳承，樹立主體價值觀，強化民族認同和國家認同。而歷史傳承的根本手段，就是歷史教育，可見歷史教育對促進國家認同的作用，特別在民族和文化多元或統一過程中有新成員加入的國家裏，要維護國家統一、領土完整、族群和諧、社會穩定、政治有序，就必須維護國家的凝聚力和向心力，強化國家認同，歷史教育的意義也尤為重大。

一

習近平主席指出：「歷史是最好的老師，它忠實記錄了每一個國家走過的足跡，也給每一個國家未來的發展提供啟示。」[4] 既然「我們從哪裏來」、「我們是誰」決定了我們「往哪裏去」，決定了民族和國家的命運，那應該如何理解「國家認同」？

在學術界，「國家認同」概念沒有一致的定義，但一般人認為：基於個人視角，即個人主動承認國家的政體和欣賞本國文化的行為；基於國家視角，即主權認同；從其功能看，即公民通過認同國家的屬性功能來認同國家的心理活動；從其內容看，即公民對人類歷史活動過程中體現出來的文化認可和心理歸屬，人類對置身一國之內的政治生活和權利系統的承認和認可。[5]

根據同一作者，「國家認同」的內涵要素包括五個維度，即主體維度的身份認同、空間維度的領土認同、時間維度的歷史認同、理念維度的文化認同和權力維度的政治認同。換言之，國家認同包涵了我是誰、我生活的地理空間在哪裏、我從哪裏來、我信奉哪些思想觀念、我接受何種政治制度和政權機構等基本內容。完整「國家認同」必須涵蓋這五個方面，缺一不可。而當今世界各國都在強調國家認同，其中一個重要原因，就是在全球化的衝擊下，發生了選擇性而非全面性的國家認同現象，特別是某些強權和勢力趁機而入，對一些民

4 〈習近平在德國科爾伯基金會的演講（2024 年 3 月 28 日，柏林）〉，人民網，網址：http://cpc.people.com.cn/n/2014/0330/c64094-24773108.html，2014 年 3 月 30 日。

5 夏陳偉：〈歷史與社會課程國家認同的內涵要素與培育路徑〉，載《中小學教師培訓》，2020 年第 9 期。

族、文化、制度多元的地區和國家輸出所謂的普世價值，削弱其國民的歸屬感、凝聚力和向心力，以便在國家之間的競爭中佔據上風，獲取最大的利益。因此，綜觀世界，不同國家無不強調自身的歷史傳統、民族自尊、文化自信、制度優勢，增強國民的國家意識，維護國家認同的完整性以防在弱肉強食的叢林中迷失方向甚至被吞食。事實上，這些年許多國家四分五裂，許多國家國不成國——政治失序、社會混亂、經濟停滯，人民陷入水深火熱的困境，都與國家認同出現問題、為外來勢力趁機滲透不無關係。

二

必須承認，國家認同是一個很複雜的問題，也是各國（包括世界強國）面臨的一個重要挑戰。多元的民族、宗教，有差別的文化背景、政治權力、經濟利益，全球化浪潮的席捲、移民的大量湧入和普世價值的興起，甚至科技進步帶來的信息傳播效率，如果被別有用心者利用，都可能掀起翻天大浪，直接衝擊甚至摧毀國家認同，繼而搞垮一個國家。那麼，怎樣才能強化國家認同、立於不敗之地呢？

認同有很大的主觀性，取決於認同主體的自我體驗和自我經驗感；同一性和連續性的認同，則取決於時間、空間關係的動態一致性。正如前述，在歷史長河中，民族有別離，國家有分合，時間、空間會有動態變化，這不可避免影響到認同主體的自我體驗和感受。移民的心態，則更加複雜。通常，在民族、國家受到外來威脅壓迫的危難存亡之際，民族認同和國家認同會特別強烈、一致、完整，例如中華民族的認同感在鴉片戰爭爆發、列強入侵後得到了空前的強化，而中國的國家認同近年在美國的打壓下也有了明顯的增加。

中國之所以能夠立於不敗之地，我們要感恩於五千年文明的深厚積澱，感恩於源遠流長、博大精深的中華歷史文化的滋養，感恩於歷史文化傳統的薪火相傳，感恩於社會主義制度優勢的充分發揮，感恩於國家建設的不斷進步和人民生活的不斷改善，令國人的國家認同不斷增強。我們不僅有智慧，還有勇氣和力量，去抵禦一切外來的侵略、壓迫和打擊，屹立於世界之林。我們不僅傳承歷史，還創造歷史。但是，在國際形勢日益複雜的情況下，在百年不遇的世界大變局中，我們如何更好地傳承歷史，堅定文化自信，加強國家觀念，強化國家認同，是擺在面前的一項重大任務，尤其是在回歸祖國大家庭不久的港澳特別行政區，任務更為艱巨。

三

習近平主席說：「堅定文化自信，離不開對中華民族歷史的認知和運用。歷史是一面鏡子，從歷史中，我們能夠更好看清世界、參透生活、認識自己；歷史也是一位智者，同歷史對話，我們能夠更好認識過去、把握當下、面向未來。」[6]

最近，團結香港基金組織力量出版了《香港志》的第一卷，引起社會廣泛的關注和討論。這不僅是一本歷史著作的出版，也是對香港回歸後宏觀歷史敘事和歷史教育缺失的反思和補足，更是奪回香港歷史話語權的重要一步。新生的特別行政區要從殖民統治一百多年歷史的陰影中走出來，必須重構在中國歷史框架下的宏觀歷史敘事，重新對接上國家認同的時、空關係，並在中小學全面展開歷史教學，讓港人特別是青少年充分、明白地認識到「我從哪裏來」、「我是誰」這兩個根本問題，才能真正回到祖國懷抱。要明白「我從哪裏來」、「我是誰」，最有效的路徑就是價值導向正確的歷史教育。

現在回頭看，殖民教育最成功之處在於推出「借來的時間、借來的空間」這個口號，令部分港人國家認同的時空關係斷裂，令部分港人的國家觀念時空錯亂。這種錯亂感，在其他許多擺脫殖民統治的地區和國家也普遍存在，從而造成這些地區和國家長期政局不穩、社會不和、經濟不振，甚至經歷血與火的洗禮。而要突破困境，便要構建全新的宏觀歷史敘事，掌握歷史話語權，樹立新的價值觀，重建國家意識，重塑國家認同，堅定文化和制度自信。這正是

6 〈習近平在中國文聯十大、中國作協九大開幕式上的講話（2016 年 11 月 30 日）〉，人民網，網址：http://cpc.people.com.cn/n1/2016/1201/c64094-28915769.html，2016 年 12 月 1 日。

《香港志》出版受重視的社會意義。

當然，《香港志》的出版僅僅是站在中國史視野中書寫香港宏觀歷史敘事的第一步。宏觀歷史敘事的完成，需要團結更多的學術力量、凝聚更多的社會共識、得到大多數居民的認可與支持；構建好宏觀歷史敘事之後，還需要普及歷史知識，特別是編寫好歷史教材，進入課堂，讓青少年學生正規了解自己的國家和歷史，正式確定自己的身份，真心欣賞自己的文化，真誠認同自己的國家政體，維護國家安全、利益和領土完整，從而產生內心的歸屬感和真正的國家認同。

四

港澳雖然先後回歸祖國，但歷史背景、社會環境、經濟發展不完全一樣。地理上，澳門與內地陸地相連；歷史上，英、葡的殖民統治方式有別，嚴格來說，葡萄牙的殖民統治沒有深度滲透至華人社會，特別是文化價值方面，中、西並存且中華文化一直佔主導地位；經濟上，澳門完全依賴內地，國盛國衰，直接關係到澳門之存亡。所以說，澳門一直與祖國同命運、共呼吸，有深厚而樸實的愛國主義傳統，有識之士也長期堅持不懈地傳播中華歷史文化。國家改革開放以後，澳門日報等機構率先每年組織優秀中學生赴內地參訪，認識祖國文化，了解國家發展，對國家的進步有切身的體會。一代又一代青年人頻密往來兩地之間，學習、生活、創業、就業，對祖國產生了一種特別的親近感。

對中華傳統文化的堅守以及對祖國的親近感，不僅為澳門順利回歸和特區成立創造了良好的社會環境，也為特區愛國主義教育奠定了社會基礎。特區政府第一份施政報告，就將愛國主義作為教育發展的總目標。此一政策，2006年以法律形式正式施行。10年後，教育部門正式推出中學歷史教材並為絕大多數學校所採用，歷史教育步入正軌。

在中學歷史教科書中，無論是中國歷史還是世界歷史，都加插了澳門史專題。這種編排方式，既體現了澳門史是中國史的一部分，澳門在國家大局中是地方與中央的關係，又凸顯了澳門在中國與世界交往中的特殊地位，充分肯定澳門在中西經貿文化交流中的特殊作用，使得學生更好地理解澳門在國內和國際格局中所處的位置，有利於學生更清晰、更完整地形成和確定自己的身份認同和國家認同。

值得一提的是，澳門的歷史教學不僅限於課堂，不少學校還鼓勵、引導學生走出課堂，考察澳門的歷史文化古跡、風土人情並撰寫考察報告，然後與更多的同學分享，既提高了同學們學習歷史的興趣，又令其對歷史人物、事件有更加感性、直觀的認識，增加其個人體驗感和對澳門的歸屬感。作為聯合國教科文組織評定的世界文化遺產，澳門有許多保育完好的文物古跡，為學生們提供了很好的考察對象。這些文物古跡是歷史滄桑的印記，也是中華民族光榮與屈辱的見證。另一方面，澳門近現代史是中國近現代史的一個縮影，這些人物、事件都與中國近現代化進程息息相關，通過學習考察，學生們同時加深了對中國歷史的了解，增強了國民意識。

澳門的歷史教育不僅在學校推展，許多公共機構、社會團體還定期組織不同形式的導賞考察活動，增加市民對文物古跡的了解和澳門歷史的認識，從而增強市民的家國情懷。澳門基金會、文化局以及澳門歷史教育學會、澳門文物大使協會多年來培養了數以千計的文物大使，通過他們的導賞和講解，數以十萬計的市民增加了對澳門歷史文化的認知及其與中國歷史關係的了解。

澳門的歷史教育也不僅在本地推行，公、私機構和學校每年都組織數以百計的參訪團到內地考察、學習、實習，與內地同學、同行交流，實地體驗中華歷史文化的博大精深，感受國家建設的快速發展，增加對祖國的認識和情感。

近年來，特別是中學歷史教材廣泛使用之後，澳門歷史教師也加強了培訓和交流，澳門大學專門開設了歷史教師進修班，教育團體也組織歷史教師赴內地與同行交流教學心得，以提高歷史教學水平。與此同時，很多普及歷史知識的書籍陸續出版，《澳門日報》還為學生開設歷史專欄，澳門基金會與澳門歷史教育學會舉辦的「中學生歷史知識競賽」，有近 300 隊數以千計的學生參加，並且在澳門電視台轉播，社會對歷史的關注度顯著增加。今年，澳門社會各界慶祝中國共產黨 100 周年華誕，更加深了對中共黨史和中國近現代史的認識，可喜可賀。澳門基金會與上海人民出版社合作出版《半小時漫畫黨史（1921-

1949）》，重點向青少年介紹黨史，成為暢銷書。

知史明理，知史明智。澳門歷史教育取得成績，有賴於澳門長期形成的良好社會政治基礎，有賴於澳門史學界、教育界的無私奉獻。澳門歷史研究起步較晚，在不到半個世紀的時間裏，不僅整理、出版了大量的檔案文獻，還取得了豐碩的研究成果，基本完成了中國歷史框架下澳門歷史的宏觀敘事，牢牢把握了歷史話語權，為特區核心價值觀的形塑、為鞏固居民的國家認同做出了直接的貢獻。我們相信，只要持之以恆，澳門歷史研究和歷史教育將取得更大的成功，澳門居民的國家認同也將更加牢固，「愛國者治澳」的基礎將更加堅實。

（在全國港澳研究會「把握十四五，提速大灣區，共創新輝煌」2021 年年會學術研討會上的主旨發言）

2021 年 6 月 18 日

眞情　親情　家國情

2017 年 8 月 23 日，53 年一遇的超強颱風「天鴿」正面襲擊澳門，澳門全境受到了嚴重的沖擊和破壞，「濠江勝景」陡然失色，「蓮花寶地」滿目瘡痍。沒人能想到，城市多個地區成為水鄉澤國；沒人能預料，大面積停水停電的時間那麼長。許多居民感受到了樓房的搖晃，看着窗外的狂風暴雨，心情忐忑，頓感無助；窗戶被打破的人家，更是一片狼藉，日常生活亂成一團。

面對歷史罕見天災的嚴峻考驗，澳門居民並沒有被嚇倒，更沒有畏縮。颱風過後的第二天，社會各界和廣大市民充分發揮守望相助、同舟共濟、自強不息的優良傳統，紛紛自發走向街頭，積極、主動、全力投入搶險救災，萬眾一心、眾志成城，不僅留下了許多感人肺腑、催人淚下的畫面，更彰顯了澳門閃亮的人性光輝和樸素的人間溫情。許多市民自發行動，挺身而出，捐輸物資、接濟困弱，清理街區、恢復市容，諸多義舉，令人敬佩，生動詮釋並豐富了「澳門精神」的內涵。面對人力物資嚴重短缺的困難，國家商務部和廣東省政府連夜組織了大量救災物品，源源不斷地輸往澳門。25 日，應澳門特別行政區行政長官之請求，經中央政府批准，駐澳部隊奉命迅速參與救災，軍民攜手，齊心協力，災後清理快速完成，重建家園全面啟動，社會秩序逐步恢復。中央的關懷，內地的馳援，澳門居民感激在心、永誌不忘。

災後第二天，澳門基金會配合特區政府，推出了多項救災措施，對遇難者家屬致送撫恤金，以解燃眉之急；向受傷的市民報銷醫藥費，以表慰問之情；對修復受損的門窗提供資助，以減輕家庭負擔；對所有住戶發放水電費補貼，以表關懷之意。因為停水停電，部分家庭、尤其是長者和病殘人士無法下樓，缺乏食水，行政長官還指示我們籌集 20 萬瓶礦泉水，緊急分送到有需要的住戶中。

我們逐戶拜訪遇難者家屬，送上撫恤金。在樓梯裏，就看到年輕的志願者一桶一桶地提着水往樓上走，送至有需要的人家；進入遇難者的家中，看到有社工陪伴着家屬，做心理輔導和安慰；家屬在哭訴親人不幸遇難的過程時，還在感謝保安員嘗試救援的行動，雖然未能成功，但心存感激，並不忘提醒我們要提高警覺、居安思危。一位年輕人的太太遇難了，難掩傷痛之同時，向我們表示會照顧好年幼的子女，也會照顧好年長且身體欠佳的岳父母。此情此景，此言此心，令我們潸然淚下。

為了盡早地報銷醫藥費，我們聯繫了澳門兩家主要的醫院。院方立即答應提供幫助，迅速地解決了因為風災求醫就醫的困難，並表示如有需要時，可以協助通知受傷者到基金會申請或核實相關的資料，使得我們非常順利地完成了這個任務。

如何評估門窗損毀的程度和修復的費用，對我們來說，完全是一件陌生的事情。正在頭痛如何展開這一項工作時，一位工程界的朋友自動請纓，願意全力相助。接着，幾個專業社團的負責人也表示，會發動會員組成義工團，協助基金會的專業評審工作，從標準的制訂、申請的評核到實地考察受災受損情況，這些志願者投入了大量的時間和心力。而水電費補貼方面，自來水公司和電力公司也毫不遲疑地協助我們制訂方案，並用心落實執行。

在短短一兩天內，籌集 20 萬瓶礦泉水，對我們更是一項莫大的挑戰。當我們努力從鄰近地區尋找水源的時候，多間大型酒店和企業主動向我們提供了存貨，還有一些團體從外地購得礦泉水之後，主動提出供我們調用，送給最需要的人。收集礦泉水已經不容易，分送更是一個很大的難題。樹木倒塌，路況不好，而且貨車和搬運工人嚴重不足；停電後，電梯也不能運作，只能爬樓梯送貨。眾多社團社工和志願者，紛紛伸出援手，將一箱箱礦泉水搬到受災嚴重的區域，並爬上爬下十幾層甚至幾十層樓，分送到需要的人士手中。後來我們才知道，有同事自己家裏也停水停電，卻一直在默默地加班加點參與救災工作，令人肅然起敬。

在救災最緊張的那兩天，天氣炎熱，特別是看到解放軍戰士汗流浹背地在清理路障雜物時，我突然想起他們也需要水。我接通了駐軍周政委的電話，表達了向戰士們送水的心意。周政委馬上說：「我們的戰士能吃苦，將水留給更需要的人。謝謝澳門居民的好意！」我一時接不上話，但從內心裏湧出了一股暖流，眼淚也刷地掉了下來。猶如當年生活困難的時候，母親省吃儉用，將有限的東西留給了我們。

風雨過後是彩虹。救災期間一個個感人的畫面和一樁樁動人的事跡，至今歷歷在目，口口相傳。居民守望相助，國家親切關懷，令人鼓舞的同時，更值得社會銘記和世代傳頌。救災的事跡不能忘記，澳門人的精神不能泯滅。這裏有你、有我、有他，這裏是你、是我、是他。而正是你中有我、我中有你、我為人人、人人為我的這種精神，鑄造了澳門城市的品格，構築了我們共同的家園，成就了澳門今天的輝煌，創造了今天澳門「一國兩制」實踐的成功。

「天鴿」之後，澳門變得不一樣了，櫛風沐雨，相信她一定會變得更加堅強美麗；「天鴿」之後，澳門人也變得不一樣了，我們已變得更加團結篤定。

昨日之事，今日之史；今日之事，明日之史。講出我們的故事，是為了抒發我們對澳門的一往情深；講出我們的故事，是為了表達我們對祖國母親的無限愛意；講出我們的故事，是為了更好地整裝待發，繼續前行；講出我們的故事，更是為了讓「澳門精神」薪火相傳，讓我們的家國情懷生生不息。

濠江勝景更耀眼，蓮花寶地真驕人。真情親情家國情，澳門明天會更好！

（《人民政協報》06 版）

2019 年 12 月 21 日

革故鼎新，繼往開來

1911 年 10 月爆發的辛亥革命，是中國歷史上一個重大的轉捩點，也是中國近代化進程的一個關鍵篇章。辛亥革命推翻了滿清統治，建立了中華民國，結束了統治中國兩千多年的君主專制制度。辛亥革命由革命先行者孫中山先生領導，開創了完全意義上的近代民族民主革命，打開了中國進步的閘門，傳播了民主共和的理念，以巨大的震撼力和影響力推動了中華民族思想解放，推動了中國的社會變革，使反動統治秩序再也無法穩定下來。

澳門在辛亥革命中具有獨特的位置。孫中山先生在少年時代，便多次往來於故鄉中山翠亨村和澳門之間，十二歲時從澳門踏上輪船前往檀香山求學，開闊視野，接受新知識和新觀念。學業有成後，曾與鄭觀應等在澳維新人士商討「改革明政」，最終來到澳門行醫，直接協助創辦《鏡海叢報》中文版、成立樂群書室、中國同盟會澳門分會等，發展革命力量。辛亥革命之後仍多次來到澳門，尋求海外華人和國際社會的支持。

辛亥革命的歷程，不但有國內同胞的投入，也有海外僑胞的參與。「華僑為革命之母」，澳門以至世界各地華人聚居之地在辛亥革命前後過程中所發揮的特殊作用，值得我們進一步深入研究。然而，由於長期的動亂和戰爭，許多與辛亥革命有關的歷史資料和紀錄已經散失，相關的遺憾要靠口述歷史來加以補足，以期盡可能還原辛亥革命歷史的真實面貌。而隨着時間的演進，不少曾參與辛亥革命的志士後代，由於不同因素已散居在世界各地。來自中國海峽兩岸暨香港、澳門，以及日本的辛亥革命研究專家和學者們不辭勞苦，推動《辛亥志士後裔口述史》的研究項目，或走訪世界各地訪問志士後代，或轉錄整理口述歷史資料，或核查確實口述歷史內容。這些工作的目的只有一個，就是要重建辛亥革命的珍貴記憶，使相關人物的回憶和見證得到妥善保存。

以辛亥革命的初心為出發點，深入辛亥革命的歷史認識，對促成兩岸同胞文化認同與心靈契合，構建中華民族共同體意識必有助益。辛亥革命理念和價值觀的核心，在於犧牲和奮鬥的精神、勇氣和決心。今天，我們身處實現中華民族偉大復興的征途上，辛亥革命所彰顯的理念和價值觀依然具有相當重要的啟發價值和現實的指導意義。加強保存和維護辛亥革命歷史記憶的工作，不僅僅是為了滿足學術研究的需要，更要通過研究成果的廣泛傳播，重現辛亥革命的恢宏歷史場景，讓後世領悟辛亥革命的歷史意義，以及當中犧牲的仁人志士種種動人的事跡，從中感悟這段歷史在中國近現代化歷史過程中，在實現中華民族偉大復興的進程中所呈現的寶貴精神力量。我認為，這也是辛亥革命研究所應該弘揚的。

今天舉行的研討會，籌備時間超過一年，也是參與《辛亥志士後裔口述史》的研究項目的各位學者和同事默默耕耘的成果之一。各位的這份辛勞，這份堅持，這份熱誠，令人欣佩。澳門基金會很榮幸能夠參與此一項目，並期待通過研討會，我們在「革故鼎新，繼往開來」的路上積極探索，不斷進步，更期望各位與會者發表的真知灼見，能使辛亥革命研究的廣度和深度都有所推進，為傳承和發揚辛亥革命精神，為實現中華民族偉大復興而貢獻學術力量。

（在「2023 革故鼎新，繼往開來：口述歷史與辛亥革命研究」國際學術研討會上的致辭）

2023 年 9 月 12 日

重塑疫後教育的內涵

教育作為《聯合國可持續發展目標》重點提出的目標領域之一，是實現全球可持續發展的關鍵。通過教育，社會能獲得達至脫貧、減少不平等並促進成員包容的機會，能為建設更和平、更多元的世界作出積極的貢獻。

2019 新冠疫情，為全球教育發展帶來前所未有的挑戰，也充分反映了人類的生存和發展面對不確定、模糊、複雜和劇變的風險愈來愈大。環顧各地，當前應變的重點都放在避免輟學率激增之上，通過技術手段例如網絡、電視等，實現或維持普及教育。在這些方面，聯合國教科文組織等國際機構以及各地政府和民間社會，自疫情爆發以來一直從事大量的工作，值得我們肯定。

另一方面，一場疫情讓我們意識到，當前的教育事業已不能僅以消除無知為目的，長遠而言要更注重訓練學生面對今後的生存、發展和競爭的能力，特別是跨文化的理解能力、多角度思維、宏觀視野和變革管理。事實上，在疫情爆發之前，我們對於重塑「教育」內涵的必要性已達成基本的共識，只是如今這項工作比以往顯得更加迫切而已。亞洲教育論壇能洞悉當代潮流，及時舉辦以「教育的未來：理解與重塑」為主題的年會，對各地、特別是發展中經濟體而言可謂一場及時雨。

澳門特別行政區在教育方面一直作出大量的投入，也是唯一一個被經濟合作發展組織評為教育質量持續和快速進步的經濟體。在過去的一段時間裏，澳門特區的疫情有幸得到有效控制，這使推動教育向前發展的步伐並未過於受到影響。特區政府近期已陸續發表《非高等教育中長期規劃（2021-2030）》、《澳門青年政策（2021-2030）》和《澳門高等教育中長期發展綱要（2021-2030）》等重要政策文件。其中《非高等教育中長期規劃（2021-2030）》明確提出四個重要發展方向：培養家國情懷與國際視野、發展學生軟實力、提升幸福感和加強創意與科技教育；《澳門高等教育中長期發展綱要（2021-2030）》提出建設培育人才、引領科研和服務澳門的經濟平台功能。此外，進一步完善教育領域的法制建設，推出《非高等教育私立學校通則》、《特殊教育制度》、《本地學制正規教育學生評核制度》等法規，為其實施提供配套和支援工作，包括陸續推出歷史、中國語文和常識科教科書，深化課程改革成效。

作為以推動社會發展和進步為己任的公共機構，澳門基金會自成立以來一直積極推動澳門地區教育事業的發展。澳門基金會在 1987 年收購私立東亞大學，並參與澳門現代高等教育體系的奠基工作，至 1999 年前一直負責出資建設澳門大學原校區。與這一工作同步的是發放獎學金和推動澳門本土學術研究，一方面培養澳門社會經濟發展所需的各層次人才，另一方面建立屬於澳門本土的知識體系，鞏固居民對國家和澳門的身份認同。澳門特區成立後，澳門基金會資助基礎教育和高等教育機構重建校舍、改善設備、教學和科研環境。事實上，澳門基金會用於培養青年人才和發展教育事業的投放，長期以來佔每年資助總金額的 40% 左右，在促進社會能力建設方面，發揮了明顯而積極的作用。

與此同時，我們也不忘扶持中國內地、亞洲和非洲發展中經濟體的學生，通過支持教育基礎設施的建設和發放各類型的獎學金，為實現《聯合國可持續發展目標》，使有潛質的學童能接受優質的教育，確保他們能掌握體面工作和創業所需的相關技能貢獻力量。以 2020 年為例，澳門基金會發放的各類型獎學金約 1,000 萬美元，受益學生達 12,000 人次。在發放的獎學金當中，屬於發展中國家學生的受惠者佔總金額的 24.26%。由此可見，澳門基金會的資源投放是多方面的，立體地支持澳門、中國內地以及其他發展中經濟體的教育事業。

在疫情發生之前，教育內涵的重塑已基本呈現數字化、個性化和國際化的態勢。防疫工作常態化也為教育數字化、個性化和國際化的深入帶來新的機遇。由於面授課堂受疫情影響而減少，使教育部門和機構不得不加大對數字技術的應用，以及調整教學內容，使學生能投入學習的熱忱和樂趣當中，從而使教育的數字化和個性化朝着縱深方向不斷發展。雖然各地人員的往來在疫情期間暫時受到限制，但數字科技的加大應用也為教育國際化的深入帶來新的機遇。

然而，以網上教學為主的數字化並不能取代面授課堂的人際互動，在疫情下的今天談論重塑教育的內涵，關鍵仍然在於首先把疫情控制好，尤其不能無視教育具有培養全人發展的根本功能。只有人際互動得以恢復，教育內涵的重塑才有現實和實質的意義，才能促進實現人類可持續發展的崇高目標。

我認為，疫後教育內涵的重塑有幾個方面需要重視。首先，要以數字化和個性化的手段，塑造更豐富的教學環境，培養兼具團隊精神和自律精神的未來人才。這既需要引進數字技術手段，也要通過教學活動促進人際互動，讓未來的人才既可培養個人專長，又能與社會融洽共處，並以個人專長回饋社會經濟發展。

其次，要結合數字化、個性化和國際化三大方向，注意跨學科的整合和融合，通過以研究為導向的學習，培養學生知識的廣度、深度和高度，加強其適應能力和轉型能力。這需要教學內容的個性化，同時要注意開拓教育機構的區域與國際合作，讓未來的人才具備廣闊的視野和對現實世界有充分的認知，使其盡早適應居住地、所在國以及當今世界的發展大局。

第三，教育與社會經濟發展要有良好的互動，使教育成為產生知識、傳播知識的媒介和平台。當代知識體系的構建，比起歷史上任何一個時期都顯得更加重要。知識體系既有基礎知識，也有各學科門類的專門知識，把學問講好、做好和做深，正是教育機構肩負的基本功能。通過傳授和探究知識，通過對研究成果的發佈和討論，知識體系的內容會不斷充實和豐富，這不但有助推動科學技術和人文發展，促進人類進步，也為鞏固人的集體身份認同發揮不可或缺的作用。

我們在重塑教育內涵的同時，更要不忘教育的初心，就是教育始終是為社會和經濟發展、為人類的進步和幸福服務。在此，預祝本年度亞洲教育論壇年會圓滿成功，各位來賓身心康泰。讓我們共同攜手建設教育事業，為引領人類進步和幸福作出更多、更積極的貢獻。

（在「2021 亞洲教育論壇年會」上的主旨發言）

2021 年 9 月 18 日

統一戰線與澳門同胞的愛國傳統

統一戰線是中國共產黨革命、建設和改革事業取得勝利和成功的「三大法寶」之一。中國共產黨在百年奮鬥歷程中，共經歷五次統一戰線，在新民主主義革命和社會主義建設的過程中不斷發展和壯大。在這個過程中，澳門也備受關注，並一直發揮其獨特的作用，為民族振興、國家富強盡心盡力，充分體現了澳門同胞的愛國傳統。隨着統一戰線工作的深入和發展，澳門同胞的愛國主義精神也不斷得到鞏固和提升。

一、奠基：中華人民共和國成立前澳門同胞的愛國主義

在國民革命聯合戰線時期，適逢澳門在 1922 年發生「五· 二九」工人抗葡事件。當時中國反抗帝國主義的情緒高漲，事件傳回內地之後，中共通過發表文章、通電、組織宣講隊等方式，譴責和揭露澳葡當局武力鎮壓工人的惡行，又聲明支持廣州革命軍政府提出收回澳門的呼聲。「五· 二九」事件促成澳門華人反對帝國主義壓迫的群體覺醒，再次激發起澳門同胞的愛國主義高漲情緒。

1927 年之後，第一次國共合作破裂，澳門的特殊地位成為中共南方局軍委和肅反委員會等領導機關的所在地，負責策劃內地武裝起義、接待安置撤退人員，同時發展工農民主統一戰線。在這段時期，柯麟以醫生身份長期立足澳門從事中共秘密工作，在團結澳門社會上層人士以及成功策動葉挺將軍投身抗日戰場發揮了關鍵的積極作用；而包華創辦的濠江中學和陳少陵創辦的小小書

店，在向青年學生傳播進步知識、培育愛國情懷方面不遺餘力。特別是濠江中學的辦學初心，後來在黃健（曾策劃中山賣蔗埔農民武裝起義）、杜嵐的加入和承接後繼續發展壯大，在艱難時刻仍堅持辦學，如今已成為澳門愛國愛澳教育的楷模學校之一。在這段時期，對澳統一戰線工作的重點在於號召澳門社會各階層支持由中國共產黨領導的土地革命鬥爭。

1937 年「七七事變」之後，抗日戰爭全面爆發，國共展開第二次合作，形成抗日民族統一戰線。中共中央審時度勢，決定加強澳門的組織工作，成立澳門工作委員會，圍繞「救亡」的主旋律喚起澳門同胞的愛國精神，通過讀書會、救亡劇社、救亡社團以及醫院、學校、報館等展開工作和活動，動員澳門同胞支持內地抗戰，例如籌募款物、組織回鄉服務、參加抗日武裝等。

抗戰勝利後，原來的抗日民族統一戰線深化為人民民主統一戰線，團結社會各階層、各領域的愛國分子，為建立中華人民共和國而共同奮鬥。在抗戰勝利到中華人民共和國成立初期，柯正平、柯麟昆仲不但繼續鞏固原有統一戰線的工作成果，同時為打通解放區以至中華人民共和國的對外貿易開闢出全新的路徑，通過設立各類經濟組織，內地質優價廉的生活物資和生產原材料源源不斷向澳門輸出，大大降低了當時收入普遍不高的澳門居民的生活成本，同時，又促進了澳門與內地的經貿往來，推動了澳門對外經貿關係。內地一些急需的物資也通過這些管道輸進，緩解中華人民共和國被外界孤立的衝擊。另一方面，通過成立和改組各類基層社團組織，興辦學校、合作社、醫療所、代辦「掃墓證」，定期組織文娛康樂、回鄉旅遊等活動，又創辦《大眾報》、《新園地》和《澳門日報》，及時填補華人社群各種公共福利產品嚴重短缺乃至缺位的空白。而各類報章刊物因風格貼近大眾生活，很快成為澳門同胞的輿論陣地和主流。以上種種，都促進了澳門同胞對祖國的了解，加強了澳門同胞對中華人民共和國的認同感。

在當時澳門的內部環境極其複雜的情況下，濠江中學成功衝破重重阻礙，在 1949 年 10 月 1 日升起了澳門第一面五星紅旗，各界社團堅持每年 10 月 1 日慶祝中華人民共和國國慶，還在澳門多條主要街道搭建美輪美奐的慶祝牌樓。在大是大非面前，各大社團組織有力團結社會各界，為國家、為同胞維護和爭取應有的權益和尊嚴，流露出澳門同胞真摯的愛國情懷，不斷鞏固澳門社會的愛國主義政治基礎。

二、深化：回歸後澳門成功實踐「一國兩制」

1978 年 12 月，中國共產黨十一屆三中全會召開，決定今後應集中精力實現社會主義現代化，提出改革開放的任務。統一戰線工作從此朝着愛國統一戰線的方向深化和發展。經濟特區的成立，成為港澳同胞踴躍參與祖國建設的平台，特別是珠海經濟特區使珠澳兩地攜手奮進，帶動經濟起飛和居民生活水平整體提升。各類國有企業參與澳門大型基礎建設，促進繁榮穩定。黨中央和鄧小平先生創造性地提出「一國兩制」的科學構想，開闢了以和平方式實現港澳回歸和祖國統一的新途徑。中葡兩國經過友好磋商，確定中國政府在 1999 年 12 月 20 日恢復對澳門行使主權。澳門的基層社團組織通過參與各級政治行政機構，為澳門同胞爭取權益；通過參與廣東省人大和各級人民政協，為國家建設和發展建言獻策。

在《澳門基本法》起草和諮詢過程中，發動居民參與發表意見；在政權交接過渡時期，督促行政當局妥善完成本地化進程，解決治安問題，提振經濟民生，積極推動澳門平穩過渡，順利回歸祖國。特別在政權交接前後，中央政府駐澳門特別行政區聯絡辦公室的前身新華社澳門分社對推動澳門與內地經貿文化往來、促進澳門居民對國家的認識、培養治澳人才以及交接儀式前後的各項安排、組織包括葡萄牙後裔在內的澳門居民參與慶祝回歸表演等做了大量和細緻的工作，又爭取中央人民政府劃撥資金修葺綜藝館作為特區政府成立儀式的場館、向民間商借地段安放中央人民政府致送澳門特區的雕塑賀禮《盛世蓮花》等，對澳門人心回歸貢獻良多。

回歸祖國後，中央以及中央駐澳機構不但關心和支持澳門特區的發展，也主動與澳門廣大同胞分享祖國繁榮富強的偉大榮光。例如優先推動「澳門歷史城區」申報列入聯合國教科文組織《世界遺產名錄》、推動簽訂《更緊密經貿關係安排》、安排我國航天員和金牌運動員來澳與居民見面互動、讓 2008 年北京奧運火炬接力途經澳門、部署國家重點實驗室落戶澳門等。中央也協助澳門特區積極發揮其對外交往的平台功能優勢，在澳門設立中國與葡語國家經貿合作論壇常設秘書處，賦予澳門在國家公共外交中的角色；通過澳門地區中國和平統一促進會等社會團體，與台灣同胞增進情誼，推動台灣地區社會名流訪問澳門和大陸，發揮澳門在推動兩岸關係發展中的作用。2019 年頒佈的《粵港澳大灣區發展規劃綱要》，增加澳門作為「以中華文化為主流、多元文化共存的交流合作基地」的功能，就是為了強化澳門在促進國內、國際人文交流的作用。

在患難時刻，祖國也為澳門同胞伸出援手。在 2003 年「非典」期間，第一時間給予澳門無限的支持；在 2017 年「天鴿」和 2018 年「山竹」風災影響期間，先後及時調動駐澳解放軍協助救災，向澳門特區運送各類救災物資。在新型冠狀病毒肺炎疫情下，優先向澳門特區配送檢測試劑和疫苗等，使澳門與內地人員正常往來逐步恢復，澳門居民能免費享用安全高效的國產疫苗，讓澳門居民深深感受了祖國母親的溫暖。

澳門同胞也多次捐款支援內地自然災害、支持中國載人航天事業和北京奧運會等活動。特區政府在 2008 年汶川大地震後，共撥款 56 億澳門元，支持當地超過 100 個重建項目；近年重點幫扶貴州省從江縣完成脫貧攻堅，實現鄉村振興。這一切，不僅體現了澳門與祖國同命運、共呼吸的深厚家國情懷，也促進了澳門居民的國家觀念。也正因為有這樣良好的社會環境，社團組織在特區政府 2009 年制定《維護國家安全法》時給予堅定的支持，又在 2019 年香港「修例風波」期間，支持港方依法止暴制亂，恢復秩序，自覺堅拒禍延澳門，促進「一國兩制」的實踐行穩致遠。

三、傳承：新時代愛國主義教育的設計與規劃

進入新時代，愛國統一戰線被賦予新的歷史內涵。擁護祖國統一和致力於中華民族偉大復興的愛國者，都是統一戰線的工作對象。統一戰線是一項長期的工作，也是一項宏大的工程。增強澳門同胞的國家意識和國家認同、傳承和弘揚中華優秀文化、促進中外文化交流、融入國家發展大局和民族復興偉業，

是當前統一戰線工作的主要任務。這些都需要愛國主義教育支撐，是實現中華民族偉大復興必不可少的一環，愛國主義教育也成為當前對澳統一戰線工作的一個重要課題。

經過數十年的努力，澳門特別行政區成立後，即已形成以愛國者為主體的社會治理體制，並在以往的基礎上不斷深化和完善。特區政府成立後，即列入《澳門基本法》為投考公務人員職位的考試範圍；自 2001 年起，對公務人員的入職和晉升培訓增列《憲法》和《澳門基本法》為必修內容，並逐步在課程安排上加入國家與澳門的關係以及澳門融入國家發展大局的內容。在基礎教育方面，2006 年通過的《非高等教育制度綱要法》明確以「培養及促進受教育者愛國愛澳、厚德盡善、遵紀守法的品格」的總目標之一。由教育部門與人民教育出版社合編的澳門中學歷史教材已在學校普遍採用，歷史教育步入正軌。另一方面，在社會宏觀層面，愛國主義教育的推行逐漸形成由政府推動和資助、民間組織和落實的合作模式，並不斷探索與完善，規模與實效並重。從優異生內地參訪團到中華文化達標工程，從澳門青年人才上海學習實踐計劃到澳門中學生歷史知識競賽，通過政府和民間的通力合作，努力使愛國主義教育做到人頭上、做到人心裏，使澳門同胞的愛國傳統能世世代代傳承下去。

然而，在推行愛國主義教育的同時，不同項目之間的協調關係和資源投放的最終效益，應該成為我們今後加以關注的課題。我認為，今後有必要由中央統一作出頂層設計，制定出愛國主義教育的工作目標、策略、政策措施和評估指標，國家相關部門和特區政府充分參與實施，建立系統的協作機制，使愛國主義教育活動能夠覆蓋全社會。特區內部目前也正在形成相關的協調機制，讓資源投放適得其所，可望避免過往各自為政和資源重複浪費的現象。在效益評估方面，應建立客觀科學的評估指標體系，結合自我評估和第三方評價，追蹤發展趨勢，適時調整策略。

總括而言，在中國共產黨的百年奮鬥歷程中，統一戰線始終圍繞着愛國主義精神為其形成和發展的出發點。澳門向來與祖國同命運、共呼吸，長期堅守中華文化傳統，愛國主義教育從來沒有中斷，並且形成了良好的社會氛圍。從國民革命聯合戰線時期喚起澳門同胞反對帝國主義壓迫的覺醒，到工農民主統一戰線時期推動內地土地革命事業；從抗日民族統一戰線時期號召澳門同胞投身救亡，到人民民主統一戰線時期打破中華人民共和國的孤立，促進澳門同胞和歸僑對中華人民共和國的認同。直到愛國統一戰線時期，號召澳門同胞踴躍參與祖國建設、支持澳門回歸祖國、支持「一國兩制」實踐行穩致遠、推動祖國和平統一、分享祖國繁榮富強的偉大榮光、維護國家主權、安全和發展利益，澳門同胞優良的愛國主義傳統和樸素的國家認同，早已深深植根澳門社會。有了堅實的社會政治基礎、社會各界的廣泛支持並積極投身推動，澳門同胞的愛國傳統薪火相傳、生生不息。

四、澳門開展統戰工作推進愛國主義的特徵與經驗

（一）愛國精神與中華文化的傳承是澳門統戰的核心。愛國主義是統一戰線的永恆主題，也是推動社會發展的動力源泉。不同歷史階段愛國主義的內涵各有不同，但始終堅持以愛國主義為旗幟團結澳門居民。在抗日戰爭時期，愛國主義就是全民結成最廣泛的民族統一戰線，堅決抗擊日軍侵略，打敗日本軍國主義。在澳門愛國社團的號召下，澳門同胞發起救亡賑難運動，與內地同胞共赴國難。在解放戰爭期間，愛國主義就是結成最廣泛的民主統一戰線，建立中華人民共和國。澳門同胞利用澳門的特殊地位，向內地運送物資支援，支持祖國內地的人民解放事業。在新時代，就是要建立最廣泛的愛國統一戰線，完成社會主義現代化建設並實現祖國統一。澳門同胞積極前往內地投資辦企業，支持內地的改革開放與現代化建設事業。而在澳門，弘揚與倡導中華文化，是凝聚澳門居民愛國主義的精神紐帶。澳門雖然是中西文化交匯之地，但是，在多元文化中，中華文化始終居於主導地位，且體現出包容、自信的精神氣質。弘揚與傳承中華文化，使得澳門居民擁有堅定的家國情懷與民族凝聚力，形成愛國傳統，為爭取人心回歸奠定基礎。同時，青年是文化傳承的重點。通過對中華文化的傳承，以及組織青年群體前往內地參訪、交流，了解祖國燦爛的文明與改革開放以來取得的建設成就，增強青年對國家的認同感與歸屬感。

（二）促進經濟發展與保持社會穩定是澳門統戰的基礎。在新時期，統一

戰線需要為經濟建設服務，這是做好統戰工作的前提與基礎。對於回歸後的澳門來說，只有經濟不斷發展，居民生活得到顯著改善，社會保持和諧穩定，才能實現與證明「一國兩制」方針的正確與成功，居民才能真心實意地擁護與支持「一國兩制」方針。因此，澳門統戰工作需要動員社會各階層支援特區政府依法施政，投入到特區經濟建設與社會發展之中，有力地應對疫情變化，融入粵港澳大灣區，爭取更多的發展空間，促進經濟適度多元，努力保持澳門特區的長期繁榮穩定。

（三）促進祖國統一是澳門統戰的重點。澳門與台灣有着傳統的密切聯繫，長期以來，澳門同胞關心支持祖國統一大業，積極與台灣開展經濟、文化及社會等各領域的交流，堅決反對各種「台獨」分裂活動，推動兩岸合作，在澳門廣泛地開展統戰有助於促進海峽兩岸的交流與交往，利用澳門的特殊平台及獨特優勢，為促進台灣與大陸的統一發揮積極作用。同時，澳門作為「一國兩制」方針落實的第二站，澳門回歸後經濟繁榮、社會和諧，已成為「一國兩制」實踐的熱土，澳門是台灣同胞了解「一國兩制」的窗口，繼續讓具有澳門特色的「一國兩制」實踐行穩致遠，把「一國兩制」下的澳門建設好，發揮澳門對台灣統一的示範作用，強化「一國兩制」的吸引力和說服力，助力國家實現和平統一。

（四）利用澳門傳統的對外聯繫是澳門統戰的優勢。澳門本地聚集着來自世界六十多個國家和地區的歸僑，其中以東南亞的緬甸、印尼、柬埔寨以及非洲的馬達加斯加的歸僑人數為多。通過這些生活在澳門已經融入當地的歸僑連接着世界各地的華人華僑群體。回歸後，澳門歸僑以澳門為平台，發揮歸僑的特點與優勢，先後舉辦了「華僑華人聚濠江聯誼大會」、「拉美華僑華人聚濠江聯誼會」、「兩岸僑聯和平論壇」、「兩岸僑聯紀念『九二共識』20 周年懇談會」、「兩岸僑界青年年會」等活動，還組織僑眾陸續訪問了印尼、澳大利亞、加拿大、日本、法國、柬埔寨、越南、新加坡、馬來西亞等地，與當地僑社、僑領聯誼交流，構建合作平台，成為推動與構建僑務工作與統戰工作不可忽視的一支重要力量。同時，澳門也是中西交流的橋樑與紐帶，作為國際自由港，澳門與葡語國家及歐盟有着傳統的經貿、文化等方面的合作與聯繫，因此，澳門能夠在中國的對外開放中發揮連接中外的窗口與中介作用。

（五）加強代表人物與社團的聯絡是澳門統戰的關鍵。不同的歷史時期，澳門統戰工作都將澳門代表性人士擺在重要位置。歷史上，加強與何賢、馬萬祺、崔德祺等工商界代表人士的聯繫，團結與影響他們在政治上傾向中華人民共和國。建國後，何賢被邀請擔任全國人大常委，馬萬祺則受邀擔任全國政協副主席。進入新時期，何厚鏵、何鴻燊、賀一誠等代表性人士，不但被邀請擔任全國人大或全國政協任職，他們也為澳門順利回歸與澳門特區建設，以及特區的成立作出了應有的貢獻。除了上述重點人士外，還加強與其他一些愛國愛澳代表人士的聯繫，其中，不少人士被邀請擔任各省市區的政協、青聯、僑聯、海聯會委員等職務，使他們能夠建言獻策，招商引智、支援內地的改革開放與現代化建設事業。同時，澳門是一個社團社會。社團既是政府與居民的聯繫橋樑，也是澳門與內地及海外的溝通中介。其中，一些地域性同鄉聯誼社團與內地各省市具有緊密的關係，可以發揮這些聯誼性社團的特殊優勢。此外，澳門的一些代表性社團在澳門社會具有會員眾多等資源優勢，利用代表性社團廣泛聯繫會員的平台優勢，開展內地與澳門的交流合作。

總之，統一戰線和愛國主義教育是一項長期的工作，同樣是一項宏大的工程，需要很多人的支持、參與和分工合作才能完成。在實現中華民族偉大復興的中國夢的征程上，統一戰線工作和愛國主義教育更不能有絲毫的鬆懈，更要求所有參與者的目標清晰和步調一致，也要求每一項工作都要做深、做細、做實，保質保量。也只有這樣，統一戰線工作和愛國主義教育才可以分階段取得顯著的成果，並通過不斷的完善和改進，最終使澳門同胞都能成為實現中華民族偉大復興的中國夢的築夢者、追夢者。

（在暨南大學「中國共產黨百年港澳統戰工作：基本經驗與未來展望」學術討論會上的發言）

2021 年 6 月 26 日

致力構建「全球中國」和「全球亞洲」

當今世界百年變局正在加速推進，人類發展面臨的機遇和挑戰也前所未有。在 1978 年舉行的中國共產黨第十一屆三中全會，作出實行改革開放的新決策，開始了中國走向以經濟建設為中心和對外開放的歷史性轉變。從興辦經濟特區開始，再到沿海、沿江城市的對外開放，再進一步到內陸中心城市對外開放，再到加入世界貿易組織，中國開放的大門愈開愈大，實現從局部探索到全面深化的轉變，為經濟發展和人民生活的改善注入源源不斷的活力。

在改革開放的過程中，中國還建成了世界上最大的社會保障體系，人民生活實現全面小康，八億貧困人口全面脫貧，為發展中國家解決貧困問題提供劃時代而實實在在的「中國方案」。另一方面，今天的中國無論在人才資源總量、科技人力資源，還是研發人員總量都位列全球首位，通過自身經濟實力，特別是資本要素的躍升，在經濟全球化的進程中發揮愈來愈顯著的引領作用。

改革開放使中國進一步擁抱世界，為世界經濟發展、推動人類共同發展提供更多的機遇，展現出更多的現實可能性。2013 年，習近平主席提出構建人類命運共同體的理念，推動建設持久和平、普遍安全、共同繁榮、開放包容、清潔美麗的世界，把各國人民對美好生活的嚮往變成現實。隨着構建人類命運共同體的實踐穩步推進，中國為解決全球性發展難題貢獻出自己的智慧，提出自己的方案，體現我們中國人「各美其美，美美與共」的博大胸懷。特別是共建「一帶一路」倡議、全球發展倡議、全球安全倡議、全球文明倡議落地生根，以全球視野應對全球挑戰，為正站在歷史十字路口的人類發展帶來更多的確定性，確立國際關係的新思路，開創國際交往的新格局，展現出大國應有的責任擔當。這也成為構建「全球中國」和「全球亞洲」的意義所在。

位於南海之濱的澳門，一直扮演着中國與外界交流對話的歷史角色。隨着澳門回歸祖國，融入國家發展大局逐漸得到深化，從設立中國與葡語國家經貿合作論壇、CEPA、個人遊、我們身處的澳門大學橫琴新校區，再到橫琴粵澳深度合作區，都讓澳門充分感受到在中央人民政府的支持和關懷下處於歷史上最好發展時期的榮耀，隨着澳門的社會經濟韌性愈來愈強，我們也愈來愈有信心和底氣，為實現中華民族偉大復興而貢獻力量。

在構建「全球中國」和「全球亞洲」的進程中，澳門最能作出貢獻的是文化上的軟實力。事實上，人類命運共同體理念的提出，除了源於中國式現代化的道路實踐之外，也以深厚的中國文化底蘊為根基。澳門文化各美其美、美美與共、你中有我、我中有你的本質特性，是助力國家構建「全球中國」和「全球亞洲」中最有利的條件，是講好澳門故事、中國故事的核心元素，更是增強中華民族共同體意識、構建人類命運共同體的核心要素，值得我們高度重視和大力挖掘、整理和弘揚。

本屆「澳門研究年會」以「全球中國和全球亞洲的澳門」為題，深入探討中國與葡語國家的關係、澳門內部的經濟和社會結構轉型、澳門在跨境合作的機遇和挑戰、澳門發揮的文化啟蒙作用等，精彩可期。期待年會有助我們總結研究體會，尋找發展規律的普遍意義，使澳門故事和中國故事的敘事更形完滿，助力拓展澳門歷史文化的潛能與內涵，助力國際社會更好理解中國的文化、制度和發展，助力國際社會對中國抱持正確、客觀的認識，助力國際社會進一步了解澳門的功能和角色以及對中國構建人類命運共同體的善意的普遍認同。

（在「第四屆澳門研究年會 2024」開幕式上的致辭）

2024 年 12 月 2 日

發展繁榮文藝事業，共擔民族復興責任

——學習習近平總書記《在中國文聯十一大、中國作協十大開幕式上的講話》

今年是中國共產黨的百年華誕。在全國人民學習習近平總書記七一講話和貫徹中共十九屆六中全會精神，意氣風發邁向全面建成社會主義現代化強國的第二個百年奮鬥目標的歷史起點上，中國文聯第十一次、中國作家第十次全國代表大會 12 月 14 至 17 日在北京隆重召開。

在大會開幕式上，習近平總書記發表了重要講話。講話高瞻遠矚、振奮人心、激勵士氣，充分肯定了文藝界在黨和國家發展事業中的擔當作為，深刻闡述了文藝在新時代、新征程的歷史方位上的重要地位和作用，對廣大文藝工作者提出了五點殷切的希望。

習總書記的講話，是繼 2014 年在文藝工作座談會、在中國文聯十大、中國作協九大開幕式和全國宣傳思想工作會議、全國政協文藝界社科界聯組會、教育文化衛生體育領域專家代表座談會上發表的重要講話以及向中國文聯、中國作協成立 70 周年的賀信等作出的一系列重要批示指示之後，關於文藝工作的又一次重要論述，為新時代文藝指明了前進方向，提供了根本遵循，是 2035 年建成社會主義文化強國戰略目標文藝事業發展的綱領性文件。

這份綱領性文件，深刻論述了當代中國文藝的核心問題：文藝是甚麼？為了誰？我們需要甚麼樣的文藝？應該如何發展文藝事業？如何擴大中國文藝的國際傳播力、國際影響力、爭奪國際話語權？怎樣做好新時代的文藝工作者？對文藝事業發展具有深遠的啟迪、警醒和引領作用。作為文藝工作者，要認真學習、深刻領會習總書記的講話精神，為發展繁榮文藝事業、共擔民族復興責任貢獻自己的智慧和力量。

作為來自澳門特別行政區的其中一名代表，有幸聆聽習總書記的講話，倍感驕傲和自豪，借此機會，分享個人的一些感想和體會，請大家批評指正。

一、學習習總書記的講話，一定要站在歷史的高度

習總書記「希望廣大文藝工作者心繫民族復興偉業，熱忱描繪新時代新征程的恢宏氣象」，是站在中華民族幾千年輝煌歷史上以及中華民族偉大復興進入不可逆轉的歷史進程中來強調的。文藝工作者要樹立大歷史觀、大時代觀，認清歷史方位，既要融入歷史的進程，又要緊跟時代的步伐，「把文藝創造寫到民族復興的歷史上、寫在人民奮鬥的征程中」，用心用力「展現中華歷史之美、山河之美、文化之美，抒寫中國人民奮鬥之志、創造之力、發展之果」。我們有幸見證這個歷史節點，投身民族復興的偉業，既感到驕傲和自豪，也深感責任之重大。民族復興，是所有中華兒女的光榮使命和奮鬥目標。正如習總書記在慶祝中國共產黨成立 100 周年大會上所指出，「中國共產黨團結帶領中國人民進行的一切奮鬥、一切犧牲、一切創造，歸結起來就是一個主題：實現中華民族偉大復興」。所以，學習習總書記講話，一定要站在中華燦爛文明史、中華民族歷史性變革、中國發展取得歷史性成就這個高度和大背景中，才會有更加深刻的認識。

二、學習習總書記的講話，一定要牢記人民的囑託

習總書記「希望廣大文藝工作者堅守人民立場，書寫生生不息的人民史詩」。他指出，文藝「源於人民、為了人民、屬於人民」，「人民是文藝之母」。他強調，「生活就是人民，人民就是生活」，「廣大文藝工作者只有深入人民群眾、了解人民的辛勤勞動、感知人民的喜怒哀樂，才能洞悉生活本質，才能把握時代脈動，才能領悟人民心聲，才能使文藝創作具有深沉的力量和雋永的魅力」。

這是人民至上情懷在文藝上的生動表現，也深刻闡明了「文藝是甚麼」、「為了誰」這兩個核心問題。一切文藝創作，都必須以人民為中心，謳歌人民，凝聚人、溫暖人、鼓舞人，給人以智慧、勇氣與力量，激勵人向善、為善，闡發人性的光輝，鼓舞人民嚮往、追求和創造美好生活。只有這樣的作品，才有恆久的生命力。

三、學習習總書記的講話，一定要跟上時代的要求

習總書記「希望廣大文藝工作者堅持守正創新，用跟上時代的精品力作，開拓文藝新境界」。他指出，「衡量一個時代的文藝成就最終要看作品，衡量文學家、藝術家的人生價值也要看作品」。而「創新是文藝的生命」，他引用作家柳青的話：「每一個時代的文學，都有新的寫法」，要求文藝工作者既要有學習前人的禮敬之心，更要有超越前人的競勝之心，提高能力，提高水平，提高作品質量，創作出無愧於我們這個偉大民族、偉大時代的優秀作品，「使文藝創作呈現更有內涵、更有潛力的新境界」，為後世留下經典之作，響應習總書記的號召：「新時代需要文藝大師，也完全能夠造就文藝大師！新時代需要文藝高峰，也完全能夠鑄就文藝高峰！」作為世界第二大經濟體，文藝也要有大國擔當，文藝也要有大國地位，文藝也要有大國的影響力，對此，我們要堅定自信，發憤圖強。

四、學習習總書記的講話，一定要具有世界的視野

習總書記「希望廣大文藝工作者用情用力講好中國故事，向世界展現可信、可愛、可敬的中國形象」。他指出，「中國人民歷來具有深厚的天下情懷，當代中國文藝要把目光投向世界、投向人類。廣大文藝工作者要有信心和抱負，成百代之流，會當今之變，創作更多彰顯中國審美旨趣、傳播當代中國價值觀念、反映全人類共同價值追求的優秀作品」，在世界文學藝術領域鮮明確立中國氣派、中國風範，大幅提高中國文化的軟實力和中國文藝的國際傳播

力、影響力，更加生動、立體、有效地講好中國故事，傳播中國價值，特別是向世界展示中國經濟快速發展和社會長期穩定的兩大奇跡，以及所創造的人類文明新形態。這一點，充分體現了習總書記對構建人類命運共同體的期盼，也是文藝工作者的新擔當，相信必定有新作為，中國文藝事業也必將做出更大的世界性貢獻。

五、學習習總書記的講話，一定要弘揚正道，追求德藝雙馨

習總書記「希望廣大文藝工作者堅持弘揚正道，在追求德藝雙馨中成就人生價值」。文藝工作者正確的價值觀，直接影響文藝發展的導向。他指出，「文藝承擔着成風化人的職責。廣大文藝工作者要把個人的道德修養、社會形象與作品的社會效果統一起來，堅守藝術理想，追求德藝雙馨，努力以高尚的操守和文質兼美的作品，為歷史存正氣、為世人弘美德、為自身留清名」。他用四個「決不能」對文藝界目前存在的某些不良現象和風氣作出了警醒，對文藝工作者提出了更高要求：「文藝要通俗，但絕不能庸俗、低俗、媚俗。文藝要生活，但決不能成為不良風氣的製造者、跟風者、鼓吹者。文藝要創新，但決不能搞光怪陸離、荒腔走板的東西。文藝要效益，但決不能沾染銅臭氣，當市場的奴隸」，希望「廣大文藝工作者要心懷對藝術的敬畏之心和對專業的赤誠之心，下真功夫、練真本事、求真名聲」，「講品位、講格調、講責任」，「要弘揚行風藝德，樹立文藝界良好社會形象，營造自尊自愛、互學互鑒、天朗氣清的行業風氣」。

六、發揮澳門的優勢，構建粵港澳大灣區文學

中國作協工作報告首次將構建粵港澳大灣區文學列入其中，粵港澳三地的代表都很雀躍，也深感責任重大。我們要團結起來，凝聚力量，堅定信念，弘

揚澳門文藝界的愛國主義優良傳統，以不同形式進行創作、開展活動，繁榮文藝事業，不斷增強市民特別是青少年的國家認同、民族認同和文化認同，並充分發揮澳門中西文化交匯融合的特殊地位和特殊作用，與廣東、香港文藝界攜手並肩，通誠合作，全力打造「以中華文化為主流、多元文化共存的交流合作基地」，並大力推動粵港澳大灣區文學的構建，主動促進澳門文學融入中國文學主流，積極推動中國文學與世界文學的對話、交流和合作，擴大中國文學的國際影響力、傳播力和話語權，為構建中華民族共同體和人類命運共同體，盡責盡心盡力。

文藝肩負着為國家立心、為民族立魂的重任。國家的富強，不能沒有文藝的繁榮；民族的復興，不能缺少文藝的復興。「一國兩制」偉大事業的成功，同樣離不開文藝界的共同努力。習總書記在講話中肯定了「廣大文藝工作者傾情投入、用心創作，推出大量優秀作品，開展系列文藝活動，發揮了聚人心、暖民心、強信心的作用」。他指出，「實踐充分證明，文藝事業是黨和人民的重要事業，文藝戰線是黨和人民的重要戰線，廣大文藝工作者無愧於黨和人民的期待與要求，黨和人民需要你們、信賴你們、感謝你們！」作為文藝工作者，我們一定要學懂弄通習總書記的講話精神，無愧於歷史，無愧於時代，無愧於人民，「為實現第二個百年奮鬥目標、實現中華民族偉大復興的中國夢提供強大的價值引導力、文化凝聚力、精神推動力」，發揮應有的作用。

（《澳門日報》C08 版「蓮花廣場」）

2022 年 1 月 19 日

六 制度

澳門

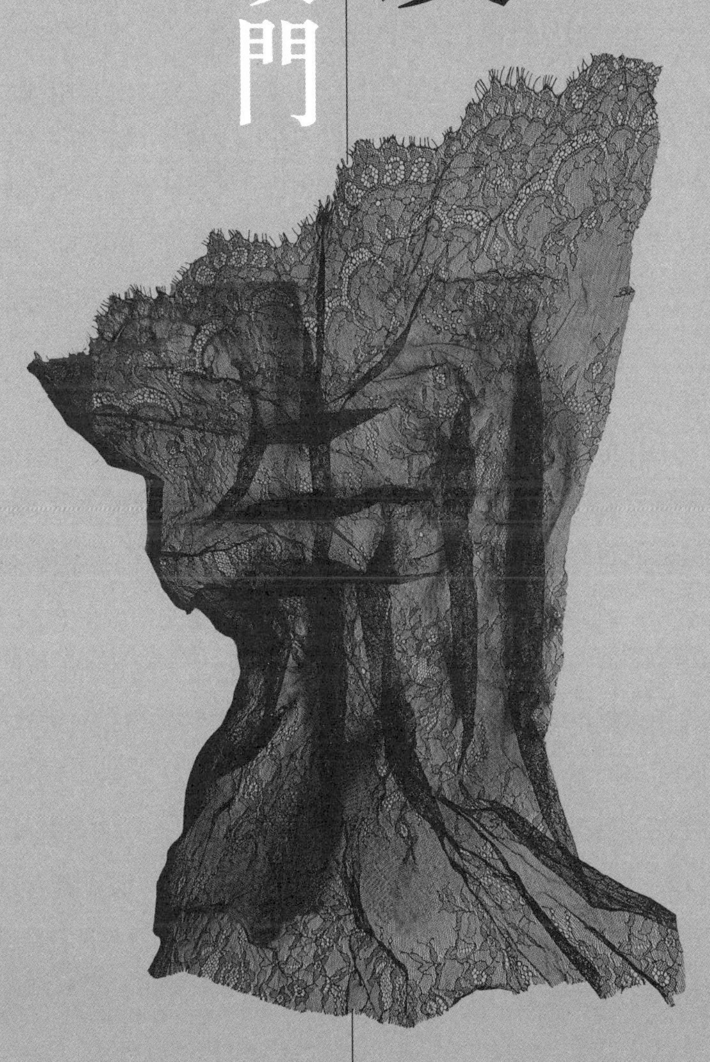

弘揚中華歷史文化，落實「一國兩制」

——坐言起行，領會落實習主席講話精神

香港回歸祖國二十周年之際，習近平主席視察香港，分別在歡迎晚宴和香港特區新一屆政府就職禮上發表重要講話，提出了「三個相信」和「四個始終」，對「一國兩制」的歷史由來作出客觀的回顧，對「一國兩制」從一個偉大的構想到一種嶄新的政治實踐和管治模式作出了科學的總結和高度的肯定：「實踐充分證明，『一國兩制』是歷史遺留的香港問題的最佳解決方案，也是香港回歸後保持長期繁榮穩定的最佳制度安排，是行得通、辦得到、得人心的。」他還指出，「『一國兩制』是中國的一個偉大創舉，是中國為國際社會解決類似問題提供的一個新思路新方案，是中華民族為世界和平與發展作出的新貢獻，凝結了海納百川、有容乃大的中國智慧」。

習主席提出的「三個相信」，將香港同胞的個人命運、特區前途和國家發展緊密聯繫在一起，形成一個不可分割的命運共同體；習主席提出的「四個始終」，又為香港的發展指明了方向，提出了要求，對推進「一國兩制」的實踐探索、加強「一國兩制」理論構建具有重要的指導意義。更為重要的，習主席將「一國兩制」的偉大創舉視為中國人民的智慧結晶，提升到中華民族為人類文明發展作出貢獻這個新高度。

澳門和香港同屬中華人民共和國的特別行政區，習主席的重要講話同樣適用於澳門特區，我們需要認真學習，深刻領會，坐言起行，貫徹落實。

去年 12 月，習主席高度肯定澳門「在貫徹落實『一國兩制』方針和基本法、維護國家安全和統一方面樹立了榜樣」。今年 4 月，行政長官崔世安在「全

民國家安全教育日」也明確指出，在維護國家安全方面，只有「一國」之責，沒有「兩制」之分。早在 2009 年，澳門就率先依基本法第 23 條規定制訂《維護國家安全法》，立法過程十分順利。這充分證明，澳門有牢固的愛國愛澳社會政治基礎，澳門有深厚的中華歷史文化底蘊，並且在此一社會政治基礎和歷史文化底蘊下孕育出來的以愛國愛澳、包容共濟、務實進取、民主和諧為核心內涵的「澳門精神」，已經成為澳門社會的主流價值。

澳門能夠成功落實「一國兩制」，與「澳門精神」緊密相關。「澳門精神」之所以成為社會主流價值，有其歷史文化背景，也有世代澳門人的共同努力。

眾所周知，澳門自古為中國領土，也是中國最早對外開放的港口之一，一直扮演着中西文化經貿交流橋樑的角色，是西學東漸、東學西傳的重要基地。葡萄牙人在明朝中葉始居澳門，但直至 1887 年《中葡和好通商條約》簽訂、清政府允許「大西洋國永居管理澳門」之前，澳門一直處於「華洋共處分治」之格局，「和而不同，不同而和」，形成不同民族、不同信仰、不同文化和睦相處、共存共榮的社會環境，造就中西並舉、古今同在、你中有我、我中有你的人文風景線。來自天南海北的居民也深刻領會中華文化和合理念的精髓，深深明白彈丸之地經不起折騰，經不起風浪，能夠不計一時之得失，拋棄非黑即白的二元思維，求同存異，自覺營造社會和諧氣氛。因為澳門與祖國血肉相連，澳門歷史是中國近現代史的一個真實縮影，生於斯、長於斯的人們也深深體會到中國衰則澳門衰、中國盛則澳門盛的道理，緊緊將自己、澳門和國家的命運捆綁在一起，在歷史發展進程中與祖國同呼吸、共命運。這種思想，深入民心，世代相傳，正好印證和踐行了習主席所說「『一國』是根，根深才能葉茂；『一國』是本，本固才能枝榮」。

正是澳門人對博大精深中華文化的心領神會，鑄造了澳門和諧與共的社會環境；在這種獨一無二的社會環境下，才能孕育出獨特的「澳門精神」。「澳門精神」的生根茂盛，當然還有賴於一代又一代的澳門人的不懈努力。特別是近代以來，列國侵略，國家有難，不少仁人志士、愛國團體積極參與中華民族救亡圖存、發奮圖強的光輝歷程，在澳門堅守中華傳統、傳播中國文化、宣傳愛國思想、身體力行支援內地人民、支持國家建設；回歸前後，對中華人民共和國走過的不平坦道路有深刻認識的社會各界又做了大量具體而有實效的工作，組織不同形式的活動，促進市民對國家的了解和認同，並全方位推動與祖國內地的交流合作，特別是組織大批青少年到內地讀書、培訓、參訪、學習，增加他們對中華歷史文化和祖國發展的切身認識，體會和參與祖國日新月異的變化和進步，增強其家國情懷，使得愛國愛澳的力量不斷成長壯大，愛國愛澳的優良傳統薪火相傳。此一優良傳統加速了澳門人心回歸的進程，而包容共濟的歷史文化背景以及和諧與共的社會環境，則為實施「一國兩制」提供了肥沃的土壤。愛國愛澳、包容共濟、務實進取、民主和諧的「澳門精神」，為特區成立和穩定發展創造了必要的條件，奠定了厚實的基礎，不僅開創了特區開局良好的局面，還締造出特區成立後的「經濟奇跡」。

轉眼間，澳門回歸祖國快 18 年了。回歸以來，特區取得了舉世矚目的成就，也面臨着新的挑戰。在新的歷史時期，我們應該認真學習和深刻領會習主席在香港的系列講話精神，特別是要繼續凝聚和發揮政府和民間的力量，大力傳承和弘揚中華文化，促進澳門與內地的文化交流合作，因為一個不敬畏、不尊重歷史的民族，是沒有前途的民族；而一切發展的動力，歸根結底來自文化，我們必須從文化中尋找思想的源泉和解決問題的方案。只有對源遠流長、博大精深的中華歷史文化有了深入正確的認識和理解，才能全面準確把握「一國」與「兩制」的共生共存關係，才能領會憲法與基本法的內在聯繫和精神實質，才能傾心傾力維護及鞏固和諧穩定的社會環境，才能全心全意聚焦發展。也只有這樣，才能確保「一國兩制」的實踐不走樣、不變形，確保特區行穩致遠，可持續發展進步。

最近，《深化粵港澳合作　推進大灣區建設框架協議》在「一個中心、一個平台」和促進經濟適度多元化的基礎上，為澳門增加了一個戰略定位，即「建設以中華文化為主流、多元文化共存的交流合作基地」。這是對澳門歷史文化的再認識，也是對澳門傳統功能的精確肯定，並且將澳門的作用上升到國家發展戰略的高度，令人鼓舞。因此，我們一定要抓住時機，整合社會力量和學術資源，牢牢掌握歷史話語權，旗幟鮮明地大力弘揚和傳播中國歷史文化，大力挖掘澳門的歷史文化寶藏，講好澳門故事，傳播澳門精神，加強市民特別是青少年的民族認同和國家認同，加深我們對「一國兩制」的正確理解，將澳門特區各項事業建設好，為國家繁榮富強、實現偉大的中國夢貢獻自己的力量，不辜負中央和全國人民對我們的期望。

（《澳門日報》E06「蓮花廣場」）

2017 年 7 月 26 日

探索澳門經驗，貢獻中國智慧

習近平總書記在中共十九大的報告，總結了中國改革開放近 40 年來的治國理政經驗，指出我國社會主要矛盾已經由人民日益增長的物質文化需要和落後的社會生產之間的矛盾，轉化為人民日益增長的美好生活需要和不平衡不充分的發展之間的矛盾，從而提出了面向未來的「具有全局性、戰略性、前瞻性的行動綱領」，是中國進入新時代、邁向新征程的總動員令，也為中國在 2020 年全面建成小康社會、在 2035 年基本實現現代化、在 2050 年建設成為現代化強國勾劃出路線圖。

十九大報告對最近五年的工作作出了客觀準確的總結：「極不平凡的五年，取得了歷史性成就」。概括而言，過去五年發生的歷史巨變主要表現三個方面：第一，人心得到凝聚。五年來，中國共產黨從人民的最迫切需要出發，轉變發展模式、改善民生、保護環境，「解決了許多長期想解決而沒有解決的難題，辦成了許多過去想辦而沒有辦成的大事」，匯聚起實幹興邦的民心和民意。第二，實現了從「站起來」、「富起來」到「強起來」的發展戰略飛躍。這種發展戰略的轉變，體現了以習總書記為核心的中央站在歷史高度上對中國該走甚麼樣道路的精準判斷及其使命擔當，是繼毛澤東、鄧小平之後為中國的未來發展籌劃出的具有里程碑意義的重大戰略部署。「強起來」強調的是更高品質、更有效率、更加公平、更加和諧、更可持續；強調的是科學、教育、民主和文明的進步；強調的是改革強軍和領土的鞏固；強調的是中國特色的大國外交和致力構建人類命運共同體。第三，所取得的成就是「全方位、開創性的」，所作的變革也是「深層次的、根本性的」。近五年來，在「四個自信」的指導下，中國進行了全方位的行政、社會、法制改革，創造了很多切實有效的「中國模式」，為解決人類發展問題提供「中國方案」。

習總書記在報告中再次肯定，港澳回歸祖國以來「一國兩制」實踐取得了舉世公認的成功。「事實證明，『一國兩制』是解決歷史遺留的香港、澳門問題的最佳方案，也是香港、澳門回歸後保持長期繁榮穩定的最佳制度。」習總書記在論述人類命運共同體建設時，還強調要「不斷貢獻中國智慧和力量」。

事實上，解決歷史遺留下來的港澳問題和保持港澳長期繁榮穩定的最佳方案和最佳制度，是中國人民的智慧結晶，已經為全球治理和人類構建命運共同體作出了重大貢獻。港澳特區應該義不容辭擔當起歷史責任，全力以赴，嚴格按照「一國兩制」的方針，處理好「高度自治」範圍內的各項事務，繼續保持繁榮穩定，才無愧於國家，無愧於人民。

澳門的發展，向來離不開祖國的穩定、進步和繁榮。最近 5 年來，中央政府在港澳堅持「一國兩制」和依法治港治澳的方針，成功應對了前所未遇的新挑戰。同時，祖國內地還為港澳的經濟社會發展提供了強有力的支持，並在促進人心回歸方面推出了很多有效措施。十九大的召開，也為澳門未來發展的方向提供了指導。在新的歷史時期，澳門應該：

第一，結合實際情況，審時度勢，深刻領悟中國未來發展戰略的重大意義，把握千載難逢的機遇，積極配合「一帶一路」倡議，乘祖國發展的快車，參與內地發展，共享紅利；

第二，積極、主動融入國家發展大局，共同打造粵港澳大灣區，擴大發展空間和格局，拓展澳門青年人施展才能的舞台，增強可持續發展的元素，促進經濟產業多元化建設，早日將澳門建設成為世界旅遊休閒中心；

第三，學習和借鑒祖國內地在深層次、根本性變革中的經驗，積極作為，解決澳門社會的深層次矛盾，鞏固和擴大回歸以來取得的成果，為居民謀福祉，為特區求發展，為國家作貢獻；

第四，準確貫徹落實《澳門基本法》，確保「一國兩制」實踐不走樣、不變形；保持澳門的長期繁榮穩定；加強澳門青少年的愛國主義教育和競爭力，不斷壯大愛國愛澳力量，確保「一國兩制」的偉大事業薪火相傳。

歷史上，澳門社會以其「不同而和、和而不同」的獨特發展形態而被稱為「人類文明的實驗室」；回歸後，在「一國兩制」實踐上也取得了成功，樹立了榜樣。無論在文明試驗還是制度試驗方面，澳門都有獨特的經驗和顯著的成績。我們應該進一步積極、全面、科學地探索澳門經驗，鞏固和擴大在實踐「一國兩制」方面取得的成果，為中華民族實現兩個「一百年目標」作出應有的貢獻，為人類文明發展和全球治理貢獻更多的中國智慧。

（《澳門日報》E06「蓮花廣場」）

2017 年 11 月 15 日

總結澳門經驗，推動特區發展
——學習領會習近平主席的講話精神

中國改革開放 40 年，是中國近現代史上的一件大事，也是當代世界的一件大事。中國改革開放 40 年，不僅從根本上改變了數以億計中國人的命運，激活了一個民族的生機和活力，也大大推動了全球化的進程，為人類和平發展作出了重要的貢獻。

在國家改革開放 40 年的過程中，港澳發揮了獨特而關鍵的作用，而改革開放的成功，又促成了港澳的繁榮穩定及其順利回歸祖國。可以說，港澳回歸本身就是改革開放的重大成果之一。習近平主席今年 11 月 12 日接見港澳各界人士慶祝改革開放 40 年訪問團時發表的重要講話，從六個方面全面總結和充分肯定了港澳的作用和貢獻。習主席的講話，令人感動，令人鼓舞，催人奮進。

首先，習主席的講話高度肯定了港澳的歷史作用。

港澳、特別是澳門是中國最早對外開放的城市，跟西方世界長期打交道，與世界有着長期廣泛的聯繫，對中國了解世界、世界了解中國發揮着獨特的作用，無論是回歸前的「長期打算、充分利用」的戰略，還是回歸後實行「一國兩制」的政策，國家都高度重視港澳的特殊地位與作用。綜觀港澳歷史，港澳也的確為中國近、現代化，為祖國改革開放發揮了獨特的作用、做出了重要的貢獻。但是，我們一定要清醒認識到，無論港澳作用如何獨特，無論港澳在與世界交流合作方面有多大的優勢，如果不與民族命運、國家發展緊密聯繫在一起，這種作用和優勢是無從發揮的。一句話，港澳的優勢與作用只能在國家發展大局中展現出來。

其次，習主席的講話為港澳未來發展指明了方向、創造了機會。

港澳回歸後，在政治、經濟、社會各個領域都取得了舉世矚目的成就，回歸後港澳特區的發展，也證明了「一國兩制」的偉大構想是可行的，證明「一國兩制」的實踐是成功的。但是，隨着中國改革開放的深化，特別是開放程度的日益擴大，有人認為港澳的獨特優勢正在消失，不像以前能夠發揮那麼大的作用了，甚至擔心港澳的發展潛力枯竭、發展動力不再。習主席的講話，消解了人們在這方面的顧慮和迷茫，不僅高度肯定港澳的歷史作用，更指明了未來的發展方向，還要求港澳更加積極主動助力國家改革開放、更加積極主動融入國家發展、更加積極主動參與國家治理實踐、更加積極主動促進國際人文交流。只要港澳能夠真正做到「更加積極主動」，不僅可以為國家發展、民族復興、實現「兩個一百年」目標貢獻力量，也會為港澳特區繁榮穩定創造機會、拓展空間，令港澳特區在國家發展進程中分享更多的紅利，共享民族振興的榮光。

第三，我們需要認真總結澳門經驗，落實習主席指示。

回顧澳門歷史，最值得我們總結和推廣的是文化經驗和社會實踐。澳門對中華文化傳統的傳承從未中斷，中華文化的基因保存得最完好，並且至今還活生生地體現在我們的日常生活中，愛國主義精神深入民間、深入民心。澳門又是中國最早、最持久與西方交往交流的前沿陣地，而且這種交流合作不卑不亢，平等互利，講求互相理解、互相包容，為中外交流和國際合作樹立了典範。這種古今同在、中西並舉，「和而不同、不同而和」的文化經驗，對中國新一輪改革開放、對中國逐漸進入世界舞台中央、對構建民族命運共同體和世界命運共同體都有着重要的借鑒意義。

文化經驗是社會實踐的結果。澳門傳統上是一個移民社會，來自天南海北、世界各地的移民來到澳門，一直可以在彈丸之地和睦相處、守望相助，不同民族、不同文化、不同語言、不同風俗在澳門兼容並包，共生共榮，各美其美，美美與共，基本上沒有產生重大的利益糾紛和文化衝突。這樣的案例，在世界文明史上並不多見。而且澳門居民一直以宗族、鄉族、行業等團體自我組織、自行管理，禮法並重，培養了很強的社會治理能力，形成了鞏固的社會自治傳統。這是澳門社會彌足珍貴的財富，也可以為國家在新時代共建共治共享的社會建設過程中提供直接的借鑒。

澳門獨特的文化經驗和社會實踐，造就了澳門的城市品格，也形成了一套與西方交流合作的話語體系，在落實習主席四個「更加積極主動」指示時，在助力國家改革開放、融入國家發展、參與國家治理實踐、促進國際人文交流方面都能找到很好的契合點。特別在促進國際人文交流方面，澳門與葡語國家有悠久而良好的歷史聯繫，其獨特的話語體系兼容了中西文化元素，中西人士都比較容易理解，是講好澳門故事和講好中國故事的難得平台。我們一定要充分開發好、利用好這個平台，真正凸顯澳門的傳統價值，發揮澳門的獨特優勢。

（《澳門日報》B10「澳聞」）

2018 年 12 月 8 日

《改革開放與澳門發展》序

今年是國家改革開放 40 周年。中國自從 1978 年起推動改革開放，是中國近現代史的一件大事，也是當代世界發展史上的一個重大事件。中國改革開放 40 年，創造了當代世界經濟史的一個奇跡，不僅使一個佔世界人口 1/5 的大國發生了翻天覆地的變化，令數以億計的人口解決了溫飽問題並逐漸過上小康日子，也大大促進了全球經濟的增長並為全球化作出了至關重要的貢獻，為發展中國家探索出一條走向現代化的道路；中國改革開放 40 年，令數以億計的人口獲得了接受良好教育的機會，不僅改變了自身的命運，也改變了一個民族的命運，開創了一個生機勃勃的局面，使一個古老的國家真真正正踏入了現代化的征途；中國改革開放 40 年，極大地創新了中國的政治、經濟、社會治理制度和體系，也極大地釋放了一個古老文明的動力、活力和創造力，使得一個偉大的民族完全恢復了自信心、自強力和自豪感，不僅以前所未有的姿態重新融入了國際社會，並且在國際事務中擔當愈來愈重大的責任、發揮愈來愈重要的作用，逐漸進入世界舞台中央，為人類和平發展作出了重要的貢獻。

在中國改革開放 40 年的歷程中，香港、澳門的作用舉足輕重。特別是在改革開放初期，當時尚未回歸祖國的香港、澳門扮演了非常積極而關鍵的角色，引進資金、人才，輸入技術、管理，深度參與了改革開放的探索和實踐，對改革開放的經驗積累和所取得的成就居功至偉。由於港澳在改革開放中佔得先機，又大大促進了港澳地區的發展和繁榮。改革開放的進程，是國家發展進步的進程，也是港澳發展進步的進程；改革開放的成功，促成了港澳的順利回歸和特區的繁榮穩定；港澳的順利回歸和特區的成功創建，又為改革開放注入了新的動力。在這個意義上，港澳回歸本身是改革開放所取得的重大成就之一，改革開放又是港澳長期繁榮穩定的最大推動力和最可靠保障。可以預期，新時代的改革開放將進一步推動港澳特區的繁榮穩定，而港澳特區亦可以在新一輪的改革開放進程中發揮更大的作用。粵港澳大灣區戰略的適時提出和實施，為此提供了一個千載難逢的契機。

一、澳門在祖國改革開放中的作用

20 世紀 70 年代是世界風雲變幻的時代。亞洲和非洲的民族獨立運動和非殖民浪潮此起彼伏，葡萄牙等多個歐洲國家推翻了獨裁統治，開始了民主化和非殖民化的進程。澳門作為歷史上遺留下來的一個問題，在葡萄牙新憲法中被列為「具有公權的法人」。1976 年，《澳門組織章程》頒佈，一直被視為葡萄牙海外帝國一部分的澳門，正式被視為葡管中國領土，開啟了自治的時代，「享有行政、經濟、財政和立法自治權」。同年，澳門進行了第一次立法會選舉；1981 年，澳門總督開始對公共行政進行改革、重組和現代化，為建立本地自治的政治、行政制度奠定了基礎。

澳門政治、法律地位的明朗化和公共行政的現代化，以及大量移民的湧入，加速了從 60 年代中後期開始的工業化進程。透過充分利用澳門低物價、低租金、低工資、低關稅以及出口配額優惠，吸引了大量香港企業來澳門設廠，製造業快速崛起，從而帶動房地產、金融業的發展，形成博彩業、製造業、建築房地產業、金融業四足鼎立的產業格局，經濟規模迅速壯大，市場欣欣向榮。

澳門政治的發展、經濟的騰飛，為參與祖國改革開放進程創造了條件、儲備了動力，而祖國的改革開放，又進一步推動了澳門的發展速度和城市規模的擴大。乘改革開放之東風，澳門同胞率先進入內地投資，開創了內地引進外資的先河。1978 年，澳門永新企業有限公司創辦了中華人民共和國建立以來首家內地與境外合資企業——香洲毛紡廠，這是中國最早以補償貿易形式引進外資來料加工的企業。1979 年，澳門吳福先生投資石景山旅遊中心，建設內地第一家內地與境外合資酒店；1980 年，何賢先生投資 400 萬美元，與珠海市旅遊公司合作興建拱北賓館。同年，澳商林錦成先生在珠海興建銀海新村，為內地與境外合資經營房地產作出示範；吳桂英女士投資內地與境外合作客運汽車公司，打破了國營公司統一公共交通業務的局面，並首開出租車的先河。澳門商人的成功投資，帶動了大批港、台地區和外國投資者前往內地投資興業，投資區域也從珠海特區擴展到珠三角其他地區。雖然澳門的投資規模相對後來的外資不算很大，但對改革開放初期引入外資起到了帶頭、引領、示範的作用，功不可沒。

澳門本身的經濟規模不大，但與內地貿易總額從 1980 年的 2.6 億美元增加到 1999 年的 7.3 億美元，成為當時內地第三大出口市場和第一大進口來源地；至 1999 年，澳門投資內地項目 6,419 個，實際投資 3.1 億美元，在內地外商投資中名列第 10 位。同時，向內地輸入技術、人才、管理經驗和外資網絡，為改革開放的探索和實踐作出示範、提供動力。澳門從 80 年代中期開始也成為內地改革開放的窗口，內地多個省市政府、企業在澳門設立公司，投資澳門的貿易、旅遊、金融保險、工業和基礎設施建設，獲取境外投資經驗、培養相關人才，從澳門走向國際。與此同時，澳門利用其與葡萄牙的特殊聯繫，推動珠海與葡萄牙的經貿合作，促成了麗珠製藥廠等中葡合資企業，也促成了珠海與葡萄牙塞圖巴爾市（Setúbal）建立友好城市關係。

不僅在經濟貿易領域，澳門也在教育、文化、法律和社會諸領域為內地改革開放提供了協助、借鑒和經驗，為內地摸索改革開放道路進行制度供給和人才補充：澳門東亞大學從 80 年代中後期就開始招收內地學生，旅業學校（今旅遊學院）[7] 為內地酒店人員提供專業培訓，澳門大學、澳門理工學院也為內地培養葡語人才……如今，澳門繼續協助國家培養各方面的人才，每年有數以千計的內地學生在澳門各高等院校就讀；澳門在文物保護方面的法律、政策和經驗，在法律現代化、特別是刑法典修訂中的實踐以及在社會治理、社會服務

7 澳門旅遊學院於 2024 年 4 月 1 日更名為澳門旅遊大學。

領域中的寶貴經驗，都直接為內地有關部門提供了有益的參考；澳門國際機場1995 年通航後，促進了內地與台灣地區就航權問題進行磋商，形成了「澳門模式」，為海峽兩岸「三通」作出了直接的貢獻；回歸之後，隨着中國與葡語國家經貿合作論壇常設秘書處在澳門的設立，澳門在中國與葡語國家的交流合作中發揮了獨特而重要的推動作用……這一切，都有利於國家的改革開放，都直接助力改革開放的進程。正如習近平主席 2017 年 6 月 30 日在香港回歸 20 周年歡迎晚宴上的講話中指出：「香港同胞一直積極參與國家改革開放和現代化建設，作出了重大貢獻，對此，中央政府和全國人民從未忘記。香港同胞不僅完全有能力、有智慧把香港管理好、建設好、發展好，而且能夠繼續在國家發展乃至世界舞台上大顯身手。」這一段話，同樣適用於澳門。

2018 年 11 月 12 日，習近平主席會見香港澳門各界人士慶祝國家改革開放 40 周年訪問團時，對港澳的貢獻再次作出了充分的肯定和全面的總結：「在國家改革開放進程中，港澳所處的地位是獨特的，港澳同胞所作出的貢獻是重大的，所發揮的作用是不可替代的。」習主席進一步指出：「40 年來，港澳同胞在改革開放中發揮的作用是開創性的、持續性的，也是深層次的、多領域的。」一是投資興業的龍頭作用；二是市場經濟的示範作用；三是體制改革的助推作用；四是雙向開放的橋樑作用；五是先行先試的試點作用；六是城市管理的借鑒作用。「總之，40 年改革開放，港澳同胞是見證者也是參與者，是受益者也是貢獻者。港澳同胞同內地人民一樣，都是國家改革開放偉大奇跡的創造者。國家改革開放的歷程就是香港、澳門同內地優勢互補、一起發展的歷程，是港澳同胞和祖國人民同心協力、一起打拼的歷程，也是香港、澳門日益融入國家發展大局、共享祖國繁榮富強偉大榮光的歷程。」

二、祖國改革開放推動澳門的繁榮發展

40 年的改革開放，演變成為中國歷史上一場巨大的思想解放運動和制度變遷，也直接推動了澳門的繁榮發展及其順利回歸祖國和特別行政區的成功創建。1982 年 12 月 4 日，中國修改憲法，專門為港澳回歸增加了一條：「國家在

必要時得設立特別行政區。在特別行政區內實行的制度按照具體情況由全國人民代表大會以法律規定。」這一規定，為制定香港、澳門《基本法》奠定了法理基礎，提供了法律依據。1984 年 5 月 24 日，第六屆全國人大二次會議通過的《政府工作報告》正式使用了「一個國家，兩種制度」的表述。1985 年 3 月，第六屆全國人大三次會議將「一國兩制」確立為中國的基本國策。1987 年 4 月 13 日，中葡兩國政府經過十個月的外交談判，正式簽署了《中華人民共和國政府和葡萄牙共和國政府關於澳門問題的聯合聲明》，宣佈中國政府將於 1999 年 12 月 20 日對澳門恢復行使主權，並設立特別行政區。1988 年 1 月 15 日，兩國政府互換批准書，中葡《聯合聲明》正式生效，澳門步入了過渡期。1993 年 3 月 31 日，《中華人民共和國澳門特別行政區基本法》正式頒佈。1999 年 12 月 20 日，澳門回歸祖國，特別行政區成立，揭開了歷史的新篇章。

「一國兩制」是國家對港澳特區的基本國策，也是國家改革開放的自然結果。《基本法》是港澳特區各項立法的基礎，是各種制度、體制和政策制定的根據，也是港澳特區長期繁榮穩定的根本保障。「一國兩制」政策和《基本法》的制訂，確保了港澳政治制度發展的成功，也確保了港澳特區的經濟繁榮和社會穩定，促進了港澳特區各項事業的蓬勃發展。

事實也證明，「一國兩制」是港澳特區經濟、社會繁榮穩定的根本保障，是港澳發展的根本依歸。澳門特別行政區成立後，特區政府迅速扭轉了社會多年來治安不靖的局面，繼而對經濟支柱產業——博彩業採取了適度開放的政策。在中央政府助推港澳發展的「自由行」措施的直接刺激下，特區的博彩開放政策取得了空前的成功，澳門經濟迅速從谷底回升並快速增長，為特區後續的發展創造了基本而必要的條件。

正是在國家改革開放政策和「一國兩制」方針的指引下，澳門在過去 40 年發生了翻天覆地的變化。澳門的土地面積從 1978 年的 15.5 平方公里增加到 1999 年的 23.8 平方公里，再增加到 2017 年的 30.8 平方公里；人口從 1978 年的 23.31 萬增加到 1999 年 42.96 萬，再增加到 2017 年的 65.31 萬；人均預期壽命從 1978 年的 69.8 歲增加到 1999 年的 77.9 歲，再增加到 2017 年的 83.4 歲；醫生從 1978 年的 300 名增加到 1999 年的 845 名，再增加到 2017 年的 1,730

名；本地生產總值（2015 年價格）從 1978 年的 148.6 億（澳門元，下同）增加到 1999 年的 1,025.5 億，再增加到 2017 年的 3,917.5 億；人均生產總值（2015 年價格）從 1978 年的 6.37 萬元增加到 1999 年的 23.44 萬元，再增加到 2017 年的 59.98 萬元；公共財政收入從 1978 年的 2.55 億元增加到 1999 年的 169.43 億元，再增加到 2017 年的 1,180.69 億元；高等院校更是從無到有，發展到今天的十所。這種變化的速度和幅度，在世界城市發展史上是罕見的。

變化不僅僅體現在亮麗的數字上，更為重要的是，體現在制度變遷和城市硬、軟件的發展上。因為國家改革開放，才有澳門的回歸和「一國兩制」政策，澳門才能成為一個特別行政區，澳門居民才能當家作主，才有「澳人治澳」、「高度自治」。這樣和平又穩定的政治發展，是人類文明發展史上的一次偉大創舉。

自國家改革開放以來，澳門穩定的政治環境和令人期待的經濟增長前景，又促進了城市硬、軟件的升級：新填海工程擴大了城市的規模，機場、港口和大橋的建設大大提高了澳門對內、外交通的便利；路氹金光大道的落成，奠定了世界旅遊休閒城市的基礎；社會福利和保障制度、社會和經濟房屋制度、公共醫療體系的建立與完善，大大提高了澳門人的生活質量和保障；免費義務教育的實施、文化領域大量資源的投入，大大提升了澳門居民的教育水平和人文素養；中國——葡語國家經貿合作論壇常設秘書處的設立，鞏固了澳門與葡語國家的歷史聯繫，提升了特區的國際地位。因為國家的支持，澳門成功抗擊了「非典」的侵襲，「天鴿」颱風之後城市迅速恢復了正常運作；橫琴開發、24 小時通關的舉措、85 平方公里海域劃歸澳門管理、港珠澳大橋的開通以及參與粵港澳合作等融入國家發展的舉措，拓展了澳門發展的格局和潛力，以及澳門居民的工作發展機會和生活空間，為特區可持續發展創造了必要條件，也為澳門更好地助力國家新時代的發展，夯實了可靠的基礎。

三、結語

國家改革開放 40 年，澳門既是見證者又是參與者、既是貢獻者又是受益者。在中國改革開放 40 年的歷程中，澳門發揮了積極、關鍵又重要的作用，同時，也獲得了自身的巨大發展。改革開放 40 年生動反映了澳門居民共擔國家和民族復興歷史責任、共享祖國繁榮富強偉大榮光的全過程，也為澳門特區未來的發展奠定了堅實的基礎、作出了路徑的選擇。

習近平主席在接見港澳各界人士慶祝改革開放 40 年代表團時，對港澳特區發展提出了四點希望：一、更加積極主動助力國家全面開放；二、更加積極主動融入國家發展大局；三、更加積極主動參與國家治理實踐；四、更加積極主動促進國際人文交流。這四點希望，是在全面總結港澳過去 40 年參與國家改革開放過程中的歷史成就和發展經驗的基礎上高度提煉出來的，既為特區未來確立了定位，也指明了特區未來的發展方向。

澳門是在助力國家改革開放的過程中發展壯大的，是在融入國家發展大局時拓寬了增長的空間，是在參與國家治理實踐中取得了「一國兩制」的成功，也是在促進國際人文交流中找到了自身的定位。2019 年是中華人民共和國成立 70 周年暨澳門回歸祖國 20 周年。回歸近 20 年來，澳門在政治、經濟、社會諸方面都取得了舉世矚目的成就，為「一國兩制」的偉大實踐走出了一條獨特的道路。然而，在新的歷史階段，隨着國際局勢的變化，因應周邊地區的發展，面臨的問題愈來愈多，面對的挑戰也愈來愈大。這些問題與挑戰，部分是歷史遺留下來的，部分是發展過程中出現的，還有部分是由澳門自身條件和外部環境造成的，例如：在自然資源和人力資源缺乏的情況下，如何推進經濟產業多元化發展？在人際關係密切、相當擁擠的空間裏，如何釐清政商、政社關係的邊界以及理順其間的關係，使政府、市場、社會各司其職？在訴求日益多元和複雜的當今社會，法律、行政如何改革完善和制度創新，以提振政府的威望和特區的整體運作效率？在世界特別是周邊地區快速變化發展的格局中，澳門和澳門居民如何提升競爭力，以避免邊緣化？澳門如何參與粵港澳大灣區建設，充分發揮自身的潛力和比較優勢？如何進一步有效加強青少年的愛國主義教育並增強其專業能力，使得「一國兩制」偉大事業後繼有人、薪火相傳？促進經濟多元發展，提升政府、市場和社會的運作效率，推進社會公義公平，增進市民福祉，確保特區長治久安，是澳門未來發展亟需面對的重要問題和挑戰。這些問題和挑戰，僅僅靠社會的內生動力是難以解決的，澳門必須搭乘國家發展的快車，更積極主動融入國家發展，全力參與粵港澳大灣區的建設，在國家新時代發展中尋找自身的發展空間，在國家新一輪改革開放過程中尋找自身改革、自我完善的機會，充分調動社會內部各方的積極性，充分激發各社會領域的活力和創造力，從而拓展格局、釋放潛力、增強信心、施展才能，逐步解決現存的問題，應對新的挑戰，將澳門真真正正打造成為「世界旅遊休閒中心」和「中國與葡語國家商貿合作服務平台」，為「一國兩制」的成功實踐再創輝煌。

國家改革開放 40 年，不僅促進了澳門的多方位發展，為澳門帶來根本性的深刻變化，更為重要的是，在參與國家改革開放的過程中，在落實「一國兩制」的實踐中，澳門居民得到了全面的歷練，增加了能力和信心。中華文化在澳門的傳承從未中斷，澳門完好保存了中華優秀文化傳統的基因，而這些基因至今還活生生地體現在市民的日常生活中；澳門也是中國最早對外開放、最持久與西方世界不卑不亢、平等互利、交往交流的前沿陣地，不同民族、不同信仰、不同文化、不同習俗的人們在這裏和睦相處，守望相助，有着與眾不同的自我組織、自我管理的社會實踐，形成了獨一無二的社區精神，也形成了古今同在、中西並舉、「不同而和，和而不同」的獨特文化經驗。這種社會實踐和文化經驗，使澳門在歷史長河中生生不息，使澳門在參與國家改革開放中獨得先機，使澳門在實踐「一國兩制」時樹立典範。我們相信，這種社會實踐和文化經驗，能為實施「一國兩制」提供極其肥沃的土壤，為講好澳門故事、講好中國故事創造良好的先天條件，也將使澳門在助力國家進一步改革開放、助力國家「共建、共治、共享」的社會建設、促進國際人文交流，以及構建民族命運共同體以至人類命運共同體過程中，發揮更加積極而重要的作用，只要我們真正做到習主席所說的四個「更加積極主動」，必將從中受益匪淺，創造一個全新的局面。

2018 年 12 月 23 日

「一國兩制」在港澳特區的成功實踐及其啟示

1997 年 7 月 1 日和 1999 年 12 月 20 日，中華人民共和國國旗和香港、澳門特別行政區區旗先後在香港、澳門莊嚴升起，標誌着中國恢復對港澳兩地行使主權，實現了長期以來中國人民收回港澳的共同願望。這既是中華民族的盛事，也是世界和平與正義事業的偉大勝利。

港澳回歸後，中央人民政府按照「一個國家，兩種制度」的方針政策，分別設立香港、澳門特別行政區，使「一國兩制」由科學構想變成生動現實，在過去二十多年來取得了成功的實踐。

一、「一國兩制」在港澳的成功實踐

（一）「一國兩制」方針的提出與特別行政區制度在港澳的確立

中華人民共和國成立後，百廢待興。中央考慮到港澳的歷史和現實，採取了「長期打算，充分利用」的政策。在中共十一屆三中全會後，隨着改革開放政策的推行，創造性地提出「一國兩制」偉大構想，開闢了以和平方式實現祖國統一的新途徑。

眾所周知，「一國兩制」構想最早是為了解決台灣問題而提出的。1970 年代後期，隨着中美建交和國際國內形勢發生重大變化，解決台灣問題被提上黨和國家的重要議事日程。1979 年 1 月 1 日，全國人大常委會發表《告台灣同胞書》，1981 年 9 月 30 日，全國人大常委會葉劍英委員長發表台灣回歸祖國、實現祖國統一的九條方針的談話，「一個國家，兩種制度」的構想逐漸成形。1982 年 1 月，鄧小平先生在接見美國華人協會主席李耀滋時，首次提出「一國兩制」的概念。12 月，全國人大修改《憲法》的規定，國家得在必要時設立特別行政區，其實行的制度按照具體情況由全國人大以法律規定，為「一國兩制」構想的實踐提供了直接的憲法依據。

「一國兩制」是指在一個中國的前提下，國家的主體堅持社會主義制度，香港、澳門、台灣保持原有的資本主義制度長期不變。雖然「一國兩制」的構想是為了解決台灣問題而提出的，但在實踐中首先被運用到解決香港、澳門回歸祖國的問題上。中英與中葡兩國通過談判先後在 1984 年和 1987 年簽署關於香港和澳門問題的《聯合聲明》，闡明中國政府在恢復對港澳行使主權後的基本方針政策。全國人民代表大會其後根據《憲法》，展開香港特別行政區和澳門特別行政區《基本法》的起草工作，為「一國兩制」方針政策提供法律化和制度化的依據，為港澳特區實踐「一國兩制」提供法律保障。

特別行政區制度是國家根據《憲法》第 31 條的規定而採取的特殊地方管理制度。在這套制度下，中央擁有對港澳特區的全面管治權，既包括中央直接行使的管治權，也包括授權港澳特區依法實行中央具有監督權力的高度自治。

中央對港澳特區直接行使的管治權，除了設立港澳特別行政區，以及制定、修改和解釋《基本法》之外，還體現在任命行政長官和主要官員、決定修改行政長官和立法會產生辦法、支持指導行政長官和特區政府依法施政、負責管理與特區有關的外交事務、負責管理防務、監督特區立法機關制定的法律等。

港澳特區根據「一國兩制」方針政策，保持原有資本主義制度和生活方式不變，法律基本不變，並依法保護私有財產權，保持自由港和單獨關稅區地位，保持財政獨立，實行獨立的稅收制度，自行制定經濟、文化和社會政策等等，依法充分行使行政管理權、立法權、獨立的司法權和終審權。

港澳兩地的歷史發展、社會結構和制度略有不同，當年起草《基本法》的時候，也顧及到兩地的實際情況，條文上出現了一些差別，但不妨礙中央對港澳特區行使管治權，以及港澳特區實行的高度自治的大原則。例如，香港作為國際知名的金融和航運中心，在《香港基本法》第五章「經濟」中便需要分為四節，對有關方面作出更詳細的原則性規定。澳門回歸之前已經存在私有土地和葡萄牙後裔居民社群，社會一向注重對歷史文物的保護，在經濟上又以博彩旅遊業為主體等，這些在《澳門基本法》裏面都有單獨條文加以規定，而《香港基本法》裏面沒有這些條文。

（二）回歸以來香港各項事業取得的進展

不可否認，回歸後香港在實踐「一國兩制」的過程中遇到了一些風波與困難。但是，在中央政府的支持下，香港特區迎難而上，各項事業取得了很大的進展。

香港是當今世界上最自由和最具活力的經濟體系之一，一直實行自由企業和自由貿易，堅持穩健理財政策和低稅制，講求法治精神，強調行政主導和高效率的公務員體系。所有這些成功要素，在《基本法》內都一一得到了保障。香港回歸祖國 22 年來，在中央政府和祖國內地的大力支持下，特區政府團結帶領社會各界人士，充分發揮「一國兩制」的制度優勢，推動各項事業向前發展，不斷取得新的成就。

經濟是香港的強項。香港特區自成立以來曾成功應對過兩次國際金融危機，經濟發展取得實質性成果。1997 年至 2018 年，香港的經濟規模增長接近一倍，本地生產總值年均的實質增長率是 3.4%，人均本地生產總值按港元累計實質增長 59.2%。按購買力平價（PPP）計算，香港的本地生產總值在 2018 年位居全球第 43 位，人均本地生產總值位居全球第 10 位，一直維持在發達經濟體的水平。

香港的經濟成就，可以用「一二三四五六七」來概括。「一二三四五六七」的意思是：香港是全球第一大離岸人民幣資金池、在《2019 世界競爭力年報》中排名第二、是亞洲第三大股票市場、全球第四大外匯交易中心、在世界銀行《2018 年營商環境報告中》便利營商排名全球第五、是全球第六大銀行中心，以及全球第七大貨物貿易實體。

香港的教育事業在亞太地區也保持領先的地位。教育長期以來佔公共開支的最大部分，2017/2018 財政年度達 885 億港元，佔本地生產總值 3.3%。根據經濟合作與發展組織策劃的「2015 學生能力國際評估計劃」（PISA），香港學生在科學、閱讀和數學能力都表現出色，其中閱讀和數學能力表現排名全球第二。在高等教育方面，香港大學、香港科技大學、香港中文大學、香港城市大學和香港理工大學位居世界 100 強大學之列。

在文化和體育事業方面，香港特區政府在 2014 年公佈第一份非物質文化遺產清單，有 210 個主項目和 319 個次項目，合共 480 個項目。在這份清單的基礎上，2017 年公佈第一批《香港非物質文化遺產代表作名錄》共 20 個項目，部分項目例如粵劇、涼茶、盂蘭勝會、舞火龍等更被列入《國家級非物質文化遺產代表性項目名錄》。香港也在 2008 年協辦北京奧運馬術比賽項目，並且在 2009 年主辦第五屆東亞運動會。中國香港體育代表團在奧運會、世界錦標賽和亞洲錦標賽等國際性賽事中屢創佳績。近年來，香港在原有優勢的基礎上，積極開拓廣告、建築、設計、數碼娛樂、電影、印刷出版、電視和音樂等創意產業，通過「創意香港」向初創項目發放資助，推動香港建設成為「亞洲創意之都」。

在醫療方面，香港擁有高質素的醫療系統和非常專業的醫療隊伍。香港的嬰兒死亡率由 1997 年的千份之 4 下降至 2017 年的千份之 1.6，是全球嬰兒死亡率最低的地區之一。居民的平均預期壽命是 84.7 歲，是全球預期壽命最高的地方之一。香港特區政府醫療衛生的開支，在 2017/2018 財政年度是 712 億港元，佔本地生產總值 2.7%，其中對公立醫院和診所服務的資助高達 97.1%，同時實行醫療費用減免機制，弱勢群體可獲豁免收費。

近年來，香港特區積極發展創新科技。除了資訊及通訊科技的旗艦項目數碼港外，香港科技園工程在 2016 年已經全部完工，可容納生物醫藥科技、電子、環保科技、資訊及通訊科技以及物料與精密工程行業，同時在各區工業邨提供空間，給創科機構使用。一些頂尖的創科機構，例如中國科學院廣州生物醫藥與健康研究院、美國麻省理工學院等，也陸續落戶香港。特區政府在 2017 年發表的《施政報告》提出，將從研發資源、吸引人才、提供資金、科研基建、檢視法規、開放資料、帶頭改變採購方法和加強科普教育入手發展創新科技，發展智慧城市，為香港經濟培育新的增長點，帶動香港製造業的「再工業化」。

香港回歸祖國以來，在基礎建設方面一直有大量的投資。在 1996/1997 財政年度，用於基礎建設的公共開支是 233 億港元，佔當年本地生產總值 1.7%；在 2017/2018 財政年度，開支已增加至 873 億港元，佔本地生產總值的 3.3%。除了建成香港迪士尼樂園、亞洲國際博覽館、香港國際機場二號客運大樓和擴建香港會議展覽中心之外，還大力發展連接市區和新市鎮的鐵路網絡，「啟德發展計劃」興建新的郵輪碼頭，「西九文化區」推動文化藝術事業的長遠發展，建設了全球最大的污泥處理廠以及落馬洲河套區、廣深港高鐵香港段，當然還有港珠澳大橋香港段和口岸人工島等跨境基建工程。在未來 10 年，香港特區政府將進一步投入超過 1 萬億港元，用作興建機場第三條跑道、中九龍幹線高速公路、公共房屋和醫院發展計劃等。

香港也是連接內地與世界的「超級聯絡人」。在 2017 年，香港特區政府代表以中國代表團成員身份參加近 100 次國際會議，另外參加超過 1,800 次不以國家為單位的國際會議。世界銀行、國際貨幣基金組織等國際組織也在香港設有代表機構。在專業領域上表現出色的香港居民，更有機會在國家推薦和支持下，競逐和擔任國際組織的重要職位。例如特區政府衛生署原署長陳馮富珍女士，在 2006 年 11 月當選世界衛生組織總幹事，是聯合國成立以來第一位擔任政府間國際組織最高負責人的中國人。香港警務處前處長曾偉雄先生，近日也獲得國家提名競逐聯合國駐維也納辦事處總幹事兼聯合國毒品和犯罪問題辦公室執行主任。

香港的民主政制在回歸後也依法穩步推進。行政長官選舉委員會的規模，從第一屆政府推選委員會的 400 人增加到現在的 1,200 人。立法會由直接選舉產生的議席也不斷增加，自 2004 年第三屆立法會起，全部議席都經由分區直接選舉或者功能團體選舉產生。全國人大常委會在 2007 年已經為實現行政長官和立法會普選訂定時間表。

（三）回歸以來澳門各項事業取得的進展

今年是澳門回歸祖國 20 年的喜慶日子。與回歸前夕的澳門相比，往日經濟衰退、治安不靖，社會人心惶惶的景象早已一去不返，如今的澳門，經濟和社會面貌煥然一新，生機處處，不但印證了「一國兩制」方針政策的科學性，也為國家新時代的發展和人類文明進步提供寶貴的經驗。

澳門特區成立後所做的第一件事情，就是歷史性地進行了博彩經營權的分散化改革，結束一百多年來獨家專營的局面，而且在批給條件上引進會議展覽、購物等非博彩元素，作為改善旅遊業服務內容的支撐，加上內地開放居民到港澳地區個人遊的措施，使得澳門經濟自 2003 年開始錄得較快的增長勢頭。1999 年至 2018 年，澳門的經濟規模增長接近四倍，本地生產總值年均的實質增長率是 7.6%，人均本地生產總值實質增長接近三倍，在全球排名第二，已被國際組織歸類為發達經濟體。

經濟發展除了徹底解決困擾澳門後過渡期的失業問題，使總體失業率從 2000 年的 6.8% 的高峰，回落到 2018 年 1.8%，從而達至理論上的「全民就業」。公共財政收入大幅增長。從 2000 年至 2018 年間，澳門特區的公共財政收入實質增加了 16 倍，而 2018 年的財政盈餘，與 2000 年相比實質增長 323 倍，預算開支規模從 2000 年的 129 億澳門元（現值 226 億澳門元），擴張至 2018 年的 1,096 億澳門元。

公共財政收入改善，使特區政府更有資源和能力去改善民生，逐漸形成教育、社會保障、醫療、住房和防災方面的五大長效機制。

早在回歸初期，特區政府已積極投入資源發展教育，通過澳門基金會和教育發展基金，向辦學團體提供資助，重建、擴建或修葺校舍，並添置最新的教學設備。在 2018 財政年度，特區政府用於教育方面的開支達 116 億澳門元，佔全部公共開支的 14.5%。從 2007/2008 學年開始，免費教育拓展至整個正規教育階段內的 15 個年級，同年推動小班教學，在提供免費教育的學校裏面，每班學生人數都不超過 35 名。根據經濟合作與發展組織策劃的「2015 學生能力國際評估計劃」（PISA），澳門學生科學能力表現排名全球第六。

澳門在發展高等教育方面也取得相當大的進展。公立的澳門大學 2009 年在廣東省的橫琴島動工興建新的校園，面積是原來氹仔校園的 20 倍，並且在 2013 年進駐，大大改善教學和科研環境，提升大學在區域以至國際上的影響力和競爭力。至於私立的澳門科技大學、澳門城市大學和聖若瑟大學等，都在澳門回歸後積極建設本身的校園，為提升本身的教學和科研水平奠定基礎。例如澳門科技大學已晉身海峽兩岸暨香港、澳門50強大學之列，並設有中藥品質研究和月球與行星科學國家重點實驗室等。近年，澳門特區政府重視優秀人才的培養，不僅由澳門基金會和教育部門發放獎學金，學生不會因為經濟原因無法升學，人才發展委員會還對澳門社會需要的人才作出全面的檢視和規劃，以配合本身乃至區域的經濟社會發展需要。

除了教育之外，澳門特區政府在社會福利方面也有相當大的投入，通過財富的再分配，使居民分享經濟發展的成果，切實感受到繁榮、發展和進步為他們帶來的好處。在2018年度，政府在社會保障方面的開支達到180億澳門元，佔全部公共開支22.4%。政府自2005年開始向永久性居民長者發放「敬老金」，自2008年起推行《現金分享計劃》，向持有澳門特區居民身份證的人士派發現金補助。這項措施對低收入家庭受益最大。澳門特區政府在2008年提出構建雙層式社會保障體系，結合覆蓋全體澳門居民的社會保障制度以及通過僱員、僱主和政府三方供款投資的非強制性中央公積金制度。另一方面，澳門特區政府推出了醫療補貼計劃、長者假牙先導計劃、長者免費乘車、學生乘車優惠、學生享用免費的牛奶或豆奶、水電費補貼計劃等措施，從不同方面提升居民的生活水平和素質。

「樂業」的前提是「安居」。為了紓緩居民的住房需求，澳門特區政府在2007年推出建房計劃，興建19,000個公共房屋單位。到2010年，政府加推6,300多個公共房屋單位。經過多年的努力，以低收入住戶為對象的社會房屋的供應問題已經徹底解決；而以優惠價格讓合資格居民購買的經濟房屋，有關的配售手續正在有序進行。長遠來說，澳門房屋的供應，不論是公共房屋還是私人住宅，將可滿足居民在一段時期的需求。「夾心階層」住房問題，也被提上議事日程。

澳門在過去幾個世紀以來，一直是東西方交流的橋樑，文化形象獨特而鮮明，小城處處可見各式各樣的物質與非物質文化遺產。由澳門老城區核心內22座建築和8個廣場前地組成的「澳門歷史城區」，在2005年獲聯合國教科文組織列入《世界文化遺產名錄》。「澳門歷史城區」是中國現存最古老的西式建築遺產，是東西方建築藝術的綜合體現。它見證了西方宗教文化在遠東地區的發展，也見證了向西方傳播中國民間宗教的歷史。更重要的是，它反映出中西文化多元共存，是中西生活社區有序的組合，不論過去還是今天，都與居民的生活習俗、文化傳統密不可分。「澳門歷史城區」榮列《世界文化遺產名錄》，是國際社會對澳門在促進不同文明之間對話的貢獻的一種崇高肯定。另一方面，澳門有 8 個項目先後被列入《國家級非物質文化遺產代表性項目名錄》，2017 年公佈的第一批「澳門非物質文化遺產清單」共有 15 個項目，包括南音說唱、魚行醉龍節、苦難善耶穌聖像出遊等。

澳門不少的基礎建設在回歸後落成，例如為舉辦大型體育賽事而興建的澳門東亞運動會體育館、奧林匹克體育中心，還有澳門旅遊塔、西灣大橋、澳門科學館、關閘邊檢大樓、氹仔客運碼頭、輕軌系統，以及港珠澳大橋澳門口岸人工島等，當然也有各類渡假村項目。澳門還是世界上擁有最多五星級酒店的城市之一。國務院在 2009 年批覆澳門特區政府填海 350 公頃，共五幅地段，主要用作解決居民住房問題和實現經濟適度多元化。而離島醫療綜合體、內港擋潮閘、粵澳新通道、連接澳門和氹仔的第四條跨海大橋、大潭山隧道、九澳隧道等項目也正在有序規劃或施工。2016 年 9 月，澳門特區政府公佈《澳門特別行政區五年發展規劃（2016-2020 年）》，提出到 2030 年，將澳門建設成為一個以休閒為核心的世界級旅遊中心，成為具有國際先進水平的宜居、宜業、宜行、宜遊、宜樂的城市。

澳門的民主政制在回歸後也依法穩步推進。行政長官選舉委員會的規模，從第一屆政府推選委員會的 200 人增加到現在的 400 人。立法會由選舉產生的議席也不斷增加，自 2013 年第五屆立法會起，經由直接選舉產生的議員有 14 人，間接選舉產生的有 12 人，另外 7 人由行政長官委任。法制建設也取得一定的進展，例如集中清理澳門原有法規，有關的適應化工作接近完成；市政署在 2019 年成立，市政機構的代表得以參加行政長官選舉委員會，滿足了《澳門基本法》附件一的有關規定。此外，澳門特區在 2009 年順利完成對落實《澳門基本法》第 23 條關於維護國家安全的本地立法工作，在維護國家根本利益方面起了帶頭和示範的作用。

（四）粵港澳大灣區規劃的出台與落實

從歷史的角度看，香港原來歸屬廣東省寶安縣，而澳門則歸屬廣東省的香山縣，所以廣東、香港、澳門三地地緣相近、人緣相親、文緣相通，在經濟、社會民生和文化等領域長期有着全面而深入的交流合作。隨着港珠澳大橋的落成通車，珠江兩岸城市的聯繫變得更加緊密，「粵港澳大灣區」的概念，也自然是水到渠成了。

在習近平主席的見證下，國家發展和改革委員會、廣東省人民政府、香港特區政府和澳門特區政府代表在 2017 年簽署《深化粵港澳合作　推進大灣區建設框架協議》。2018 年，「粵港澳大灣區建設領導小組」成立，正式進入實質規劃階段。2019 年 2 月 18 日，《粵港澳大灣區發展規劃綱要》（下稱《規劃綱要》）正式頒佈，以打造世界級新經濟區域、增強科技創新、擴大國際合作、提升優質生活、建設內地與港澳全面合作示範區為發展願景。

根據《規劃綱要》，廣州、深圳、香港和澳門是大灣區內的中心城市，香港在鞏固現有產業優勢的同時，培育高新科技新興產業，是大灣區中最具競爭力的國際大都會。澳門在大灣區內的定位是：世界旅遊休閒中心、中國與葡語國家商貿合作服務平台，以及以中華文化為主流，多元文化並存的交流合作基地。港澳參與大灣區建設，融入國家發展大局，是大勢所趨，也必將促進自身的更大發展。可以說，粵港澳大灣區建設是「一國兩制」內涵在新時期的深化與拓展。

二、「一國兩制」在港澳成功實踐的啟示

港澳回歸以來，「一國兩制」取得成功實踐，本身具有重要的啟發意義。

（一）堅持「一國兩制」方針政策的初心

「一國兩制」本身是一項開創性的事業，對中央來說是治國理政的重大問題，對港澳來說是一次重大的歷史轉折，無可避免會遇到新的情況和新的問

題。但是，在推進「一國兩制」事業向前的過程中，有一個最根本的宗旨，也是當年提出「一國兩制」方針政策的初心，就是要維護國家主權、安全和發展利益，保持港澳特區長期繁榮穩定。

「一國兩制」是一個完整的概念，「一國」是實行「兩制」的前提和基礎，「兩制」從屬與派生於「一國」，並統一於「一國」之內。沒有「一國」，就沒有「兩制」。國家主體實行社會主義制度不可改變，港澳根據國家方針政策，保持本身的資本主義制度長期不變。在這裏，「一國兩制」得以成功實踐的重點在於彼此尊重對方實施的制度，並互相借鑒成功的經驗，堅決維護《憲法》、《基本法》的權威，堅決維護中央依法對港澳特區行使的監督權，堅持以愛國者為主體的「港人治港」和「澳人治澳」，使國家的根本利益和港澳的整體、長遠利益得到切實的保障。

（二）中央政府對港澳特區的堅定支持

港澳自從回歸祖國以來，中央政府支持行政長官和特區政府依法有效施政，為維護兩地的繁榮穩定提供大量實質性的支持。除了繼續向港澳源源不斷地供應食品、農副產品、食水和能源之外，還有很多事例，當中比較重大和突出的有：支援港澳應對兩次國際金融危機、應對非典疫情、協助澳門處理風災善後工作等；而內地與港澳特區分別簽署《關於建立更緊密經貿關係的安排》（CEPA），通過零關稅和開放服務貿易准入安排，支持兩地製造業和服務業開拓內地市場，是目前為止內地與境外經濟體商簽開放程度最高的自由貿易協定。

中央政府也積極支援港澳融入國家發展大局。除了粵港澳大灣區發展規劃之外，又批准香港特區以「中國香港」名義加入亞洲基礎設施投資銀行，助力「一帶一路」建設，落實中國－葡語國家經貿合作論壇常設秘書處落戶澳門，建設葡語國家人民幣清算中心，開展「中葡合作發展基金」等具體工作，引導澳門建設成為中國與葡語國家商貿合作服務平台。2018 年 9 月 1 日，內地向合資格港澳居民發放「港澳台居民居住證」，使居住在內地的港澳居民享有與內地居民相同的就業、參加社會保險和住房公積金的權利，並享用當地的基本公共服務和辦理各項手續。配合各省市自治區對港澳居民在創業、就業、就學方面的優惠安排以至「國民待遇」，祖國內地不但為港澳特區的發展提供了廣闊的腹地，更有力地維護港澳的持續繁榮穩定，成就了港澳在國際上競爭的獨特優勢。

（三）培育港澳同胞的家國情懷

港澳與祖國一直同呼吸、共命運。長期以來，港澳同胞關心國家發展，積極參與祖國現代化建設。在改革開放初期，深度參與資金、人才、技術和管理的引進。如今，內地依然是港澳商人對外直接投資的首要目的地。港澳同胞熱心投入內地扶貧、教育、婦女兒童保護等公益事業，而且在內地遭受重大自然災害時，慷慨相助，大力支援搶險救災和災後重建工作，與受災民眾共克時艱，充分展示出血濃於水的同胞情誼。

通過形式多樣的交流、參訪、遊學、軍事訓練等活動，港澳青年對祖國的了解日益加深，而內地的高等院校也漸受歡迎，成為他們的升學目的地，報考內地高校的香港學生在 2019 年達到 10,433 人，在內地高校就讀的澳門學生目前大約有 5,000 人左右，其中廣東省的中山大學和暨南大學以及福建省的華僑大學，長期以來為澳門社會培養和輸送大量的專業人才，為澳門的順利回歸和特區的建設做出了積極的貢獻。澳門特區政府在回歸第二年，便提出愛國主義是教育的總目標，全方位推動中華歷史文化和國情教育，增強青少年的家國情懷。

港澳回歸祖國後，與台灣的經貿和人員往來更加密切，成為增進海峽兩岸了解、促進祖國統一大業的重要平台。2014 年至 2018 年期間，香港與台灣雙邊貿易每年平均增長率為 2.8%。在 2018 年，台灣是香港第三大交易夥伴，香港是台灣第四大交易夥伴，彼此在對方的出口市場都佔有很重要的位置。香港也是海峽兩岸間接貿易的一個重要轉口港。有關轉口貿易在 2018 年按年增加了 14.9%，總值達 4,015 億港元，佔兩地貿易總值約 22%。台灣地區是澳門第三大遊客客源市場，是澳門國際機場的最大用戶群。2019 年，高雄市市長韓國瑜先生和親民黨主席宋楚瑜先生訪問香港和澳門，除了與港澳行政長官以及中央政府駐港澳特區的聯絡辦公室官員見面外，還以港澳作為跳板，走訪粵港澳大灣區成員城市，港澳在促進兩岸經貿關係、互相學習社會管理經驗、爭取台灣民心方面作出了積極的貢獻。港澳在「一國兩制」實踐中取得的成功，為制訂「一國兩制」台灣方案奠定了良好的基礎。

三、結語

港澳回歸祖國後，面對經濟社會發展所帶來的各種機遇和挑戰，其間，不可避免地遭遇一些困難，但任何困難都是暫時的。在實踐「一國兩制」的過程中，港澳居民愈來愈清楚地認識到，香港、澳門之所以能在起伏跌宕中站穩腳跟，屹立不倒，在風雲變幻中處變不驚，生存發展，正正在於港澳居民一直知道堅持「一國兩制」方針的初心，正是「一國兩制」堅定了前行的信心，賦予了無窮的力量，使得港澳特區可以繼往開來，使得港澳居民能夠安居樂業，社會得以和諧穩定。

「一國兩制」在港澳能夠成功實踐，在台灣也能做得到。解決台灣問題，實現祖國完全統一，是全體中華兒女的共同願望，也是中華民族的根本利益所在。希望「一國兩制」在港澳的成功實踐，能為促進世界和平正義事業提供有用的借鑒，為共創中華民族偉大復興的美好未來，為實現人類命運共同體繼續作出本身應有的貢獻。

（人民網「國史講堂」專題講座；《行政雜誌》第 126 期）

2019 年 12 月

把握歷史話語權
樹立正確價值觀

澳門回歸祖國 20 年，是成功實踐「一國兩制」的 20 年。澳門特別行政區成立以來，政治穩定、經濟增長、民生改善、社會和諧，各項事業都取得了令人欣喜的成就，為新時代的發展創造了良好的條件，奠定了堅實的基礎。

在此一歷史背景下，澳門的文化事業和學術研究也有長足的進步。澳門回歸祖國，是一個激動人心的重大歷史轉折，是一次前所未有的制度變遷，澳門文化、學術界有幸趕上了這個偉大的歷史年代，見證和參與了政治社會的巨大轉型，並取得了豐碩的成果。這些成果，在某種意義上既記錄和反映這個時代的變遷和特別行政區所取得的成績，也是文化、學術界對澳門回歸祖國 20 周年、對中華人民共和國 70 華誕的獻禮。

據統計，僅僅在 2018 年，澳門的出版物就超過 800 種，過去 20 年之總數當以萬計。這些出版物，只能從一個側面反映澳門文化、學術界在這個風雲激蕩的年代所扮演的角色、擔當的責任和發揮的作用，但從中可以竊見，澳門文化、學術界不僅沒有辜負這個時代，還為這個時代寫下了濃墨重彩的一筆，為「一國兩制」在澳門的成功實踐貢獻了自己的智慧和力量。

「一國兩制」在政治學理論裏是一個全新的構想，在政治發展中也是一種全新的實踐。但必須承認，「一國兩制」是解決歷史遺留下來的港澳問題的最佳方案，也是保持港澳長期繁榮穩定的最佳制度。這個方案的成功實施，有賴於各界對「一國兩制」的正確認識和理解，有賴各方的真誠參與和積極探索，在參與中推進，在探索中完善。在推進「一國兩制」偉大事業的進程中，不可避免會遇到各種問題和困難，不可避免會碰到各種挑戰和考驗。

這就需要我們不忘初心，堅定信念，需要我們全心全意投入，創造必要條件，尋找有效方法，竭盡全力解決歷史遺留下來和發展中出現的問題，堅持「一國兩制」方針不會變、不動搖，確保「一國兩制」實踐不變形、不走樣，使得「一國兩制」的偉大事業行穩致遠。

這是時代賦予我們的神聖使命，也是國家交付我們的光榮職責。澳門文化、學術界不辱使命，不負重託，秉承愛國愛澳的優良傳統，抓住千載難逢的機會，以極大的熱情和強烈的現實關懷，投身於這個風雲變幻的時代，投入到澳門歷史文化、政治社會和「一國兩制」理論和實踐的研究和探索中。從歷史檔案的挖掘整理到文化現象的深入研究，從政治形態的趨勢探討到社會實踐的經驗總結，孜孜以求，默默耕耘，探求澳門歷史發展規律，了解澳門文化深厚底蘊，認識澳門社會特性，分析澳門經濟發展模式，剖解澳門政治運作方式，闡釋澳門與國家、澳門與世界的關係。20 年後，我們發現，我們對這個城市有了更加深刻的了解和認識，對這塊土地有了更加深厚的感情和眷戀，對澳門的歷史價值和特別行政區在國家發展戰略中的意義有了更加客觀的評估，對中華文化和國家發展有了更多的自豪感，對世界有了更加清晰的視野。

這是澳門文化、學術界的最大貢獻：在文化、學術活動即在積累、生產和傳播知識的過程中，增加了居民對澳門的歸屬感，增強了居民對國家的認同感，增進了居民對「一國兩制」方針政策的正確理解及其對「一國兩制」成功實踐的信心。事實上，在文化、學術界的共同努力下，澳門本土知識體系初步成形，歷史話語權悄然回歸，家國情懷不斷加強，這對凝聚社會共識、形成社會主流意識至關重要，對樹立「一國兩制」的正確價值觀、對建立「一國兩制」實踐的主體性發揮了關鍵作用。這一切，奠定了澳門實踐「一國兩制」的思想基礎和社會環境，令澳門特別行政區開局良好、發展順利。今天，我們比任何時候都對澳門的價值和潛力有更清晰的認識和把握，對中華優秀傳統文化和祖國驚人的發展進步有更深入的認知和體驗，對特區的未來和民族的振興更有信心、更具決心。

在慶祝澳門回歸祖國 20 年之際，我們也要清醒意識到，階段性的成果是新發展的起點。澳門還面臨諸多挑戰：產業多元化、行政現代化、社會專業化、收入分配合理化，更為重要的是，如何發揮澳門的優勢，融入國家發展大局，打造好世界旅遊休閒中心、中國與葡語國家商貿合作服務平台、以中華文化為主流、多元文化共存的交流合作基地，助力國家改革開放，參與國家治理實踐，促進國際人文交流，彰顯澳門在國家發展戰略和構建人類命運共同體中的價值和作用，都是擺在我們面前的課題。文化、學術界當義不容辭，主動擔當，在新的歷史時期再顯身手，為澳門特別行政區的持續發展出謀獻策，為中華民族再次屹立於世界之林再創新猷。

（《人民日報》06 版）

2019 年 12 月 20 日

盛世蓮花更嬌艷

1999 年 12 月 20 日，澳門回歸祖國懷抱，實行「一國兩制」的政策。「一國兩制」是實現祖國和平統一的一項重要制度，是中國特色社會主義的一個偉大創舉，在政治理論上是一個全新的構想，在政治發展上也是一種全新的實踐。

2017 年 6 月 30 日，習近平主席在香港回歸 20 周年歡迎晚宴上指出，「在統一的國家之內，國家主體實行社會主義制度，個別地區依法實行資本主義制度，這在過往的人類政治實踐中還從未有過。前人用超凡的勇氣探索和突破，後人要以堅定的信念實踐和發展。前進道路並不平坦，但我們實行『一國兩制』的初心不會改變，決心不會動搖」。

事實也如此。回歸後的澳門，經濟發展、民生改善、政治穩定、社會和諧，人民安居樂業，各項事業獲得了顯著的進步，取得了「一國兩制」實踐的巨大成功，充分證明「一國兩制」是解決歷史遺留問題的最佳方案，是保持澳門繁榮穩定的最佳制度，「一國兩制」的偉大創舉是行得通、辦得到、得民心的。

澳門實踐「一國兩制」的成功，得益於澳門的文化基礎和社會環境。澳門在歷史發展長河中，始終守護和保持着中華文化的優良傳統，「不同而和，和而不同」，海納百川，有容乃大；長期與西方文化的平等交往交流，不僅構築了古今同在、中西並舉、族群和睦的人文風景線，更鑄造了其兼收並蓄、融會貫通、多元共存的性格。這種巨大的開放性和包容性，為「一國兩制」的落地生根提供了肥沃的土壤。作為一個規模不大的移民城市，同舟共濟、守望相助，比較容易相互理解、諒解，比較容易建立信任、合作關係，沒有非黑即白的二元思維，不爭一時之長短，不搞茶杯裏的風波，凡事好商量、有事大家一起商量解決這種獨特的社區精神，又為「一國兩制」的實踐提供了良好的社會環境。

澳門實踐「一國兩制」的成功，得益於澳門居民牢固的國家觀念和濃厚的家國情懷。在歷史發展的長河中，澳門居民一直與祖國同呼吸、共命運，對國家強則澳門強、國家弱則澳門弱有切身的體會，對國家的進步和富強由衷地感到驕傲和自豪。因此，澳門居民對「一國」與「兩制」的關係有十分清晰、理性的理解，堅持「一國」是實行「兩制」的前提和基礎，「兩制」從屬和衍生於「一國」並統一於「一國」之內，主動維護中央的權力，正確處理「一國」與「兩制」的關係，在國家主權、安全和發展利益上毫不含糊、絕不妥協。2009 年，澳門特別行政區制定了《維護國家安全法》，落實《澳門基本法》23 條規定的憲制責任。正確處理好特區與中央的關係，得到中央的充分信任和大力支持，特區可以更好地發揮其優勢，令澳門在國家發展戰略中佔據更加有利的位置。

澳門實踐「一國兩制」的成功，得益於特區在重新納入國家治理體系的進程中，認同和擁護國家的核心價值，堅決維護國家憲制的秩序，嚴格按照基本法妥善處理特區政治體制的權力安排。《憲法》和《澳門基本法》共同構成了特別行政區的憲制基礎，維護憲法的權威，效忠基本法，正確處理《澳門基本法》中行政、立法、司法的關係，堅持以愛國者為主體的「澳人治澳」，是確保特區政治體制有序、有效運作的根本，也是確保特區政治穩定、經濟發展、社會和諧的根本。在管理特區內部事務時，主動配合國家發展戰略，積極融入國家發展大局，與內地優勢互補，協同發展，充分釋放「兩制」的優勢和潛力，發展經濟，改善民生，逐步解決影響社會穩定和長遠發展的深層次矛盾和問題。

澳門實踐「一國兩制」的成功，還得益於特區政治體制的自主性和權威性不斷增強。在治理結構中，政府、社會和市場各有分工，各司其職，逐步劃清三者之間的邊界，將各種利益納入制度化、程序化來相互競爭，才能增強政治機構的自主性和權威性，才能形成一個真正意義上的共同體。特區成立後，堅持行政主導，依法協調社會、市場之間的利益與關係，讓三個部門各自發揮所長，既維持了基本的政治秩序和政治穩定，又令政治體制的自主性和權威性不斷提高，特區的行政、經濟和社會運作效率有所提升。特別需要強調的是，近萬個民間社團組成了一個強大的網絡，在社會管理即基層治理方面發揮了非常積極的作用，提供基本社會服務，夯實愛國愛澳思想基礎，壯大愛國愛澳力量，促進社會和諧進步。

過去 20 年「一國兩制」的成功實踐，為新時代特區的發展創造了條件、奠定了基礎。新時代的特區，應該更加積極主動融入國家發展大局、助力國家改革開放、參與國家治理實踐、促進國際人文交流，更加將特區的命運與國家發展、民族振興有機聯繫起來，只有這樣，才能更好發揮「兩制」的優勢，也只有這樣，才能開創一個更加美好的明天。

（《人民政協報》評論版）

2019 年 12 月 19 日

護港興邦　旗幟鮮明
捍衛「一國兩制」

第十三屆全國人民代表大會第三次會議通過建立健全香港特別行政區維護國家安全的法律制度和執行機制的決議，受到海內外廣泛的關注。近年來，香港極少數人士內外勾結，大肆破壞香港法治，甚至不斷進行暴力恐怖活動，令香港政治、經濟、社會局勢每況愈下，不僅影響了香港的繁榮穩定，對國家主權、安全和發展利益也造成極大的危害，已經到了忍無可忍的地步，必須採取果斷行動和徹底措施，盡快彌補《香港基本法》23 條遲遲不能立法的國家安全漏洞，以防香港走向無底的深淵，繼而影響民族振興的偉大事業。

事實上，去年中共十九大四中全會通過的《中共中央關於堅持和完善中國特色社會主義制度推進國家治理體系和治理能力現代化若干重大問題的決定》已經作出決議，「建立健全特別行政區維護國家安全的法律制度和執行機制，支持特別行政區強化執法力量」。維護國家安全，是全面準確貫徹「一國兩制」方針的核心要素，是特區的憲制責任，也是每一個公民的應盡義務。香港 2003 年曾經就此展開討論，準備就《香港基本法》23 條立法，惜功敗垂成；2015 年香港政制改革，也因為反對勢力興風作浪而無疾而終，兩次錯失了機會，並從此走向了反中亂港的不歸路，從非法「佔中」、「旺角暴動」，到去年的「黑暴」，嚴重破壞和危害了香港的經濟、民生、社會、法治，對城市發展和市民生活造成極其負面的影響，並且不斷觸碰中央的底線。全國人大決定立法，實屬迫不得已，也勢在必行。

由全國人大來為香港國家安全進行立法，與《香港基本法》23條再行立法並不衝突。特區《基本法》衍生於國家《憲法》，某種意義上，23條立法也是一種授權，完全符合法治原則。香港法律學家陳弘毅日前指出，「在特區成立二十三年後仍未履行此基本憲制責任的情況下，由中央行使其權力去處理一些已在特別行政區存在的嚴重危害國家安全的情況，在情理上完全是可以成立的：因為國家安全立法保障的主要是中央或國家的利益，而不是特別行政區自身的利益」。因此，全國人大就健全香港特區國家安全立法，不僅不會影響特區的高度自治，因為國家安全法律只針對分裂、顛覆、滲透、破壞活動，與《基本法》23條「自行立法禁止任何叛國、分裂國家、煽動叛亂、顛覆中央人民政府及竊取國家機密的行為」並無二致，也不會影響到香港市民的個人自由和權利。相反，更加體現了中央對落實「一國兩制」的初心、決心和信心，體現了中央對保護700萬香港市民人身、財產安全和發展利益的關心和重視。全國人大通過此一決議時，人大代表超長的掌聲，真實反映出全國人民的集體意志。

回看澳門，政府和社會各界為促進澳門發展穩定做了大量工作，「一國兩制」實踐取得了很好的成績，我們要珍惜來之不易的社會和諧局面，鞏固社會的政治基礎。澳門一直與祖國同命運、共呼吸，有深厚的愛國主義傳統，澳門居民一向有濃厚的家國情懷，對「一國兩制」的理解也比較充分、完整，並且在2009年就《基本法》23條進行了立法，其後又成立了國家安全委員會，從認識和制度上做好了充分準備。立法十多年來，至今沒有援引國安法用於任何案件，防範作用顯而易見。今後，一方面，我們要更好地繼承和弘揚愛國主義傳統，不斷增強居民、特別是青少年的民族觀念和國家觀念，完善維護國家安全的機制；另一方面，也要居安思危，防微杜漸，絕不容忍任何挑戰「一國兩制」底線的行為，絕不容忍任何分裂國家的行為，防範、制止和懲治危害國家安全的行動。

「一國兩制」是中國人民智慧的結晶。港澳的穩定發展，也飽含着中華民族千百年的情感；「一國兩制」的實踐，更不應低估中國人民的智慧和力量。正如十九大報告所提出，「保持香港、澳門長期繁榮穩定，實現祖國完全統一，是實現中華民族偉大復興的必然要求」。香港不安寧，必然影響到兩個「一百年目標」的實現。作為港澳居民，應該深明其中的涵意，旗幟鮮明地捍衛「一國兩制」，把握正確方向，誠心誠意地踐行「一國兩制」，為特區添彩、為國家爭光。

（《人民政協報》03 版）

2020 年 6 月 2 日

深化對「一國兩制」的認識

近日，國務院新聞辦公室發佈了《「一國兩制」下香港的民主發展》白皮書，對香港回歸後的政治發展做了全面客觀的回顧，澄清了許多似是而非、長期被人利用的誤解，指明了走符合香港實際情況的民主發展道路的正確方向，也深化了我們對「一國兩制」的認識。

深化對「一國兩制」的認識，一定要放在中華民族的發展史上看。港澳曾經分別被英國和葡萄牙實行殖民統治，是西方列強入侵和封建統治腐敗、中國逐步成為半殖民地半封建社會的直接結果，也是國家蒙辱、人民蒙難的慘痛記憶。港澳分別被英國和葡萄牙實行殖民統治之後，中國人民奮起反抗，仁人志士奔走吶喊，進行了可歌可泣的鬥爭，抗日戰爭勝利後，甚至出現了港澳回歸的有利時機。但是，由於國勢衰落，港澳回歸祖國的願望還是沒有實現。改革開放後，中國取得偉大成就，並且創造性地提出了「一國兩制」的偉大構想，設立特別行政區，實行港人治港、澳人治澳、高度自治的政策，有效保持了香港澳門的長期繁榮穩定。

深化對「一國兩制」的認識，一定要放在中國共產黨的百年奮鬥歷程中看。正是中國共產黨領導中國人民經過浴血奮戰，發奮圖強，解放思想，取得了社會主義革命、建設和改革開放的偉大成就，國家逐步強盛、民族邁向復興，才有港澳的回歸，港澳居民才能當家作主。中國恢復對港澳地區行使主權，洗雪了中華民族百年恥辱，是中華民族改變命運走向的標誌性表現，是中國人的驕傲和自豪。

深化對「一國兩制」的認識，一定要放在中國的憲制秩序中看。港澳特別行政區是根據《憲法》設立的，港澳基本法的法理淵源也來自《憲法》，「一國」和「兩制」的邏輯關係非常清楚。沒有「一國」的基礎，就不存在「兩制」，中央依照《憲法》和《基本法》對特別行政區行使全面管治權、完善特別行政區同《憲法》和《基本法》實施相關制度機制的重大決策，推動建立健全特別行政區維護國家安全的法律制度和執行機制、制定《中華人民共和國香港特別行政區維護國家安全法》、完善香港特別行政區選舉制度，落實「愛國者治港」、支持特別行政區完善公職人員宣誓制度，理所當然，天經地義。澳門當循此原則，完善相關的制度和機制。也只有這樣，「一國兩制」的偉大事業才能行穩致遠。

深化對「一國兩制」的認識，一定要放在錯綜複雜的國際形勢中看。雖然隨着《國安法》的頒佈香港恢復了平靜，但樹欲靜而風不止，反對勢力不會那麼輕易善罷甘休。在這場偉大的鬥爭中，我們一定要堅定捍衛國家權力的正當性，堅定維護中央的權威、國家的主權、安全和發展利益，充分展示「一國兩制」的正確性和優越性。

深化對「一國兩制」的認識，還要結合港澳發展的實際情況。之所以在港澳地區實行「一國兩制」，在社會主義國家體制下維持港澳原有的資本主義制度「五十年不變」，實行與內地其他省市不同的社會制度，就考慮到了香港和澳門的歷史發展和現實情況。不過，隨着內地全面改革開放取得了巨大成就，各種發展的差距已經逐步縮小，而港澳必須融入國家的發展大局，積極參與國家發展戰略，才有可能取得更大的發展空間，更好發揮其發展潛力。因此，中共十九大提出了粵港澳大灣區發展戰略，為港澳納入國家治理體系和參與國家發展戰略搭建了平台，共擔國家富強的責任，共享民族復興的榮光。

我們要充分認識到這個任務的複雜性和艱巨性。特別是香港在回歸前的政改風波、回歸後發展中出現的一些問題，都需要時間來消化、解決和彌合。一方面，要聚焦自身建設，在經濟發展和民生方面取得更大的進步，令廣大市民有實實在在的獲得感；另一方面，在市民和特別是青少年中加強《憲法》和《基本法》的教育，加強對中華傳統文化的認識，加強對國家發展的了解，增強國家認同和民族認同，從根本上促進人心相通、人心回歸，才能回歸「一國兩制」的初心，才能履行「一國兩制」的使命。

「一國兩制」列入中共中央的決議，確定了港澳回歸在祖國統一、民族復興進程中的重大意義。香港民主發展白皮書的推出，有助於我們在思想上正本清源，在行動上撥亂反正，有序發展香港民主政治，達到更加均衡的民主參與。香港國安法的頒佈，恢復了香港的社會秩序和政治穩定；香港選舉法的修訂，確保了政治和行政運作的順暢和效率。我們相信，隨着中央全國管治權和「愛國者治港」、「愛國者治澳」的落實，香港和澳門將加速融入國家發展大局，在國家發展戰略中發揮更加積極的作用，「一國兩制」的偉大事業將步入更加健康發展的康莊大道，進入一個快速發展的嶄新時代。

（《人民政協報》03 版）

2022 年 1 月 11 日

行百里者半九十

澳門基本法推廣協會成立以來，一直團結澳門社會各界主動積極推廣《澳門基本法》，從普羅大眾喜聞樂見的基本法園遊會，到探索基本法理論和實踐的高端研討會，再到薪火相傳的基本法青年推廣大使培訓，扎實工作，凝心聚力朝着實現「一國兩制」的偉大目標前行。澳門在回歸之後取得舉世矚目的成就，澳門特區有今天和諧穩定的局面，跟澳門基本法推廣協會的不懈努力是分不開的。澳門基金會長期與澳門基本法推廣協會建立並保持密切合作夥伴關係，倍感榮幸。

今年是澳門回歸祖國 25 周年。特區成立的 25 年，也是堅定不移貫徹落實基本法的 25 年，是探索「一國兩制」實踐的 25 年。25 年後回頭看，我們發現，我們對「一國兩制」的認識更加深入清晰了，對「一國兩制」的理解更加全面準確了，「一國兩制」的理論更加豐富了，「一國兩制」的實踐也積累了相當的經驗。全面準確理解和執行基本法，特別是正確理解特區與中央的關係，全面納入國家治理體制、融入國家發展大局、「愛國者治澳」的原則深入民心，成為了澳門社會的普遍共識。粵港澳大灣區戰略不僅為港澳兩個特區搭建了全面融入國家發展大局的平台，也為港澳未來的發展拓寬了空間和格局。橫琴粵澳深度合作區和前海的開發，又成為了粵港澳大灣區建設的試驗田。

中共二十大提出以中國式現代化實現中華民族偉大復興的總目標，以高質量發展和高水平開放構建新發展格局，以新質生產力推動高質量發展和高水平開放。習近平總書記強調，港澳是中華民族偉大復興的重要組成部分，強國建設離不開港澳的長期繁榮穩定。作為中國開放程度和水平最高的兩個地區，在百年不遇的世界大變局中，港澳當應充分利用「背靠祖國、聯通世界」的特殊地位和「一國兩制」的特殊政策優勢，在國家發展戰略中發揮特殊的作用，作出獨特的貢獻。

要發揮特殊的作用、作出獨特的貢獻，首先，我們時刻要心懷「國之大者」，有非常明確堅定的國家立場，一切以國家利益為重，港澳的任何發展都要服務國家發展戰略和發展大局。其次，要做好自身的工作，發展經濟，改善民生，維護社會安定和諧，夯實社會的政治基礎，凝聚市民對特區和國家的向心力，提高市民對中華文化的自信心和民族的自豪感。第三，守正創新，充分發揮「一國兩制」的優勢。《澳門基本法》頒佈超過 30 年，國內外形勢已經發生了翻天覆地的變化，澳門也今非昔比，「一國兩制」的實踐已經進入了新時代，未來遇到的挑戰和問題無論是性質還是複雜性都不同以往，我們絕不能再抱殘守缺，一定要創新性地理解基本法，創造性地運用基本法，將「一國兩制」的優勢發揮到極致，為特區和國家發展作出最大的貢獻。

（澳門基本法推廣協會《澳門特別行政區成立 25 年周年紀念特刊》）

2024 年 4 月 30 日

全面構建「一國兩制」的理論體系

習近平主席在慶祝香港回歸祖國25周年大會暨香港特別行政區第六屆政府就職典禮上的講話，站在中華民族五千多年文明史和偉大復興的高度，既有深邃的歷史感，又有真切的現實感，為「一國兩制」偉大事業和港澳特別行政區的持續發展把舵定向，指路引航，令人倍受鼓舞，倍增信心，各界應該認真學習、深刻領會。習主席的講話，蘊含着厚重、科學、鮮明的歷史邏輯、理論邏輯和實踐邏輯，對港澳研究界也提出了新的要求。

他在講話中指出，「『一國兩制』在香港的豐富實踐給我們留下很多寶貴經驗，也留下不少深刻啟示。25年的實踐告訴我們，只有深刻理解和準確把握『一國兩制』的實踐規律，才能確保『一國兩制』事業始終朝着正確的方向行穩致遠」。

應該怎樣來總結、理解「一國兩制」實踐的寶貴經驗和深刻啟示，如何來把握規律？全面、系統、科學地回答這些問題，是擺在港澳研究界面前義不容辭的光榮而迫切的任務，也是我們的學術責任。

自從中央提出「一國兩制」方針以來，學術界不遺餘力地推動相關研究，在諸多領域取得了豐碩的成果，對促進「一國兩制」偉大事業貢獻良多。近年來，在港澳「一國兩制」豐富實踐的基礎上，學術界開始思考完整構建「一國兩制」的理論體系，但整體看來，這種意識還不夠強烈、不夠迫切，還沒有形成普遍的共識和有效的合力，全國港澳研究會作為全國性的研究團體，有責任扛起大旗，強化這方面的工作，協調研究力量，組建專門研究團隊或成立研究中心，在構建「一國兩制」理論體系方面起引導和主導作用，為「一國兩制」實踐提供更深厚的智力支持。

事實上，習主席的系列講話已經為「一國兩制」理論體系的構建指明了方向、畫出了藍圖，訂定了框架；港澳二十多年來的豐富實踐和港澳研究過去四十多年來取得的豐碩成果，也為「一國兩制」理論體系的構建提供了豐富的素材、奠定了堅實的基礎。借研究會年會這個平台，本人拋磚引玉，提出一些初步的想法供大家參考，請各位批評指正。

一、「一國兩制」理論的核心要義

習主席指出：「『一國兩制』是前無古人的偉大創舉。『一國兩制』的根本宗旨是維護國家主權、安全、發展利益，保持香港、澳門長期繁榮穩定。中央政府所做的一切，都是為了國家好，為了香港、澳門好，為了港澳同胞好。在慶祝香港回歸祖國20周年大會上，我曾經講過，中央貫徹『一國兩制』方針堅持兩點，一是堅定不移，確保不會變、不動搖；二是全面準確，確保不走樣、不變形。今天，我要再次強調，『一國兩制』是經過實踐反復檢驗了的，符合國家、民族根本利益，符合香港、澳門根本利益，得到14億多祖國人民鼎力支持，得到香港、澳門居民一致擁護，也得到國際社會普遍贊同。這樣的好制度，沒有任何理由改變，必須長期堅持！」

「一國兩制」的根本宗旨，就是「一國兩制」理論的核心要義。為甚麼要實行「一國兩制」？其意義、價值和作用在哪裏？習主席的講話辯證又生動地論述了「一國兩制」對國家和對港澳的重大政治意義，並且重申「兩個確保」，強調中央對此政策的堅持。他進一步指出，「一國兩制」經過實踐反復檢驗，符合國家和民族的利益，得到人民的擁護，得到國際社會的普遍贊同，是一個好制度，「沒有任何理由改變，必須長期堅持」，從政治上為「一國兩制」定了基調，為堅定不移、全面準確地實行「一國兩制」政策提供了指南針，注入了強心劑。

「一國兩制」是中央為祖國和平統一、民族偉大復興大業制定的大政方針，目前在港澳實施，但它從根本上是全國性政策，因為「一國兩制」在港澳的成功實踐是中華民族偉大復興的重要組成部分，不僅僅港澳居民要遵守，全國人民都要遵守。這是基本的政治認識，也應該從理論上解釋清楚，逐步拉近以至最終消除港澳同胞和內地居民的心理距離，減少相互間的認知差距，同心同德同向，朝着同一個目標前進。

二、「一國兩制」理論的中心內涵

要構建「一國兩制」理論體系，就要追溯其來龍去脈，尋找其思想源泉。其思想源泉，構成了理論的中心內涵。

首先，是中央「一國兩制」方針的決策背景、過程和中心思想，其中包括中央的一系列文件和中央領導人的一系列講話。港澳回歸祖國是國家大事，中央歷年來出台了很多文件或者在文件中提及港澳，中央領導人也在不同場合發表了相關講話。這些文件與講話雖然時間與場合不同，但是，思想卻是連貫的，政策是一致的。這是理論的原點和起點。只有對這些文件與講話作出系統梳理、全面解讀與準確理解，才能找準研究的方向，發掘研究的價值和意義，理論的基礎才牢靠。

其次，是《憲法》和《基本法》，包括當年修改《憲法》和起草《基本法》的背景、過程和一系列相關文件。修改《憲法》和起草《基本法》，是從法律和制度上落實中央方針政策的重大舉措。《憲法》和《基本法》是港澳特別行政區的制度基石，也是「一國兩制」理論的制度淵源。全國人大成立香港、澳門基本法起草委員會和諮詢委員會，廣泛吸納港澳各界人士參與，廣泛聽取港澳各界人士的意見，以制定符合國家根本利益、適應港澳現實情況的法律，足見中央對港澳回歸祖國和特區發展的高度重視。

第三，是港澳特別行政區過去二十多年的實踐經驗。港澳回歸二十多年來，走過了極其不平凡的歷程，取得了舉世公認的成就，同時也積累了不少經驗教訓，帶給我們很多啟示。其中，有港澳社會本身結構性、深層次的問題，也有港澳與內地之間兩種制度磨合調適的問題。無論是香港政制發展還是兩地經濟融合，無論是基建設施的銜接還是社會民生的合作，有些問題順利解決了，有些問題很艱難才解決，有些問題還有待解決。解決問題過程中，不無歧見和爭議，有些是認識上的差距，有些是制度上的不同。「一國兩制」是沒有前人經驗可以借鑒的，不同制度的接軌、不同規則的對接，並讓其發揮各自最大的優勢，需要在實踐過程中逐步摸索。兩個特區二十多年的實踐，為「一國兩制」理論體系的構建提供了相當豐富的素材，也加深了我們對港澳特區的理性認識以及對港澳問題的科學理解。

三、「一國兩制」理論的基本問題

在一個國家實行兩種不同的社會制度，是前所未有的創舉，需要在實踐過程中不斷探索，不斷總結經驗，不斷提高認識，不斷向前推進。隨着「一國兩制」實踐的深入推進，遇到的新情況、新問題也會愈來愈多。歸結起來，大概有以下幾個方面：

首先，是政治認識方面。正如習主席所說，「一國兩制」方針是一個完整的體系，必須全面準確貫徹。「維護國家主權、安全、發展利益是『一國兩制』方針的最高原則，在這個前提下，香港澳門保持原有的資本主義制度長期不變，享有高度自治權。社會主義制度是中華人民共和國的根本制度，中國共產黨領導是中國特色社會主義最本質的特徵，特別行政區所有居民應該自覺尊重和維護國家的根本制度。」只有堅定「一國」的原則，才能更好發揮「兩制」的優勢。這是政治原則、政治立場和價值取向的根本問題。「兩制」共生共存，合作互補，資本主義制度下的港澳特別行政區在社會主義制度下的中國順暢有效運作，是重大的理論問題，也是重大理論創新與實踐突破。

其次，是管治權力及法律制度認知方面。習主席對此作出了權威的闡釋：「必須堅持中央全面管治權和保障特別行政區高度自治權相統一。香港回歸祖國，重新納入國家治理體系，建立起以『一國兩制』方針為根本遵循的特別行政區憲制秩序。中央政府對特別行政區擁有全面管治權，這是特別行政區高度自治權的源頭，同時中央充分尊重和堅定維護特別行政區依法享有的高度自治權。」他還指出，「特別行政區堅持實行行政主導體制，行政、立法、司法機關依照基本法和相關法律履行職責，行政機關和立法機關既相互制衡又相互配合，司法機關依法獨立行使審判權」。同時，在落實管治權主體方面，他強調，政權必須牢牢掌握在愛國者手中，必須落實「愛國者治港」的原則，行政長官是治理香港的第一責任人，並且要求特區政府「完善治理體系，提高治理能力，增強治理效能」，確保香港長治久安。

第三，是經濟融通和優勢互補方面。一方面，香港「背靠祖國、聯通世界，享有得天獨厚的顯著優勢，香港居民很珍視，中央同樣很珍視」。因此，「必須保持香港的獨特地位和優勢」，「鞏固國際金融、航運、貿易中心地位，維護自由開放規範的營商環境，保持普通法制度，拓展暢通便捷的國際聯繫」，並服務於國家的根本長遠利益；另一方面，積極融入國家發展大局，主動對接「十四五」規劃、粵港澳大灣區建設和「一帶一路」高品質發展等國家戰略，擴大發展空間和格局，補足本身發展的短板，更好地釋放自身的優勢、創造力和發展活力，從而「不斷增強發展動能」，共享國家快速發展的紅利和榮光。

第四，是文化意識和教育導向方面。習主席說，「中華民族五千多年的文明史，記載着華夏先民在嶺南這片土地上的辛勤耕作。鴉片戰爭以後的中國近代史，記載着香港被迫割讓的屈辱，更記載着中華兒女救亡圖存的抗爭。中國共產黨團結帶領人民進行的波瀾壯闊的百年奮鬥史，記載着香港同胞作出的獨特而重要的貢獻。有史以來，香港同胞始終同祖國風雨同舟、血脈相連」。他還強調，「香港的根本利益同國家的根本利益是一致的，中央政府的心同香港同胞的心也是完全連通的」。習主席強調香港在中國革命、建設和改革開放中的貢獻、香港與內地一脈相承的文化淵源以及同呼吸、共命運的關係，我們應該從增強港澳同胞民族認同和國家認同方面去理解。香港近年發生的社會風波，與港英政府撤退前以「借來的空間，借來的時間」迷惑部分港人去國家化、去民族化有莫大的直接關係。如何加強愛國主義教育，增強港澳同胞、特別是青少年的民族歸屬感、國家自豪感和文化自信心，消除文化隔閡，建立以愛國愛港、愛國愛澳為核心、同「一國兩制」方針相適應的主流價值觀，建立新的價值共同體，是構建「一國兩制」理論必須考慮的一個基本問題。

第五，是社會民生方面。習主席指示特區政府要「切實排解民生憂難」。「當前，香港最大的民心，就是盼望生活變得更好，盼望房子住得更寬敞一些、創業的機會多一些、孩子的教育更好一些、年紀大了得到的照顧更好一些」，並要求特區政府「拿出更果敢的魄力、更有效的舉措破難而進，讓發展成果更多更公平地惠及全體市民」。在香港現行制度下，如何在人民至上和資本追求最大利潤之間取得平衡，將再分配作為促進增長、減少社會分化的手段，是一個重大的挑戰。但必須迎難而上，凝聚共識解決這個問題，才能更好團結社會各界力量，「共同維護和諧穩定」，「排除一切干擾聚精會神謀發展」。另一方面，盡快融入國家發展大局，積極參與大灣區建設，擴大廣大居民生活、就業和創業的空間，也有助於解決香港現存的社會民生問題和矛盾。港澳情況有所不同，具體問題解決的方法也不完全一致，但方向、目標是一致的。

四、「一國兩制」理論的作用

所謂理論，是一套論證過的概念體系，是一種判斷、一種解釋，提供人們思考問題的路徑。任何理論的成立，不僅僅是知識的整合，也不僅僅是對常識性謬誤的排除，必須闡明其歷史邏輯，經過實踐的檢驗，不斷歸納、演繹，循環推進，並有運用的價值。構建「一國兩制」理論，目的是要從學理上解釋清楚「一國兩制」為甚麼能夠在港澳的實踐中取得成功並為未來的實踐取得更大的成功提供知識的支持。理論的構建也是學科知識的豐富，「一國兩制」理論是政治學理論的創新和突破，要爭奪學術話語權，在政治學領域獨樹一幟，佔一席重要的地位。

習主席五年前就指出，「『一國兩制』是歷史遺留的香港問題的最佳解決方案，也是香港回歸後保持長期繁榮穩定的最佳制度安排，是行得通、辦得到、得人心的」。通過和平談判解決歷史遺留下來的問題，香港順利回歸祖國，為不同國家解決爭端和糾紛提供了成功的典範。回歸後，香港「為祖國創造經濟長期平穩快速發展的奇跡做出了不可替代的貢獻」，「戰勝各種風雨挑戰，穩步前行」，「香港同胞實現當家作主，實行『港人治港』、高度自治，香港真正的民主由此開啟」。事實上，「一國兩制」在港澳的成功實踐，不僅是港澳、國家的榮耀，更為人類文明進步貢獻了中國智慧。這一切，都需要從理論上給予科學總結和解說，並指導未來的實踐走向更大的成功。

概括而言，「一國兩制」理論的作用至少應該說明並指導如下幾個方面：

首先，在社會主義制度下，可以維持部分地區的資本主義制度並順利運作，其中需要闡明「一國兩制」在中國憲政制度下內在的哲學依據、思想內涵與邏輯基礎。落實中央的全面管治權不等於放棄「港人治港」、「澳人治澳」的原則，納入國家治理體制也不等於放棄高度自治的原則。反之亦然。事實上，香港仍然保持普通法制度，澳門也有自己的法律體系，港澳司法機關依法獨立行使審判權。全面融入國家發展大局，並不意味着港澳要放棄自身的特殊地位和優勢，相反，在國家發展戰略這個大舞台上，港澳的特殊地位和優勢將更為凸顯，也將得到更好的發揮。

其次，在「一國兩制」下，實行「港人治港」、「澳人治澳」、高度自治，能夠更好地展現港澳特區的特殊優勢，能夠更加充分發揮港澳同胞的積極性和能動性，特別行政區能夠在中華民族偉大復興的進程中扮演更加關鍵的角色、發揮更加重要的作用。我們相信，隨着香港國安法的實施和香港社會秩序的全面恢復，隨着香港選舉法的修訂和「愛國者治港」原則的全面落實，隨着港澳全面納入國家治理體系和全面融入國家發展大局的推進，隨着「十四五規劃」、「一帶一路」、粵港澳大灣區建設的全面展開，港澳在國家發展戰略中的角色會愈來愈關鍵、功能愈來愈明顯、價值愈來愈重要，香港自身的發展也將深得其利，進入一個飛躍期。

第三，充分利用粵港澳大灣區平台和建設契機，促進兩種制度的有序對接和融合，促進港澳特區與內地省市的全方位聯動交流合作，加深港澳同胞和內地居民之間的相互認識、了解、理解和尊重，增進彼此間的感情聯繫。同時，在港澳加強中華傳統歷史文化的傳播和教育，建立正確的港澳歷史敘事，樹立港澳同胞的正確國家觀和世界觀，不斷增強港澳同胞、特別是青少年的民族和國家認同感，逐步形成共同的價值觀，是香港由亂及治、由治及興的關鍵，也是港澳未來穩定繁榮、長治久安的關鍵，只有這樣，港澳同胞才能與全體中國人民一道，同心同德同向為構建中華民族共同體和人類命運共同體作出更大的貢獻。

五、結語

習近平主席這次視察香港，選擇便捷高效的高鐵兩次來回深圳和香港之間，體現了香港與內地密不可分的關係。兩天兩次來回，也象徵了香港的第二次回歸。香港從舊秩序走向新制度，從形的回歸到形神一致的回歸，經歷了不少風風雨雨，終於浴火重生，並將進入一個騰飛的大時代，未來可期。

在這個過程中，有困難、有挑戰，也有覺醒、有感悟。魯迅說過：「地上本沒有路，走的人多了，也便成了路。」「一國兩制」是前所未有的創舉，二十多年在港澳的實踐，也逐漸走出了一條符合國情和區情的道路。「路」已經走出來了，「道」還要說清楚，這就是理論的構建。說清楚了「道」，「路」會走得更順暢。當然，「道」和「路」一樣，要走的人多了才能成為「道」。「一國兩制」理論的構建，需要港澳研究界齊心合力，長期探索，久久為功。理論構建好了，必將更加有利於增強人們的道路自信和制度自信。作為港澳研究者，我們一定要不負這個時代。

（在全國港澳研究會「兩個大局與港澳新發展」2022 年學術年會上的主旨發言）

2022 年 7 月 19 日

提升特別行政區全面治理能力

中共二十大的召開，舉世矚目，對中國未來的發展和世界格局的走向都將產生廣泛而深遠的影響。我們一定要認真學習二十大會議的精神，深刻領會「兩個確立」和過去10年完成的三件大事的重要意義，充分理解中國式現代化的深邃內涵。

習近平總書記在二十大報告中再次強調，港澳特區是中華民族偉大復興的重要組成部分，「一國兩制」是保持港澳特區長期穩定繁榮的最佳制度安排，要堅定不移貫徹「一國兩制」方針政策。中國共產黨章程還將「一國兩制」寫進了修正案。今年兩會閉幕式上，習近平總書記還指出，強國建設，離不開港澳的長期繁榮穩定。最近的機構改革，還成立了中央港澳工作辦公室。這不僅僅大大增強了港澳居民的信心，對港澳特區來說，更是一種鞭策。港澳特區積極主動納入國家治理體系，全面融入國家發展大局，落實愛國者治港、治澳原則，發展經濟，改善民生，破解社會深層矛盾和問題，是擺在我們面前的緊迫任務。要完成這個歷史任務，就必須提升治理能力和管治水平。

為此，本人想圍繞港澳特區發展的四大方向談談自己在這方面的思考，請大家批評指正。

首先，納入國家治理體系。港澳回歸祖國後，已經成為中華人民共和國的一部分，納入國家治理體系是必由之路。雖然港澳特區按照《基本法》實行「一國兩制」，但是，港澳特區同樣要遵守《憲法》和國家的憲制秩序，尊重國家政權，維護國家的主權、安全和發展利益。這就要求港澳特區不僅僅要完善相關法律制度，還要配套相關的組織架構，嚴格執行制度。也只有這樣，港澳特區才能長治久安。港澳先後修訂國家安全和完善選舉的相關法律，行政、立法的關係大為改善，立法效率明顯提高，司法系統對《基本法》的理解也更加深入、系統、全面，良政善治的宏觀局面已經形成。

其次，落實「愛國者治港」、「愛國者治澳」的原則。港澳特區的政權和政權機關只有牢牢掌握在忠誠、擔當、有能力的愛國者手中，相關的法律制度和組織架構才能真正發揮作用，「一國兩制」才能不變形、不走樣，特區的政治、經濟、社會運轉才能順暢和有效率。落實「愛國者治港」、「愛國者治澳」的原則是必由之路。這就要求港澳特區在培養、選拔和任用方面有一套完整的制度，確保全面、準確落實「一國兩制」的方針政策，確保「一國兩制」的偉大事業後繼有人，薪火相傳。培養、選拔既有堅定的民族觀念和國家意識，又有領導才幹和專業管理能力的人才並不拘一格知人善用，以應對日益複雜的內外形勢和工作任務，是未來落實「愛國者治港」、「愛國者治澳」原則面臨的挑戰。

第三，全面融入國家發展大局。港澳回歸祖國後，成為國家發展戰略的重要組成部分，全面融入國家發展大局是必由之路。一方面，要充分發揮好其特殊地位和特殊優勢，更好地服務國家發展戰略，共擔民族復興的責任；另一方面，分享國家快速發展的成果和國家富強的榮光，促進特區自身的發展。這就要求港澳特區採取必要的政策措施，充分挖掘、展示自身的優勢和潛力，更加積極主動對接粵港澳大灣區發展戰略和「一帶一路」倡議，深度參與前海和橫琴合作區的開發建設，尤其是港澳兩個特區應該聯手合作，取長補短，集聚優勢，協同發力，既為國家新時代的改革開放貢獻力量，也為自身的可持續發展尋找新的動力和更大的活力。「一國兩制」在港澳的成功實踐，更為兩岸和平統一作出示範。

第四，遵循上述三條必由之路，擴大發展格局和空間，積極有為，補足短板，化解社會深層矛盾和問題。只有專心致志發展經濟，改善民生，解決市民的就學、就業、置業、創業和醫療衛生、社會福利等關乎居民切身利益的問題，令市民幼有所學、壯有所業、病有所醫、老有所養、家有所居，特區才能繁榮穩定。特區理順行政、立法、司法關係，合理重塑政府職能和架構，全面提高管治能力，體察民情，科學列出問題清單，實事求是制定相應政策，避免議而不決、決而不行，切實有效解決好自身的社會問題，讓市民安居樂業、有更多的獲得感，保持和諧的社會環境，是參與中國式現代化和民族偉大復興的基礎。全面納入國家治理體系、納入國家發展大局、落實「愛國者治港」和「愛國者治澳」的原則，擴大發展格局和空間，加強發展動力和能力，增強決策的科學性以及法律和政策的執行力，有利於解決自身的矛盾和問題。

一直以來，國家都極其關心支援港澳地區的發展，特別是回歸以來，無論是亞洲金融風暴、「非典」、2017 年風災還是近年的新冠疫情，中央都給予了無條件的支持。粵港澳大灣區發展戰略推出之後，中央更對港澳居民特別是青少年在大灣區就學、就業、創業等採取了一系列鼓勵和便利措施，構建平台和創造條件令其更好融入國家發展，增強青少年民族觀念和國家認同。另一方面，港澳地區在國家近現代化、特別是改革開放進程中，也發揮了獨特的作用，作出了特殊的貢獻。我們相信，在新時代背景下，港澳特區一定能夠與時俱進，審時度勢完善自身的制度，着力提升政府和社會治理的能力和水平，以嶄新的姿態，積極納入國家治理體系和融入國家發展大局，發展經濟、改善民生，維持社會和諧穩定，彰顯自身的獨特價值，以實踐證明，在社會主義國家也可以有部分地區成功實行資本主義制度，創造人類文明的新形態，為實現中國式現代化的宏偉目標、為中華民族的偉大復興、為構建人類命運共同體作出更大的貢獻。

（在全國港澳研究會「學習貫徹黨的二十大精神，推動『一國兩制』行穩致遠」專題研討會上的發言）

2023 年 4 月 10 日

夯實「愛國愛澳」政治基礎
成功實踐「一國兩制」

今年是中華人民共和國成立 75 周年，也是澳門回歸祖國 25 周年。特區成立以來，澳門整體上經濟快速發展、社會和諧穩定，在實踐「一國兩制」上取得了喜人的成就，舉世矚目。

在回歸前，澳門的本地生產總值已連續四年錄得負增長，1999 年的經濟總量更倒退至 1993 年的水平，再加上澳葡當局當年為特區政府留下的所謂「財政滾存」大多只是債權，公共財政基礎十分薄弱，使得澳門特區創建起點頗低。在 2000 年開放電訊業的經驗之上，特區政府決定結束博彩業的壟斷經營並適度開放，加上中央政府適時推出 CEPA 和內地居民個人遊措施，一度困擾澳門回歸最初幾年的失業和市道沉寂問題很快獲得解決，帶動澳門經濟的第二次騰飛，也讓特區政府有更充實的財政改善民生，提升居民整體的生活素質，形成具有澳門特色「一國兩制」的成功實踐。

回歸 25 年來，「世界旅遊休閒中心」的地位日益鞏固，澳門經濟的韌性有所增強，已獲國際組織認可為發達經濟體。與 1999 年比較，澳門在 2019 年的經濟總量實質增長 3.94 倍；2023 年的總量仍為 1999 年的 3.15 倍；總體失業率從 2000 年第二季度的 7.1% 高峰回落至 2024 年第二季度的 1.7%，回復疫情前「全民就業」的狀態。在改善民生的過程中，形成對教育、社會保障和房屋供應等的長效機制。全澳中小學通過澳門基金會和教育基金的資助得以擴建或重建，並成為大中華地區第一個實現 15 年免費教育的城市。特區政府先後推出「敬老金」、「現金分享」和建立雙層式社會保障體系，並從細節出發，推出醫療補貼計劃、長者安裝假牙計劃、長者免費乘車、學生乘車優惠、學生享用免費的牛奶和豆奶、水電費補貼計劃等措施。為了紓緩居民的住房需求，特區政府大力推動公共房屋（香港稱公營房屋）建設，從 2001 年到 2024 年 7 月已累計建成 26,534 個單位，規劃或在建的也有 16,582 個單位，以低收入住戶為對象的社會房屋（類似香港的公共租住房屋）供應問題接近徹底解決，可以滿足居民在一段時期對自置房屋的需求。

這一系列亮麗成績的背後，全賴中央的大力支持和全體澳門居民的努力。特區初創時，澳門特區政府高舉愛國主義旗幟，號召全體居民同心同德，同舟共濟，共克難關，並且在過程中注意與居民分享發展的成果，讓居民獲得努力奮鬥所應得的回報，因此得到了居民的支持和配合，使「愛國愛澳」成為了創建澳門特區的主旋律和建設澳門特區的主流力量。在「愛國愛澳」精神的引領下，澳門不但創造了經濟發展的奇跡，也讓全體居民同心一致，克服 SARS、「天鴿」和「山竹」風災、外部勢力的衝擊圖謀，以及最近的新冠病毒疫情。

在我看來，「愛國愛澳」的政治基礎得以夯實，是基於四個決定性因素。

一是政治引領。澳門一向與祖國血脈相連，同呼吸，共命運。早在 1960 年代，澳門已有傳達中央重大決策和人大、政協兩會精神的傳統，回歸後逐漸形成恆常機制。通過精神傳達、座談會、宣講會等，讓社會各界及時和深入了解、掌握國家重大決策的背景、內容和目的，統一思想認識，並通過報告會議情況，公開、透明地接受社會各界的建議和監督，以最廣泛、最直接的方式讓澳門特區居民中的中國公民參與國家事務和治理實踐，結合「一國兩制」方針貫徹全過程人民民主，並藉此促進澳門融入國家發展大局，增強澳門居民的民族觀念和國家意識。在澳門特區的層次，堅持並完善「愛國者治澳」原則，通過修訂《行政長官選舉法》、《澳門特別行政區立法會選舉法》、《就職宣誓法》等法規，把公職人員資格審查的判斷標準具體化，強調宣誓效忠的嚴肅性和法律後果，使「愛國愛澳」的政治引領貫徹到具體履職。

二是文化滋潤。澳門在國家發展戰略中有許多特殊的優勢，其中最重要、最具價值、最能作出貢獻的就是文化。澳門作為促進東西方文明對話的交流平台，由舊城區核心內 22 座建築和 8 個廣場前地組成的「澳門歷史城區」在 2005

年榮獲聯合國教科文組織列入《世界文化遺產名錄》而獲得國際社會的充分肯定。自回歸以來，澳門學術界不斷努力，很快將歷史話語權牢牢掌握在自己手中；澳門的學校、社團機構在教育、文化部門和澳門基金會的組織下，長期舉辦各式各樣的文化交流活動，近年為建設「以中華文化為主流，多元文化共存的交流合作基地」而着重培養青少年加深對民族的歷史文化和國家最新發展的認識，推動澳門居民與內地居民密切交流交往，例如舉辦「澳門青年人才上海學習實踐計劃」、「港澳大學生文化實踐活動」、「澳門青少年學生航天科普交流活動」等，加深他們對國家發展、民族文化、地域風情等的認知和了解，增進澳門與內地省市青年的情誼。「澳門中學生歷史知識競賽」和「歷史文化大使培訓計劃」等品牌項目，也為增強青少年的家國情懷產生積極的影響。在 2023 年 8 月成立的澳門文化界聯合總會，以團結文化界愛國愛澳力量、對接國家政策和項目、推動澳門文化藝術人才培養與文化藝術事業高質量發展為使命，弘揚和傳播中華優秀文化藝術，加強與祖國內地合作，促進國際人文交流。

三是社會關愛。由於回歸前公共服務的提供基礎薄弱，使澳門的社團組織擔當起互助自助的角色，直接促成澳門社會形成守望相助、和衷共濟的優良傳統和社區精神。澳門的民間社會非常活躍，已形成涵蓋坊眾、勞工、商人、婦女、學生、葡萄牙後裔族群、新移民群體以至不同文化和宗教背景的社會組織網絡，是社會正常運作的微血管。現時的澳門社團向廣大居民提供包括養老、康復、家庭、文康、社區以至醫療、教育等多元化的社會服務，也成為動員志願者、凝聚居民向心力的重要媒介，是提供公共產品、維護社會和諧穩定、配合政府施政的基礎力量。志願服務一直以來是澳門公益社會服務的重要組成部分，在重大的自然災害和疫情等事件中扮演協助政府、扶助居民的角色，在營造澳門厚德盡善的人文精神風貌、凝聚居民團結一致共度時艱以及在非常時期推動澳門社會早日回復正常有顯著的貢獻。

四是財政支持。澳門特區政府對社團機構提供的各項服務以及舉辦的各項有利於推動社會發展和進步的項目和活動，都根據「擇優審批」的原則給予財政支持。其中，澳門基金會是澳門特區在承擔社會發展資助方面佔額最大的公共機構，在 2023 年度共批給 2,162 個項目的資助申請，並向 12,760 人次發放各類型的獎學金和獎勵，總批給金額約 9.3 億澳門元；此外，主辦、合辦或與相關機構合作開展 120 多個活動或項目，促進文教發展、社會進步。澳門基金會大力投放資源改善澳門的教育、醫療和社區基礎設施，大大提高了向居民提供的各類社會和社區服務的水平和質量。通過籌設澳門科學館、推動文史資料整理、出版、研究和「澳門學」學科建設、舉辦慶祝澳門特區成立周年活動計劃、派送「澳門基金會福包」等，充分體現了澳門社會同心同德、共同建設美好家園的精神面貌，鞏固居民的家國情懷，促進和諧社會氛圍的形成。近期又推出「澳琴情懷資助計劃」，創造條件讓澳門居民認識橫琴粵澳深度合作區的發展現況，同時提振澳門特區的社區消費，發揮兩地聯動效應。通過發放資助和開展自身活動並行的多重形式，澳門基金會的工作在達至政府與民間社會彼此互補、通力協作，提升居民福祉、服務澳門社會，共同推動澳門社會不斷進步方面都取得一定的積極成效，一些項目還為民間社會展開具長遠社會效益的活動提供了有用的工具和指南。

舉甚麼旗，走甚麼路，是根本性的政治方向和思想認識問題。澳門回歸祖國後秉承「愛國愛澳」的優良社會傳統，並將其發展成為澳門社會價值觀的主流，從政治引領、文化滋潤、社會關愛和財政支持多方面不斷夯實「愛國愛澳」的政治基礎，緊跟國家發展步伐，引導澳門居民積極融入國家發展大局，豐富「一國兩制」的實踐，促進特區各項事業的進步。我們相信，有了更好的思想基礎和經濟條件，澳門將進入一個全新的發展期，只要進一步解放思想，轉變觀念，按照中共二十大三中全會的精神深化改革開放，充分釋放「一國兩制」的優勢，特別是在國家對外開放中發揮更大的作用，一定會建設成為國際大都市，為中國式現代化和民族復興貢獻更大的力量。

（在「慶祝中華人民共和國成立 75 周年紫荊文化論壇」的發言）

2024 年 8 月 26 日

七

何以澳門

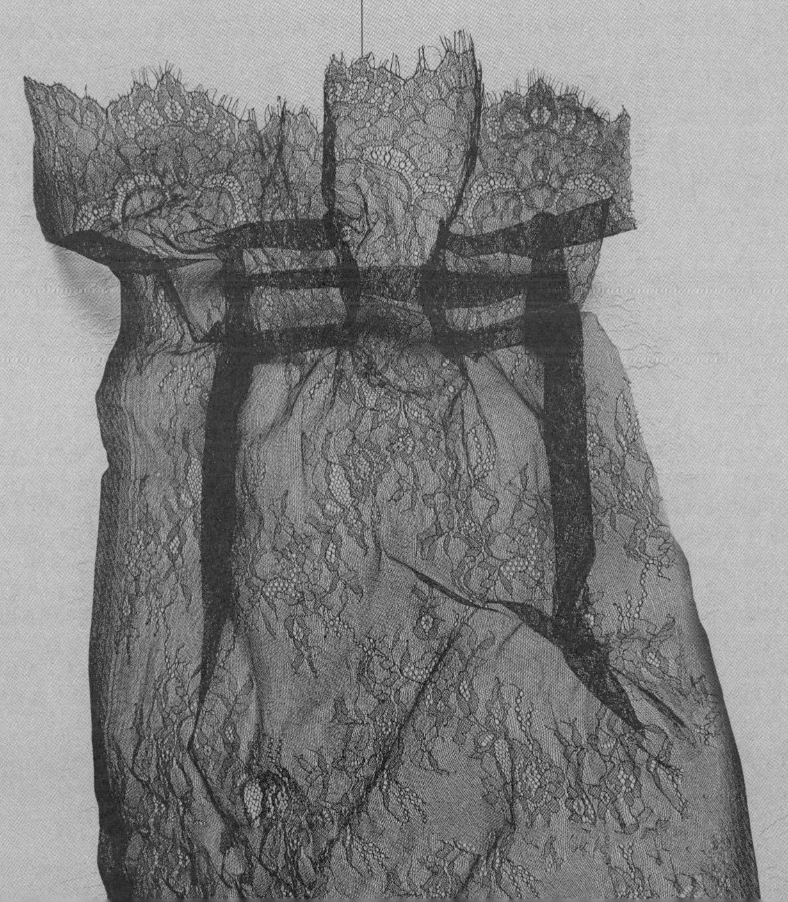

澳門歷史話語權的回歸

澳門歷史研究近30年來的進步，有目共睹，在國內外學界也備受關注和讚賞。澳門公共機構和社會團體聯合外地研究力量，不僅收集、整理、出版了大量的檔案、文獻史料，為廣大研究者提供了極大的方便，為未來更深入、全面、系統的研究提供了必要條件，研究成果量的增加和質的提升以及研究隊伍的不斷壯大，也令澳門歷史研究取得了前所未有的飛躍，特別在研究深度和廣度的拓展以及在諸多向來極具爭議問題上學術觀點的交集、接近方面，進展令人欣喜。[1]

不過，在我看來，澳門歷史研究最值得稱頌、最值得驕傲、最具深遠意義的成就，是澳門歷史話語權的回歸，是澳門學術自主性的初步確立。

1 詳見金國平、吳志良：〈挖掘原始檔案文獻、重現澳門歷史原貌〉，《鏡海飄渺》，澳門：澳門成人教育學會，2001 年，第 1-13 頁；金國平、吳志良：〈澳門歷史研究述評〉，原載《史學理論研究》，北京：中國社會科學院世界歷史研究所、近代史研究所、歷史研究所，2002 年 1 月，第 43-54 頁；後收入金國平、吳志良：《東西望洋》，澳門：澳門成人教育學會，2002 年，第 1-21 頁。近年的成果包括吳志良、金國平、湯開建主編：《澳門史新編》（三卷本），澳門基金會，2008 年；吳志良、金國平、湯開建主編：《澳門編年史》（六卷本），廣州：廣東人民出版社，2009 年；澳門基金會、葡萄牙外交部檔案館、廣東省立中山圖書館、澳門大學圖書館編：《葡萄牙外交部藏 葡萄牙駐廣州領事館檔案》（清代部分 · 中文）（共十六冊），廣州：廣東教育出版社出版，2009 年；Rui Martins (Dir.),「DITEMA - Dicion rio Tem tico de Macau」（《澳門專題史詞典》，四卷本）, UNIVERSIDADE DE MACAU, 2010；廣西師範大學出版社編：《美國駐中國澳門領事館報告（1849 —— 1869）》，桂林：廣西師範大學出版社，2012 年；以及一批較高水平的個人專著。

一

所謂「話語」，從本質上探討是人類在獲得知識的最終成果過程中，誰主導獲得知識的地位，即構成話語權的取得，當中涉及表達和參與兩個方面。從澳門史學史的發展歷程觀察，歷史知識的取得及其解釋從過去由澳門境外學者主導，逐漸轉變為由澳門本土學者主導，研究的主體也轉向澳門內部社會的演進，實現了歷史話語權回歸本地，換言之，澳門本土研究力量的日益壯大，其表達和參與的頻率增高、深度和廣度加大以及對澳門本身關注度的日益加強，導致了量變產生質變的最終結果。

眾所周知，澳門歷史研究最早是圍繞中葡主權治權之紛爭而展開的，因此，澳門歷史研究從一開始就染上了極其濃厚的民族主義色彩。中葡兩國政治家、史學家對澳門歷史的敘事與解釋長期存在巨大的分歧，在許多重大問題上甚至南轅北轍，澳門歷史研究的核心內容也長期受限於政治史、中葡外交史、中外交通史的主線而無法轉向本地社會內部演進的研究，無法確立「以澳門本身為主體的研究路徑」[2]，澳門本土知識體系及其解釋體系一直無法形成[3]。澳門歷史的話語權也猶如其外向型經濟那樣隨波逐流，一直為外部因素所主導。

話語權之回歸，首先是研究人員主體的本地化。20 世紀 70 年代中，澳門的政治法律地位得以明確，澳門社會各界，特別是逐漸成形的知識界，不斷努力尋求確立澳門自身個性的必要手段和途徑。同時，隨着居民教育水平的日漸提升，特別是高等教育的普及和攻讀碩士、博士人數的不斷增加，以及當局在高等教育和學術研究上的投資大幅增加，願意潛心從事歷史研究的本地學者和人士也日漸增多，三四十年後終於發展成為澳門歷史研究的中流砥柱。而本地學者的研究重心，自然地指向本土社會。

其次，是研究課題和研究成果的本地化。在過去 30 年間，澳門基金會和

---

2 參見鄧正來：〈序言〉，吳志良：《澳門政治制度史》，廣州：廣東省出版社集團、廣東人民出版社，2010 年，第 10-17 頁。

3 吳志良：〈作為本土知識體系而構建的澳門學〉，《澳門學引論——首屆澳門學國際學術研討會論文集》，北京：社會科學文獻出版社，2011 年，第 7-9 頁。

其他機構均不遺餘力地投入推動、資助和組織史料以及研究成果的挖掘、整理和出版的工作中，並且在確定研究課題時，更多地考慮本土視角，逐漸將焦點轉向對澳門內部社會演變的考察。本地學者通過大量的研究成果，逐漸掌控了歷史研究的解釋權。隨着挖掘整理檔案史料不斷深入，一些過去被學術界忽視的材料，例如口述歷史、實物史料和圖像史料，亦引起澳門歷史學者的興趣和關注，相關的嘗試和成果已初見端倪，更大規模的研究已經展開。口述歷史、實物史料和圖像史料不但彌補文獻史料的空白和不足，也是論證文獻史料真偽的有力途徑。而這些元素最豐富的地方，就在能取得第一手歷史體驗、歷史參與人數最多和最集中的澳門，從而更加強化了澳門歷史研究的本土性。

再次，聚焦澳門內部社會變遷研究，史觀分歧逐漸拉近。這不但是本土歷史話語體系建立的前提，也是確立本土歷史話語體系的必要進程。最近 30 年來，澳門的公、私機構對中國和葡萄牙以及其他國家有關澳門的檔案史料整理和翻譯做了大量的工作，並出版了不少成果。澳門歷史檔案資料的最大特點在於數量大、語種多、收藏地分散。雖然礙於時間和空間的種種局限，即使對其他語種以及散佚於世界其他國家和地區的相關檔案還未能全面、系統地收集和整理，但隨着大量檔案史料的出版和翻譯，研究人員有了更多可以共同使用的材料，不同史觀逐步靠攏接近，許多長期爭議和重大問題有望達成共識。而更多從本土視角審視內部社會演變的研究成果的產生，本土歷史知識及其解釋體系的輪廓也逐步明確，為日後譜寫澳門通史創造了必要的條件，奠定了良好的基礎。由本土學者主導撰寫澳門通史，將是本土歷史話語體系的最高表現，也將標誌着澳門歷史研究自主性的真正確立。

第四，擴寬了澳門歷史研究的視野，突出了澳門歷史的意義。長期以來，本地掌故式的鄉土研究和宏觀的中葡交往史研究各走極端，缺乏交集，更很少將澳門歷史置於中國史、亞洲史和全球史的廣闊視野中來審視。澳門港城的開埠，乃早期全球化的結晶，澳門的生存發展，與國勢國運的興衰絲絲相扣，緊密相連。澳門歷史的意義，當應放在中國史與世界史的高度方能凸顯。澳門歷史城區被聯合國教科文組織列入世界文化遺產，充分肯定了不同民族、不同文化在澳門共生共存的典範意義和普世價值。澳門歷史研究，當應高度重視其在人類文明發展過程中所發揮的特殊作用，並為當今不同國家、不同民族、不同宗教、不同文化的和諧進步作出更大的貢獻，突出小城市大歷史的功能和傳統。

最後，跨學科研究使研究方法不斷進步，研究領域不斷拓寬，研究成果不斷創新。澳門歷史研究近 30 年的一大特色就是從掌故式走向學院式研究，研究方法從比較單一的政治學走向多學科和跨學科，研究主題也由中葡關係史擴展至澳門內部社會的諸多領域。隨着研究方法的改進，研究成果愈來愈專業，部門史論著作與日俱增且不斷有新發現、新觀點，研究質量也不斷提高，澳門歷史研究不斷向縱深方向發展，研究人員和大眾對澳門本土知識的認知要求日益提高。除非在外地從事澳門歷史研究的人員曾經在澳門居住過相當長的時間，而且其間又與本地居民有廣泛的接觸，否則他們將難以親臨其境地體會、也難以客觀地解答澳門歷史進程中的種種懸疑和問題。

二

澳門歷史研究話語權的回歸，還產生了兩種積極的效果，首先是澳門學術自主與澳門學的學科建設有條件得以順利開展，其次是在回歸澳門後對普世話語的正面反饋，而這種反饋又需要通過建設澳門學學科才得以實現。

經過多年的努力，澳門學從無到有，如今已轉型成作為本土知識體系而構建起來的學科。[4] 由於澳門學建基於本土知識，對本土知識的發掘和論證因而需要科學的學術規範作為支撐，不但要使本土知識能成為真正的知識，也使澳門學本身能在嚴密的學術程序上建立起來，使其學科研究所提煉出來的成果具有普世意義且產生輻射作用。

---

4 有關澳門學的討論，最新的成果可參閱郝雨凡：〈澳門學的範式和意義〉，《澳門學引論——首屆澳門學國際學術研討會論文集》，北京：社會科學文獻出版社，2010 年，第 11-14 頁；湯開建：〈澳門學的起源及分期〉，《澳門學引論——首屆澳門學國際學術研討會論文集》，北京：社會科學文獻出版社，2010 年，第 29-37 頁；以及郝雨凡、湯開建、朱壽桐、林廣志：〈全球文明史互動發展的澳門範式——論澳門學的學術可能性〉，廣東省社會科學聯合會、學術研究雜誌社《學術研究》第 12 期，2011 年，第 1-10 頁。

從澳門歷史研究的普世意義看，我們始終認為，在西學東漸、東學西傳中扮演過不可替代角色的澳門的過去和現在是一個恆久彌新的話題，也一直吸引了許多研究者的關注。這不僅因為史料的不斷發現和研究的不斷創新給我們帶來喜悅，更加重要的是，在紛雜的當今世界，澳門歷史的經驗依然可以為人類文明的發展提供一條可行的路徑。

事實上，澳門在歷史上擔當近現代中西文化交流的橋樑角色，華洋居民數個世紀以來在這塊彈丸之地共處分治，並未出現太多或者嚴重的衝突。這些事實相信沒有太多人會表示異議，而且得到愈來愈多人的認同。這種文化間對話的方式，或者說「澳門模式」的個中成功之處，一直是學術界加以探究的基礎課題之一，也是澳門學的核心內容。

澳門之所以成功扮演中西文化交流的平台角色，主要是由於澳門提供了中西文化相遇和對話的「公共空間」，同時澳門當時具備的獨特政治地位，使其兼備多重的社會身份認同，從而增進中國與西方世界之間的對話和理解。[5] 這是我們提出「澳門模式」的一個重要出發點，而探索「澳門模式」的宏觀特徵和微觀內容，也正是「澳門學」學科建設的中心任務所在。

因此，我們認為，澳門學的學科建設和討論今後應該集中在兩個方面，一是確定學術規範的具體內容和技術操作，這涉及學術本體與認識論的確定問題；二是探索「澳門模式」的宏觀特徵和微觀內容，這是研究課題的取捨問題。

簡而言之，澳門史學研究已逐漸淡化民族主義色彩，擺脫政治爭拗的束縛，聚焦於內部社會的自然演變，同時為構建科學的「澳門學」學科奠定必要的基礎。由於歷史上的澳門地域狹小，同時又周旋於大國之間生存，雖然在展開歷史研究的進程中，內部社會演變不可避免地也深受外部因素的影響，但敘事的視角不可逆轉地指向了內部社會。這種轉變，是革命性的，是歷史性的。無心插柳，十年後，驀然回首，我們發現，澳門歷史的話語權也悄然回歸了。

這不僅是一件頗值得史學界高興的事情，也是一件值得社會高度關注的大

5　吳志良：〈澳門在中國走向世界中的作用〉，《行政》第 99 期，2013 年 3 月，第 5-11 頁。

事。之所以這麼說，是因為澳門回歸祖國乃舉世矚目的歷史事件，特別行政區更是史無前例的新生事物，「一國兩制」、「澳人治澳」的偉大事業成功與否，在於一個全新的政治共同體的建立，而新政治共同體的建立和穩定有序發展，又在於政治主張與歷史敘述的有效表達和核心價值的形塑和解說。

在此一過程中，歷史敘事及其話語權是其中一個至關重要的基礎因素，也是任何一個從殖民狀態走出來的國家或地區的必爭之物。符合歷史發展規律、客觀的歷史敘事，是建立新國家、新城市主流價值，增強國民、市民自信自尊的根本，直接影響家國觀念的形成及其價值取向，並直接影響政治、社會發展的走向。從這十三多年澳門特區相對平穩和諧的發展歷程看，我們走對了方向。大方向對了，原則性的紛爭自然就少了。為此，作為歷史學者，我們應該感到欣慰，高興地看到歷史學界以自己的專業為特區建設盡了一份綿力。

當然，實現「一國兩制」偉大事業是一項長期的工作，前路還充滿了挑戰，我們任重道遠，但義不容辭，有信心也有更好的條件繼續貢獻我們的力量。

（《澳門理工學報》2013 年第 2 期）

2013 年 4 月

澳門學發展的新路向

——在「第四屆澳門學國際學術研討會」開幕式上的致辭

「澳門學國際研討會」自 2010 年 4 月首次舉辦以來，分別在里斯本和北京舉行了第二、第三屆。去年本來計劃在印度果阿舉辦，因故未果。本屆再度在澳門舉辦，正好給我們一個階段性總結的機會。應該說，經過多年的努力，「澳門學國際學術研討會」已經初步成功打造成為推動澳門學的主要平台，不僅吸引了一大批海內外澳門研究者的積極響應和高度參與，對澳門學的內涵和研究方法等諸多問題進行了廣泛深入的探討，還為澳門學的構建搖旗吶喊，引起國內外學界對澳門學的更多關注。從這個意義上，這個研討會是成功的。本人謹代表主辦機構之一澳門基金會對所有參與者表示衷心的祝賀和誠摯的謝意。

澳門學概念首次提出至今，已經過去了三十多年；澳門學登堂入室作為一個學科來構建，學術界也在五年前正式開始認真探討。多年來的討論，我們走了一些彎路，卻也不無成果。我認為，其中最大的彎路，就是從一開始便試圖構建澳門學的理論框架和分析模型。頂層設計是一個時髦的詞匯，但運用於學術領域，特別是人文社會科學領域，恐怕未必行得通，設計出來的可能是會成為空中樓閣。的確，學術需要創意，方法論也不可或缺，但一門學科的誕生是知識長年積累自然形成、學者默默耕耘悉心培植的過程。學術研究有別於政治社會動員和宣傳，鋪天蓋地的宣揚可能會導致學界更多的浮躁，容易造成學術研究更多的高談闊論，對學術建設本身助益甚微。

值得慶幸的是，學界很快意識到此一缺失，靜靜地回到了書齋。近年的澳門學研究，少了幾分熱鬧，多了幾分沉實。幾天前，我閱讀了一篇有關鴉片戰爭後葡人如何實施殖民管治的博士論文。我們通常認為，澳門社會在鴉片戰爭前華洋共處分治、葡人雙重效忠；鴉片戰爭後，葡萄牙逐步推行殖民政策，但這些政策對華人社會的作用不明顯，即分治的形式消亡了，分治本質仍存。這篇論文大量挖掘、比對使用了中、葡文檔案文獻，除開理事官和華政衙門兩個專管華人事務的機構，將按察司和公物會即有關華人的司法和稅收事務納入了分析視野，並詳細論證了各自的職能及其分工協作關係，使得此一脈絡更加清楚，論述更加全面和更有說服力。論文作者重視歷史現場再現，以大量史實和數據將制度與機構運作置於社會現實生活中來剖析，令敘述更加豐滿和生動。更為重要的是，該論文提出氹仔、路環等新佔區「以華治華」的共管模式，令人眼前一亮。

由此，我們更加清晰地看到了推進澳門學發展的一個路徑選擇。簡單來說，當今澳門學研究應該從放寬視野、打開格局和進入細部、深耕細作，即宏觀考量和微觀深究兩個面相入手：其一是將其置於中葡兩國乃至世界格局、人類文明進步中的大歷史來考察，凸顯其意義與價值，並確定其應有的位置；其二是進入澳門社會內部和細部，即對其政治、經濟、社會制度及其運作和不同時期的城市生活進行細緻的梳理和深入的探討。鑒於澳門研究特別是歷史諸多問題長期受到忽視或曲意解讀，且澳門研究中比較缺乏深入民間的田野考察和第一手材料，中、外文尤其是中葡文史料未能全面充分挖掘、整理、比對，研究水平和質量的提升愈來愈艱難，而唯有知難而進，將這兩個面相研究深透並有機地聯繫貫通，才能為構築澳門學奠定必要的基礎。

有學者說，澳門學是澳門社會在文化焦慮發展的困境中提出的一種學術憧憬，其發生與發展均為澳門社會發展過程中的學術注腳，因此，澳門學必須走進並融入澳門社會本體。也只有這樣，澳門學才能找到本源，才能立足扎根。誠如我們在首屆「澳門學國際學術研討會」上所指出，歸根究底，澳門學的構建就是本土知識體系的構建。其核心便是緩解文化焦慮——如果這種焦慮存在的話，想方設法衝出困境，更通俗地說，要確切回答「我們從哪裏來、在哪裏、到哪裏去」這個重大問題，為尋找澳門道路、建立道路，自信提供知識支撐和智力支援。這是一個龐大的系統工程，是一項艱巨的任務。因此，在短期內確定澳門學的學科邊界、找到其適切的研究方法是不現實的。這將是學術界相對長時間奮鬥的一個目標。然而，我們認為，在探索澳門學的過程中，路向和路徑選擇至關重要。有了正確的路向和路徑，持之以恆不斷求索，我們才有可能到達目的地。澳門學術界應該自覺地承擔起此一歷史責任，自勵自省自強自信，為澳門特區的經濟多元、社會轉型和政治發展貢獻自己的心力。

澳門學概念的提出已經三十多年了，澳門學的學科建設也實質性地討論了 5 年多。不可否認，時至今日，問題遠比答案多。然而，學術進步是從提出問題開始的，問題愈多，反而愈證明澳門學研究有了實質性的進展。對於其發展前景，我們比任何時候都更有信心。事實勝於雄辯。無論澳門學是否最終成為一門顯學，澳門研究近 30 年來取得的成就、尤其是澳門歷史話語權的回歸和澳門新生研究力量的成長已經引起國內外學界和澳門社會的普遍關注和重視，並且為澳門平穩過渡、為回歸後的特區建設和「一國兩制」事業提供了有力的知識和理論支持。僅僅這一點，足以令澳門學術界引以為豪。

我們知道，羅馬不是一天建成的。30 年來，澳門基金會竭盡所能扮演好推動者、組織者和支持者的角色，和學界同道攜手並肩，從未在創建澳門學的追求中鬆懈卻步，從《澳門總覽》、《澳門百科全書》、《澳門史新編》、《澳門編年史》、《中國地域文化通覽· 澳門卷》的編輯以及數以千萬字計的檔案文獻的整理滙編，到「澳門叢書」、「澳門論叢」、「新澳門論叢」、「濠海叢刊」、「澳門法律叢書」、「澳門研究叢書」、「澳門藝術叢書」、「澳門知識叢書」、「澳門藝術家叢書」、「澳門文學叢書」、「澳門特別行政區法律叢書」等數百種圖書的出版以及正在籌備中的《十部文藝志書集成· 澳門卷》的編撰和「澳門記憶工程」的展開，一步一個腳印，一直不遺餘力地為構建澳門本土知識體系添磚加瓦，希望建起澳門學的大廈，希望走出通往澳門學大廈的道路。我們期待，一如既往地與更多的海內外澳門研究機構和專家學者通力合作，為澳門學大廈的早日落成創造更多更好的條件。

（《澳門研究》第 79 期）

2015 年 12 月

全球視野下澳門本土學術話語體系的構建與闡釋

近年來，構建與中國經驗、中國道路、中國模式相適應的話語體系，成為中國學術界引人矚目的理論熱點。[1] 一般認為，所謂話語體系，是思想體系、理論體系和知識體系的外在表達形式，主要表現在以口頭或文字形式呈現出某種思想、觀念、情感、意志、理論、知識的概念、句式、符號等信息載體。具體到學術研究方面，旨在構建與社會存在相適應的知識體系和解釋體系，從而形成從本土經驗出發，具有一定適用範圍和解釋效力，兼具地方性特質和普遍性意義的概念、思維、方法與理論系統。澳門自 16 世紀中葉以來，在中西文明對話與融合中，於政治、經濟、法律、藝術、宗教、社會生活、民族關係諸領域，走出了一條獨具特色且自成體系的道路。然而，在全球化語境下地方「失語症」的集體焦慮中，澳門同樣存在有效知識短缺的隱憂。因此，從本土資源出發，打造與其歷史文化和「一國兩制」政治實踐獨特性相匹配的知識體系與話語體系，日趨成為澳門知識界和理論界的共識。[2] 而澳門學的提出，就是着眼於本土知識體系的構建，其主要目標是要探尋澳門「從哪裏來，在哪裏，到哪

1　十年前，鄭永年曾尖銳地提出目前中國有效知識供給不足的問題。他認為，中國理論界當時既沒有能力解釋中國經驗，更不能指導中國實踐。這一「知識短缺」問題已引起學術界的關注。21 世紀初，美國學者黃宗智回溯、檢討以至質疑了建基於「理性人」預設上的現代西方主流理論在中國研究上的適用性，提出建立從實踐出發認識中國的社會科學和理論。參見黃宗智：〈認識中國——走向從實踐出發的社會科學〉，《中國社會科學》（北京），2005 年第 1 期。

2　近年來，有學者呼籲社會科學界應發揮在澳門社會變遷中的引領、規範和學術作用，如蘇一揚：〈位於全球化十字路口的澳門：歷史過程、社會變遷以及學術研究〉，《行政》（澳門），總第 72 期，2006 年。

裏去」的命題，其成果不僅為特區發展提供知識支持和理論支撐，也為人類文明早已存在的「不同而和，和而不同」的現象做出學術的、合理的解釋。從這一意義上說，構建澳門話語體系的關鍵在於如何處理澳門學研究中全球化與本土化的相互關係，即以外部視角與內部視角、理論與實踐、傳統與現代等多重維度透視澳門及其古今內外之間的複雜關係。

一、澳門知識體系：全球化與本土化

澳門是南中國最早對外開放的港口城市，是中國歷史上華洋共處分治時間最長的移民社會，也是中國融入全球化進程的第一個「胚胎」。特殊的地理位置，別樣的開埠情境，成就了澳門在西學東漸、東學西傳和中國近現代化進程中不可替代的地位，鑄造了澳門在中西交流融匯激蕩間波瀾壯闊的歷史。然而，自清中期以後，澳門長期不為人關注甚至被忽略。及至 20 世紀 80 年代中期，港澳回歸祖國問題被列入中國的政治議程，「一國兩制」、「港人治港」、「澳人治澳」的輪廓已大致清晰，但無論是內地人還是港澳居民，對港澳社會均缺乏學理上的系統、全面、客觀認識，更談不上構建屬於自己的知識體系。在此一背景下，「香港學」、「澳門學」等具有本土色彩的概念應運而生。毋庸置疑的是，這些概念的提出，對於香港、澳門之本土知識的了解，幫助人們認識「從哪兒來，在哪裏，往何處去」這一關鍵問題，更好地理解「一國」與「兩制」的關係，更加清晰地凸顯「港人治港」、「澳人治澳」的政治高度，釐定港澳居民當家作主的內涵，理性、正確地找到一條港澳可以走、應該走、行得通的路，確實有其意義和價值。因為港澳回歸祖國乃舉世矚目的歷史事件，特別行政區更是史無前例的新生事物，「一國兩制」，「港人治港」，「澳人治澳」的偉大構想與宏偉事業成功與否，在於一個全新的政治共同體的建立，而這個新政治共同體的建立和穩定發展，又在於政治敘述的有效塑造和核心價值的形塑與解說。在此過程中，歷史敘事及其話語權的掌握，是其中至關重要的基礎因素，也是任何一個從殖民狀態走出來的國家或地區的必爭陣地。符合規律、真實、客觀的歷史敘事，是建立新國家、新城市主流價值及增強國民、市民自信自尊的根本，直接影響家國觀念的形成及其價值取向，直接影響政治、社會發展的走向。必須看到，早期香港學、澳門學的倡導者在主觀上希望能夠從學理層面研究和解釋港澳社會，梳理不同階層對港澳回歸祖國的意見和建議，增加內地與港澳居民之間的了解與信任，為港澳順利過渡和「一國兩制」、「港人治港」、「澳人治澳」政策的制定提供知識支持。雖然當時沒有取得預期效果，但在客觀上，這一概念的提出，也為構建港澳地區本土知識體系奠定了第一塊基石。

就澳門而言，澳門學概念的孕育和形成，體現了澳門地方知識精英對澳門社會文化的理性認識上開始從自發走向自覺。時至今日，梳理澳門學的提出與發展脈絡，可以看出澳門學至少歷經三次浪潮：最初集中考察中葡關係中的澳門地位和作用；繼而探尋澳門獨特的歷史文化歷程，為特區社會發展和人文建設提供理論支持；進入 21 世紀後，日趨走向在全球視野下重新發現澳門本土獨有的人文意義和普遍價值，構建澳門本土知識的理論體系、解釋體系和話語體系。隨着近年澳門學的再次被提起，構建別具特色的澳門本土知識體系的自覺意識和理論方法也逐漸清晰起來。特別是 2009 年以來，澳門基金會、澳門大學聯合中國社會科學雜誌社、北京外國語大學、里斯本技術大學等海內外學術機構，連續舉辦了四屆澳門學國際學術研討會，掀起了澳門學研究的新高潮。這次澳門學熱潮的興起，與新世紀以來澳門社會情勢的重大變化緊密相連。

回歸十多年來，澳門政治、經濟、社會、民生、對外交往以及與內地的交流合作等方面取得了巨大成就，尤其是 2005 年澳門歷史城區被列入聯合國教科文組織《世界文化遺產名錄》後，不同民族、不同文化、不同宗教、不同信仰和諧共存共生的人文景觀建設更是方興未艾。如何解釋澳門這座城市和社會的發展史，挖掘豐富的歷史文化資源，樹立和凸顯澳門的文化形象？如何向世人展示澳門社會「不同而和，和而不同」的生存方式和生活經驗，弘揚澳門在溝通中西文化交流和民族融合中的優良傳統？澳門如何在中國融入國際社會、世界更好地理解中國方面發揮其應有的作用？如何凝練具有充分解釋力的人文社會科學知識體系，確立關於澳門學本土知識的話語體系？對這些核心命題的探討，在澳門本土學術界逐步發展為自主的意識和自覺的行動。

何謂「本土知識」（Indigenous Knowledge），學術界目前尚無一致的看法。

有學者認為，所謂本土知識，乃一個民族在自己的生存、延續和發展過程中所形成的、具有自己獨特內容與形式的知識體系，為本土人民所共同分享的知識，是本土人民的「智力財富」；也有學者提出，本土知識是地方性知識，即一種某一文化或社會所獨享的知識，其與通過大學與研究機構所產生的國際知識體系相區別；石中英則認為，本土知識指的是「由本土人民在自己長期的生活和發展過程中所自主生產、享用和傳遞的知識體系，與本土人民的生存和發展環境及其歷史密不可分，是本土人民的共同精神財富，是一度被忽略或壓迫的本土人民實現獨立自主和可持續發展的智力基礎和力量源泉」。[3] 所謂「地方性知識」（Local Knowledge），本質上是指本土文化，是一個地方居民長期在生活實踐中積累的知識和形成的傳統，是一個地區賴以生存發展的智慧源泉。按照吉爾茲（Clifford Geertz）的定義，文化包含了意義、象徵、價值觀和觀念：「一種意義落實於象徵，透過歷史來傳承的模式，也就是一套繼承而來的觀念，人們透過象徵形式來表達這套觀念，借此溝通、延續或發展他們對人生的態度和知識。」[4] 本土知識引起人們的重視，始於 20 世紀 70 年代末，在某種意義上說，是後殖民化的產物。在 20 世紀 80 年代，聯合國教科文組織也提出了新的發展模式——「內在發展」（Endogenous Development），以區別於傳統上過分依賴外在因素的發展模式。內在發展理論強調，如果發展是為了實現本土人民的願望，那它就不可能模仿任何一個外部的模式，必須採用本土人民自主選擇的目標和方法；也就是說，必須走自己的路。而所謂「自己的路」，即其內在發展的基礎和核心要素，便是本土知識。

可以發現，本土知識體系表面上是地方性、區域性的，但本質上是國際知識體系下的一個觀照物，它與人類命運共同體相連相通。探討和總結本土知識的獨特性，既是為了凸顯自身的特點和優勢，也是為了更好地融入國家和國際社會。澳門學概念的提出，既有中國的背景，也有國際的因素。當時人們無論對中國國情還是世界局勢都缺乏足夠的認識，對本土知識的存在與發現相對漠

3　石中英：〈本土知識與教育改革〉，《教育研究》（北京），2007 年第 8 期。
4　［美］克利福德・吉爾茲：《文化的解釋》，納日碧力戈等譯，上海：上海人民出版社，1999 年，第 5 頁。

然，對所謂體系的構思更是模糊。

雖然說，本土知識是一種「地方性知識」，在知識生產、傳播、消費和辯護上，有特定的文化時空，但卻被許多人忽略或忘記了。港澳不是一個獨立的政治、文化實體，而是中國政治和中華文化的一部分，因此，本土知識體系的構建，既要考慮到這兩個地區在殖民統治時期被壓迫的因素及其地方性知識被認受的程度，更要放在中國整體政治、文化中來考量。然而，時至今日，在這個重大問題上尚有很多似是而非的理解和認識，對「一國兩制」的實踐造成了困擾和障礙。所以，從學理上解釋清楚這一問題，乃是學術界義不容辭的責任。而作為建設本土知識體系所構建的澳門學，便是一條可行的路徑，也是其基本的使命與責任。與此同時，2002 年澳門開放個人自由行和 2005 年歷史城區被列入《世界文化遺產名錄》以來，澳門的主體性和獨立性逐漸進入知識界的視野，本土知識界猛然增強了人文覺醒和文化自信。在全球視野下探尋澳門地方性知識，發掘已有的歷史資源和文化意蘊，認識本土價值和城市性格，建立完備自洽的地方精神與群體意識，日益成為本土知識界的共識與使命。

二、澳門學術話語權的回歸與趨勢

檢討澳門本土知識體系構建的歷史進程，可以看到，其困境在於話語權的主體性及其歸屬問題。作為澳門學的基礎和重心的歷史學研究便是典型例子。地區性歷史的研究，是建立本土知識的基礎。由於澳門回歸徹底結束了主權與治權分離的歷史，澳門史研究開始從關注中葡交往轉向中西文化交流，注重挖掘澳門自身的發展規律和文化價值。然而，由於受到傳統史學觀念的影響以及本土學術儲備的不足，關於澳門內部社會及其與內地關係的關注仍顯不足。基於此，在相當意義上，澳門歷史研究是「本土知識的反抗」。早期澳門歷史研究確實帶有濃厚的民族主義色彩，中葡兩國在澳門歷史、特別是主權問題上存在嚴重的分歧和爭議，而澳門歷史敘述也一直有中葡學術界兩個版本。要解決歷史遺留下來的澳門問題，中葡兩國政府在談判過程中不可避免地要建立自己的歷史敘述，爭奪對歷史的話語權。回顧澳門歷史二十多年的學術史，不難發現，歷史敘述是如何從葡萄牙主導過渡到中國主導，尤其是演進到愈來愈本土化的敘述。今天，似乎沒有人會質疑，以本土視角解釋的澳門歷史更加接近歷史的原貌，否則，將無法解釋不同民族、不同文化、不同信仰在彈丸之地和睦共處數百年的事實，無法解釋它們之間是如何對話、溝通、交匯的，無法解釋這個被人們稱為「人類文明實驗室」的運作機制和生存模式，也難以找到核心價值和力量源泉去維繫和構建澳門這個多元並存的共同體。

隨着本地史學研究隊伍的成長及其研究成果的陸續問世，特別是隨着中葡解決歷史遺留的澳門問題以及澳門回歸祖國，史學研究逐漸淡化民族主義色彩，擺脫政治爭拗的束縛，開始聚焦於內部社會的演變歷程與基本特徵。雖然內部社會演變不可避免地受到外部因素的影響，但敘事的視角不可逆轉地指向了內部社會。這種轉變，是革命性的，歷史性的。其轉變的結果或曰標誌，便是有關澳門歷史研究的話語權悄然回歸了。其基本表現可以概括為：以澳門本身為主體的研究取向日漸凸顯，在視角、史觀、觀點、成果、人才等全方位各層次多領域地彰顯由外及內、由表及裏的態勢。這一趨勢主要表現在，研究主體、研究方向、研究主題、研究意識、研究方法甚至學術規範的本土化。如果從澳門史學史的發展歷程進行觀察，歷史知識的取得從過去由境外學者控制，逐漸轉變為由本土學者主導，研究主體也轉向澳門內部社會的演進軌跡。具體來說，一是以澳門人說澳門史為主體的內部視角的興起，逐步取代了以往主要由葡萄牙、中國內地、歐美其他國家學者書寫澳門歷史。這在通史編撰方面的表現尤為明顯，代表澳門地方視角的通史性著作近年來逐漸多了起來。二是以往研究主體主要探討城外問題，包括中葡政治、中葡關係、中外文化交流、宗教傳播等等，而關於本土社會的管理和運行軌跡的論述明顯不足；近年來，澳門作為一個獨立城市的運行軌跡、發展變化，已成為學術界的重要議題，近代澳門社會組織的管理與運營、華商群體與社會轉型、華人政治文化與身份認同、澳門與抗日戰爭、澳門文學藝術與地方化等專題性的開掘日益增加，而且從本地視野和本土問題出發，逐漸擺脫政治化和城外化的藩籬，新見迭出。在深度方面，澳門回歸前，研究工作多集中在基礎資料的梳理和重大政事的考訂上；回歸後，因應社會經濟的快速變化，學術界開始結合學術理論從事各類型的實證研究，研究方法也從以質性研究為主發展至質性與定量研究並重，且注重多學科的交叉與融合；以往研究者主要是以葡萄牙和中國內地學者為主，而代表本土聲音的學者相對缺乏，近年來，一批澳門籍或在澳旅居的學者，既掌握社會科學的知識與方法，精通多種語言工具，逐漸成長為澳門史最重要的學術力量之一。

以歷史研究為基礎，澳門基金會、澳門大學、澳門文化局、澳門理工學院、澳門科技大學等機構陸續推出一批代表性的作品，以探討澳門社會內部問題為議題的會議或出版物不斷湧現。20 世紀 90 年代，澳門基金會與中國大百科全書出版社合作，編纂了第一部百科全書。澳門回歸後，又與廣東人民出版社合作出版「澳門叢書」23 種，與中國文化藝術出版社合作出版「澳門藝術叢書」10 種，與香港三聯有限公司合作出版「澳門知識叢書」32 種，並與社會科學文獻出版社合作開展「澳門研究叢書」、「澳門特別行政區法律叢書」和《澳門藍皮書》等叢書和系列著作。值得一提的是，澳門基金會聯合中國社會科學雜誌社和廣東省社科聯設立「澳門人文社會科學研究優秀成果獎」。該獎項旨在系統梳理澳門研究的成果，鼓勵中外學者認識澳門、思考澳門、研究澳門。自 2004 年起，該獎項已連續頒發 4 屆，累計 212 名學者獲獎。在獲獎者之中，本地學者人數已達百分之七十左右。

與研究成果豐碩相輔而行的是，澳門學已進入高等學府的殿堂，澳門大學自 2014 年起開設了社會科學（澳門研究）碩士課程，已經邁出了成為區域性研究「顯學」的第一步。當然，倡導澳門學，目的並非在乎它是否成為「顯學」，其根本目的和意義在於，建立一個有其邏輯內涵和學術範式的本土知識體系，尋找其內在發展的規律，激發社會成員自主發展的創造力，為文化多樣性的合理性解釋提供認識論和方法論的路徑。在此基礎上，找出具有普遍意義和普世價值的科學客觀的知識，並將之上升為學術理論和文化模式。因此，澳門的本土知識，不僅僅是指特定的、具有地方特徵的知識，是「小地方」人群生活經驗的梳理與抽象，還作為一種新型的、普世的知識觀念，具有全球性的意義和價值。

如果說澳門學以往側重東西方文明的接觸、衝突與融合的歷史呈現，那麼本土知識體系的構建則使得澳門學的視角轉向世界文明的生態形式和存在方式，即轉向探討作為「人類文明實驗室」的澳門模式和澳門價值。一方面，澳門學知識增量正在轉型為本土知識體系而構建的一門學科。由於澳門學建基於本土知識及其解釋體系，因此，對本土知識的發掘、研究和論證，需要科學而嚴謹的學術規範支撐。只有這樣，零星知識才可以成為不斷成長的知識體系的有機組成部分，澳門學才能在嚴謹的學術意義上建立起來。另一方面，澳門擔當了近現代中西文化交流的平台、緩衝地帶的角色，在四百多年的發展與磨礪中，華洋居民和平共處，並未出現太多或者嚴重的衝突，共同建造了中西並舉、古今同在、雅俗共存、多元複合的獨特城市，養成了兼容並蓄、互讓互諒、敞開胸懷的文化性格，創造出不同思想、不同文化、不同信仰共生共存的社會景觀，形成了祥和安定、保持對話、信任合作的社區生活。澳門之所以能夠扮演中西文化交流的平台角色，是由於澳門提供了中西文化相遇和對話的「公共空間」，同時澳門具有的獨特的政治地位，使其兼備多重的社會身份認同，從而方便並增進了中國與西方世界之間的對話和理解。這也是澳門學能夠提出和立足的基礎。澳門的歷史雖然不長，地域也不大，但從學術角度看，正好可以成為一個完美的研究對象，以其知識體系為基礎，建立澳門長遠發展的道路自信。今天的澳門是從殖民政治走出來的，在某種意義上說，是殖民社會的轉型與再造，因此，具有重大的政治學、社會學、法學、經濟學、文化學的研究價值和意義，可以為同類型的國家或地區的發展探索可行路徑。探索澳門社會的宏觀特徵和微觀內涵，是澳門學學科建設的主要任務。2010 年，時任國務院總理溫家寶在視察澳門大學時指出：澳門學對研究澳門歷史文化在中國乃至世界歷史長河上的獨特性有着重要意義。我們應該竭盡我們的責任和努力，推動澳門學的學科建設和學科研究。[5]

近年來，澳門學的研究進展良好，勢頭喜人，成果迭出，有關澳門學概念、內涵、範式以及相關專門領域都得到廣泛而深入的討論，但整體來看，仍

5 參見〈溫家寶訪澳門大學：大學的靈魂重在精神和風格〉，《科技日報》（北京），2010 年 11 月 22 日。

然存在不少問題：一是學科發展不平衡，主要集中在歷史文化和法律領域；二是水平參差不齊，學術規範不足；三是田野考察、實證研究尚未引起足夠重視，第一手資料，尤其是葡文等外文史料運用不足；四是理論建構和理論高度不足，視野受限，缺乏創新奪目之作。當然，缺乏專門、專業、穩定的研究機構和研究力量持續性地推動相關研究工作，可謂當前澳門學研究所面臨的一大「瓶頸」。相關大學及研究機構如何進一步認識澳門學之於澳門乃至人類文明的價值與意義，如何增強對本土知識體系建設的學術自覺，通過學術導向與資源安排等措施，實現團隊式的、持續性的學術開拓，已成為今後澳門學學術發展的重要前提。因為僅靠個別人的、階段性的、零散式的研究，已難以推動澳門學朝着縱深方向發展。在相當長時期內，澳門學一直處於業餘和邊緣狀態，不能不說與缺乏專門性研究機構的長遠規劃與持續推進有着密切關係。

從學術層面來看，澳門學的學科建設和討論今後應該集中在兩個方向：一是確定學術規範的具體內容和操作要求，這是對學術本體認識論的基本問題；二是探索「澳門模式」的宏觀特徵和微觀內容，這是研究方向、研究內容的取捨問題。簡單來說，當今澳門學研究應該從放寬視野、打開格局、進入細部、深耕細作，即宏觀考量和微觀深究兩個面相入手：一是將其置於中葡兩國乃至世界格局、人類文明進步的大歷史中來考察，凸顯其意義與價值，並確定其應有的位置；二是進入澳門社會內部和細部，即對其政治、經濟、社會制度及其運作和不同時期的城市生活進行細緻的梳理和深入的探討。鑒於澳門研究特別是歷史諸多問題長期受到忽視或曲解，且澳門研究中缺乏深入民間的田野考察和第一手材料，中、外文尤其是葡文史料未能全面充分挖掘、整理，研究水平和質量的提升愈來愈艱難，而唯有知難而進，將這兩個面相研究深透並有機地聯繫貫通，才能為構築澳門學奠定厚實的基礎。

三、構建澳門學術話語體系的基本任務

澳門學術話語體系建構的核心，在於從思想上、理論上回應澳門的歷史、實踐和經驗。當前，澳門史研究的中心任務也是澳門學面臨的歷史任務有三：

一是正本清源，確認歷史的主體性；二是消除模糊狀態，回復歷史原貌；三是構建自主的澳門史解釋體系。換言之，我們需要以客觀、理性、科學、求實的態度和澳門人特有的寬宏包容精神解答以下三個問題：其一，澳門歷史是由甚麼人創造的，即其集體記憶中的「集體」是指哪些人？其二，澳門歷史中哪些事件被有意無意地忽視、迴避、隱瞞或扭曲，是否可以或將如何還原？其三，澳門歷史長期由非本地居民以移植的理論框架來解讀，而且這些帶有濃厚民族主義色彩的舊理陳說影響甚廣，如今我們怎樣從外部維度轉向內部視角，從先入為主走向實事求是，尋找一條可行的理論路徑，以建立一個屬於澳門人自己的歷史解釋體系？要解決上述三個問題，必須有新思維、新方法；不僅需要本土視角，需要將研究主體從中葡關係史轉向澳門內部社會的演變，更加需要本土學者的積極參與。對此，澳門史學界近年已有所關注和討論，而且部分史學者已經身體力行，展開初步的嘗試。[6] 然而，這三大任務不是幾個史學研究者可以獨立承擔的，需要一大批研究人員攜手合作，共同努力才能完成，需要有意識、有組織、踏踏實實地在不同層次以多種形式開展具體的研究與突破。

首先，強化澳門學研究對象的主體性。在完善理論建構方面，有兩個問題必須面對和解決：一是澳門學的實質內容是甚麼，應覆蓋哪些學術領域？二是對澳門學應採取甚麼樣的哲學立場，也就是本體論的問題。澳門學應包含甚麼內容，目前學術界尚未取得共識。值得留意的是，不少學者認為，澳門學應指澳門本土歷史和文化研究。但這種看法並不全面，其本身就是研究視野廣度不足的結果。其實，研究澳門學，應將澳門幾個世紀以來的發展進程與世界和祖國的發展進程聯結起來。在時間點方面，不應側重某一歷史階段或時代，而應從澳門歷史發展的全域加以觀察。只有這樣，才能真正認識澳門在中國和世界歷史進程中的角色和作用，澳門學才有其實際的意義和價值。可以說，澳門學是構建澳門本土知識和本土話語體系的載體，而本土知識和本土話語體系則是澳門學的基本內容與核心目標。

6　湯開建：〈走出瓶頸：澳門歷史研究現狀與前瞻〉，《澳門理工學報》（澳門），2013 年第 2 期。

從這個角度出發，澳門學的研究就像三維拼圖一樣，把與澳門相關的每個學科、每個時域的知識板塊結合起來，才能築成其完整的學術圖景。所以，學術界對澳門學採取的哲學立場，應該是實證主義和演繹主義並舉，根據研究課題的性質、研究資料的保存狀況進行彈性處理。澳門學雖然起步已久，但從研究空間來看，仍有相當大的拓展潛力：一是澳門一直遊蕩在東西方兩個世界之間，且長期生活在殖民管治之下，澳門歷史在很大程度上被理解和描述為中葡關係史，澳門內部社會的嬗變遭到忽視，歷史的主體性未能得到應有的確立；二是歷史編撰中缺乏鮮明的主體性所導致的模糊狀態，正是歷史上澳門的生存之道，無論是中葡政府還是華洋居民，除非在主權紛爭或政治衝突的特殊時期，都不願意揭破歷史的面紗，將模糊狀態清晰化，因此產生了許多誤區，形成一個又一個謎團；三是本土學術研究起步較晚，澳門歷史的論述和話語權由外部主導的影響仍然存在，其解釋體系的本土視角和自主性不足，一些史學成果因此未能得到澳門居民的普遍接受和認可，亟待建立與澳門人的本土意識和身份認同相適應的史觀與史學。

其次，鞏固澳門學術的已有話語權。一個地區、一座城市的歷史是由當地居民所創造的，也唯有通過當地居民的講述與闡釋，其歷史才更具本真性，更有親切感。由於澳門歷史研究最早是圍繞中葡主權、治權之紛爭而展開的，因此，從一開始就染上了極其濃厚的民族主義色彩，中葡兩國政治家、史學家對澳門歷史的敘事與解釋長期存在巨大的分歧，在許多重大問題上甚至南轅北轍，其核心內容也長期受限於政治史、中葡外交史、中外交通史的主線而無法轉向本地社會內部演進的研究。在這種學術話語環境中，澳門本土知識體系及其解釋體系的建構自然無從談起。換言之，澳門歷史的話語權猶如其外向型經濟那樣隨波逐流，一直為外部因素所主導。[7] 作為中國的一個城市，澳門歷史發展的進程有別於普遍意義上的城市化進程，海內外史學界對澳門的關注誠然極大地促進了澳門史的研究，但澳門史又因為他們視角不同、史觀分歧所產生的

7　吳志良：〈澳門歷史研究述評：兼談中國與西方的觀點和方法之溝通〉，《史學理論研究》（北京），2002 年第 2 期。

爭議而附加了本來不應該有的元素，從而長期地扭曲了澳門歷史的敘述和解釋，也在很大程度上降低了澳門居民的歷史認同感。有鑒於此，學術界應該在海內外研究力量的協助下，積極挖掘整理龐大的多語種史料，逐步建立自己的歷史解釋體系，使得澳門歷史的敘述回歸本真，澳門歷史研究更加接近現實，歷史敘述更客觀、科學、合理，更具親和力。

最後，加快建立澳門知識的解釋體系。從外部視角出發的解釋體系，多是建立於外部歷史經驗上的理論歸納，而作為本土知識體系的解釋框架，應是依據本土的歷史經驗抽象而成。局外與局內，互為補充，相輔相成。十多年前，我在研究澳門政治發展史時，提出了「華洋共處分治，葡人雙重效忠」的論點，引起學術界的廣泛討論，讚譽、分歧、批判乃至駁斥同在。但迄今為止，隨着大量檔案史料的披露和更多研究成果的發表，大致印證了我當年的論述和觀點。而四百多年華洋共處分治的局面之所以形成，無疑源自於澳門「不同而和，和而不同」的突出性格與精神。以中華文化為主體的澳門文化之所以能夠「不同而和，和而不同」，是因為她在漫長的歷史發展過程中，學會了容忍、承認和尊重其他不同文化的存在，並以此為參照，異中見同，同中見異，長期對話，長期反思，長期學習，長期兼收並蓄。此一文化現象，正如杜維明教授在澳門的一個講座中所言其一以貫之的信念：對話的目的不是為了要說服對方，也不是為了自己信仰的價值被曲解而去解釋，而是要培養聆聽的能力。[8]同時，對話可以培養人類不可或缺的反思能力，幫助人們反思和領悟生命意義之所在。澳門之所以成為今天的澳門，是因為澳門一直處於一個開放的參照系中與不同文明長期對話的結果，而對話的前提便是容忍、承認、尊重，由此產生的信任、合作、互助、共同承擔和社會責任感，便是澳門社會的核心價值。當然，澳門能夠形成和長期保持「不同而和，和而不同」的文化生態，有賴於在對話過程中培養出來的聆聽能力、反思能力和開闊的視野。澳門學如何以此為基礎，進一步闡述這一文化現象的內涵與特徵，由此建立其獨特而豐滿、嚴謹

8 杜維明：〈文明對話的發展及其世界意義〉，杜維明：《否極泰來：新軸心時代的儒家資源》，北京：北京大學出版社，2016 年。

而科學的解釋體系和學術範式，是今後面臨的重要課題和基本任務。

綜上所述，回歸十餘年來，澳門在政治、法律、經濟、社會、文化、民生諸領域取得了令世人矚目的成就，「一國兩制」、「澳人治澳」、「高度自治」的制度優勢表現明顯，既延續了數百年來特色獨具的文化傳統，又展現出新時期的制度、區位和多元文化融合等優勢所形成的獨特魅力。在這一背景下，澳門學研究超越了主權爭議，突破了政治史的既有框架和狹窄眼界，在全球視野下回歸澳門歷史文化的本質，重新發現澳門的人文意義和普遍價值，不僅對於認識澳門本土知識和理論，建立澳門本土話語體系和解釋體系具有十分重要的現實意義，而且對於豐富全球人類文明研究，推進區域秩序穩定和社會治理，同樣具有重大的啟示價值。

可以說，全球視野下澳門本土話語體系的整合與構建，是一種從外在向內在、自制度而人、由物到心的整體回歸，祛除了政治、意識、觀念、變遷等宏觀話語的干擾，回歸到澳門人、澳門事、澳門史，在更富人文意味的多元視野下探尋澳門自身生成演化的軌跡，闡釋澳門人特有的生活和特徵，彰顯澳門城市獨特的品格和氣質。澳門雖是微型社會，但其不同族群、語言、信仰、風習和平共處的標本樣態，昭示了人類文明「各美其美，美人之美，美美與共，天下大同」的現實可能性；其持續數百年和睦穩定的社會形態，為探尋和構建人類命運共同體的可能性，提供了源源不斷的歷史經驗和文化實踐；回歸以來的繁榮穩定和高度發展，也為解決後殖民時代的眾多融合問題和區域爭端，貢獻了不可多得的寶貴經驗和政治資源。澳門所具有的歷史、政治、法律、文化、經濟、社會多層面的意義，成為人類文明存在形式中較具典型性意義的類型，也為面對人類社會的共同性問題提供了借鑒和實踐經驗。可以說，愈深入研討澳門本土知識，愈能挖掘澳門作為「人類文明實驗室」的多重價值。「澳門學既可界定為關於澳門的學問，所研究的領域理應包括澳門政治、社會、文化、經濟等方面的歷史、現實與未來，更應界定為關於人類知識體系中澳門譜系的呈現，所研究的對象顯然越出了澳門本身，而是以澳門為承載和中心的所有歷史認知、世界認知的知識系統的綜合。」[9] 從這個角度看，澳門不僅僅是澳門人的澳門，同樣也是中國的澳門，世界的澳門。而構建澳門學也必須具有這樣的視野、格局和擔當，只有這樣，我們才能真正建立澳門的本土學術話語體系。

（《澳門研究》第 83 期）

2016 年 12 月

9 郝雨凡、湯開建、朱壽桐、林廣志：〈全球文明史互動發展的澳門範式——論澳門學的學術可能性〉，《學術研究》（廣州），2011 年第 12 期。

放寬視野，深耕細作，構建澳門學的話語體系

——寫在「澳門學研究叢書」出版之際

回歸近二十年來，澳門政治、經濟、社會、民生以及對外交流合作等方面都取得了顯著成就，不同族群、不同文化、不同宗教、不同信仰和諧共生的人文景觀建設更是舉世矚目。在學術研究領域，澳門學研究已經廣受學術界重視，對其學理的研究、範式的探討、基礎的構築已經取得纍纍碩果；澳門學國際學術研討會的連續召開，令其逐步向一門「顯學」邁進。

澳門學概念首次提出至今，已經過去了三十多年。自 20 世紀 80 年代以來，澳門學經歷了三波環環相扣、層層遞進的發展浪潮：第一次浪潮發生於中葡關於澳門問題談判前後，學術界集中探討中葡關係中澳門的地位和作用；第二次浪潮始於 21 世紀初，特別是 2005 年歷史城區被列入《世界文化遺產名錄》後，學者們自覺地探尋澳門獨特的歷史文化進程，為新生特區的社會發展和人文建設提供理論支持；近年來，隨着澳門學作為獨立學科建設的呼聲日漸高漲，學術界在全球視野下重新發現澳門本土獨有的人文意義和普遍價值，第三次浪潮悄然興起。

自 2010 年以來，學術界在澳門基金會推動支持之下，先後召開了四次澳門學國際學術研討會：第一屆 2010 年在澳門大學舉辦，主題為「澳門學研究的學理化與國際化」；第二屆 2011 年在葡萄牙里斯本科技大學舉辦，主題為「澳門學文獻調查和澳門學實證研究」；第三屆 2012 年在北京外國語大學舉辦，主題為「全球視野下的知識建構與學術成長：以澳門學為例」；第四屆 2015 年在澳門大學舉辦，主題為「文獻基礎與學科建設」，分別就澳門學的學理化與

國際化、文獻調查和澳門學實證研究、澳門學知識建構與學術成長、文獻基礎與學科建設等議題展開了討論，極大地推動了澳門學研究工作的進展。今年，「第五屆澳門學國際學術研討會」，亦即將在廣州暨南大學召開。

無論澳門學是否最終能成為一門顯學，澳門研究 30 年來取得的成就，尤其是澳門歷史話語權的回歸和澳門新生研究力量的成長，已經引起國內外學界和澳門社會的普遍關注和重視，並為澳門平穩過渡、為回歸後的特區建設和「一國兩制」事業提供了有力的知識和理論支持。僅僅這一點，就足以令學術界引以為豪。

回首過去，展望未來，澳門學需要總結歷史經驗，思考與探究未來發展路徑。

一、探索澳門學研究路徑

澳門學登堂入室地作為一個學科來構建的過程中，學術界走了一些彎路，其中最大的彎路，就是從一開始便試圖構建澳門學的理論框架和分析模型。頂層設計是一個時髦的詞匯，但運用於學術領域，特別是人文社會科學領域，未必行得通，缺乏足夠經驗積累設計出來的東西可能會成為空中樓閣。

學術需要創意，方法論也不可或缺，但一門學科的誕生是知識長年積累自然形成、學者默默耕耘悉心培植的過程。學術研究有別於政治社會動員和宣傳，鋪天蓋地的宣揚可能會導致學界更多的浮躁，容易造成學術研究更多的高談闊論，對學術建設本身無甚幫助。學術界很快便意識到這一點，學者們靜靜地回到了書齋。近年的澳門學研究，少了幾分熱鬧，多了幾分沉實。

由此，我們更加清晰地看到了推進澳門學發展的一個路徑選擇：當今澳門學研究應該放寬視野，打開格局，進入細部，深耕細作，從宏觀考慮和微觀深究兩個面向入手：其一是將其置於中葡兩國乃至世界格局、人類文明進步中的大歷史來考察，凸顯其意義與價值，並確定其應有的位置；其二是進入澳門社會內部和細部，即對其政治、經濟、社會制度及其運作和不同時期的城市生活進行細緻的梳理和深入的探討。鑒於澳門學研究，特別是歷史諸多問題長期受到忽視或曲意解讀，且澳門學研究中比較缺乏深入民間的田野考察和第一手材料，中、外文尤其是中葡文史料未能全面充分挖掘、整理、比對，研究水平和質量的提升愈來愈艱難。唯有知難而進，將從宏觀考察和微觀深究兩個方面入手並有機地聯繫貫通，才能為構築澳門學奠定必要而可靠的基礎。

因此，在短期內確定澳門學的學科邊界、找到其適切的研究方法是不現實的。這將是學術界相對長時間內奮鬥的一個目標。在探索澳門學的過程中，路向和路徑選擇至關重要。有了正確的路向和路徑，持之以恆不斷求索，我們才有可能到達目的地。

二、構建澳門學三個體系

如何闡釋澳門的城市文化和城市性格，挖掘其豐富的歷史文化資源，凸顯澳門的文化符號和象徵意義？如何揭示澳門社會「不同而和，和而不同」的生存方式和生活經驗，弘揚澳門在溝通中西文化交流和多民族融合中的優良傳統？如何在中國融入國際社會、世界更好地理解中國、共同構建人類命運共同體方面發揮澳門應有的作用？

對這些問題的探討，亟待學術界逐步生發自主的意識和自覺的行動。有學者說，澳門學是澳門社會在文化焦慮發展的困境中提出的一種學術憧憬，其發生與發展均為澳門社會發展過程中的學術注腳，澳門學必須走進並融入澳門社會本體，也只有這樣，澳門學才能找到本源、立足扎根。歸根到底，澳門學的構建就是構建別具特色的本土知識體系、理論體系和話語體系。

其核心便是緩解文化焦慮——如果這種焦慮存在的話——想方設法地衝出困境，更通俗地說，要確切回答「我們從哪裏來，在哪裏，到哪裏去」這個重大問題，為尋找和建立澳門道路、總結澳門精神而自信地提供知識支撐和智力支持。

關於澳門學的內涵和外延，學術界目前尚未達成共識。大家普遍認為，澳門學是構建本土知識和本土話語體系的載體，而本土知識和本土話語體系則是澳門學的核心內容與基本目標。在中外交往或中國近代化「橋樑」、「平台」、

「窗口」的功能定位之上，回歸澳門內部社會的演進，關注澳門人的日常生活和生命意義。當然，這不等於我們只關心澳門本土的政治社會和歷史文化，而是放寬歷史的視界，從小空間、小事件洞察大歷史、大問題，在現代化和全球化的背景下重新審視澳門人、事、物的人文價值及其對人類文明進步的貢獻。

澳門學研究，應從澳門歷史發展的全域加以觀察，將澳門近 500 年歷史變遷與中國和世界的發展進程聯結起來。只有這樣，才能真正認識澳門在中國和世界歷史進程中的角色、地位和作用。在具體內容上，澳門學的研究就像三維拼圖，把與澳門相關的每個學科、每個時域的知識板塊結合起來，才能築成其完整的學術圖景。為此，對澳門學採取的哲學立場，學術界應該是實證主義和演繹主義並舉，根據研究課題的性質、研究資料的保存狀況進行彈性處理和綜合考量。

從外部視角出發的解釋體系，多是建立於外部歷史經驗上的理論歸納；而作為本土知識體系的解釋框架與移植，應是依據本土的歷史經驗抽象而成。局外與局內，互為參照，互為補充，相輔相成。

三、掌握澳門歷史研究話語權

在澳門問題談判期間，中葡兩國政府都希望建立自己的歷史敘述，爭奪對澳門歷史的話語權。為此，早期澳門研究天生攜帶民族主義的基因，中葡雙方在澳門多個問題上存在嚴重分歧和爭議，導致關於澳門歷史和文化的敘述彼此差異甚大乃至相互對立。伴隨政權順利交接和成功落實「一國兩制」，政府與社會進一步完成中文官方地位、公務員本地化、法律本地化，澳門歷史和文化敘述也從葡萄牙主導逐步過渡到中國主導。

回溯三十多年來的澳門學術史，一個顯著的趨勢是學術研究逐漸擺脫政治爭拗的束縛，告別民族主義爭議色彩，聚焦於澳門內部社會的演變歷程及其現實意義。雖然內部社會演變不可避免地受到外部因素的影響，但敘事的視角不可逆轉地指向了內部社會。這種轉變，是革命性的、開創性的、歷史性的，其結果或標誌，便是有關澳門歷史的話語權悄然回歸了。

其基本表現可以概括為：以澳門本身為主體的研究取向日漸凸顯，在視角、史觀、觀點、成果、人才等全方位、多層次、多領域地彰顯由外及內、由表及裏的態勢。這一態勢主要表現在，研究主體、研究方向、研究主題、研究意識、研究方法甚至學術規範的本土化。

如果從澳門史學史的發展歷程進行觀察，歷史知識的取得從過去由埠外學者控制，逐漸轉變為由本土學者主導，研究主體也轉向澳門內部社會的演進軌跡。具體來說，一是以澳門人述說澳門史為主體的內部視角的興起，逐步取代了以往主要由葡萄牙、中國內地、歐美等國家和地區學者書寫澳門歷史。這在通史編撰方面的表現尤為明顯，代表澳門地方視角的通史性著作近年來逐漸增多。

以往研究主體主要探討城外問題，包括中葡政治、中葡關係、中外文化交流、宗教傳播等，而關於本土社會的管理和運行軌跡的論述明顯不足。近年來，澳門作為一個城市個體的運行軌跡、發展變化，已成為學術界的重要議題。近代澳門城市的形成、社會組織的管理與運營、華商群體與社會轉型、華人政治文化與身份認同、澳門與抗日戰爭、澳門文學藝術與地方化等專題性的開掘日益增加，而且從本地視角和本土問題出發，逐漸擺脫政治化和城外化的藩籬，新見迭出。

在深度方面，澳門回歸前，研究工作多集中在基礎資料的梳理和重大政事的考訂上；回歸後，因應社會經濟的快速變化，學術界開始結合學術理論從事各類型的實證研究，研究方法也從以質性研究為主，發展為質性與定量研究並重，且注重多學科的交叉與融合。

以往研究者主要是以葡萄牙和中國內地學者為主，代表本土聲音的學者相對缺乏。近年來，一批澳門籍或在澳旅居的學者，既掌握社會科學的知識與方法，又逐步掌握多種語言工具，熟悉本土歷史與社會，逐漸成長為澳門史最重要的學術力量之一。

以本土視角解釋的澳門歷史更加接近歷史的原貌；否則，將無法解釋不同民族、不同文化、不同信仰在彈丸之地和睦共處數百年的事實，無法解釋它們之間是如何對話、溝通、交匯的，也難以找到核心價值和力量源泉去維繫和構建澳門這個多元並存的共同體。

以史學研究為例，亟待建立與澳門人本土意識和身份認同相適應的史觀與史學。由於澳門歷史研究最早是圍繞中葡主權、治權之紛爭展開的，從一開始就染上了極其濃厚的民族主義色彩。中葡兩國政治家、史學家對澳門歷史的敘事與解釋長期存在巨大的分歧，在許多重大問題的看法上甚至南轅北轍。

其核心內容也長期受限於政治史、中葡外交史、中外交通史的主線，無法轉向本地社會內部演進的研究。在這種學術話語環境中，澳門本土知識體系及其解釋體系的建構自然無從談起。學術界應該在海內外研究力量的協助下，積極挖掘整理龐大的多語種史料，逐步建立自己的歷史解釋體系，使澳門歷史的敘述回歸本真，澳門歷史研究更加接近事實，歷史敘述更客觀、科學、合理，更具親和力。

十多年前，我在研究澳門政治發展史時，提出了「華洋共處分治，葡人雙重效忠」的論點，引起了學術界的廣泛討論，讚譽、分歧、批判乃至駁斥同在。但隨着大量檔案史料的披露和更多研究成果的發表，大致印證了當年的論述和觀點。一個地區、一座城市的歷史是由當地居民創造的，也唯有通過當地居民的講述與闡釋，其歷史才更具本真性，更有親切感。

澳門之所以形成今天開放、包容、多元的格局，是因為澳門自一開始就是中國最早對西方開放的城市之一，始終處於宏大、多維的參照系中，在容忍、承認、尊重、信任、合作、互助等基本價值上與不同文明展開長期對話，從而養成和保持「不同而和，和而不同」的文化生態以及「不走極端、沒有悲情」的精神品格。

澳門歷史研究話語權的回歸和澳門學術話語體系的建構，應該以一部「官修」的澳門通史型著作加以體現，因此，我想，在條件更成熟的情況下，應該將《澳門通史》的編寫提上議事日程。每個時代應有至其時的「通史」，懇請諸位同道共同努力，早日圓夢。

四、解答澳門學的三個具體問題

澳門作為明中葉以來最早對外開放的港口城市，以獨特的魅力吸附和聚集了來自世界各地不同的族群、文化、宗教、信仰，共生共長，成為 16 世紀至今東西方文明交匯的中心之一和西學東漸的前沿陣地。然而，在皇權體制和大一統政治秩序下，以葡萄牙為主的西方文化的滲透往往受到極大的限制。具體到澳門政治發展史上，就是我們早年所概括的「華洋共處分治，葡人雙重效忠」。即在一個以華人為主體的移民社會裏，不同族群同處共存，在接受明清中國主權治權主導管理的同時，葡萄牙人社群又獲默許，依葡萄牙中世紀地方自治傳統成立議事會組織進行內部管理；而且隨着自治權的不斷擴展，葡人實際上擁有一定的政治行政權力。但在重大政治法律權力問題上，居澳葡人依然不得不接受中國政府的制約，客觀上造成了他們既效忠於葡萄牙國王又不得不聽命於明清官員的奇特局面。

澳門學術話語體系建構的核心，在於從思想上、理論上回應澳門的歷史、實踐和經驗。現階段，我認為，澳門史研究的中心任務（澳門學的歷史任務）亦即我們需要以客觀、理性、科學、求實的態度以及澳門人特有的寬宏包容精神來解答的問題有三：

1. 正本清源，確認歷史的主體性，即其集體記憶中的「集體」是指哪些人？
2. 消除模糊狀態，恢復歷史原貌，即澳門歷史中哪些事件被有意或無意地忽視、迴避、隱瞞或扭曲了，是否可以或將如何還原？
3. 在重構澳門歷史全景的基礎上，構建自主的澳門史解釋體系。澳門歷史長期以移植的理論框架來解讀，而且這些帶有濃厚民族主義色彩的舊理陳說影響甚廣，如今我們怎樣從外部維度轉向內部視角，從先入為主走向實事求是，尋找一條可行的理論路徑，以建立一個屬於澳門人自己的歷史解釋體系？

要解決上述三個問題，必須有新思維、新方法和新材料。不僅需要本土視角，需要將研究主體從中葡關係史轉向澳門內部社會的演變，更需要本土學者的積極參與。

對此，澳門學界近年已有所關注和討論，而且部分學者已經身體力行，展開了初步嘗試。然而，這三大任務不是幾個研究者可以獨立承擔的，需要一大批研究人員攜手合作、共同努力才能完成，需要有意識、有組織、踏踏實實地在不同層次以多種形式開展具體的研究，尋求學術突破。

以往受外部因素的影響，內部社會的嬗變遭到忽視，澳門研究和敘述的主體性沒有真正建立起來。現在澳門學必須面對和解決兩個問題：澳門學的實質內容是甚麼，應覆蓋哪些學術領域；對澳門學應採取甚麼樣的哲學立場，也就是本體論的問題。

五、建立澳門學的解釋體系和學術範式

如何從文明對話出發，闡述澳門文化、澳門現象、澳門模式、澳門精神的內涵與特徵，建立獨特成形、嚴謹科學的解釋體系和學術範式，是今後澳門學面臨的重要課題。

現在，我們更注重從文化價值上解讀和闡釋澳門。澳門地處邊隅，長期以來都不十分引人注目。近年來澳門之所以被發現和注意，源自於其所代表的獨特的文化意蘊和政治內涵。早於明清之際的中西早期接觸中，澳門為兩種甚至多種異質文明的交流和碰撞提供了一座橋樑、一個舞台和一塊緩衝地。明朝中後期及清中葉後中西兩度隔閡，澳門為東西方思想文化和經濟貿易的交流保留了一條窄小而順暢的通道，令其溝通不至於完全中斷。正是在這一歷史機遇下，澳門逐漸形成兼收並蓄、包容共處的特性。不同民族、不同宗教、不同風俗、不同文化共存共進、和睦相處、平等對話，「不同而和，和而不同」，共同搭建了一個「人類文明實驗室」，為人類文明的發展圈點了一個閃亮的符號。

事實上，最早提出「人類文明實驗室」概念的是生活在澳門的一個葡萄牙學者。可以說，無論對於中國和西方，澳門都是一個特有的文化符號，具有歷史的傳統與中西交流的經驗，這在人類文明史上是不多見的。

澳門研究以往側重東西方文明的接觸、衝突與融合的歷史呈現；而如今研究視角轉向世界文明地域化的生態形式和存在方式，即探討本土知識體系的構建、闡釋作為「人類文明實驗室」的澳門模式和澳門價值。在四百多年的發展與磨礪中，澳門養成了兼容並蓄、互讓互諒、敞開胸懷的文化性格，創造出不

同思想、不同文化、不同信仰共生共存的社會景觀，提供了中西文化相遇和對話的「公共空間」。

同時，澳門具有的獨特的政治地位，使其兼備多重社會身份認同，形成獨特的話語體系，從而方便並增進了中國與西方世界之間的對話和理解。今天的澳門是從殖民政治走出來的，在某種意義上說，是殖民社會的轉型與再造，因此具有重大的歷史學、政治學、法學、社會學、經濟學、文化學的研究價值和意義，可以為同類型的國家或地區的發展探索可行路徑。

六、積極推動澳門學研究

30 餘年來，澳門基金會竭盡所能地扮演推動者、組織者和支持者的角色，和學術界同道攜手並肩，從未在創建澳門學的追求中鬆懈卻步。

澳門基金會深信，推動澳門本土學術研究，既有助於推動澳門歷史發展和社會進步，也有助於建立澳門特區對外的「軟實力」，有助於更好參與國家現代化建設，有助於在當今人類命運共同體建構過程中貢獻綿力。澳門基金會堅持不懈地推動學術研究的工作，是因為要建成一座大廈，需要有藍圖、有計劃，需要有章法和步驟，更為重要的，還得有一批充滿熱情的建設者。

這座大廈的落成，將充滿着我們的經驗、記憶、知識、智能和精神力量，還有人性的光輝。而正是人性的光輝，使得小小澳門在人類文明史上閃閃發亮，也賦予澳門學術研究一層特殊的意義。

澳門基金會推動學術研究，要從基金會早年面對的組織轉型說起。1988 年，當時的澳葡政府當局收購了東亞大學，交由澳門基金會負責管理，同時負責構建適應澳門社會需要的高等教育體系。這個階段工作完成之後，正值《澳門基金會章程》需要修改，於是便提出把基金會發展成研究澳門和中葡關係的一個平台。其實作為一個公共機構，這不但是澳門基金會應有之義，也要求有一套通盤的計劃，不能盲目跟風，隨波逐流，必須制訂一個長遠目標，那就是為澳門建立起一套屬於自己的知識體系。之所以有這樣的想法，是因為澳門系統的學術研究起步較晚。

隨着 1970 年代經濟加速發展，到 1980 年代政治、文化和社會發生劇變，尤其是在澳門進入主權回歸過渡期後，社會對澳門歷史和現實問題的討論多了起來。而我們在組織一批專家學者編輯《澳門總覽》時，發現大家解讀澳門問題往往都是點到即止。當再進一步去深入探究時，只可以單憑我們對這些問題的初步甚至感性的認識去下結論，導致在嘗試解答一些深層次的問題時，不少見解似是而非。這種情況，不利於真實把握過渡期複雜的社會現實情況，也不利於特別行政區的創立。澳門基金會決定加強對外合作和組織研究力量，加大資源投放，全面擔負起推動澳門學術發展的重任。

就在同一時間，澳門開始冒出一批接受過研究生教育的人才。他們在修讀碩博課程時撰寫的畢業論文，不少都與澳門有關。我們認為這些論文有一定的出版價值，不論是結集成書出版，還是節錄後通過學術期刊發表，都可以為解答澳門社會的深層次問題提供寶貴的參考。於是，我們首先決定與澳門大學商議恢復出版《澳門研究》期刊，並構思以叢書形式，系統地出版與澳門有直接關係的研究論文、報告和專著。同時，組織專家學者在《澳門總覽》的基礎上，針對特定社會需求，編纂基礎資料，最先形成「澳門叢書」和「澳門論叢」系列。在實踐的過程中，多角度、跨學科、全方位研究澳門的構想也漸漸成形，並且逐步完善落實。

到了 1990 年代中後期，我們把焦點集中在文史編輯方面，先後推出「澳門叢書」、「濠海叢刊」、「新澳門論叢」和「澳門譯叢」等系列。同時也與內地、葡萄牙的檔案收藏機構合作，系統地整理編譯和出版了明清時期的澳門文獻檔案，為澳門學術發展打下更牢固的基礎。我們還因應法律中文化的需要，推出了「澳門法律叢書」系列。

在這個時期，澳門基金會在研究出版領域的另一項重要工作，就是與中國大百科全書出版社合作出版《澳門百科全書》。這是澳門第一部百科全書，全面系統地以詞條形式，簡明而深入地闡述澳門、解析澳門，是構建澳門學的初步嘗試。另外，與中國文聯出版社合作，出版「澳門文學叢書」，首次系統地對外展示澳門本地作家的創作成果。

澳門回歸祖國之後，澳門特區政府通過合併原澳門基金會和澳門發展與合作基金會而成立了新的澳門基金會。新的澳門基金會秉承過去推動學術研究的傳統，着重澳門學術研究成果的對外推廣。我們首先與廣東人民出版社合作，發行「澳門叢書」；接着與中國社會科學文獻出版社合作，發行「澳門研究叢書」、「澳門特別行政區法律叢書」，發表年度《澳門藍皮書》；與中國文化藝術出版社合作出版「澳門藝術叢書」；與香港三聯書店合作發行「澳門知識叢書」；與作家出版社合作發行「澳門文學叢書」；與葡萄牙澳門科學文化中心合作出版葡語專題圖書等。借助外地出版社的豐富經驗和發行網絡，使澳門學術研究和文藝創作成果的整理與展示更全面、更立體，傳播範圍更廣。

至此，我們已經大致為澳門勾勒出一個涵蓋不同學科、以歷史文化為起點的基礎知識體系的輪廓。但這並不代表我們的工作已經完成，相反是進入另一個新階段。目前我們要做的工作有兩層：

第一層是進一步整理、整合本土文化資源和研究力量，提升研究水平和質量，豐富完善知識的展示內容和方式。例如，我們參與了中央文史館《中國地域文化通覽》的工作，組織編撰了「澳門卷」；現正與文化部合作編纂《十部文藝集成志書·澳門卷》，全方位系統整理本土民間文化。另外，我們內部也正在開展「澳門記憶」數據庫項目。當然，還繼續每兩年舉辦「澳門文學獎」、每三年舉辦「澳門人文社會科學研究優秀成果獎」以及每年連續舉辦「澳門藝術家推廣計劃」和「澳門基金會市民專場演出」，鼓勵創作和研究、豐富市民文化生活的同時，為本土的文化藝術表達留下寶貴的記錄。

第二層是從理論上進一步推動澳門本土知識體系的實質進展，集結本土和世界各地專家學者的力量和智慧，通過組織學術課題研究、舉辦「澳門學國際學術研討會」以及與國外學術機構合辦各類專題研討會持續推進。

澳門基金會在學術領域基本上圍繞如下幾點展開工作：廣泛聯繫團結內、外研究力量，並創造條件令其不斷發展壯大；調動和引導研究力量進行不同領域，特別是基礎薄弱學科的研究，促進澳門學術的全面發展；着力檔案、史料、資料以及學術成果的挖掘、整理和出版；推動澳門學的理論闡釋與建構。

這些工作，需要澳門內外相關學者和機構的通力協助與合作。一直以來，我們不僅支持本地的研究，也與外地相關學者合作；不僅支持高校進行研究，也支持社團開展項目。應該說，二十多年來，澳門基金會成為了澳門學一個重要的推動者、組織者。我們會一如既往，繼續投放資源，爭取更多的成果。

七、結語

就在澳門基金會積極推動澳門學研究，而且澳門學研究也到了一個關鍵的轉折點之際，我們驚喜地看到，廣州暨南大學作為澳門問題研究的一個重鎮，依然默默地奮鬥在推動澳門學研究的最前線，令人鼓舞。

暨南大學不但聚集了一批學者展開研究工作，同時也成立相關研究機構，如暨南大學校級協調創新中心——澳門學研究院。

該中心積極地組織學術研討會，出版學術成果。其組織出版的「澳門法律叢書」，就是一個很好的嘗試。作為我們的同盟軍，我們希望該中心不斷努力，為澳門學研究添磚加瓦，取得更多的成果。

我們也希望該中心與澳門基金會加強合作，依據澳門學發展的路徑，從宏觀考察和微觀深究兩個面相入手，構建別具特色的本土知識體系、理論體系和話語體系，使澳門作為中西文明相互交流以及和諧共處的典範而受到更多人的注目，凸顯出澳門城市的文化價值，從而進一步為人類文明的共生共存貢獻力量；從文明對話出發，闡述澳門文化、澳門現象、澳門模式、澳門精神的內涵與特徵，建立獨特成形、嚴謹科學的解釋體系和學術範式，並通過理論探索，從中尋找澳門社會內在發展的規律，激發社會成員自主發展的創造力，為文化多樣性的合理解釋提供認識論和方法論的路徑，共同為中華文化發展、民族振興履行我們的歷史責任。

雜亂寫下一些感悟，不成系統，只求拋磚引玉。是為序。

2017年10月23日完稿於故鄉

澳門歷史研究的回顧與展望

今天，非常高興出席澳門理工學院中西文化研究所舉辦的學術研討會。舊雨新知、老中青三代數十位澳門史學者匯聚一堂，共同回顧與展望澳門歷史研究，令人期待，令人憧憬。我們很久沒有見過這樣感人的場面了，看到來自海內外和澳門的眾多熟悉的臉孔，倍感親切，倍感溫馨；回想起過去三十年來大家一起為澳門歷史研究描繪願景、尋找路徑、添磚加瓦的日子，十分感動，十分激動，也感慨良多。

一年多前，我向林發欽所長建議，適時召開一個澳門史學史的研討會，一為向所有參與澳門歷史研究、對澳門充滿深情厚意的前輩學者表示敬意，二為總結研究經驗、分享心得和成果，三為推進澳門史研究更上一層樓。今天，大家終於聚集在一起，實現了我們多年的夙願。感謝澳門理工學院和林發欽所長的努力，也感謝在座諸位師長的支持和參與。你們的到來，就是對澳門史研究最大的鼓勵和推動。

遠的不說。過去三十多年來，澳門歷史研究碩果纍纍，不僅在檔案史料整理、出版和翻譯以及歷史研究多方面取得了令人矚目的成就，還在研究方向和學術視野發生了明顯的變化：從中葡關係史進入澳門社會內部演進和細部考察，再到將澳門史放在中國史和世界史的大視野中來審視；從宏觀進入微觀再到今天宏觀、微觀有機聯繫、有機結合，大大提升了研究的深度和高度。更為重要的是，經過幾代史學者的努力，我們終於牢牢掌握了澳門史的話語權。一個接近澳門歷史原貌、符合澳門歷史發展規律、體現澳門精神的澳門論述的形成，對澳門順利回歸祖國、對特區建設與健康發展都具有重大而深遠的意義。事實也證明，澳門歷史宏觀敘事的建構，直接關係到主流核心價值觀的塑造和文化自信的樹立，直接關係到制度的建設與完善，直接關係到「一國兩制」偉大事業的實踐。事實上，澳門在「一國兩制」實踐中取得了巨大成就，樹立了榜樣，我們應該為史學界所作的貢獻感到驕傲和自豪。

澳門歷史研究今天取得的成果，來之不易，有賴在座各位長期的辛勤耕耘；每個學者研究澳門的心路歷程和經驗也不盡相同，各有甜酸苦辣，希望在這次研討會可以盡情分享，盡情釋放，然後我們輕裝再出發。的確，過去三十年來，不同學者在澳門歷史諸多問題上或多或少存在分歧、爭論，但隨着更多檔案文獻的挖掘、整理、出版和翻譯，應該說，大家在澳門重大歷史問題上的立場和觀點愈來愈趨向一致，達成了前所未有的共識。更為難得的是，過去十多年來澳門史學界可以在一個充分的「百家爭鳴、百花齊放」的學術環境下理性討論和探索，少了門派之鬥、意氣之爭、上綱上線和人身攻擊，多了方法切磋、觀點交流、史料分享、理性批評和學術規範。這是可喜的現象，也期望此一學術氛圍可以持續健康發展下去，推動澳門史研究進入一個新時代。

過去三十年特別是近二十年來，也是澳門歷史本土研究的成長期。澳門理工學院、澳門大學、澳門科技大學、澳門歷史文化研究會、澳門文化局和澳門基金會都持之以恆，整理出版了大量的學術成果。以澳門基金會為例，我們不僅整理出版了大量歷史檔案文獻，包括最近被聯合國教科文組織列入「世界記憶工程」的「漢文文書」，還推出了《澳門編年史》、《澳門史新編》等大型圖書，為澳門史研究奠定了堅實的基礎。經過多年的籌備，「澳門記憶」工程也有望於明年初推出試行版，希望在座各位繼續大力支持並提供指導意見，將「澳門記憶」打造成為一個重要的研究和傳播平台，為史學界和大眾搭建一座溝通的橋樑，讓歷史更好地接近市民、貼近生活。

幾代史學工作者的不懈努力和默默耕耘，為澳門歷史研究打下了堅實的史料、方法和理論基礎，也為澳門歷史研究培育了一批新人。我們承認，學術研究是沒有止境的，史料、特別是多語種史料還要繼續挖掘，方法還要不斷探索，理論也有待完善，許多專題史研究尚待深化，諸多謎團仍未破解。但是，時至今日，我們應該有信心接受更大的挑戰：在持之以恆添磚加瓦的基礎上，建立一座澳門歷史的大廈。這座大廈的具體表現形式，就是一部反映幾代史學家心血結晶、凝聚當今史學家心力、體現澳門歷史最新研究成果、承載澳門歷史宏觀敘事的《澳門通史》。如果我們將此一宏大計劃提到議事日程，分工合作，拾遺補缺，再用十至十五年時間，我們應該可以編撰一部有高度、有深度、高水平、高質量、具有廣泛共識的《澳門通史》。這是我對澳門史研究的最大展望，也衷心祝願此一願景可以早日實現。我相信，只要大家齊心協力，此一願景也一定會實現。

（在「澳門歷史文化研究的回顧與展望」國際學術研討會上的致辭）

2017 年 11 月 22 日

澳門學與澳門發展

——澳門學研究的新思路

自2010年至今，澳門基金會先後聯同澳門大學、澳門歐洲研究學會、澳門社會科學學會、澳門學者同盟、葡萄牙里斯本科技大學社會及政治學院東方研究所、北京外國語大學、中國社會科學雜誌社、暨南大學、澳門理工學院以及澳門科技大學等不同單位，分別於澳門、北京、里斯本、廣州舉辦了五屆澳門學國際學術研討會。

每屆研討會就不同的議題，邀請海內外的專家學者展開討論，包括澳門學的學理化與國際化、文獻調查和澳門學實證研討、澳門學知識建構與學術成長、文獻基礎與學科建設，至今年第五屆的研討會主題「澳門學與澳門發展」。研討會已經成功打造成為推動澳門學的主要平台，吸引海內外澳門研究者的積極響應和高度參與，透過討論與交流，積極推動澳門學的研究及發展。本人喜見「第五屆澳門學國際學術研討會」於暨南大學隆重舉辦，謹代表主辦單位之一的澳門基金會，向合辦機構及關注澳門學研究的各位與會者表示謝意。

澳門學概念提出至今已有三十年。雖然澳門的研究有長足的進步，但澳門學作為一個概念來探討是斷代的，澳門學提出後相當長一段時間內沒再被提起。而真正把澳門學作為一個學科或學術概念來討論，也是近十多年的事情。十多年來，澳門學有過沉寂，也經歷過浮躁，現在是時候冷靜下來思考澳門學日後發展的路向。如何推進澳門學及讓澳門學走進學術的舞台中央，是值得思考的議題。本人認為，可從文獻基礎、研究內容、研究時段、學科建設以及研究隊伍的建設等五個方面着力。

一是文獻基礎。從歷史文化的角度來看澳門學，已經做了大量文獻檔案的整理工作，包括各種語種檔案及文獻的翻譯及出版，但這還不足夠，還有不少許多散見世界各地檔案館、圖書館的包括已知的檔案沒有整理和運用，現在整理出來的檔案及文獻也沒有很好地系統研究。

二是研究內容。從研究的寬度來說，應從過去專注歷史文化的基礎上，把澳門學延伸到政治、經濟、法律、社會不同的領域。這是澳門學的短板，而且對其他學科的基礎資料收集整理還遠遠不足，例如澳門社會關注的經濟發展問題，我們缺乏田野研究及城市發展的基礎經濟數據，使得很多研究從文獻到文獻，知識增量不足，成果沒有多大的說服力。這是薄弱的環節，需要不斷去挖掘。

三是研究時段。在研究深度的方面，在研究過去的同時，怎樣從歷史中尋找經驗，為澳門社會當前面臨的諸多問題及未來發展提供知識的支援和理論的指導，為解決現實問題尋求有建設性的方案？特別需要關注的是，澳門學為「一國兩制」在澳門的成功實施發揮甚麼樣的作用？即其現實意義及學術價值何在？這是值得學術界認真思考的方向性課題。

四是學科建設。澳門學作為一個學科有標識性的概念，需要更加嚴謹的學術規範及理論的創新，例如如何從敦煌學及徽學的成功經驗，思考走出澳門學學科建設這條路，需要學者從理論的方面進行深入系統的探索。

五是研究隊伍。我們十分欣喜看到暨南大學將設立澳門研究院，整合校內研究力量，推進內地與澳門學術合作和經濟社會可持續發展，致力培養人才。在研究隊伍的建設方面，這些年來有明顯的進步，但仍存在人才不足的情況，我們需要進一步推進海內外各院校澳門學研究方面的整合及協作，從而培養更多澳門學的人才。

概括來說，我們堅持對建立澳門學的最初看法，即構建本土知識體系和自己的話語體系，把握話語權，這需要涵蓋不同領域、不同學科方可達到，從而解答澳門從哪裏來、現在在哪裏、到哪裏去的重大課題，完善澳門的宏觀敘述。我們應該從中發掘澳門的核心價值，提出弘揚澳門精神的具體方案，堅定文化自信。正如十九大報告中提到，「一國兩制」是解決澳門問題的最佳方案，

《基本法》是保持香港、澳門長期繁榮穩定的最佳制度。如何解釋「最佳方案」及「最佳制度」，學術界應該義不容辭地進行理論詮釋。

我們要以澳門「和而不同，不同而和」的文化景觀以及「一國兩制」的成功實踐，向國際社會發出強烈信息，就是世界不同文化和不同宗教的共生共存是完全可能的，不同的社會制度也是可以共生共存的。澳門的歷史和現實經驗，值得認真研究總結，為當今世界的諸多問題、矛盾和衝突提供活生生的案例和範本。在某種意義上，為推動人類的文明發展，為建構「人類命運共同體」貢獻澳門的智慧和力量，也就是貢獻中國的智慧和力量。

（「第五屆澳門學國際學術研討會」開幕式上的致辭）

2017 年 11 月 25 日

爲何研究澳門？

如果將 20 世紀 80 年代作為當代學術意義上澳門人文社會科學發展的開端，已經過去了將近 40 年。回顧這段歷史，澳門當代學術的進步令人刮目相看：一是我們趕上了國家發展和澳門歷史大變化、大轉折的年代，學術界抓住了此一歷史機遇，全程參與，全情投入，在這個大舞台上全力施展才能；二是澳門深厚的歷史文化底蘊和急劇的政治、經濟和社會變遷提供了豐富的素材，提出了諸多急需研究的課題，任由學者們選擇發揮；三是學術界找對了研究方向，樹立了正確的價值導向，創造並維護了學術自由討論的寬鬆環境，讓學者潛心研究。如此種種因素，造就了今天澳門研究碩果纍纍、蓬勃發展的局面。

何為澳門研究，如何研究澳門，是我們一直在探索的問題，相信各位比我有更深的體會和更多的心得。今天，與會的學者也將就澳門的政治經濟和社會文化諸多領域發表真知灼見。我想拋磚引玉，從另一角度提出一個問題：為何研究澳門？

澳門大學澳門研究中心是當代澳門學術的主要推動者之一。《澳門研究》創刊號上，就旗幟鮮明提出了「研究澳門、服務澳門」的現實關懷。這種實用主義導向，一直貫穿着澳門研究的發展歷程；這種學術自覺，也深遠影響了澳門研究的價值取向。在當代澳門研究的初創者看來，研究澳門的核心意義就是要揭示澳門歷史發展規律，客觀探討澳門現實問題，力所能及地提供知識支援，協助公眾和決策者正確認識、理解澳門社會的獨特性，為澳門治權的順利過渡和特區的成立創造條件。

以當時的客觀環境，這種想法是大膽的、超前的。現在看來，此一構想是可行的，此一努力也是成功的。循此思路，澳門學同樣是一種學術想象和理想。經過大家三十多年的辛勤耕耘，今天已經初步成形。只要我們保持學術的熱情，加之組織化、制度化、功能化的努力，20 年後，澳門學的學科建設也一定會成為現實。

無論澳門研究還是我們正在構建的澳門學，已經為認識、理解、發展澳門、挖掘澳門的潛力和價值作出了巨大努力，也取得了相當的成績。這些年來，我們對澳門研究或澳門學學科構建本身的認識、理解也逐步加深。我們發現，潛意識上，澳門研究一直在探索殖民社會的解構和特區的建構之路，探求澳門特色的發展道路，探索澳門在中國和世界視野中的意義和作用，以批判的精神，建立澳門完整的宏觀歷史敘述，把握歷史話語權；以科學的態度，拾遺補缺，系統構建本土知識體系，形塑特區新政治共同體的思想基礎和價值體系並推動對此一價值體系的高度認同，令文化傳統、城市精神、身份認同以及社會成員之間有機聯繫起來，社會機制有序、順暢、和諧地運行。在此基礎上，進一步總結澳門「一國兩制」成功實踐的經驗，全面挖掘澳門歷史文化的價值和意義，為完善特區治理提供更多的理論和智力支撐，積極主動弘揚及傳播澳門城市的人文價值，為特區發展、國家現代化和人類文明進步做出更大的貢獻。

這是澳門學術的使命和抱負，也是澳門學術界的責任和擔當，是為何研究澳門的終極目標。

（在「澳門研究年會 2019」開幕式上的致辭）

2019 年 10 月 15 日

築牢澳門歷史文化之豐碑

澳門這道亮麗的人類文明風景線裏，最引人入勝的是其深厚的歷史文化底蘊。散佈在世界各地的檔案文獻，以其收藏之豐、數量之大、語種之多、記錄之詳、保存之完好，令人嘆為觀止，足以供我們窮畢生精力去挖掘探索，也是構建澳門歷史文化豐碑的基石。

海內外 20 世紀 80 年代開始的大規模檔案文獻的搜集整理運動，到澳門回歸前後達到了高潮；澳門歷史話語權的回歸和過去二十多年我們對史料研究的豐碩成果，將澳門歷史文化研究水平推上了一個新的台階。澳門歷史文化研究取得的成績，不僅僅是學術的進步，對特區的政治、社會生活也產生了深刻的影響，對「一國兩制」的偉大實踐起了積極的作用。

這一切，都使我們感到欣慰和驕傲。作為歷史文化研究的參與者，也倍感任重道遠。回顧這些年澳門歷史文化研究的進展，我們不難發現，多了學術理性，多了深度研究，但似乎學術激情有所消減，宏觀關注也有所忽略，跨學科研究成果更是難得一見。這種狀況，或許與歷史文化研究剛上新台階需要整固有關，又或者與學術力量新老交接有關，但與回歸前後的盛況反差較大，值得引起學術界的重視。

為甚麼這麼說？原因有二：一是我們對已經整理出來的史料還缺乏全面系統的研究，無論是文本的考證、勘比、互譯，還是對某些整體文檔的梳理利用，仍有巨大的潛力待開發；二是澳門歷史文化研究理論提升空間還很大，如何闡釋其對中國、對世界發展和人類進步的作用和意義，豐富和彰顯澳門的內在價值，需要探索一個可行、可信的學術框架和研究路徑。在繼續挖掘史料寶藏的同時，只有對現有史料進行全面系統的研究利用，只有努力去構建一個具說服力的理論框架，才能築牢澳門歷史文化的豐碑，並讓這座豐碑光芒四射。

這些年，澳門學術界不遺餘力地去構建澳門學，追求的就是這個目標。客觀而言，我們尚處於起步階段，路漫漫其修遠兮。藉這個機會，求教與求助於各位同道，期待一起開創一個更燦爛的學術春天。我們一直認為，歷史文化是澳門最有價值的內涵，澳門學是澳門發展道路的理論指引，在特區發展的轉折時期，研究好歷史文化，建構好澳門學，有助於我們把握我們擁有的優勢，堅定自信，也有助於更好地認識到我們身處何處、將走向何方，創造一個更好的未來。

（在「澳門歷史文化研究會第十九屆學術年會暨澳門文獻史料國際研討會」上的致辭）

2020 年 10 月 12 日

三十而立再出發

——《澳門研究》創刊 30 周年有感

今年是《澳門研究》雜誌創刊 30 周年。30 年來，《澳門研究》雜誌走過從創刊、停刊再到復刊的曲折歷程，已逐步成為澳門問題研究領域的學術名刊。1988 年 6 月 22 日，澳門東亞大學澳門研究所創辦旨在「研究澳門，服務社會」的《澳門研究》雜誌，此後一度停刊。1993 年 2 月，澳門基金會與澳門大學決定加強合作，重新編輯出版《澳門研究》雜誌，以回應「後過渡時期」澳門政治、經濟社會發展的需要。時至今日，《澳門研究》雜誌已創刊 30 周年，復刊 25 周年。25 年來，本人有幸直接參與《澳門研究》雜誌復刊以及復刊之後從約稿、改稿到編輯、出版等工作，與黃漢強、馮少榮、曹晉鋒、楊允中、郝雨凡、林廣志、林玉鳳幾位主編或執行主編共同陪伴《澳門研究》的成長。在今天、在這個場合，我們應該向澳門研究所的創辦人林達光校長、《澳門研究》的創辦人黃漢強先生致敬，向多年來在不同時期參與《澳門研究》編輯出版工作的各位主編、執行主編和工作人員，向各位作者致以衷心的感謝。這些年來，我與《澳門研究》雜誌朝夕相處，有幸參與、見證了《澳門研究》雜誌從初創到壯大的全歷程，備感榮幸，亦感慨萬千。藉此機會，我從這些年來《澳門研究》雜誌的得與失兩個方面談幾點感想，作為我參與《澳門研究》25 年編輯出版工作的反思，與大家分享，與諸位共勉。

一、《澳門研究》對澳門學術發展的貢獻

自創刊特別是復刊以來，《澳門研究》雜誌作為海內外澳門研究者交流思想、展開學術對話的重要平台，對澳門學術特別是澳門人文社會科學的發展壯大起到了舉足輕重的作用。

其一，《澳門研究》雜誌是澳門問題研究成果的主要發表平台之一，這是其作為學術期刊的天然職責和安身立命之本。1987 年，中葡兩國政府經過四輪談判，簽署了《中葡聯合聲明》，和平解決了歷史遺留的澳門問題。在此背景下，澳門學術界對澳門前途有諸多思考，對澳門未來有諸多憧憬，對澳門歷史以及澳門現實的政治、經濟、文化、社會等有諸多研究，但是，這些適應時代需要的成果卻缺乏一個有效交流、討論和爭鳴的平台。因此，《澳門研究》雜誌應運而生，並確立了「研究澳門，服務社會」的宗旨。此後，《澳門研究》雜誌一直秉持這一宗旨，發表了大量具有強烈現實關懷和實踐導向的政策研究成果，比如：在澳門政治研究領域形成大量政治發展、公共行政改革、政治與社會關係的研究成果；在澳門經濟研究領域形成大量產業結構優化轉型、經濟發展模式、區域合作的研究成果；在澳門法律研究領域形成大量刑法、民商法和具體部門法律以及法律本地化、法律改革的研究成果，如此等等。

其二，《澳門研究》雜誌是澳門學術成長的孵化器。1992 年 2 月 24 日，澳門行政當局頒佈法令重組澳門基金會，將其宗旨從「管理澳門東亞大學」調整為「進行文化教育工作，以促進科學技術研究」。作為澳門基金會推動澳門學術發展的重要舉措之一，經與澳門大學商議，《澳門研究》雜誌於一年之後復刊，由澳門基金會和澳門大學澳門研究中心聯合編輯出版。在此一時期，我們考慮到澳門整體的學術研究力量還比較薄弱，《澳門研究》雜誌的門檻不宜設置過高，目的在於鼓勵澳門問題研究者特別是澳門本地青年學者思考澳門、研究澳門，並盡可能地將這些思考和研究轉化為學術成果公開發表出來，在充分、廣泛的交流、互動中增進自身的學術水平，從而推動了許多研究成果的形成和發表，促進了澳門學術特別是澳門人文社會科學從初創到發展再走向壯大。

其三，《澳門研究》雜誌是澳門研究者成長的催化劑。20 世紀 90 年代，澳

門不像內地，具有一支包含資深學者、青年學者、各高校或研究機構全日制碩士生和博士生在內的龐大學術研究隊伍，澳門本地學術隊伍的規模比較小，很多澳門研究者在職攻讀碩士和博士學位，並非全職學者，他們完全出於個人興趣和社會責任感思考澳門、研究澳門，本身並沒有強烈的學術成果發表壓力和激情。因此，《澳門研究》雜誌充分發揮自身的平台優勢，將這批關心澳門的學者組織起來、調動起來，「逼迫」、「督促」他們在本職工作之餘將業餘的思考學術化、系統化和專業化，進而將其學術成果公開發表。在此過程之中，廣大澳門研究者的學術水平得到了極大的提升，有些人甚至走上了專職的學術研究道路，成為知名的學者。

其四，《澳門研究》雜誌是團結、凝聚澳門研究者的重要紐帶。在澳門問題研究領域，《澳門研究》雜誌屬於創辦較早的一份學術期刊。復刊後，由澳門大學澳門研究中心編輯、澳門基金會出版。但我們從來沒有把它當成是澳門大學或澳門基金會的一份雜誌，而是看成一份澳門的雜誌，屬於所有澳門問題研究者。在創辦之初，為提升《澳門研究》雜誌的學術水平，也為推動更多學者加強對澳門問題的思考和研究，《澳門研究》雜誌積極、主動向澳門本地、中國內地和香港等地區正在修讀碩士或博士學位、致力於澳門問題研究的青年學生和學者廣泛約稿。在此一過程中，一方面，相關青年學生和學者的學術能力得到有效的歷練；另一方面，他們在交流、討論、互動的過程中逐步達成一定的共識、形成一定的學術思想認同，這對於打造一個學術共同體、對於形成一支具有向心力和凝聚力的澳門問題研究隊伍起了顯著的作用。

其五，《澳門研究》雜誌為「澳門學」打下了基礎。「澳門學」是一門涵蓋歷史學、經濟學、法學、政治學、哲學、宗教學等在內的多學科和跨學科的綜合性學問。各學科領域的澳門研究的全面推進和均衡發展，是「澳門學」深入發展的前提和基礎。當然，整體而言，「澳門學」的學科研究並不均衡，各學科的研究水平參差不齊，跨學科的學術成果明顯缺乏。但是，創刊 30 年特別是復刊 25 年來，《澳門研究》雜誌所做的學術積累還是為「澳門學」打下了前期發展的基礎。復刊以後，《澳門研究》雜誌編輯出版總計 88 期，發表文章逾 1,800 篇。這些文章的主題涵蓋歷史、經濟、政治、法律、文化、哲學、宗教、藝術等眾多領域，包羅萬象。歷史學領域的金國平、吳志良、湯開建、黃鴻釗，經濟學領域的黃漢強、陳廣漢，政治、社會學領域的婁勝華，法學領域的楊允中、駱偉建、冷鐵勛、趙國強，以及一大批年輕學者都常常在《澳門研究》雜誌發表文章。這些研究成果，為「澳門學」學科體系的建設、學術視野的拓展、研究方法的創新奠定了扎實的基礎。

其六，《澳門研究》雜誌促進了澳門學術話語權的把握。澳門基金會自1992年重組以來，構建本土的人文社會科學體系、整理澳門歷史檔案文獻、提高本土文化在本地和外地的能見度、爭取學術話語權的回歸成為一項新使命。除了一系列叢書和綜合性圖書的策劃編輯出版，《澳門研究》雜誌在澳門基金會完成這項使命的過程中也發揮了重要作用，主要在於它團結、凝聚、鍛煉了一批澳門本地學者，促使他們形成了一定的學術共識和相近的學術思想，由此形成了一個較為穩定的澳門研究學術共同體，這為澳門學術話語權的回歸奠定了組織基礎和思想基礎，為建立澳門社會主流價值觀創造了良好的條件，為澳門社會和諧穩定作出了直接的貢獻。

二、《澳門研究》的局限與不足

30年來，《澳門研究》雜誌與澳門學術互相促進、共同發展，取得了長足的進步，但是，由於一些主客觀因素的限制，其也存在較為明顯的局限與不足。

其一，《澳門研究》雜誌涉獵的領域是狹義的澳門研究領域。自創刊至今，《澳門研究》雜誌一直秉承「研究澳門，服務社會」的宗旨，所以我們一直希望並要求《澳門研究》雜誌集中研究澳門，主要發表澳門問題或者與澳門直接相關問題的研究成果。這些年來，不乏一些與澳門問題沒有直接關係的高品質文章投稿《澳門研究》雜誌，但是被收錄發表的非常有限。客觀來講，這種思路雖然聚焦了澳門並令澳門本土研究快速成長，但既限制了《澳門研究》雜誌的長遠發展，也局限了澳門學術視野的拓展和澳門與中國內地、香港和台灣地區，以及世界其他地區學者間展開學術對話的空間。如今，《澳門研究》雜誌已屆而立之年，為了《澳門研究》雜誌以及澳門學術更好地發展，我們需要重新考量這個問題。

其二，《澳門研究》雜誌的學術規範和學術評價尚且不足。在創刊初期，《澳門研究》雜誌上刊載的文章或沒有摘要，或沒有註釋，篇幅從寥寥數百字到洋洋近萬字不等，學術價值和文章品質參差不齊，學術規範遠遠有待完善。此外，我們在設計、裝幀以及出版周期上也有過多次嘗試，似乎都不甚理想。2010 年，為「創建學術名刊，推動澳門研究」，我們對《澳門研究》雜誌進行了大刀闊斧的改版工作，並且定為季刊。此後，《澳門研究》雜誌各期文章基本的學術規範得到了較大改善，文章的學術品質也得到較大提升，但仍然未盡如人意。究其原因，是因為我們沒有投入足夠的資源，長期缺乏一支真正意義上的專業編輯隊伍，編輯委員會也一直沒有真正發揮嚴格把關的作用。如今，相較 20 世紀 80、90 年代，澳門學術水平和學術環境已有極大改觀，澳門本地的學術隊伍和學術力量已初具規模，我們理應着力解決這些掣肘《澳門研究》雜誌進一步發展的問題，制定規範的編輯委員會內部工作制度和匿名評審制度，對來稿的基本學術規範和學術價值嚴格審核和客觀評價，從而推動澳門學術向縱深發展。

其三，《澳門研究》雜誌的學術水平還有待提高。一方面，近年來，《澳門研究》雜誌以及整體的澳門研究出現一種宏觀方面過度理論拔高、微觀方面轉向歷史考證式研究的趨勢，呈現出一種「冰火兩重天」的極端局面。宏觀理論過於拔高而缺乏專題研究的支撐，可能成為空中樓閣；微觀研究陷入考證式鑽研而缺乏宏觀把握和現實觸覺，可能走進歷史的故紙堆。這都不符合《澳門研究》雜誌一貫的辦刊宗旨。另一方面，《澳門研究》雜誌的學術視野和研究領域還需要進一步拓寬，加強薄弱學科領域的研究，增強不同學科的平衡性。這種「查漏補缺」的功夫，我們在辦刊初期似乎做得更加細緻些，主動約稿，主動填補空白。這些年來，由於投稿量增加，我們主動約稿或組稿少了，現在看來需要恢復這一優良傳統，以點帶面，推動澳門學術水平走上一個新的台階。

最後，《澳門研究》雜誌的學術影響力還有待擴大。考量一份期刊學術影響力最直接的標準莫過於將其納入到某一評價體系當中。這些年來，為促使《澳門研究》雜誌獲得澳門本地、中國內地乃至國際社會的認可，我們下了很大的功夫，取得了一些成效，但仍然有很大的進步空間。在澳門本地，學者在《澳門研究》雜誌發表的文章已獲得澳門大學的認可，將其成果納入到教師的職稱評級體系之中。當然，要獲得與其他一些海內外高水平期刊相若的地位，《澳門研究》雜誌還需要付出更大的努力。在中國內地，《澳門研究》雜誌已經納入到中華人民共和國最早的人文社會科學文獻信息資料提供機構——人大複印報刊資料來源期刊的目錄，然而尚未納入到中國當前最權威的人文社會科學評級系統 CSSCI 來源期刊行列。毫無疑問，這些評價體系並非檢驗水平的唯一標準，但對於擴大澳門研究成果在中國內地的影響力依然意義重大，值得全力爭取。當然，其中存在一些客觀因素的制約，我們自身存在的主觀問題卻也不能忽視。要解決這一問題，必須認識到澳門研究由於其領域狹小而產生的專業局限性，盡量凸顯澳門研究在中國和世界範圍內歷史和現實層面上的普遍意義，只有把這些普遍意義高度、準確地提煉出來，《澳門研究》才可能進入主流的學術視野和評價體系，才能獲得海內外學術界的高度重視和認可。

三、結語

總而言之，30 年來，《澳門研究》雜誌不僅為澳門學術發展打下了堅實的基礎，其中諸多的政策性研究也為澳門平穩過渡、順利回歸和特區政府施政提供了有益的智力支持，為保證「一國兩制」方針政策在澳門特區全面準確地貫徹落實、保持澳門特區的長期繁榮穩定貢獻了一己之力。澳門學術界的這項使命無上光榮，這些成果也值得《澳門研究》雜誌和澳門學術界感到自豪和驕傲。與此同時，我們必須清醒地認識到，任何事物都有一個不斷成長、成熟的過程，《澳門研究》雜誌也不例外。對於這些年來《澳門研究》雜誌在發展過程中長期存在的局限和不足，我們不能諱疾忌醫，必須直面挑戰和困難，找出相應的對策，更好地推動澳門的學術成長，從而促使《澳門研究》雜誌在創建學術名刊的過程中乘風破浪、更上一層樓。我們也相信，澳門學術不僅僅具有地域性價值，深度挖掘、高度提煉澳門研究的成果，不難發現其普遍性意義。而澳門學術研究的普遍性意義，將為澳門研究打開一扇通往中國和世界學術殿堂的大門。

近年來，澳門學術界在努力構建澳門學。我們認為，澳門研究是廣義上的澳門學，構建澳門學就是構建澳門本土知識體系。澳門本土知識體系不僅具有特殊意義，也具有普遍意義。過去 30 年來，《澳門研究》雜誌默默耕耘，為澳門學的構建奠定了良好的基礎；未來 30 年，《澳門研究》更應該擔負起歷史責任，為澳門學的構建作出更大的貢獻。這是一個參與《澳門研究》25 年編輯出版工作者的心願，相信也是澳門學術界的心聲，更是澳門社會的期望。

（澳門大學澳門研究中心「《澳門研究》三十年——系列活動開幕研討會暨澳門研究中心聘書頒贈儀式」上的主旨演講）

2018 年 8 月 30 日

洞察變局 探求未來

——寫在《澳門研究》100 期出版之際

《澳門研究》自 1988 年創刊、1993 年復刊，自復刊至今整整出版了 100 期。從創刊到復刊、從半年刊、雙月刊到季刊，多番改版，逐漸成形。這 100 期雜誌是澳門當代學術成長的印記，也見證了澳門過去 33 年的巨大變化，真實記錄了澳門社會在此一翻天覆地深刻變化中的心路歷程。回顧和檢視這一過程，不僅有助於澳門學術邁上新的台階，也有助於澳門在百年不遇之大變局中認准方向、確定目標、明晰定位、開闢新途，使澳門能夠在國家發展戰略和人類命運共同體的建構中扮演更加積極的角色，發揮更加重要的作用，從而在增加自身內在價值與擴大生存空間的同時，釋放潛能、展現優勢、輻射活力、貢獻智慧。

一

《澳門研究》是在澳門回歸祖國進入過渡期之時創刊的。創刊前一年，《中葡聯合聲明》簽訂，東亞大學澳門研究所也應運而生。正如時任東亞大學校長、澳門研究所所長林達光教授在《發刊詞》中所言，《澳門研究》作為研究所的學術刊物，宗旨是一致的：「立足澳門，研究澳門社會，為澳門的安定、繁榮和發展服務。」他認為，「結束舊秩序、產生新秩序」是「一個史無前例的轉折過程，其複雜性不應低估」。

因此，「深入研究澳門的過去和今天」，「對未來發展提供科學性的預測」，

「搞清這過渡的內容和規律是個迫切的任務」，呼籲學者主動擔當，並引起公眾的關懷和參與。他還強調，「雖然探索的焦點應集中在澳門本身，但如果我們把它看成是一個狹隘的、孤立的問題，那麼研究的成果將具有很大的局限性」。他認為，澳門研究應該放在中國、亞洲和世界的廣泛關係網絡中進行，因為「這些錯綜複雜的關係構成澳門經濟、文化、學術發展的生命網絡」。也只有探索並理解這些關係的實質，我們才「有條件去找新的創造性的途徑，來開拓澳門在世界的地位並發揮其作用」。

1993 年，澳門進入回歸祖國的後過渡期。這一年，將僅出版了創刊號就停刊的《澳門研究》復刊。我們十分認同林達光教授的遠見卓識，在《復刊詞》重申了前述的宗旨，只是在「來開拓澳門在世界的地位並發揮其作用」這句話中加上了「中國」兩字。今天誠懇重溫辦刊的初心，對澳門學術發展的方向和更好地理解澳門，仍具極大的參考價值。回歸 10 年後，我們在「《澳門研究》改版寄語」中也承認，「澳門的政治、經濟發展模式以及社會發展趨勢，仍有待學界廣泛關注和深入研究，如何適應時代的發展、繼續為澳門的可持續發展出謀獻策，貢獻智慧，是澳門學術界面臨的新課題」。換言之，雖然學術增量已經奠定了澳門研究的良好發展基礎，有條件去加強學術規範、提高研究水平和論文質量，但《澳門研究》的歷史任務尚未完成，新的學術使命已經擺在眼前。推而廣之，學術界如是，社會、政府也如是。

二

澳門開埠，是早期全球化的結晶。正如本刊創辦者所言，澳門的生命網絡建立在澳門與祖國、澳門與世界的廣泛關係上。歷史也證明，澳門的命運與國家休戚與共，其生存發展與國勢興衰息息相關。澳門經濟史研究成果表明，澳門是一個極度外向型的經濟體，甚至有學者稱之為隨波逐流式的發展模式。從早期的航海貿易到後來的苦力貿易、鴉片貿易、博彩業發展，到 20 世紀 80 年代的出口加工業再到現在的博彩旅遊業，都極其依賴國家與世界的發展走向，對外依存度極高。正是基於此一判斷，我們在澳門回歸祖國的過渡期就提出，澳門未來最大的挑戰是其自治能力的局限性，如何創造更好的自治條件，增強自治能力，忠實、有力地實踐「一國兩制」，建設好特別行政區並保持長治久安，是包括學者在內每一個澳門人必須思考的問題。

中國四十多年前開始的改革開放，帶動了當代澳門經濟的起飛，為澳門回歸祖國奠定了初步的經濟基礎。過去二十多年來，澳門順利完成了從「葡管中國領土」到建立「澳人治澳」的特別行政區的政治變遷，特區開局良好；特區成立後，博彩業適度開放，一定程度上推行了經濟制度的變遷，改變了主要行業獨家經營的狀況。政治與經濟的兩次制度變遷，在中央政府的大力支持下，在澳門政府和居民的共同努力下，都非常順暢並取得了舉世矚目的成功：經濟快速增長、居民收入明顯提高、民生福利大幅改善、社會和諧穩定、民主政治穩步發展，一改回歸前治安不靖、經濟蕭條、民生艱難的困境，呈現出一片生機勃勃、欣欣向榮的局面。與 1999 年相比，2019 年的本地生產總值增加 8 倍多，人均生產總值增加 5.5 倍，居民收入中位數增加了約 4 倍，政府財政收入增加了約 8 倍，實行 15 年免費基礎教育，學生和 65 歲以上人士享受免費醫療，社會房屋和經濟房屋供應不斷增加，社會保障基本實現居民全覆蓋。不過，值得一提的是，在這場巨大的變革中，單一的經濟結構和鄉土型社會形態卻沒有太大的改變。

在歷史性變革取得歷史性成就的過程中，中央政府多次提醒澳門要居安思危，特別要加速推進經濟適度多元化，解決「一業獨大」、過度依賴博彩業的問題。中共十九大提出建設粵港澳大灣區戰略，中央 2019 年正式頒佈《粵港澳大灣區發展規劃綱要》，為港澳融入國家發展大局、乘上祖國發展快車搭建了平台。今年 9 月，中央印發《橫琴粵澳深度合作區建設總體方案》，澳門正式參與橫琴的「共商、共建、共管、共享」，深合區成為促進澳門經濟適度多元的新平台、便利澳門居民生活就業的新空間、豐富「一國兩制」實踐的新示範、推動粵港澳大灣區建設的新高地。

橫琴深度合作區是在配合國家「十四・五」發展規劃和 2035 年遠景目標、立足新發展階段、貫徹新發展理念、構建新發展格局、推動高質量發展的背景下成立的。粵澳「共商、共建、共管、共享」橫琴深合區，是「一國兩制」

實踐的重大突破，是澳門邁向新征程、增加新動能、創造新氣象的重大歷史機遇，是澳門政治、經濟、社會生活中的一件大事，甚至比 20 年前博彩業適度開放，更能對澳門產生廣泛而深遠的影響。

三

如果說上世紀 80 年代澳門經濟起飛為第一次現代化，那麼，博彩經營權適度開放以來的經濟飛躍則為第二次現代化，而橫琴深合區建設有可能將澳門推向第三次現代化的進程。第一次現代化主要是原始資本積累，第二次現代化為澳門帶來富足，我們期待，第三次現代化促進澳門社會的整體進步。在第一階段，人心思歸，絕大多數澳門居民盼望早日回到祖國的懷抱，當家作主。當然也有極少數人對澳門發展的信心不足，移民他鄉；第二階段，人們在發展和分享之間、保育與發展之間產生了激烈的討論和爭議，要求公平正義，反對資本擴張對城市景觀、特別是受保護文物和澳門寧靜的生活造成過度的影響。從 2007 年「五一遊行」到 2014 年「反離補運動」和 2016 年「資助暨南大學事件」引起的遊行，從保護燈塔運動、火葬場選址到旅遊稅的討論，清晰反映了澳門社會、特別是青年一代的心路歷程和情緒訴求。在歷次社會運動中，民粹主義、福利主義此起彼落，甚至出現了愈來愈強烈的自我保護意識和排外情緒，本土觀念、本位主義在這些思潮的影響下得到放大，一定程度上造成了原有社會資本的流失。

可以說，第二次現代化過程中出現的問題與矛盾，既是第三次現代化要面對和解決的，而某些負面思潮又將影響第三次現代化的順利展開，值得高度重視。歷史上，澳門一直是一個開放的社會，天南海北的移民來澳門定居發展，同舟共濟，守望相助，不同民族、不同文化、不同信仰在澳門可以和睦相處，共生共榮，塑造了「和而不同，不同而和」的核心價值，這是澳門彈丸之地賴以生存的根本。歷史已經證明，封閉導致短視、帶來衰敗，開放開拓眼界、促進繁榮。新冠疫情的無情衝擊，促使我們更加冷靜地梳理澳門走過的路，理性地思考澳門未來發展前景，總結經驗，吸取教訓，迎難而上，砥礪前行。可幸的是，回歸祖國二十多年來，澳門人的家國情懷顯著增強，社會的政治基礎更加牢固，為第三次現代化創造了有利條件。

正是國際格局的巨變、中國的快速崛起和「一國兩制」在澳門的成功實踐，造就了一個千載難逢的機遇：橫琴粵澳深度合作區的成立。無疑，深合區將再次激活澳門的「生命網絡」，改變澳門一向被動發展的邏輯，是澳門發展的歷史性轉折。能否抓住機遇、主動掌握命運，還要看我們能否解放思想、突破思維局限，充分認識到此一重大舉措的意義並在實踐中不斷探索、不斷創新，在一個更大的格局中思考發展的問題，在一個更大的空間裏解決發展的矛盾，在一個更高的平台上尋求突破發展的瓶頸。在橫琴深合區，兩種制度可以各顯優勢，又可以互補短板，還會倒逼澳門內部的制度改革。

在新的歷史階段，澳門發展的方向、目標和定位逐漸明晰：首先，正確認識和實踐「一國兩制」，維護國家主權、安全和發展利益；維護中央的全面管治權以及國家的憲制權力和憲制機關的權威；其次，落實「愛國者治澳」，完善「一國兩制」的制度和體系，理順政府的職能，建立高效的行政架構和隊伍，提高治理能力和水平；第三，全情投入橫琴深合區建設，參與粵港澳大灣區建設，融入國家發展大局，為國家發展與民族振興貢獻力量並分享紅利和榮光；第四，促進澳門經濟多元化，加快「一平台、一中心和一基地」建設，優化澳門居民的生活工作空間和條件，提高居民的民生福祉和幸福感，逐步解決社會發展積累的深層次結構性矛盾。

港珠澳大橋計劃從「單 Y」變為「雙 Y」，給本位主義提了個醒；香港北部都會區發展計劃橫空出世，又為我們樹立了一個好榜樣。我們相信，只要時刻保持開放的心態和合作的精神，不斷提升競爭力和管理水平，主動、積極融入國家發展大局，在一個更高的格局、更大的空間裏，澳門社會的深層次結構性矛盾將得以逐步解決，第三次現代化將為澳門帶來一個全新的局面，「一國兩制」的成功實踐必將邁上新台階。

澳門學術界一向具有現實關懷，澳門學術也有實用主義的傳統，洞察世局變化，緊貼時代發展步伐，圍繞澳門發展的中心，展開學術研究，探索特區發展道路，提出解決發展中問題的方案，為建設更加繁榮、富強、和諧、文明的新澳門獻計獻策。澳門研究以澳門為主題，不可避免有澳門情結、澳門視角、本土意識，但一定要避免自我中心、自我膨脹、自以為是，更要警惕民粹主義、本土優先、不願也不敢競爭等思潮的侵擾，保持開放、寬容的精神，樹立正確的是非觀與價值導向，科學理性地探討問題，引領和促進澳門學術和澳門社會的健康成長。

感謝三分之一世紀以來各位作者、歷任主編和編輯部同事的奉獻，使得《澳門研究》能夠發展至今並不斷擴大在學術界的影響力和知名度。我們相信，《澳門研究》作為學者拓展澳門研究、砥礪學術人生、創造增量知識、提升研究水平的學術平台，必將一如既往服務澳門研究，服務澳門學者與廣大讀者，努力做促進澳門發展、深合區與大灣區開發、國家現代化建設與人類命運共同體構建的助力劑與推進器。

（《澳門研究》第 100 期）

2021 年 11 月

澳門學：歷程、使命與發展路向

澳門自 16 世紀中葉開埠以來，在中國近現代化過程中發揮了獨一無二的作用，特別在中外經貿來往、文化交流、思想交匯中扮演着不可替代的角色。在眾多中國城市中，沒有一個城市像澳門這樣長期、持續地擔任過如此的角色，也沒有一個城市像澳門這樣在西學東漸、東學西傳中擁有如此特殊的地位。在此一獨特的歷史發展過程中，澳門也積澱了豐富的歷史遺存，鑄造了獨有的社會形態以及城市人文風貌和精神。這一切，不僅是澳門賴以生存發展的根本，也是中國在新時代全面實現現代化以及重新返回世界舞台中央可資利用的寶貴財富，值得我們竭盡全力去挖掘、整理、研究、推廣、利用和弘揚。

構建澳門學，便是眾多學者為此多年思考探索出來的一條可行路徑。大家希望，通過此一路徑，可以充分總結澳門獨特的發展規律、彰顯澳門的潛在價值並發揮其傳統優勢。構建澳門學，同時又是本土知識體系的構建，對確立澳門學術自主性和鞏固澳門學術話語權具有深遠的意義。

一、澳門學的歷程

三十多年前澳門學概念的提出，大家或許尚未完全意識到構建澳門學具有如此高度的重要性。當時，提出澳門學的概念，主要是為了對一個游離祖國多年的城市的政治、經濟、社會和文化發展特殊性加深認識，客觀地掌握更多的實際情況，科學地把握其發展規律，以更好更順利地完成澳門回歸、早日實現祖國統一偉業的重大歷史任務。換句話說，「一國兩制」構思提出之時，人們對澳門（包括香港）的歷史與現狀及其發展規律還不是很熟悉、很清楚，如何制訂港澳既可以在設定的時間裏平穩過渡、順利回歸又要在回歸後保持其長期穩定繁榮的方針、政策和法律，是中央和港澳居民關心的大事，也是港澳發展美好藍圖設計者面臨的重大課題。澳門學應運而生，並且作出了積極的貢獻，其具體表現就是一部適合澳門的《基本法》的誕生以及中央對澳門發展採取的一系列方針政策的適時推出與實施，促成了澳門的平穩過渡、順利回歸和特區今天繁榮發展的局面。

回顧澳門過去三十多年的發展歷程，我們看到，澳門學在如下幾個方面取得了可喜的成就：

第一，對澳門回歸祖國、政權交接這個歷史性的政治制度變遷及其經濟、法律、社會、文化制度的適應化以及非殖民化的歷史性重大課題進行了全面而廣泛的討論，此一討論關係到澳門的順利過渡和特別行政區的成功創建，也是政治理論的突破與創新。

第二，對澳門歷史演變過程以及其時的法律、經濟、社會狀況進行了系統而深入的梳理，大大提高了我們對這個城市的發展規律及其存在的問題與缺陷的了解和認識，為創建特區制訂相應的政策措施提供了有價值的知識支撐。

第三，在探索澳門歷史發展的過程中，加深了對澳門在中國和世界以及人類文明演進中價值和意義的了解及認知，為進一步加強與祖國的關係、明確澳門的發展定位以及鞏固和提升澳門的地位和作用創造了條件，也為澳門充分彰顯其人文價值和完整塑造文化城市形象提供了學術支撐。

第四，逐步營造和形成了一個活躍的學術環境，催生了一大批學術研究成果和培養了一大批學術人才，為澳門學的學科建設積蓄了知識增量和學術力量，為特區下一步的飛躍發展積累了學術資本和文化資本。構建澳門學從概念的提出到學科建設，經歷了二十多年時間的積累和沉澱期。2010 年，澳門基金會與澳門大學等機構合作，召開了首屆「澳門學國際學術研討會」，以「澳門學的學理化與國際化」為主題，並且出版了論文集，標誌着澳門學作為一門學科來建設的開端。此後，又分別與海內外多家學術機構聯手在里斯本、北京、澳門和廣州舉辦了四屆研討會，就「文獻調查和澳門學實證研討」、「知識建構與學術成長」、「文獻基礎與學科建設」、「澳門學與澳門發展」等主題進行專題研討，得到了國內外學術界的呼應與支持，澳門學的學科建設有了較明顯的進展，其學術和社會影響力也與日俱增。

澳門學作為一個學術概念，不無討論和爭議[1]，探索的過程也有起伏；但澳門學從一個學術概念過渡到學科建設，無疑是質的飛躍，這不僅說明學術界認為澳門學作為學科建設有其學術可能性和合理性，也說明了社會各界對澳門學的重視與認同。

回顧澳門學的發展歷程，是為了不忘初心，繼續前進。澳門學在過去三十多年已經取得了很大的成就，尤其是牢牢把握了澳門學術話語權，但其肩負的使命以及在新時代下如何科學地推進澳門學的學科建設，仍須一代又一代學人的不懈努力去探索方能達至。

二、澳門學的使命

我們一直認為，澳門學的建設就是本土知識體系的構建，「本土知識不僅僅是指特定的、具有地方特徵的知識，而且是一種新型的知識觀念，可以具有全球的意義」。[2] 簡而言之，澳門學是一門有關澳門的學問，包括在澳門生產、傳播和消費的一切知識及其內部分享和對外輻射的全部效應。換句話說，在澳門發生的一切事情及其與外部世界的聯繫與互動，都應該是澳門學研究的對象，並在研究過程中形成一個完整、系統而自主的宏觀敘述和解釋體系。因此，澳門學不僅是知識的彙總與歸納，又是體系的建構與理論的昇華，既具有本土意義，也具有全球意義；澳門學既着眼本土，又要放眼全球。也只有這樣，澳門

1 詳見林廣志：〈互動－相生：人類文明發展的澳門模式——近 20 年澳門學研究述評及其他〉，見郝雨凡、吳志良、林廣志主編：《澳門學引論——首屆澳門學國際學術研討會論文集》（上冊），北京：社會科學文獻出版社，2012 年，第 71-83、79 頁。

2 吳志良：〈作為本土知識而構建的澳門學〉，見郝雨凡、吳志良、林廣志主編：《澳門學引論——首屆澳門學國際學術研討會論文集》（上冊），第 9 頁。

學才符合澳門社會古今同在、中外並存的客觀事實，才能真正體現澳門獨特的社會形態、人文風貌和精神，才能提煉出具有普遍性意義的價值和學說。

從定義上，我們大致認同郝雨凡教授在《澳門學引論》代前言中的說法：「一門以文獻檔案、文化遺產為基礎，以歷史文化和社會生活為對象，探尋澳門模式與澳門精神及其效應的綜合性學科。具體來說，澳門學就是從物質生產、社會結構、人群組織、風俗習慣、宗教信仰等各個方面，研究澳門社會的形成、變遷和發展的過程，通過跨學科的研究和整合，形成一套可以解釋澳門現象，並能夠提煉出學理意義和範式意義的學問體系，由此發現澳門特有的發展模式及精神特質，並揭示其對人類文明進步所蘊含的意義。也就是說，澳門學是具有全球意義的地方知識。」[3] 這應該也是對過往澳門學發展成果和首屆澳門學國際學術研討會的學術總結和觀點提煉。但是，這還沒有完全解決「從哪裏來、現在哪裏、到哪裏去」的所有問題，某種程度上存在學術現實性意義的缺失。[4] 在我們看來，新時代下，澳門學的使命至少應該涵蓋如下五個方面的內容：

首先，正確建立澳門的宏觀歷史敘事。從遠古到澳門港口城市的起源及其之後的歷史演進和社會變遷、澳門在早期全球化中扮演的角色和在中國近現代史過程中的作用與地位、澳門在人類文明發展中的典範意義，是此一宏觀歷史敘事的主線。建立一個符合澳門歷史事實和發展規律、真實反映澳門社會形態、人文風貌與精神的宏觀歷史敘事，在相當程度上，也可以從學理上解釋「一國兩制」是解決歷史遺留下來的澳門問題最佳方案這個重大課題，為「一國兩制」的實踐不走樣、不變形提供更多的知識增量和智力支撐。

其次，科學研究和充分把握澳門的區情和區勢。澳門特別行政區成立 18 年來，走過了不平凡的道路，既取得了舉世矚目的成就，也存在不少結構性問題和深層矛盾。這些問題與矛盾，有些是歷史遺留下來的，有些是發展過程中

3　郝雨凡：〈澳門學的學術可能性（代前言）〉，見郝雨凡、吳志良、林廣志主編：《澳門學引論——首屆澳門學國際學術研討會論文集》（上冊），第 2 頁。

4　郝雨凡在《澳門學的範式及意義》對澳門學的現實意義有所補充，但仍不足。詳見郝雨凡、吳志良、林廣志主編：《澳門學引論——首屆澳門學國際學術研討會論文集》（上冊），第 11-14 頁。

形成的。無論如何，為甚麼取得了成就，主要問題和矛盾是甚麼，如何界定和破解問題、化解矛盾，擴大「一國兩制」實踐的成果，都是學術界關注的研究議題，也是學術界義不容辭的責任。澳門學應該將這些課題納入學科建設中去，從而從理論上解答「一國兩制」是保持特區長期繁榮穩定的最佳制度這個重大課題，更加堅定我們對「一國兩制」的信心，促進澳門特別行政區的可持續健康發展。

第三，深入分析和總結澳門的社會形態。澳門是一個典型的移民社會，既與祖國陸地相連、命運一體，又長時間游離於中國的政治、法律秩序，自我發展；既長期受到歐風美雨的侵浸，又始終保持着中華傳統文化的本源，社會形態非常特別，社會自我治理特徵十分明顯，積累了與眾不同的社會組織、社會管理和社會生活的經驗。這種以傳統與道德為行為規範和約束，以宗族、鄉族、行業為組織，以社團為網絡的社會形態和治理模式，雖然是某一特殊時空下的產物，但從根本上，是中國社會傳統的本真繼承與發展，並在一定程度上吸收了西方社會傳統的養分，值得認真研究和總結，也可以為當今中國打造共建共治共享的社會治理格局提供有價值的參考。

第四，高度提煉澳門現象、澳門模式、澳門範例的普遍意義。澳門古今同在、中西並存、「和而不同，不同而和」的社會形態與文化景觀以及「一國兩制」的成功實踐，向國際社會發出了強烈信息，這就是世界不同民族、不同文化和不同宗教、不同信仰的和平共生共存是完全可能的，不同的社會制度也是可以共生共榮的。澳門獨特的歷史和現實經驗，極具價值，值得認真歸納整理，為解決當今世界的諸多問題、矛盾和衝突提供活生生的案例和範本，進而言之，為推動人類文明的和平發展、為建構「人類命運共同體」貢獻澳門的智慧和力量，也就是貢獻中國的智慧和力量。

第五，重新發現和弘揚澳門對外交往的對話溝通傳統功能。澳門是第一個參與早期全球化的中國城市，從開埠起就參與了國際貿易競爭和文化交流，甚至可以說，澳門港口城市的崛起本身就是早期全球化的結果。在長期的國際交往中，澳門學習和掌握了與世界交往的微妙技巧和獨特能力，建立了一張人情人際關係密切的世界網絡，形成了一個中西方皆較容易理解、接受的獨有的話語體系。此一特有的話語體系，別具意義，對推進當今中國的「一帶一路」倡議，特別是推動人心相通的工作以及中華民族走進世界舞台中央都可以發揮應有的積極作用。

三、澳門學的構建要件

關於澳門學的構建，學術界經過了長時間的醞釀和摸索，並在此一過程中逐漸形成比較清晰的基本思路，有意識地創造必要的基礎條件，營造一個有利的整體環境。

經過多年的研究和探討，澳門學基礎文獻的收集和研究取得了長足的進展，學界對澳門學的學術可能性和現實必要性已經沒有太大的爭議，對澳門學的研究對象和範圍也大致趨向共識，共同的學術信念正在形成並在不斷加強中。隨着討論的深入，我們認為，澳門學的研究方法、範式也會愈來愈明晰，澳門學理論的輪廓會逐漸顯現出來。[5]

學科建設是一項長期而複雜的工程，澳門學也不例外。將澳門學作為一門學科來構建，我們認為，必須具備以下幾個基本條件：

第一，共同的學術信念。澳門學的學科建設，首先需要對當前澳門研究所取得成就進行充分的學術總結和評估，並在此一基礎上，學術界達成最起碼的共識：澳門學的建構存在學術的可能性和可行性以及具有現實的必要性。三十多年來尤其是近 10 年來，學術界一直朝此方向努力，並形成了積極而正面的共識。這是構建澳門學學科的先決條件。在愈來愈強烈的共同學術信念推動下，問題意識、範式意識和目標意識得到進一步加強，相信澳門學的學科建設

5 有關這些問題的討論，可以參閱吳志良、張中鵬：《澳門學術話語體系的構建與闡釋——吳志良博士學術訪談錄》，廣州：《華南師範大學學報》（社會科學版），2017 年第 1 期；吳志良：〈放寬視野，深耕細作，構建澳門學的話語體系〉，「澳門學研究叢書」序言，參見金國平：《澳門學：探賾與匯知》，廣州：廣東人民出版社，2018 年，第 1-13 頁；以及郝雨凡〈澳門學的範式及意義〉、湯開建〈澳門學的起源與分期〉、楊允中〈整合學術，確保長期繁榮穩定〉、陳樹榮〈再議建設澳門學〉、張西平〈澳門學的重要內容：西文歷史文獻的整理〉等，分別見郝雨凡、吳志良、林廣志主編：《澳門學引論——首屆澳門學國際學術研討會論文集》（上冊），第 11-14、29-37、38-44、45-54、55-70 頁。

將步入快車道。

第二，豐富的文獻基礎。有關澳門的檔案文獻存量之多、保有質量之好，在同等規模城市中相當罕見。在此一領域，研究成果是極其顯著的，主要和重要的中文文獻、檔案的挖掘、整理、出版碩果纍纍，基礎相當堅實，尚餘部分檔案文獻待發現、整理；重要葡文檔案的挖掘、整理、出版工作的成績也有目共睹，但限於語言能力和翻譯力量，中文學界目前尚難以充分利用。至於散見於其他國家和地區的有關澳門的多語種檔案文獻，則有待進一步梳理和匯集，但隨着各相關檔案館、圖書館電子化程度的升級，查閱已經日漸方便。因此，澳門學的文獻不僅存量豐富，而且整理工作的基礎甚為扎實，利用手段也很便利，為澳門學的學科建設提供了有力的支持。

第三，充分的田野調查。澳門學至今取得的成績，比較集中在歷史文化方面，原因是在這方面具有非常豐富的檔案文獻。在其他領域，尤其是文獻資料相對缺乏的領域，研究成果的深度明顯不足，原因是長期以來，學術界對田野研究沒有給予足夠的關注和重視，造成目前厚古薄今、學術領域發展不平衡的狀況。只有在澳門各學術領域比較充分發展的情況下，澳門學才有可能整體地構建起來。因此，需要加大力氣開展田野調查，採集基礎研究數據、尤其是經濟、社會的原始數據，加強實證研究，強化研究的現實意義，以推動澳門學全面縱深發展，並為實現政治、經濟、社會發展提供智力支撐。

第四，基本的學術框架。從概念到學科建設，是學術規範化和理論化的過程，也是方法論探索完善的過程。應該研究甚麼、對研究對象提出甚麼樣的問題、如何提出問題、以何種方法進行研究、如何解釋研究所得，是構建澳門學過程中必須解答的問題。當具備理論假設、研究模式、研究方法、價值標準和形而上學的原則，完整的學術範式和系統的理論才能成形，澳門學才能成為一門成熟的「學科」[6]，澳門自主的學術體系才宣告成立。

6　詳見林廣志：〈互動－相生：人類文明發展的澳門模式——近 20 年澳門學研究述評及其他〉，見郝雨凡、吳志良、林廣志主編：《澳門學引論——首屆澳門學國際學術研討會論文集》（上冊），北京：社會科學文獻出版社，2012 年，第 71-83、79 頁。

第五，精專的學術力量。綜觀澳門研究和澳門學的發展歷程，不難發現，其階段性、間歇性、業餘性的現象非常明顯，一時成為研究熱點，一時歸於沉寂，時不時又有一些平常並不研究澳門的學者過來湊湊熱鬧，寫一、二篇相關文章，長期堅持專心一致研究澳門、特別就澳門某一問題長期系統跟蹤研究的學者人數不多，以研究澳門為職志的更少。造成此一現象的原因是多方面的，但若再長久以往，很難期待澳門學會快速健康成長。因此，必須創造足夠吸引的條件和有效的機制，激勵、協調、整合現有研究機構和研究隊伍，同時，培養和吸引一批精神專注、方向專業的研究者，形成一支精專、穩定的學術力量和一個有效分工合作的研究網絡，澳門學的學科建設才會有質的飛躍。

四、澳門學的發展路向

澳門學的使命和構建澳門學的必要條件，決定了澳門學學科建設的路向。而學科建設路向的選擇和設定，又反過來指導我們履行使命、滿足條件，到達最終目的地。

長期支持澳門學學科建設的中國社會科學雜誌社張江總編輯指出：「澳門的繁榮穩定發展是推進粵港澳大灣區建設、實現中華民族偉大復興的重要內容;『澳門經驗』和『澳門故事』是『中國經驗』和『中國故事』的有機組成部分，是構建和發展澳門學的現實基礎。」「我們必須準確把握中國新的歷史方位，立足國家改革發展大局，在『澳門經驗』和『澳門故事』中找到『中國經驗』和『中國故事』的普遍性，在『中國經驗』和『中國故事』中發現『澳門經驗』和『澳門故事』的特殊性，通過深入的學術研討和交流，充分發掘它們的理論價值和實踐價值。」[7] 這應該成為澳門學學科建設的路向標。

毫無疑問，澳門學的學科建設應該朝着這個方向發展。講好澳門故事，就

7 張江在 2017 年 11 月 25 日由中國社會科學雜誌社、暨南大學、澳門基金會、澳門大學、澳門理工學院及澳門科技大學聯合主辦，上海社會科學院及廣東人民出版社協辦，暨南大學文學院澳門學研究中心承辦的「第五屆澳門學國際學術研討會」開幕式上的致辭。

是建立澳門的宏觀歷史敘事，而講好澳門故事，又必須全面、系統、客觀、科學地研究和認識澳門，從而達到傳承和弘揚澳門傳統、提升澳門價值和優勢、加強學術自信和文化自信、強化澳門地位和作用、宣傳澳門形象的目的。將澳門故事放在中國故事的大背景下來敘述，又有機地將澳門的命運和發展與祖國的命運和發展緊密地聯繫在一起，呼應新時代對澳門學的新要求。因此，我們認為，澳門學的學科建設應該循如下路向發展：

首先，積極、正面的學術價值取向。構建澳門學的目的，就是建立澳門歷史的宏觀敘事，總結澳門社會的發展規律和「一國兩制」實踐的成功經驗，從而完整構建澳門本土知識體系。以不同的學術取向和態度去建立敘事、總結經驗、構建體系，會得出不同的結果。澳門在歷史長河中歷盡滄桑，在中西夾縫中生存發展，有屈辱、有擔當、有榮光，但澳門居民始終堅定不移地愛國愛澳、兼容並包，始終一如既往地守望相助、達己濟人，時時、處處隱現出人性的光輝。體現澳門的核心價值、展示澳門居民的人性光輝，是建立澳門敘事、講好澳門故事、構建知識體系應該堅持的理論假設和堅守的價值標準。

其次，實事求是的學術態度。澳門歷史研究多年來出現的諸多分歧，都有人為的因素，尤其是選擇性地搜集、整理和利用資料。限於條件，檔案文獻挖掘披露不足固然是一個原因，但選擇性使用資料甚至斷章取義之事時有發生，造成許多誤讀、誤解、誤判、誤導之情事。在澳門學學科建設過程中，一定要汲取歷史教訓，避免重蹈覆轍，實事求是地挖掘檔案、搜集數據、整理文獻、運用材料，客觀全面地開展研究工作，坦誠如實地呈現研究結果，否則，任何的知識增量都是沒有學術意義的。

第三，強烈的現實關懷。從澳門前途問題列入政治議程，三十多年過去了；澳門回歸以來，也發生了翻天覆地的變化。中國改革開放 40 年所取得的偉大成就，不僅大大提高了包括澳門同胞在內的中國人民的物質和精神生活水平，還大大推動了世界經濟的發展，創造了人類文明進步的當代奇跡。在日新月異的形勢下，「一國兩制」的理論和實踐水平和要求也在不斷提高。一方面，澳門特別行政區要更全面更準確地理解和實施「一國兩制」方針和《澳門基本法》，並在自身的探索實踐中促進前者的進一步完善；另一方面，要積極主動地融入國家發展，既為特區可持續進步尋找新的源源不斷的動力，又為國家全面實現現代化、實現中華民族偉大復興的中國夢貢獻更多、更大的力量。因此，澳門學的學科建設必須有強烈的現實意識，澳門學的研究必須具有更加鮮明的現實導向，才能適應新時代特區和中國內地發展的要求。

第四，科學的研究方法。澳門學作為一門有關澳門全部知識的學問，決定了其研究方法是多學科、跨學科的。如何綜合運用不同學科的研究方法，探索出適合澳門學研究的範式和方法，是科學建立澳門學學科的關鍵，也是學科建設面臨的挑戰。應該在總結、綜合不同學科澳門研究成果的基礎上，盡早建立一個多學科的研究團隊，共同探討澳門學的研究方法和學科框架，以便澳門學在一個規範的軌道上成長，早日形成澳門自主的學術體系。

第五，大膽的理論創新。創設澳門學，當然應該參考徽學、北京學的經驗，但「一國兩制」本身就是政治理論的一種突破和創新，具有極大的特殊性。如何主動設置學術議題、原創性地提出標識性概念，值得大膽探索。誠如張江總編輯在同一研討會上所說：「堅持不忘本來、吸收外來、面向未來，積極推進澳門學學科體系、學術體系、話語體系創新，形成澳門學研究的中國學派，使澳門學研究成為一門傳得開、立得住、留得下的學問，彰顯澳門學研究的理論意義和實踐意義。」

第六，吸引的激勵機制。澳門學的學科建設，需要一大批學者和機構的參與和合作，更需要他們長期的耕耘。應該有計劃地組織和培植學術力量、建立學術研究團隊、策劃學術議題，並提供具吸引力的項目資助。除開舉辦研討會、出版叢書，還應該在高等院校和學術機構設立研究中心和設置專業課程，提供獎學金，以吸引和培養一支穩定、高水平的研究隊伍和形成一個有效系統地協作的研究網絡。

五、結語

澳門學作為一個學術概念，還有待進一步科學地論證和定義；澳門學作為一個學科，也有待一步一個腳印地構建和完善。無論作為概念來界定還是作為學科來建設，澳門學都需要高高舉起一面旗幟，引領一批學人朝着一個正確的方向前行，齊心協力地履行新時代賦予它的光榮使命。

澳門學的學科建設是一種科學的探索，但澳門學不是一門冰冷的學問。澳門學既要有地方特色，也要有中國情懷和世界視野，有溫度、有深度、有高度，更要有靈有肉有情，處處體現出人文的關懷、閃爍着人性的光輝。只有這樣的澳門學，才能真正地建立澳門的本土知識體系，喚起我們的記憶，啟迪人們的心智，把握我們的話語權，指引我們繼續昂首前行的道路；也只有這樣的澳門學，才有旺盛不息的生命力，持續為澳門發展、國家進步和人類文明和睦相處貢獻智慧和力量。

（《澳門理工學報》第 70 期）

2018 年 4 月

澳門學與澳門發展道路

澳門當代學術的形成與發展跟澳門政治、經濟、社會發展的步伐高度吻合，當代學術因政治、經濟、社會發展而生，又反過來為後者提供智力支援。20 世紀 70 年代中期葡萄牙政治民主化和 70 年代末中國改革開放，直接推動了澳門的政治制度開放、經濟高速增長和社會快速轉型，也使澳門當代學術的形成和發展有了可能；與此同時，澳門學術的進步又為政治、經濟、社會的發展搖旗吶喊，推波助瀾，在此一過程中，「澳門學」概念應運而生，並成為探索澳門發展道路的助推器。最近十年來，在澳門學界的積極倡議和推動下，澳門學引起國內外學術界愈來愈多的關注和討論，以建設本土知識體系為核心任務的澳門學的學科建構也被提到議事日程上，澳門學的聚焦點從偏重歷史文化考察擴展至對澳門未來發展的高度關懷，回歸宣導澳門學的初衷，總結澳門發展的實踐經驗並為澳門未來發展提供知識和智力支援。

一、澳門學提出的歷史背景及其現實取向

20 世紀 70 年代中、葡兩國的政治轉型和政策轉向決定了澳門當代史的走向。1974 年葡萄牙推翻獨裁統治，實行非殖民化政策，確立了澳門作為葡管中國領土的自治地位；兩年後《澳門組織章程》的頒佈，為澳門的政治行政自治、社會自我治理創造了條件和奠定了基礎。1976 年中國結束文化大革命，兩年後提出改革開放，為澳門經濟增長和社會轉型提供了千載難逢的機會和源源不斷

的動力，促使澳門快速城市化和現代化。1979 年中葡建立外交關係，澳門政治、法律地位明朗化，發展前景更加清晰。1987 年中葡兩國政府經過多輪友好談判，簽署了《中葡聯合聲明》，和平解決了歷史遺留下來的澳門問題，澳門從此步入政權交接的過渡期，全國人民代表大會也開始了《澳門基本法》的起草工作，並在澳門推動成立基本法起草諮詢委員會，廣泛徵集澳門民意，動員市民為澳門平穩過渡、《澳門基本法》起草、特區創建獻言獻策，深深觸發了市民對澳門前途的思考和討論及其對未來的憧憬，大大推動了澳門民間社會對未來發展的參與欲、積極性和歸屬感，大大促進了社會的和諧和市民的家國情懷。

就是在此一波瀾壯闊、激蕩人心的歷史背景下，陳樹榮、黃漢強等一批有識之士提出了「澳門學」的概念，其基本出發點有三：一是澳門歷史演變具有獨特性，值得客觀、全面、系統地進行研究和總結；二是這一獨特性對澳門未來發展具有重要的價值；三是總結和研究好澳門歷史發展的經驗和規律，對中國的改革開放具有啟示和借鑒意義。[1]

香港問題比澳門早提出，《中英聯合聲明》也比《中葡聯合聲明》早簽署。在香港，也有人提出「香港學」，出發點大致相同，只是香港學更強調保持與西方文明接軌，澳門學偏重如何順利回歸。[2] 事實上，澳門歷史演變與香港相比有其明顯特殊之處：首先，澳門並非割讓地。16 世紀中葉明朝政府默許葡萄牙人入澳經商居住之後近三百年時間，對澳門進行有效的管理，只是允許葡萄牙人社群進行內部自治，其自治權亦僅限於其族群內部事務，形成「華洋共處分治」的局面；其次，即使鴉片戰爭後，葡萄牙希望仿效英國取得澳門的管治權（包括部分主權訴求），並通過單方面宣佈澳門為自由港、派遣亞馬留總督

1　關於澳門學概念提出的過程及其早期的討論，參閱吳志良 1994 年 6 月 28 日《澳門總覽》在北京發行儀式上的致辭〈舊話重提「澳門學」〉（載吳志良：《東西交匯看澳門》，澳門：澳門基金會，1996 年，第 37-42 頁）。

2　吳國昌在 1987 年對港澳前途討論做了相關比較，認為「在香港前途問題的眾多討論當中，有一個很顯著的問題核心，就是如何避免干擾，保持香港的安定繁榮和自由」。他「不認為澳門人要『模仿』香港的那種『本土意識』，也不認為澳門的『本土問題』與香港的『本土問題』如出一轍，香港與澳門有不同的處境和內在結構」。他進一步提出，面對澳門回歸的事實，要重新構設澳門問題，除開改革重整政府、法律界和立法機關外，還需要進行「內部調整準備，以期適應或推動珠江三角洲、中國、世界的客觀環境」。（參見吳國昌：〈批判「尖澳門意識」，重建「澳門問題」〉，載《濠鏡》，總第二期，澳門：澳門社會科學學會，1987 年）。

推行強硬殖民擴張政策、佔領葡人原居住區之外的地區，以及在 1887 年通過與清政府簽訂《中葡和好通商條約》獲允「永居管理澳門」，但因為勘界談判失敗、「澳門」界址不清而無法有效對澳門實行殖民統治；其三，因為香港崛起、「五口通商」，澳門經濟快速走向衰落，逐漸被人遺忘了，在中、葡兩國政治議程上也沒有甚麼位置，直到葡萄牙推行非殖民化政策和中國改革開放，特別是中葡就澳門前途談判時才再度進入人們的視野。

綜觀澳門歷史，政界和公眾對澳門的關注以及知識界對澳門問題的研究基本都處於澳門歷史的轉捩點：例如明代朝野對是否允許葡人居澳的爭議，康熙下令遷海後耶穌會士在朝廷的操作，禮儀之爭時期澳門對疏導傳教士的作用，鴉片戰爭前後葡萄牙人尋找擁有澳門主權證據的嘗試，亞馬留被殺後中葡兩國的交涉，勘界談判期間朝野內外對澳門勘界問題的討論以及各地民眾的呼應，「巴黎和會」後收回包括澳門在內的租界、殖民地的吶喊，「三・二九」慘案後對澳葡殖民統治的控訴，「一二・三」事件後中葡對澳門問題的再認識和新取態，等等。

由於知識界對澳門問題的關注集中在中、葡紛爭的時點，澳門歷史研究不可避免染上濃厚的民族主義色彩，這也解釋了多年來人們一直將澳門歷史寫成了中葡關係史甚至中葡交涉史的原因。另一方面，因為與現實政治緊密相連，澳門研究一直具有強烈的現實關懷並形成現實取向的傳統。澳門學最早宣導者之一黃漢強於 1985 年推動成立澳門社會科學學會時，沿襲了此一傳統，該會以「研究澳門、服務社會」為宗旨，堅持「面向社會，聯繫實際」的作風。1988 年他在澳門東亞大學澳門研究中心創刊的《澳門研究》，宗旨也是「研究澳門，服務社會」，1993 年與澳門基金會合作復刊後再次強調「為了回應本澳社會發展的需要」。[3] 吳國昌在 1987 年提出構建「澳門問題」時，也認為「無論是要認識澳門、搞『澳門學』，還是對澳門進行社會科學研究，都不宜只埋首於澳門本身的史料，應該正視澳門在世界中的角色，廣泛參考其他地區的經

3 黃漢強：〈復刊詞〉，載《澳門研究》，澳門基金會，1993 年第 1 期。

驗，研究世界性的機能，不卑不亢地探討澳門的轉變、問題與出路」。他甚至直言，「澳門問題科學化」其中一重意義是「打通管道，讓社會科學研究的成果更直接地為正視、研究和解決澳門前途問題效勞」。[4]

澳門學的概念在這樣一個背景下提出，其現實關懷和現實取向是顯而易見的。其後的發展歷程雖然並非一帆風順，但初衷未變，澳門學的中心思路和核心任務依然是為了說明和解釋「我從哪裏來」、「我在哪裏」、「我往哪裏去」，換言之，說明和解釋「我是誰」、「我應該做甚麼」、「我應該怎麼做」這幾個重大問題。這幾個問題，在相當程度上反映了當時的社會心理，即在政治、行政過渡時期人們對個體和群體身份認同的某種焦慮以及向他人表達展示身份特徵的渴求，反映了人們對個人和社會未來發展的關注。此一現實取向，一直陪伴着澳門學的成長。

二、澳門學取得的成果

社會科學家的天職是解釋世界和改造世界。社會科學的基礎是一個社會的實踐，其責任是解釋一個特定社會的實踐並以其研究成果反過來指導社會實踐。一個國家、一個地區社會科學的發展程度，依賴該國家、該地區社會科學學者解釋現實的能力和努力。我們不得不佩服澳門學早期宣導者的學術自覺、想像力、熱情、創意和膽識，在人們（包括宣導者）對澳門歷史和社會尚不深入了解、更缺乏整體研究的環境下提出了構建澳門學的設想。[5] 在某種程度

4　吳國昌，前引文。

5　黃漢強在 1989 年 2 月 25 日澳門東亞大學有關研討會上提出建立澳門學時也承認，「首先，要搞清澳門社會各方面及整體的基本情況；其次，是根據需要與可能，在較高層次進行專題性的探索和綜合研究」（黃漢強：〈關於建立「澳門學」的一些思考〉，載《港澳經濟》，廣州：廣東社會科學院港澳研究中心，1989 年）。2001 年，黃漢強坦承「今天回首 1989 年發表的那篇文章，覺得比較幼稚和比較粗糙，缺乏嚴謹的科學性」（黃漢強：〈關於澳門學對象與方法的思考〉，《學術研究》，總第 200 期，廣州，2001 年第 7 期）。而最早在 1986 年提出建立澳門學的陳樹榮，則認為澳門歷史文化資源豐富，應該分門別類進行專題史研究，而建立「澳門學」有利於提高澳門人的自尊心、自信心、歸屬感，有利於澳門的繁榮與穩定。他在本人「舊話重提『澳門學』」之後有感而發，再次就此提出比較完整的構思（陳樹榮：〈建立澳門學，促進澳門研究〉，《澳門日報》，「學海」版，1995 年 1 月 22 日）。

上，這體現了澳門學宣導者對澳門社會科學研究和社會發展的抱負和理想，此一抱負與理想又折射到澳門學本身。

社會科學來自社會，是對社會實踐及其經驗的總結、概念化和理論化的過程。澳門學概念在 20 世紀 80 年代我們對澳門社會實踐和經驗的認識還非常有限、學術準備很不足的時候橫空出世，無疑是一個早產兒。也正因為此，澳門學至今仍然是一個具有爭議的概念，其研究邊界和研究範式仍在探索形成中，澳門學作為學科來建設的道路依然十分漫長。由於澳門學的概念及其研究邊界有待確定，為了敘述方便，本文暫且將澳門人文社會科學或澳門研究統稱為澳門學，而總結澳門學的成果，實際上是指廣義上即澳門研究的成果。

對於澳門學研究的成果，我們近期從宏觀上進行了總結。[6] 從微觀即不同學科看，如果將澳門學視為一門多學科和跨學科的學問，歷史學的研究成果最為明顯，其突出的標誌是大量收錄了主要歷史檔案文獻的多種彙編、《澳門編年史》[7]，以及由中國內地、澳門、葡萄牙以及多位其他國家學者共同撰寫的《澳門史新編》[8] 的出版，不僅探明了有關澳門現存檔案文獻的大致狀況並進行了梳理和編輯，還對此進行了初步的研究並在某些重大歷史問題上形成了初步的共識，這大大推進了澳門宏觀歷史敘事的形成；法學研究也以《澳門法律彙編》[9]、《澳門法律叢書》、《澳門特別行政區法律叢書》和《中國大陸與港、澳、台地區法律比較叢書》為主線，對《澳門基本法》、澳門法律史、法制史、幾大法典、各部門法進行了全面的介紹和系統的研究，尤其在《澳門基本法》（包括港澳《基本法》比較）研究方面，碩果纍纍；在政治領域，對政治制度、政治文化、行政現代化也有眾多著述；在經濟領域，經濟史、經濟結構、公共財政、區域合作方面不乏成果，但略顯實證不足；在社會領域，有關社團（社會管理）、教育、宗教、衛生、科技的研究深淺不一，社團和政治、社會關係研究較為深入，其他學科的研究顯得零碎。

6　吳志良：〈澳門學：歷程、使命與發展路向〉，載《澳門理工學報》2018 年第 2 期，澳門理工學院。
7　吳志良、湯開建、金國平主編：《澳門編年史》（共六卷），廣東人民出版社，2009 年。
8　吳志良、金國平、湯開建主編：《澳門史新編》（共四卷），澳門基金會，2008 年。
9　《澳門法律彙編》編委會：《澳門法律彙編》，中國社會科學出版社，1996 年。

整體而言，澳門學的學科研究並不平衡、水平參差[10]，跨學科的學術成果也明顯缺乏。但是，值得強調的是，澳門學從提出之時就有宏圖大志，《澳門總覽》[11]、《澳門百科全書》[12]、《澳門編年史》、《澳門史新編》、《中國地域文化通覽 · 澳門卷》[13]的編輯出版明顯帶有從宏觀構建澳門學、即建立澳門的宏觀敘述的意圖，儘管此一意圖實現的難度很大，甚至有點理想主義色彩。此外，以澳門基金會為首的公、私機構緊貼澳門政治、經濟、社會發展需要，有意識、有計劃地培養學術人才、推出研究項目、出版各類叢書、舉辦學術活動，無疑推動澳門研究的加速發展及水平的不斷提升，促進學術成長，並與澳門現實發展形成良性互動關係。

澳門學術形成和發展歷程中兼有的現實取向和理想主義，獲得了令人意想不到的結果：一方面，不同學科一步一腳印地夯實基礎，穩步推進相關研究；另一方面，構建澳門學的意圖又令澳門研究不着痕跡地有序規劃，全域部署，分步推行[14]，久而久之，自然形成了一個澳門宏觀敘事。儘管此一宏觀敘事還是有缺失、不平衡的，但主體已經明確、輪廓已經清晰，學界甚至公眾對其總體思路、框架、路徑選擇和價值取向也大致認同。宏觀敘事在任何後殖民社會都至關重要，對建立主流核心價值具有決定性意義。澳門建立宏觀敘事的過程自然而相對平順，可能跟其歷史發展的獨特進程有較大關係，特別是澳門開埠

10 楊允中早年也指出了學科發展不平衡的問題：「一些學科仍有空白，一些學科起步較晚、起點較低」，同時，他還認為澳門學術的「研究領域和深度同過渡期形勢發展的要求不相適應，研究成果和研究人員素質都不敷要求」。（楊允中：〈面臨新突破的澳門社會科學研究〉，載吳志良、楊允中、馮少榮主編《澳門 1996》，第 170 頁，澳門基金會，1996 年）。

11 黃漢強、吳志良主編：《澳門總覽》，澳門基金會，1994 年；黃漢強、吳志良主編：《澳門總覽》（第二版），澳門基金會，1996 年。

12 吳志良、楊允中主編：《澳門百科全書》，澳門基金會，1999 年；吳志良、楊允中主編：《澳門百科全書（修訂版）》，澳門基金會，2005 年。

13 吳志良、鄭德華主編：《中國地域文化通覽 · 澳門卷》，中華書局，2014 年。

14 澳門基金會從 1992 年開始推動、組織和支持的學術工作，「是有意識地推動澳門的系統學術研究深入和長足進展的第一次嘗試，也是澳門基金會培植『澳門學』土壤的努力」（吳志良：〈舊話重提「澳門學」〉，《東西交匯看澳門》，第 37-42 頁）。如今回頭看，努力的方向有六：一是組織編輯出版當時存有的學術成果和搜集整理歷史檔案文獻，形成氛圍；二是發動約請海內外相關或有興趣的機構和學者研究澳門，集結力量；三是有意推進薄弱學科的研究，填補空缺；四是發放獎學金，鼓勵青年學生、特別是碩士、博士生選擇澳門相關課題，培養新血；五是主動籌劃綜合性圖書和多套叢書的編撰出版，造成氣勢；六是舉辦人文社會科學成果評獎和舉辦學術研討會，提高水平，擴大影響。如此堅持不懈二十多年，遂成體系，遂成氣候。

不是被葡萄牙武力佔領的結果，長期以來，葡人居澳地位並不明確；即使 1887 年《中葡和好通商條約》簽訂後，葡萄牙雖獲清廷允許「永居管理澳門」，但因界址不清，亦未能在澳門進行有效的殖民管治，甚至可以說，澳門沒有經歷過傳統意義上的殖民統治，所以，澳門與其他殖民地不同，去殖民化的意識並不很強烈，去殖民化的觀念和阻力也相對薄弱。澳門回歸前後，社會和學術界的諸多討論中，主流意識更多聚焦在回歸後的政治、經濟、社會重建及其與中國的聯繫和融合。在此一背景下建立起來的澳門宏觀敘事獲得學界內部認同和公眾的外部認同，意味着將成為群體知識，既使得澳門歷史話語權順利得以確立，又令建立本土知識體系成為學術可能。

澳門學術形成與發展過程中另一個始料不及的結果是，帶有濃厚民族主義色彩的歷史學研究成功從中葡關係史重心轉移至澳門內部社會或以澳門本土視角來考察，而且沒有受到政治權力或經濟利益太多的關注和阻撓。一方面，可能由於當代澳門學術初創階段，主要推動者都從內地移民過來，具有強烈的民族、國家認同又對澳門沒有太多的地方歷史包袱；另一方面，也因為澳門學術與政治權力和經濟利益一直保持若即若離的關係，保持了相對的獨立性，學術本身在初創時期也沒有太大的社會影響力，不足以引起外界的關注，從而有了相對自由寬鬆的生存空間和成長環境。澳門基金會這類公立機構的參與，不僅提供了必要的資源支援，還扮演了組織者、協調者的重要角色。與此同時，公立機構高度關注尊重和維護學術自由，學者也自覺自律，避免了政商權力與學術界關係的緊張，甚至形成某種良性互動，有助於正面價值觀的塑造。當然，不可否認，這也弱化了批判精神的培養。澳門學術由民間推動、政府資助、放任（當然有自律）發展的歷程，對澳門學未來的發展具有深遠的意義。

三、澳門學面臨的挑戰

澳門學從一開始具有清醒又清晰的問題意識和正面又正確的價值取向，直接促成了澳門宏觀敘事的建立，推動了澳門社會主流核心價值形成與發展，促進了澳門特區主導性話語權的確立。這體現了澳門學界的文化自覺和學術自覺，是澳門學過去三十多年的最重大也是最重要的成果，而且此成果還在持續擴大之中。但是，我們必須認識到，作為早產兒，澳門學存在先天的缺陷，後天也發育不全。[15] 因此，彌補其先天缺陷，促進其全面發育，作為本土知識體系來構建澳門學便成為當務之急。

所謂社會科學，社會是主體，科學是方法。作為知識體系來構建澳門學並將澳門學作為學科來建設，既必須繼續抓緊基礎檔案文獻整理和田野研究實證資料收集，為澳門學提供充足而源源不斷的養分，又必須強調科學，必須注重理論的建構和學術標準的建立，必須走專業主義的道路。而專業主義既包含研究範式和方法論，又包括了澳門學各相關學科的規範發展問題。

近年來，澳門學出現了宏觀過度理論拔高、微觀轉向歷史考證式研究的趨勢。宏觀理論拔高而缺乏專業研究的支撐，可能會成為空中樓閣；微觀考證式鑽研而缺乏宏觀的把握和現實的觸覺，可能走進歷史的故紙堆。這應該不是倡議澳門學的初衷，也不是澳門學追求的目的。澳門學應該研究歷史發展規律，弘揚文化意義，探索現實社會問題，引領特區未來發展，參與國家建設，貢獻人類社會，為國家發展和人類文明進步作出貢獻。澳門學應該有宏觀的視野、科學的方法、實證的研究、意義的闡發，否則，很難得到健康的發展，很難獲得國內外學界的普遍認同和社會的廣泛支援。

具體而言，在澳門學構建過程中，一方面需要在不同學科領域深耕細作，

---

15 鄧正來對澳門的社會科學研究進行了系統性的審視和反思，「力圖為社會科學的研究在澳門進一步發展提供另一種知識和方法上的可能性途徑」。首先，他提醒「對澳門社會科學實證路向的限度予以自覺的認識，並對其進一步的發展作出更為寬泛的知識思考，促進其在知識多元化的方向上發展」；其次，他強調要探求社會客觀事實「背後的意義以及這些意義所依據的文化」，不能在澳門研究中丟失了「澳門」即其自身個性，而「正是澳門社會所具有的這種文化意義，有可能使澳門在人類社會的發展中具有更深遠的價值」；其三，他指出，「澳門社會科學發展中凸顯出來的實用性的社會科學觀，所強調的乃是以其對外部社會的效用作為對其本身的判准，甚或說直接以外部社會的欲求作為對知識有效性的判准」。同時，「澳門社會科學發展過程中存在着這樣一種現象：每當一些對於澳門社會、文化或經濟具有重要意義的現象或熱點問題凸顯出來時，總有個別論者緊隨其後，未經科學地思考，甚至未經足夠的知識準備，就對這些現象進行『分析』。作為對他們的『研究成果』的評價之結果，我們便有了關於這些問題的『專家學者』。更為糟糕的是，社會上因此還出現了個別把自己的地位或重要性與其所研究的對象的地位或重要性等而視之的研究者」。因此，他認為要建立社會科學發展的自主性，型構澳門社會科學的自身品格，並欣見「那些確保社會科學研究具有成效以及依社會科學場域自身標準進行學術評價的種種機制，也開始在澳門的社會科學場域中得到了同步的建構。」（鄧正來：〈深度研究與自主發展〉，《澳門研究》第 6 期，澳門基金會，1997 年）。

重點填補某些學科研究的空白或不足，逐步達至各學科均衡、協調、規範發展，並逐步建立其學術自主性；另一方面，又需要挖掘和弘揚澳門社會實踐和文化經驗的價值和意義，並使之在解決現實問題中發揮作用。澳門是中華文化傳承從來未中斷且傳統保存得相對完整的一個城市，也一直保留了包容共濟、守望相助的人文關懷，如何在當今中華文化重建以及中國現代化過程中共建共治共用的社會建設中凸顯其價值？澳門作為中國最早對外開放的港口城市以及與西方交往交流的前沿陣地，積累了相當豐富的與西方文化平等來往、相容合作的經驗，如何在當今全球化陷入困局以及中國倡議「一帶一路」並努力進入世界舞台中央的進程中展示其意義？這些問題，不僅賦予了澳門學的歷史使命，也將彰顯澳門學的學術價值和現實意義。更為重要的是，這些問題直接關係到澳門特區的內部改革、未來的發展方向和策略，關係到澳門如何參與粵港澳大灣區建設和怎樣進一步融入國家發展。

值得慶幸的是，推動澳門學研究的主要參與者和參與機構已經意識到此一問題，並積極行動起來，協調步伐，調整方向。最近，主要參與者和參與機構代表舉辦了多次座談會[16]，一致認為澳門學已從過去的一個學術概念，逐步過渡到學科建設的階段。在過去，澳門學很大程度上成為歷史文化研究的一個範疇，但隨着時代的變化，澳門學所涉獵的範圍需要有所擴展。澳門學的建設就是本土知識體系的構建，在澳門發生的一切事情，以及澳門與外部世界的聯繫與互動，都應該是澳門學研究的對象。在澳門學的研究過程中，應該致力形成一個完整的宏觀敘述和解釋體系，確立澳門的學術自主性，鞏固澳門的學術話語權。

座談會參與者認為，在新時代下，澳門學的使命至少應該是：一、建立正確的宏觀歷史敘述；二、科學研究和歸納澳門現狀；三、高度提煉「澳門」的普遍意義；四、推廣澳門在促進不同文明之間對話溝通的傳統功能。為此，澳

16 例如 2018 年 6 月、11 月舉行的「澳門學學科建設協調會議」。參見〈歷史文委討論澳門學學科建設〉，載《澳門日報》，2018 年 7 月 10 日，A02 版；〈就明年辦澳門學國際學術研討會有關協調會議上達共識〉，載《華僑報》，2018 年 11 月 19 日，「澳聞」版。

門學應結合當今社會現實，配合澳門的發展、「一國兩制」方針和《澳門基本法》的實施。同時，澳門學的學科建設有必要開闢新的領域，拓展研究的視野，特別是集中梳理和釐清社會發展過程中的重大而亟待解決的問題。澳門學不僅僅是歷史文獻研究，也涉及經濟、法律、政治、社會、文化、宗教、「一國兩制」方針的實施等問題的研究，為澳門未來發展提供知識的支撐與理論的指導，已經逐漸成為澳門學術界的共識。

澳門學術界的另一個共識是，澳門學作為一門獨特的地區學問，需要構建適合澳門特點的學術範式和方法論。由於澳門學的研究對象是「澳門」這個特定區域所發生的事情，因此研究的視角就不僅只有澳門的過去，也要包括澳門的現在和未來。又由於澳門的社會和經濟規模細小，因此研究的手段應加強採用微觀分析方法，並以注重品質和水平為導向，不強求宏觀分析手段和研究成果的規模。以上述的視角和手段為原則和基礎，從時間、空間和結構三個維度全方位地開展研究，以豐富澳門學的研究內涵，使澳門學的研究成果可廣泛應用於各種政策主張。

另一方面，大家認同歷史文化研究和當代精神提煉並不矛盾。由於建設澳門學學科的目的在於構建知識體系和解釋體系、提煉出澳門本土知識體系的全球意義，因此澳門學應該是澳門研究的核心，通過這個核心來凝聚不同學科、不同研究領域的澳門研究人員對澳門學學科建設的參與感、向心力和認同度，並培養和吸引更多的學者參與其中。

四、澳門學與澳門發展道路

構建澳門學的中心意義和核心價值在於客觀敘述歷史和科學解釋現實，並對未來發展提供有益的啟示。之所以提出作為本土知識體系來構建澳門學，乃因為在我們看來，澳門學就是有關澳門的所有和全部學問，而知識體系的建立，一方面需要專業主義，需要科學方法和研究範式，使得澳門學的發展更加規範，成為一門符合學術規範並獲得國內外學術界普遍認可的學科。另一方面，一個知識體系的建立，使得我們可以更好地了解自己，更好地解釋自己，更好地發展自己，更好地為澳門特區的可持續發展——政治發展、行政改革、法律現代化、經濟多元化、社會轉型、文化建設及其相關制度的完善，為不斷探索「一國兩制」的實踐、履行國家賦予特區的新使命——更加積極主動助力國家全面開放、更加積極主動融入國家發展大局、更加積極主動參與國家治理實踐和更加積極主動促進國際人文交流以及為國家新時期的發展——實現「兩個一百年目標」、進入世界舞台中央、構建民族命運共同體和人類命運共同體貢獻力量，為當今世界諸多問題的解決提供一條可供參考的路徑。

這是澳門學應該做的，我們也相信是可以做得到的。

澳門學源於澳門，因澳門而生，為澳門發展而成長。澳門學從提出之日起，就有強烈的現實關懷和現實取向，以研究澳門、服務社會為己任，天生「為天地立心，為生民立命，為往聖繼絕學，為萬世開太平」的豪邁情懷。在《中葡聯合聲明》談判、《澳門基本法》起草期間和特區初創前後，澳門學充分吸收了有關澳門歷史和前途大討論的民間智慧，既表現了其開放性，又打下了一定的社會基礎和獲得了公眾認同。三十多年來，聆聽市民呼聲，緊貼社會脈搏，系統深入研究澳門現實問題，科學總結澳門歷史經驗，為澳門平穩順利過渡和特別行政區的創建、發展出謀獻策。事實上，澳門學術界的許多研究成果，從博彩開放、區域合作、經濟多元化到政治發展、行政法律改革到社會、文化建設，都為政府和社會採納，直接為澳門順利過渡、平穩回歸和特區創建與發展的路徑選擇作出了貢獻。換言之，澳門學本身就是澳門歷史經驗和社會實踐的產物，匯聚了民間智慧，並且為社會實踐服務，孜孜以求地探索澳門的發展道路。

澳門發展道路的選擇必須建基於澳門的歷史經驗和社會實踐，即符合澳門的歷史發展規律和現實社會要求。而研究澳門的歷史發展規律和現實社會需求，又是澳門學的中心任務，如何選擇澳門的發展道路，在相當意義上，有賴於澳門學的研究成果。澳門學既總結澳門獨特發展道路和經驗，又為澳門發展道路提供知識支援；反之，澳門發展道路的踐行又是澳門學成長的原動力。澳門學與澳門發展道路互為依存，共生共榮，任重道遠。

澳門作為中國最早對外開放的一個港口，一度發展成為遠東最繁榮的城市，長期在中西經貿、文化交流中扮演着獨一無二的角色，發揮着舉足輕重的作用。可以說，澳門開埠是早期全球化的結果。研究澳門歷史，一方面要解釋清楚澳門城市的內部發展歷程，另一方面，又要解釋清楚澳門與祖國、澳門與世界的關係。澳門是中國的，根植於中華文化，保存了中華文化最本真的傳統，而且這種傳統扎根於民間生活和社會實踐，充滿了人性關懷和生命力；同時，澳門作為中國與西方世界接觸交往的前沿陣地，與西方文化朝夕相處數百年，「不同而和，和而不同」，知己知彼，你中有我，我中有你，不無融會貫通之處，又自然而然地沾染了相當的世界性。這充分體現了中華文明的巨大包容性和開放性，也充分證明中國與西方價值是可以互補和協調的，之間的矛盾和衝突是可以調和與解決的。澳門歷史這種特殊經驗，決定了澳門學的開放性，生成了澳門學與西方交流的平台和語言，賦予了澳門知識體系與其他知識體系的溝通能力，也是澳門未來發展的寶貴財富。

澳門是中國的一個特別行政區，實行「一國兩制」的政策。「一國兩制」方針政策的制定，照顧了澳門（和香港）歷史發展的特殊性，在某種意義上延續了葡萄牙（和英國）遺留下來的某些制度、特別是法律制度與實踐，也是中華文化巨大包容性和開放性的真實寫照。澳門回歸後，經濟發展，族群和諧，制度相容，居民家國情懷不斷增強，日益融入國家發展大局，同時又與西方世界特別是葡語國家加強交流合作，努力在國家進步、民族復興進程中發揮更加積極的作用。澳門學當應更加積極主動投身於此一歷史進程中，在構建本土知識體系過程中積累經驗，講好澳門故事，為中國構建自己的知識體系、講好中國故事盡心盡力，作出應有的貢獻。澳門學以其天然的開放性及其溝通西方文化的特殊能力和語言，也一定能夠作出自己的貢獻。

五、結語

澳門歷史發展已經證明，不同文明是可以對話、溝通、共生共存的；澳門特別行政區過去近二十年的成功經驗，也證明不同制度是可以相容互補、共存共榮的。無論全球化的進程如何波折和國際形勢如何詭異，地球村的觀念已經深入民心，未來的世界，也必然是共存、共建、共擔、共用的世界。澳門學在其發展過程中，已經有了這種意識、覺悟和責任、擔當，我們相信，這種意識、覺悟和責任、擔當亦將貫穿於澳門本土知識體系的構建和澳門發展道路的探索及其踐行之中。澳門學、澳門知識體系和澳門發展道路的成功構建、探索和踐行，對新時代中華民族復興、國家進步以及中國與世界的對話、溝通、交流、合作，也一定能夠提供有益的啟示、產生正面的影響。

（原載《南國學術》第九卷第一期）

2019 年 1 月

澳門學與「一國兩制」的成功實踐

在探討「一國兩制」實踐整個過程中，學術界一直發揮着舉足輕重的作用。這種作用，不僅體現在發現問題、提出解決方案方面，更體現在鞏固文化基礎、營造社會環境、形成主流價值方面，即積極扮演着公共知識分子的角色。遺憾的是，學術界很少關注和評價自身的研究及其研究產出所帶來的社會影響。學術自覺或學者的有意識、潛意識，直接關係到未來的研究方向和價值導向。回顧澳門研究過去三十多年的進程，我們發現，澳門學為「一國兩制」的成功實踐作出了很大的貢獻，特別是在建立對「一國兩制」構思的正確認識、宣傳「一國兩制」政策方針、確立澳門歷史宏觀敘述、掌握話語權以及凝聚社會共識、形成社會主流意識、構建特區政治共同體價值體系及其認同方面，作用非常顯著。

澳門學是澳門學術界 20 世紀 80 年代中提出來的一個概念，其目的是引起人們對澳門和澳門研究的重視，系統研究澳門問題，加深對澳門歷史和現實特殊性的認識，科學地把握澳門政治、經濟、社會和文化的發展規律，全面挖掘、探索澳門的價值和意義，以便澳門順利地回歸祖國，並為澳門特區成立創造條件。

經過三十多年的努力，特別是近十多年澳門公、私學術研究機構的協力合作，澳門學取得了很大的進展，並且在海內外受到愈來愈多的關注和認同，逐漸成為一門顯學，澳門學的學科建設也被提上了議事日程。假以時日，澳門學完全有可能發展成為一門地方性學問，成為澳門學術的一面旗幟。[1]

有人會問，澳門學作為一門學科，與「一國兩制」的成功實踐有甚麼關係呢？我認為，無論從倡導澳門學的初衷、還是澳門學建設的過程和結果看，澳門學與「一國兩制」的實踐都有必然的聯繫和莫大的關係。本文試圖從彌補知識缺陷、掌握歷史話語權和建立新的價值體系及其認同三個維度，來闡述其間的聯繫和關係，並重申澳門學作為本土知識體系[2]來構建的意義。

一

在某種意義上，澳門學是 1980 年代澳門學術界的一種理想與想像。在當時的環境上，大家無論對國家還是對澳門的認知都十分有限。澳門回歸祖國、回歸後實行「一國兩制」方針政策列入國家政治議程後，因為當時澳門經濟社會發展程度比內地高一些，社會各界的中心關注點落在內地實行的社會主義制度如何與澳門實行的資本主義制度並存兼容、共生共榮的問題。因此，研究者大多從澳門視角出發，十分強調澳門歷史和現實的獨特性，強調澳門如何在中國與世界交往交流中的特殊作用，希望澳門回歸後，可以維持其特殊性及獨特地位，繼續為國家改革開放發揮作用。

這種學術的渴求，表現在學者們不懈努力收集、整理、研究澳門歷史檔案文獻和經濟社會資料，試圖從中找到充分的理據，說明澳門歷史、文化和社會發展的獨特性，闡述澳門在中國近現代歷史的特殊地位和作用。換言之，希望全面挖掘澳門的價值和優勢，爭取在國家發展戰略中佔有一個更加有利的位置。這種學術討論，成為了社會議題，引起了公眾的關注，誘導了集體的反思，不經意中，增加了澳門居民的歸屬感，塑造了澳門人的身份認同。作為移民城市，這種群體現象以往並不常見，甚至可以說，改變了一直以來「寄居」、

1　有關澳門學的討論，參見吳志良：〈澳門學：歷程、使命與發展路向〉，《澳門理工學報》，2018 年第 2 期，第 30-36 頁。

2　吳志良：〈作為本土知識體系而構建的澳門學〉，見郝雨凡、吳志良、林廣志主編：《澳門學引論——首屆澳門學國際學術研討會論文集》（上冊），北京：社會科學文獻出版社，2012 年，第 7-9 頁。

「旅居」的移民心態，歷史性地使澳門居民意識到要當家作主了。殊不知，要證明自己與眾不同，就必須有參照物，必須對內地實行的制度和社會現實有更多的了解和認識，也必須對中華歷史文化有更加全面、深入的認知。也是不經意中，澳門學術界[3]的討論引發了普羅大眾對中華歷史文化的學習和傳播、對國家事務的關心和對民族前途的關懷，從而在客觀上進一步增強了澳門居民對澳門與祖國休戚與共、命運一體的認知及其家國情懷。現在回頭看，我們發現，這是澳門繼上世紀幾次反帝反殖民運動後，規模最大、範圍最廣、時間最長的一次全民愛國主義教育，影響十分深遠。

澳門居民向來具有非常樸素的愛國主義思想[4]，無時無刻不懷着遊子思歸的情愫，但與祖國分隔時間太久，對國家當時的狀況及其發展又感到陌生，甚至對某些社會現象不理解、不接受，部分人不可避免地對前景產生迷茫、不安和焦慮。學術討論的社會化，不僅僅是增加了對國家發展認識的客觀性，在一定程度消減了緊張和焦慮的社會情緒，這種認識的理性化，還是彌補知識缺陷的過程，對增強市民大眾對「一國兩制」的理解和信心有很大和直接的幫助，也大大激發了他們對參與過渡期事務、特別是《澳門基本法》起草過程討論的熱情，從而堅定了他們對「澳人治澳」、當家作主的信念。所以，學術界這段時期的知識積累和知識增量，不僅為構建本土知識體系奠定了基礎，為「一國兩制」的實踐作出了理論準備，也一定程度上為社會彌補了對祖國和澳門本土的知識缺陷，是一次全民的國情、區情「補課」和國民教育，從而鞏固了文化基礎，形成了良好的社會環境，令「一國兩制」的構想更加深入民心，令「一國兩制」的實施更加順暢無阻。

3 嚴格意義上，這裏的「學術界」應該指「知識界」，因為不僅僅指狹義上的學者，還包括文學家、藝術家和新聞、教育工作者等。事實上，文藝界、傳媒和學校對澳門人的身份塑造及其家國情懷的增強發揮了同樣重要的作用。

4 參閱吳志良：〈總結澳門歷史經驗 弘揚中華文化傳統〉，載吳志良、郝雨凡主編：《澳門藍皮書：澳門經濟社會發展報告（2017-2018）》，北京：社會科學文獻出版社，2018 年，第 220-228 頁。

二

必須指出，彌補知識缺陷是有局限性的，也是不足夠的。其最大的局限，是通常僅僅停留在知識的積累上，而沒有有意識地對知識、特別是地方性知識進行批判和證偽，新增量的知識因而也可能出現偏差。澳門雖然不是典型的殖民地，也沒有經歷過實質性的殖民統治，但形式上，殖民管治存在了一百多年。雖然澳門沒有明顯張揚的文化霸權，但殖民力量的支配和控制意圖客觀上是存在的，美化殖民主義的意識和行為從來就沒有消停過，並且在一定程度上影響了社會的情緒和民眾的思想。從被殖民社會走向特別行政區，不僅是政治行為的結果和政治制度的變遷，也必定是文化和社會的重構。如果說，彌補知識缺陷使得我們更加全面真實地認識了澳門及其與祖國同呼吸、共命運的關係，更加正確地認識了澳門與世界的關係，那麼，客觀正確地書寫澳門歷史，建立宏觀歷史敘述，是掌握話語權、確立特別行政區新的價值體系和價值認同正當性的必要之舉。1993 年《澳門基本法》頒佈後，澳門進入後過渡期，學術界開始出現這種意識或潛意識。

1994 年《澳門總覽》[5] 和 1999 年《澳門百科全書》[6] 的出版，可以視作彌補知識缺陷的階段性成果和掌握歷史話語權的開端。這兩部意圖建立本土知識框架的著作，由澳門近百位學者和社會人士參與撰寫，內地專家給予學術指導並納入國家系列叢書出版，既體現了本土作者的集體智慧和力量，反映出嘗試建立本土知識體系的決心，又顯示了國家的支持以及與祖國的關係，更為重要的是，展示出地方學術回歸國家學術主流的意願，是民心回歸的重要象徵。作為推動、組織、參與者之一，我不敢肯定，當時有這種清醒的政治意識和學術自覺，但客觀上的確導致了這樣的結果。

澳門向來是一個比較和諧的社會，歷史話語權的爭奪也在悄悄展開而沒

5 黃漢強、吳志良主編：《澳門總覽》，澳門基金會，1994 年；黃漢強、吳志良主編：《澳門總覽》，北京：中國友誼出版公司，1994 年；黃漢強、吳志良主編：《澳門總覽》（第二版），澳門基金會，1996 年。

6 吳志良、楊允中主編：《澳門百科全書》，澳門基金會，1999 年；吳志良、楊允中主編：《澳門百科全書》，北京：中國大百科全書出版社，1999 年；吳志良、楊允中主編：《澳門百科全書（修訂版）》，澳門基金會，2005 年。

有白熱化，或者局限在學術層面而沒有明顯社會化。澳門歷史研究一直是圍繞中、葡兩國對澳門主權爭議而展開的，在諸多問題上，中、葡學術界各說各話，爭議不止。這種爭議，在一定程度上也涉及到政治層面，包括對《澳門基本法》序言中「澳門，包括澳門半島、氹仔島和路環島，自古以來就是中國的領土，十六世紀中葉以後被葡國逐步佔領」這句話裏「逐步佔領」的爭論。中、葡檔案文獻的挖掘、整理、出版，是更加客觀認識澳門歷史的必要條件。澳門學術界從 20 世紀 90 年代開始，為此作出了巨大的努力。無論是中、葡還是其他語種的檔案文獻的大量出版，都為減少歷史分歧、還原歷史原貌起到了非常積極的作用。默默耕耘中，隨着 2008 年《澳門史新編》[7]（四卷本）和 2009 年《澳門編年史》[8]（六卷本）的出版，我們驀然發現，澳門本地的研究力量已經成長起來並逐漸發揮主導作用，本土視角的歷史研究及其立場、觀點也成為主體，澳門歷史話語權就這樣悄然回歸了[9]。

話語權的爭奪也出現在法律的翻譯、整理和研究中。法律留存被葡萄牙視為延續其社會文化影響力的重要工具和手段。20 世紀 90 年代中文版《澳門法律彙編》[10] 和「澳門法律叢書」[11] 的編輯出版，都受過澳門以葡人主導的法律界人士的冷嘲熱諷，不是說葡萄牙沒有匯編法律的傳統，就是說「澳門法律叢書」的作者沒有受過完整的葡萄牙法律培訓，缺乏條件甚至說資格不足以編撰這樣的著作。幸好，當時得到一位葡萄牙法律專家的公開支持，才避免了更多的非

7 吳志良、金國平、湯開建主編：《澳門史新編》（共四卷），澳門基金會，2008 年。
8 吳志良、湯開建、金國平主編：《澳門編年史》（共六卷），廣東人民出版社，2009 年。
9 吳志良：〈澳門歷史話語權的回歸〉，《澳門理工學報》，2013 年第 2 期，第 20-23 頁；陳杰：「近 30 年來〈澳門回歸史」研究的回顧與思考〉，北京：《港澳研究》，2019 年第 3 期，第 3-16 頁。
10《澳門法律彙編》編委會：《澳門法律彙編》，北京，中國社會科學出版社，1996 年。
11「澳門法律叢書」編委會：「澳門法律叢書」（共 16 種），澳門基金會，1996-2005 年。

議[12]。但是，這非但沒有阻止澳門學術界的努力，還更激發了他們的志氣和熱情。澳門五大法典的學術重譯和「澳門特別行政區法律叢書」[13]的出版，十分有力地證明了這一點。時至今日，在澳門研究諸領域中，法律是研究得最系統、最全面、最深入的一個學科，為特區中文法律文化的形成、法學理論的構建和法律體系的發展和完善奠定了良好而牢靠的基礎。

掌握歷史話語權，事實上就是掌握何謂正確、正常和真實的解釋權，有助於對所積累的知識進行批判或證偽，有助於形成社會的主流意識，有助於社會共識的達成，可以大大避免社會對價值及價值導向的爭議。「一國兩制」在政治理論和政治發展中是一個全新的概念和構思，在實踐中不可避免會遇到各種新情況、新問題，需要在實踐中不斷地適應、解決和發展、完善，這就需要營造一個良好的文化基礎和社會環境，需要培育一塊適合其生長的土壤。如果社會主流價值和基本共識出現了嚴重的偏差和問題，如果偏激和極端的思想沒有及時受到理性批判和及時糾正，「一國兩制」的實踐便不可能平穩、順暢，經濟發展、社會轉型也會付出更大的代價，甚至出現嚴重的社會危機。

12 葉士朋（António Manuel Hespanha）教授應邀為「澳門法律叢書」作序，我們還特意將其葡語原文一起刊印出版。他是葡萄牙法制史權威之一，擔任澳門大學法學院教授、里斯本大學社會科學研究所研究員、紀念葡萄牙發現事業全國委員會總幹事的職務，一言九鼎，肯公開為我們站台，令人感動。藉此，謹表感念和緬懷之情。他在序中開門見山：「在未來澳門特別行政區的基本法中，維持本地區的法律制度不是用於紀念某一葡式歷史財富，而是用於承認規範澳門社會特殊『生活方式』的法律。這就要求這一法律根植於社會生活習慣之上，融入日常生活並使社會相應地承認它。反之，如果作為純理論性的論述或僅僅作為司法——官僚體制的特有工具，這個法律便不會持續下去。而且似乎也不應維持下去。」「要尋求知識上與文化上的敏銳性及謙虛性，來恰當地理解及重視『對方』，因為葡式法律與中式法律之間的差異，不僅僅是技術規範上的問題，而且還是由於特點鮮明的文化差異所造成的，但正是這種差異，才使人類受益匪淺。」其實，這套叢書出版的目的，本人在「澳門法律叢書」編輯説明中清楚交代：「由於歷史原因和文化差異，長期以來，主要源於葡萄牙法制模式的澳門法律並不為佔本地人口絕大多數的華人社會所了解，儘管近年法律本地化和翻譯工作已有進展，但離澳門經濟社會發展、尤其是政治行政交接的形勢需要仍有差距，因此，認識、研究和宣傳澳門法律，為系統整理、評價和調整現行法律即法律本地化提供必要的條件，便成為後過渡期刻不容緩的一項重要而艱巨的任務。」

13「澳門特別行政區法律叢書」編委會：「澳門特別行政區法律叢書」（共 39 種），北京：社會科學文獻出版社，2012 年首部出版以來至今已出版 23 種。

三

社會科學研究社會，源於社會實踐，社會科學的成果反過來又指導社會實踐。澳門學經過了多年的發展，為認識社會作出了巨大的努力，也取得了喜人的成績。我們今天對澳門歷史和社會、對澳門的制度以及澳門人的生活方式和精神狀態有了更加清晰的認識，對中華歷史文化和祖國發展進步有了更加深入的認知，對澳門與祖國、澳門與世界的關係以及澳門在中國和世界發展中的定位和意義有了更加客觀的了解，澳門學術界有一份功勞。

綜觀過去半個世紀世界反帝反殖民獨立運動，大多數擺脫殖民統治的國家和地區的後殖民政治發展和制度變遷並不順暢，政權順利過渡交接成功的個案極少。個中的原因，多種多樣。但其中一點，就是未能成功塑造出後殖民的主流價值體系，社會尤其是精英階層對新政治共同體的建立和發展框架及願景缺乏基本的共識。然而，共識的形成需要知識的支撐，需要對本國本地區歷史、文化和社會有科學、客觀、理性的認識，而無論是知識的積累和增量還是知識的大眾化普及及其認知、認同的廣泛獲得，都需要知識分子的默默耕耘和吶喊作為。遺憾的是，這些國家和地區要不沒有形成本土知識體系，要不本土知識體系是由殖民者構建留存下來的，在這種背景下，除非政治行政精英完全由殖民國培養出來並普遍接受其遺留下來的知識體系，並且想方設法令這一知識體系為廣大民眾所接受、所認同，否則，很難形成主流價值，更無法達至政治共識，新的價值體系和社會秩序便無從創立，動蕩不安甚至社會撕裂也就不可避免了。

歷史告訴我們，無論政權過渡交接如何平穩順利，新生政治共同體完全接受和繼承殖民者遺留的知識體系和價值體系是不可能的，沒有成功的例子。一個新的政治共同體，是一個新的主體，必須建立在新的歸屬感即國家認同的基礎上，必須進行不同程度的文化和社會重構。澳門學的貢獻就在於積累和生產了知識，彌補了自身和社會的知識缺陷，並使得新的知識體系逐漸成形並為普羅大眾所接納和認同，在此過程中，把握了話語權並創造了建立新的價值體系及其認同的基礎條件。此一條件，便是價值導向正確的歷史宏觀敘述、客觀科學的澳門區情區勢把握、澳門社會形態的深入分析以及澳門現象、澳門模式普遍意義的提煉。只有對澳門自身的歷史、文化和社會、澳門與國家以及澳門與世界的關係進行具說服力的解釋且有清晰的認知，並以此建立澳門人的共同思想基礎，才能構建一個新的知識體系、價值體系並獲得普遍的認同，才能對新的政治共同體產生歸屬感、自豪感和自信心，才具備基礎條件去探索、生成和踐行自身的發展道路 [14]。從這個意義上，澳門學的成果是顯而易見的，作為本土知識體系而構建的澳門學不僅具有學術價值，也具有現實意義。

四

當今世界，全球化與本土知識並行不悖。無論是全球化還是本土知識，既不是萬靈之藥，也不是洪水猛獸。關鍵是，全球化是甚麼樣的全球化，本土知識又是甚麼樣的本土知識，其內容、實質、價值導向、實行方式和路徑、目標是甚麼。澳門作為中國最早對外開放的港口城市，本身就是早期全球化的結晶。然而，無論在早期全球化還是當代全球化的大潮下，澳門並沒有喪失自我，也沒有迷失方向，始終保持清醒理智：知道自己是誰、從哪裏來、往哪裏去。這種自覺，經由學術界的研究和引導，很快便轉化為思維理性。因此，從本質上，澳門的本土知識是一個國家框架內的地方知識，具有深厚的家國情懷和民族觀念，同時又具有相當的開放性與包容性，有利於「一國兩制」的偉大實踐。

澳門學術來源且服務於澳門的文化基礎和社會環境，並成長在一個風雲變幻、激動人心的年代。如果將 20 世紀 80 年代作為當代學術意義上澳門人文社會科學發展的開端，已經過去了三十多年。回顧這段歷史，澳門當代學術的進步令人刮目相看：一是我們趕上了國家發展和澳門歷史大變化、大轉折的年代，學術界抓住了此一歷史機遇，全程參與，全情投入，在這個大舞台上全力施展才能；二是澳門深厚的歷史文化底蘊和急劇的政治、經濟和社會變遷提供了豐富的素材，提出了諸多急需研究的課題，任由學者們選擇發揮；三是學術

14 吳志良：〈「澳門學」與澳門發展道路〉，澳門：《南國學術》，2019 年第 1 期，第 5-12 頁；于茗卉、郝雨凡：〈互動相生：人類文明發展的新範式——回歸 20 年澳門學的發展與未來之路〉，北京：《港澳研究》，2019 年第 3 期，第 17-23 頁。

界找對了研究方向，樹立了正確的價值導向，創造並維護了學術自由討論的寬鬆環境，讓學者潛心研究。如此種種因素，造就了今天澳門研究碩果纍纍、蓬勃發展的局面，為澳門學的學科建設創造了良好的條件，也為澳門特區新時代的發展奠定了思想基礎。

回顧澳門學的發展歷程，我們不難發現，其實是拾遺補缺、構建本土知識體系的過程，一直在探索殖民社會的解構和特別行政區的建構之路，探求澳門特色的發展道路。這條道路，就是具有澳門特色的「一國兩制」實踐。澳門學不僅增加了自身和社會對澳門、對國家的了解和認知，從而消除了因為缺乏知識而導致對回歸後發展前景的顧慮和緊張，調和了國家整合與高度自治之間的關係，還在構建澳門學的探索進程中，促成了本地研究力量的壯大和學術自主，掌握了歷史話語權並為建立新的價值體系創造了必要條件，鞏固了愛國愛澳的社會、文化和政治基礎，令澳門在重新納入國家治理體系的進程更為順暢。這是建立澳門學的意外收穫，卻也是澳門學發展的必然結果。

「一國兩制」過去二十多年的實踐過程中，積累和生產了不少經驗和知識。這些經驗和知識，需要學術界去總結和學理化，從而建立一個理論體系，為「一國兩制」事業的進一步發展提供更多的理論支撐；學術界也應該更加關注自身的研究及其研究產出帶來的社會影響，繼續挖掘、弘揚澳門歷史文化的價值和意義，更加積極主動地構建和鞏固一個有利於「一國兩制」發展的文化基礎，營造和促進一個有利於「一國兩制」實踐的社會環境，使得澳門更好地融入國家發展大局、助力國家改革開放、參與國家治理實踐和助力國際人文交流，令澳門的「一國兩制」實踐取得更大的成功。澳門學術界及時地意識到這一點，澳門學也從早期對歷史文化的偏向，近年逐漸加強對現實和未來發展問題的關注，回歸其現實關懷和實用主義導向。我們相信，澳門學隨着學科建設的推進，必將完善其理論框架、研究方法，必將豐富其研究內涵，為「一國兩制」更加成功的實踐發揮愈來愈大的作用。

（《澳門理工學報》第 77 期）

2020 年 1 月

「澳門學」與港澳研究

港澳研究的先鋒中山大學港澳研究所成立 40 周年，衷心祝賀也感謝中山大學粵港澳發展研究院的邀請，讓我有機會在這裏和在座各位從事港澳研究的新知舊雨，一起回顧港澳研究 40 年來走過的道路，展望未來港澳研究的路徑和前景。今天，我想以澳門研究——具體而言是「澳門學」——作為切入點，簡要回顧一下港澳研究的歷程，並嘗試結合「一國兩制」的實踐，展望港澳研究今後的發展路向。

一、港澳研究的回顧

自中共召開第十一屆三中全會以來，特別是中英關於香港問題展開談判前後，內地對港澳的研究迅速而全面地開展起來，涵蓋經濟、歷史、教育、法律、社會、人口、文學藝術、地理和科技信息等方面，當中又以港澳經濟和歷史研究發展得比較快。以 1980 年中國社會科學院經濟研究所在廣州成立港澳經濟研究中心為起點，多個研究港澳的團體機構陸續成立。1983 年 12 月，在夏書章教授和雷強副教授的帶領下，中山大學港澳研究所成立，聘請許滌新、錢俊瑞、于光遠、千家駒、季崇威等知名學者為顧問，先後公開發行《港澳研究》、招收港澳經濟研究生、在校內其他學系掛靠成立港澳經濟研究室、香港社會研究室、港澳史研究室等機構。1987 年，東亞大學校長林達光教授成立「東亞大學澳門研究所」，以「立足澳門，研究社會，為澳門發展服務」為宗旨，是第一間專門研究澳門的學術機構。在這個奠基階段，研究所通過發行學術研究刊物《澳門研究》，為剛剛進入政權交接過渡時期的澳門及時提供了一個研究澳門、解析澳門、探索澳門未來的平台。澳門本地的人文社會科學研究此時也正式起步。

雖然當時港澳研究涉獵的課題廣泛，但畢竟仍然處於奠基階段，研究成果比較零散，描述性的成果遠多於批判性的成果。儘管如此，有賴雷強、鄧開頌、鄭天祥、黃漢強和楊允中等前輩們努力不懈地搜集資料和展開田野調查，總算為港澳研究創造了必要條件、打開基本的局面，特別是當時港澳研究受到重視，是由於準備中英、中葡關於港澳問題的談判、圍繞將來特別行政區的基本社會制度的設計，以確保港澳順利過渡並實施「一國兩制」方針的緣故。當時的研究成果雖然稱不上系統完整，一些重大的研究空白也有待填補，但對於一些關鍵的基本問題，這時已可以給出明白無誤而無可置疑的解答。以澳門史研究為例，當時的研究成果不但已經充分揭露葡萄牙人侵佔澳門的過程和本質，而且還在此定論的基礎上初步地運用比較研究的方法，通過中國和外國文獻記載闡明葡萄牙殖民者具體入據澳門的時間和方式等重要問題，不但引起了知識界和有關方面的重視，也為後來澳門歷史研究的進一步發展以及中葡雙方在學術層面對於澳門「歷史話語權」的爭奪悄悄地揭開了序幕。更為重要的是，為《澳門基本法》序言提供了牢靠的史學支撐。應該說，澳門研究的開局和初步發展所發揮的知識支援作用是顯然易見的。

二、澳門學的提出及其作用

在港澳研究開始形成基礎的同時，澳門多位有識之士首次提出「澳門學」的概念。這項倡議的初心其實很簡單，就是出於中國傳統知識分子的學術理想和使命感，在主觀上純粹希望從學理上研究和解釋澳門社會，梳理不同階層對澳門回歸祖國的意見和建議，增加內地和澳門居民之間的互相了解與信任。從當時的現實大環境看，「澳門學」作為一種學術想像還出於知識界對澳門回歸祖國後實施「一國兩制」的憧憬，特別是由於當時澳門經濟社會發展程度仍然比內地高一些，社會各界的中心關注點落在內地實行的社會主義制度如何與澳門實行的資本主義制度並存兼容、共生共榮的問題。因此，研究者大多從澳門視角出發，十分強調澳門歷史和現實的獨特性，強調澳門如何在中國與世界交往交流中的特殊作用，希望澳門回歸後可以維持其特殊性及獨特地位，繼續為國家改革開放發揮作用。作為一門研究的雛形，而且在當時的主觀認識和客觀條件都有所限制的背景下，「澳門學」的提出不得不說是大膽的、超前的和創新的，相對而言它的概念在當時也無可避免是籠統的，其具體內容也有待知識界進一步加以探索和充實。

處於政權交接時期的「澳門學」，其貢獻在於積累和生產了知識，彌補了自身和社會的知識缺陷，並使得新的知識體系逐漸成形且為普羅大眾所接納和認同，在此過程中，把握了話語權並創造了建立新的價值體系及其認同的基礎條件。此一條件，便是價值導向正確的歷史宏觀敘述、客觀科學的澳門區情區勢把握、澳門社會形態的深入分析以及澳門現象、澳門模式普遍意義的提煉，以此建立「澳門人」的共同思想基礎，形成與將來特別行政區相適應的社會政治共識。

澳門在 1999 年 12 月 20 日回歸祖國，成為了「一國兩制」偉大實踐的第二站。在其後近 24 年的光景裏，在中央政府和祖國的大力支持下，在歷任行政長官的帶領下，特區政府和社會各界人士同心協力，開創了澳門歷史上最好的發展局面。這些年來，澳門的經濟實現跨越發展，居民生活持續改善，社會保持穩定和諧，多元文化交相輝映，社會各界例行表達各種訴求，形成良好的協調機制。「一國兩制」的偉大實踐不但徹底終結了殖民主義在亞洲的歷史，使在香港和澳門的中國居民重新恢復身為中國人的應有尊嚴，也為世界上和平解決歷史遺留下來的爭端提供切實可行而飽含中國智慧的方案。而回歸以來澳門所取得舉世矚目的成就，所反映的是「一國兩制」的科學性和生命力，在澳門的實踐過程中也形成與澳門社會現實相適應的特色。這種澳門特色「一國兩制」的成功實踐，離不開知識界在此一過程中所作出過的智力貢獻，特別是在建立對「一國兩制」構想的正確認識、宣傳「一國兩制」的政策方針、確立澳門歷史的宏觀敘述、掌握話語權以及凝聚社會共識、形成社會主流意識、構建特區政治共識以及核心價值體系和認同方面，知識界都自覺將之與「澳門學」有機結合起來，這是值得充分肯定的努力和功勞。

三、學術認識的局限及其客觀效果和教訓

必須同時指出的是，當年「澳門學」的提出，多少屬於澳門知識界以服務社會視為自身責任的一種反映，其側重點落在知識界的主觀善意之上。對於構建「澳門學」的客觀作用，也就是為構建澳門地區的本土知識體系奠定第一塊基石，在當時礙於對中國國情、世界局勢缺乏足夠的認識，對澳門社會發展脈絡的評估又尚未充分把握，而無意中為知識界所忽略。回頭看來，如果當時我們有足夠的識見順勢去科學系統建構澳門地區的本土知識體系，澳門回歸之路可能會更加平坦，澳門特區的創建也可以少一點曲折，可以為澳門順利過渡和為落實「一國兩制」、澳人治澳、高度自治的方針而制定的具體政策和措施提供更完整、更充實、更具說服力的知識支援。之所以這麼說，是因為我們相信，對本土知識的充分了解，能夠協助我們確切認識從哪兒來、在哪裏、往何處去這些關鍵性問題，從而可以更好理解「一國」與「兩制」的關係，可以更加清晰澳人治澳的高度，可以更加清楚「當家作主」的內涵。一句話，能更加理性、正確地找到一條澳門應該走的道路。這一點，相對於香港來說，更加明顯。

另一方面，「一國兩制」始終是一件新興的事物，在港澳的實踐過程中難免出現一些挫折。回歸初期，整個社會以至知識界確實流行着一種錯誤的觀念，以為港澳順利回歸後便天下太平，甚至機械地把「五十年不變」理解為把港澳原有的社會制度和生活方式「凍結五十年」，並未足夠重視以發展的眼光去研究實踐「一國兩制」可能產生的具體問題，特別是在一段長時期中，並未把特別行政區制度納入國家治理體系的框架來加以考量研究，進而豐富「一國兩制」實踐的內涵，任由一些回歸前帶有連西方世界都早已不再實行的中世紀西方封建、19 世紀殖民主義和資本主義性質的不公平制度安排延續下去，甚至認為這些是港澳在經濟上賴以「成功」的因素，新制度的自信意識未有妥善確立。結果導致落實「一國兩制」的體制機制不健全，對立和統一的關係並未得

到深入和妥善的梳理，一些應該要說清楚的話，特別是沒有把中央對港澳具有全面管治權所反映的主權意涵、堅持中央全面管治權和保障特別行政區高度自治權相統一的辯證思維，以及二者的正確落實和正確行使的路徑，特別是「愛國者治港」、「愛國者治澳」的原則講明白、說清楚，用粵語來說就是「畫公仔冇畫出腸」（畫小人兒沒有把腸子也畫出來）。

無規矩不成方圓。這種「不言自明」的心態，雖然在某程度上是一種善意的容讓，卻在客觀上產生「和稀泥」的反效果，不但使錯誤思潮不時出現，更一度使話語權旁落，中間失語的窘境尤其突出，讓外部反對勢力有機可乘，企圖進一步撕裂社會和擾亂國家前進步伐，教訓極為深刻。為此，知識界應當主動承擔學術責任，理性、科學地研究「一國兩制」的內涵和實踐，結合構建屬於港澳的本土知識體系，使「一國兩制」偉大構想能在社會治理的實踐中不斷完善，不斷釋放其在新時代國家發展戰略中的潛在優勢和價值，也唯有這樣，港澳才能踏上一條可持續的發展道路，使「保持繁榮穩定」不再是居民覺得只是「保持停滯不前」的代名詞，而是通過讓居民切實感受到社會發展、進步和公平所帶來的幸福感、獲得感和安全感，使「一國兩制」的成功實踐讓居民實實在在看得見、感受得到。

過去幾年，「一國兩制」的實踐尤其在香港曾遭遇前所未有的挑戰。以習近平總書記為核心的中共中央審時度勢、果斷決策，堅決採取一系列舉措，夯實築牢港澳特區維護國家安全的制度屏障、進一步明確「愛國愛港（澳）者治港（澳），反中亂港（澳）者出局」的政治規矩，落實中央全面管治權，在黨和國家體制上加強對港澳工作的集中統一領導。而經過腥風血雨的洗禮和接近三年的新冠疫情思考，聚精會神、迎頭趕上、謀求發展已成為港澳社會的普遍共識。在實現中華民族偉大復興和世界進入百年未有之大變局已是不可逆轉的歷史進程的當下，推進「一國兩制」的成功實踐是這一歷史進程的重要組成部分。凡此種種，都為「一國兩制」實踐的行穩致遠打開了一個嶄新的局面，尤其是粵港澳大灣區發展戰略為港澳特區未來的可持續發展拓展了更廣闊的空間和格局。為此，知識界對於「一國兩制」在港澳的實踐所取得的成功、所遇到的問題和困難，例如港澳在融入國家發展大局所遇到的制度對接問題，港澳特區在國內國際雙循環中制度對接的平衡問題，特區政府在提升民生福祉上應發揮的資源分配和利益協調，在調劑市場、平衡供需關係的角色問題，法制建設的去殖民化、現代化以至加強中文使用的問題，治港治澳人才及其施政、行政、議政和論政能力的培養和建設問題，港澳平台作用的補底和增強路徑、引進外來人才提升人口質素的問題，如何用外國人聽得懂的語言去講好「港澳故事」，使「港澳故事」更具說服力等，都應該要有清醒的認識，為豐富「一國兩制」偉大構想的內涵，作出應有的學術貢獻。

四、澳門學及港澳研究未來發展方向

就澳門而言，「澳門學」的學科建設既要以建立澳門本土知識體系為目標，也要為「一國兩制」成功實踐增補養分而服務。「澳門學」作為一門結合澳門的歷史文獻資源與當前的社會現實，通過人文社會科學各學科及研究領域交叉審視的方法而產生的新學科，以澳門研究為基礎，是澳門研究的核心，這是近年知識界所取得的共識。因此，無論作為概念來界定還是作為學科來建設，「澳門學」時刻都需要高高舉起一面旗幟，樹立正確的價值觀，引領學術界朝着一個正確的方向前行，齊心協力地履行新時代賦予我們的光榮使命。「一國兩制」在過去二十多年的實踐過程中，積累和生產了不少經驗和知識。這些經驗和知識，需要知識界、特別是學術界加以總結和學理化，從而建立一個完整可信的理論體系，為「一國兩制」事業的進一步發展提供更多的理論支撐。學術界也應該更加關注自身的研究以及這些研究產出帶來的社會影響，繼續挖掘、弘揚澳門歷史文化的價值和對當今社會的意義，更加積極主動地構建和鞏固一個有利於「一國兩制」發展的文化基礎，營造和促進一個有利於「一國兩制」實踐的社會環境，豐富「一國兩制」的內涵，在堅固「一國」原則的前提下，使「兩制」的優勢更加彰顯，不但要使澳門更好地融入國家發展大局、參與國家治理實踐、助力國家改革開放和國際人文交流，令澳門的「一國兩制」實踐取得更大的成功，也要讓「一國兩制」在澳門實踐的種種經驗，能為內地和香港提供有益的借鑒：成功的經驗應該學習、不足的經驗應該檢討、困難的經驗應該請益，實事求是，這是我們今後展開港澳研究應當採取的態度。

各位知識界和學術界同仁：

「一國兩制」偉大構想經過二十多年實實在在的積極實踐已逐漸形成一套完整的體系。正如習近平主席在慶祝香港回歸祖國25周年大會暨香港特別行政區第六屆政府就職典禮上的講話中鄭重指出：「『一國兩制』是經過實踐反覆檢驗了的，符合國家、民族根本利益，符合香港、澳門根本利益，得到14億多祖國人民鼎力支持，得到香港、澳門居民一致擁護，也得到國際社會普遍贊同。這樣的好制度，沒有任何理由改變，必須長期堅持！」港澳研究作為實踐「一國兩制」的學術反映，是一種科學的探索，但它不是一門冰冷的學問。港澳研究既要具備港澳的地方特色，也要有中國情懷和世界視野。「澳門學」作為港澳研究中一門帶有重要特色的學科，因着澳門在中外文明交流互鑒的歷史進程所發揮的角色而更要有溫度、有深度、有高度，應處處體現出人文的關懷、閃爍人性的光輝，通過推進「澳門學」的學科建設，豐富本身和港澳研究的內涵，為「一國兩制」更加成功的實踐發揮愈來愈大的作用。

在拓展港澳研究的道路上，我們既要以建立本土知識體系、把握學術話語權、探索港澳特區發展道路為目標，也要切實為「一國兩制」偉大實踐取得成功而服務。今後的港澳研究既要啟迪心智，更要從中賦予力量，指引將來港澳居民鼓足幹勁、滿懷自信地繼續昂首前行的道路；也只有這樣的港澳研究，才有旺盛不息的生命力，持續為港澳發展、為「一國兩制」事業取得成功、為全面建成社會主義現代化強國、為增強中華民族共同體意識和人類命運共同體的構建貢獻智慧和力量。

（在中山大學港澳研究40年（1983-2023）暨「港澳研究回顧與展望」研討會的主旨報告）

2023年12月9日

澳門學術發展與價值共同體的形成

澳門回歸祖國25年來，整體上經濟快速發展、社會和諧穩定，在實踐「一國兩制」上取得了喜人的成就，舉世矚目。在諸多促成澳門特色「一國兩制」成功的因素中，有一點至關重要，那就是澳門特區成立前後新的價值共同體的逐步形成。而在此一過程中，澳門學術發展又起了重要的積極作用。

我們一直認為，澳門學術一向帶有強烈的現實主義關懷和實用主義導向。澳門當代學術是伴隨澳門政治、經濟、社會的發展而形成發展起來的，1999年的巨大政治變遷是其轉折點。與此同時，澳門學術進步又成為政治、經濟和社會發展的助推器，特別是學術討論的社會化為澳門回歸做了很好的思想準備，為特區成立後新政治共同體主流核心價值的形成產生了重要的促進作用。本文試圖簡略回顧澳門回歸前後25年的社會思潮、學術動態，初步探討澳門學術發展與價值共同體形成的共生關係，以期拋磚引玉，引起學界的關注和深入研究。

一、回歸前夕的焦慮與期待

澳門歷史發展進程獨特，歷史研究也以中葡兩國對澳門主權之爭為發端，帶有濃厚的民族主義色彩。從澳門本土視角看，華洋長期共處分治的狀態，很難形成價值共同體，歸屬感、自豪感也不一致。1974年，葡萄牙「康乃馨革命」為該國政局帶來翻天覆地的變化，由此建立的第三共和以非殖民化作為取得其正當性的來源，同時承認澳門為中國領土，為中國政府在將來恢復對澳門行使主權創造了有利條件。1979 年，中葡兩國建立大使級外交關係，澳門政治法律地位也逐漸明朗。1986 年 6 月 30 日，雙方正式展開關於澳門前途問題的談判，並於 1987 年 4 月 13 日簽署關於澳門問題的《聯合聲明》，確定中國政府將於 1999 年 12 月 20 日恢復對澳門行使主權。1988 年 1 月 15 日，澳門進入政權交接的過渡期，從此揭開經濟社會發展的新篇章。

1. 歷史的必然

1978 年，中國開啟了改革開放的歷史進程，港澳回歸、祖國統一成為了歷史的必然。港澳順利回歸，也是改革開放的重大成果。港澳回歸前，相關與內地聯繫的討論大多集中在珠江三角洲經濟協同發展層面。1983 年 7 月，廣東省政府展開建立珠江三角洲經濟區的調查規劃工作，作為帶動全省經濟發展的引擎，首次將港澳納入考慮，包括三個層面：第一層是珠江三角洲各市縣；第二層是珠江流域廣大地區，包括廣西、湖南、湖北、雲南、貴州、江西、福建等省的部分地區；第三層，從長遠看，還應把香港、澳門包括在內，組成具有國內和國際經濟中心功能的特殊形式的經濟區。[1]

1984 年 11 月 8 日，澳葡政府經濟協調政務司高樹培（João António Morais da Costa Pinto）在一場關於澳門經濟發展的專題演講中對此作出呼應，提出「澳門未來的經濟是與中國整個南方的發展有關的」。[2]1985 年，有前往珠海考察的北京大學學者也認為珠海將「與澳門經濟上逐漸連為一體（我以為，經濟一體化是政治一體化必要前提這一趨勢，無論如何總是不可避免的）」。[3]

1986 年，時任中山大學港澳研究所副所長雷強提出，要在港澳的資本主義制度及深珠社會主義制度之間協調出一個可以開始大規模的合作的途徑。例如珠海單獨建深水港及機場就難以發揮經濟效益，所以無論是珠海或澳門，單獨去建機場及深水港都不會理想。[4] 同年 12 月，新就職的澳門總督馬俊賢

1 〈建立珠江三角洲經濟區 調查規劃工作部署開展〉，《華僑報》，1983 年 7 月 16 日，第 6 版。
2 〈暢談澳經濟活動現況及前景 未來發展與南中國關係密切〉，《華僑報》，1984 年 11 月 9 日，第 3 版。
3 衛化：〈對珠海經濟特區發展的幾點看法〉，《華僑報》，1985 年 10 月 14 日，第 14 版。
4 〈珠海不可能取代澳地位 合作與競爭是發展方向〉，《華僑報》，1986 年 9 月 15 日，第 3 版。

（Joaquim Pinto Machado）在接受採訪中也提到，港澳兩地還應增加一個夥伴就是廣州。穗、港、澳在珠江三角洲形成一個三角，這三個城市有許多相似之處，亦各有所長，可以互為補充，相輔相成。[5]

1988 年 11 月，合和集團董事總經理胡應湘提出興建港澳跨海大橋。1993 年 2 月，珠海市提出興建連接珠海和香港屯門的伶仃洋大橋。可惜，兩個旨在促進粵港澳經濟一體化發展的方案都不獲港英當局認可。

1989 年 3 月，有讀者在澳門《華僑報》撰文認為，「省港澳」經濟一體化，在將來成立特別行政區後，沒有歐洲那樣複雜的藩籬和障礙，卻有着資本主義制度與社會主義制度的根本差別。設想今後所謂「省港澳」經濟一體化，應是以穗港澳三點及珠江三角洲這樣一個大致的經濟地理範圍及其附廓形成一個開放經濟協作區，穗港澳各自發揮優勢並以鄰之長補己之短，相輔相成；在廣州與珠江三角洲的支持下，充分發揮港澳兩座南大門對祖國經濟建設與國際貿易往來的作用。這種協作是在兩種制度的交叉前站地帶的協作，是彼此有選擇地「投其所好」而着眼於國際市場競爭和有利祖國建設的協作，是「一國兩制」下的協作。澳門目前還是這個設想中較弱的一環，但是澳門具有和香港相似的特殊優勢可供利用和發揮，前途無量，可以借鑒穗港之長，迎頭趕上。[6]

今天回顧，雖然意見不盡相同，但當時不乏對港澳未來發展和粵港澳合作大膽之設想，而且這些設想如今都漸漸實現，令人欣佩。更重要的是，當時已有有識之士認為港澳回歸實屬歷史必然：如今港澳正是面臨着一種歷史力量的震撼。這是整個中國的歷史、文化和民族性的因素在他們背後發生作用，亦同中國正處於一個 20 世紀 80 年代的世界有關。[7]

2. 焦慮與期待

當然，未來總是不確定的。過渡時期的澳門焦慮和期待並存，但更多的是

5 〈珠海不可能取代澳地位 合作與競爭是發展方向〉，《華僑報》，1986 年 9 月 15 日，第 3 版。
6 〈暢談未來施政方針肯定澳門大有前途〉，《華僑報》，1986 年 12 月 18 日，第 3 版。
林秉薌：〈試談第二香港和經濟一體化問題〉，《華僑報》，1989 年 3 月 6 日，第 6 版。
7 〈形勢可迫人水到渠成 社會要發展不能等待〉，《華僑報》，1985 年 10 月 20 日，第 7 版。

期待。焦慮主要是當時有部分的澳門居民仍對國家沒有足夠的了解，甚至不很信任中國政府對「一國兩制」的承諾，尤其是在過渡時期之初一些地方出現的影響；其次是「中文合法化和公務員本地化是政權交接的最重要條件，但這『兩化』在目前幾乎『十劃未有一撇』，要在短短的十多年內完成，實成疑問」，有部分葡籍或葡籍土生人士，準備在某一時間離澳他往，他們不少已在葡國購買房屋，準備後路。甚至有中國商人，結束澳門業務，舉家前往葡國定居的；也有一些人「嘴巴上對澳門前途一味叫好，並大聲疾呼要關心澳門，建設澳門，而他們的一隻腳卻早已踏在離澳而去的船上，另一隻腳之所以仍未上船，乃因為澳門還有一些油水可撈」[8]。

期待者則有更充分的理由，認為澳門問題比香港簡單，況且葡萄牙早已承認中國對澳門擁有主權，因此對澳門前途應具有信心。另一方面，在「一國兩制」、「港人治港」、「五十年不變」等原則下達成香港問題的圓滿解決，對澳門也起了一個很好的示範作用。澳門市民經常進入珠海特區，都眼見它那種日新月異、欣欣向榮的大規模經濟建設的嶄新面貌，不禁讚嘆，甚至對澳門發展的緩慢節奏產生反感。很可能，澳門「50 年不變」後，珠海的「現代化程度和人民生活水平都將不但趕上澳門，甚至會超過，這是可以預期的」[9]。

對澳門前途具有信心的另一個表現是，澳門前途問題被提上議事日程後，市民的政治參與開始升溫。在短短的一年內許多團體相繼出現，是澳門政治地位面臨歷史性演變前夜的產物，是澳門各種政治力量為應付這一演變的新調整及新部署。各團體所傳遞出的多少公開化的政治訊息，似乎是對過去澳門政治那種較為隱蔽的狀況的一種改變，相信這對澳門的繁榮進步有好處，它讓人們對澳門的政治事務有更多更直接的了解，並鼓勵更多的參與，從而或多或少地打破澳門社會的某種沉悶格局，注入更多的生氣與活力，為澳門人適應未來的轉變創造有利的條件。

面對此一歷史轉變，社會有諸多討論，學術界也主動承擔起歷史使命。時

8 黃漢強編：《澳門問題資料匯編 2》，華僑報出版社，1986 年，第 17-18 頁。
9 黃漢強編：《澳門問題資料匯編 2》，華僑報出版社，1986 年，第 17 頁。

任東亞大學校長林達光強調要解放思想，拓寬視野，加強學術研究。「對於澳門社會的研究，應是綜合性的，客觀的，要從理論方面出發，找出發展規律，從整體着眼來研究，因為發展是一個系統、有機的歷史過程。我們的視野應該更加開放，從澳門所在的整個區域着眼。……我們需要探討澳門與珠海、深圳、廣州、香港、珠江三角洲、太平洋地區及整個東南亞在文化、經濟和科技等方面的關係，以及影響。我們的工作很有意義，責任也很重大。」[10]

3. 澳門學應運而生

在這關鍵而敏感時刻，學術界登台發聲，「澳門學」也橫空出世，引領着澳門研究和社會討論的方向。1989 年 2 月 25 日，東亞大學澳門研究所舉辦「關於建立『澳門學』問題研討會」，熱烈討論建立「澳門學」的必要性與可行性、研究對象與方法，以及如何建立「澳門學」等問題。對於「澳門學」的定義，與會者有不同的看法，但不無預見性且充滿了現實關懷：

其一、「澳門學」是以澳門社會為研究對象，既從縱切面研究澳門社會的發展過程，亦從橫切面研究社會的各個方面，從而發現和闡明澳門社會及其發展規律的特殊性。因此，「澳門學」是一門關於澳門社會及其發展的科學。其二、「澳門學」不是僅冠上「澳門」兩字的鬆散學科聯合體，而是各學科融會貫通的綜合區域學科。因此，「澳門學」具有多學科性，是綜合研究澳門問題的地區性學科。其三、「澳門學」的研究對象不應該是包羅萬象的，也不應是鑽「故紙堆」的，而應該是澳門現在和未來的主要問題。[11]

黃漢強的觀點既有學術關切，又有家國情懷。他認為「澳門學」作為一個「地區學」，其研究對象是澳門社會。「澳門學」從發展的流程來剖析澳門的縱切面，即研究澳門社會的過去、現在和未來；尋找和闡明其發展的規律性；從社會各領域來剖析它的橫切面，即分門別類地研究澳門的經濟、政治、法律、文化、教育、社會以及同外界關係等各方面的架構、特點及其規律性。通過縱

10 林達光：〈系統完整地研究澳門　為澳門未來發展服務〉，《華僑報》，1988 年 4 月 24 日，第 12 版。
11〈東亞大學澳門研究所　近舉行澳門學研討會〉，《華僑報》，1989 年 3 月 9 日，第 20 版。

向和橫向的研究，「澳門學」成為一門反映和闡明澳門社會及社會各領域的矛盾、規律及其相互關係的學問。無論是認識中國對外開放史、東西方貿易史、中西文化交流史，抑或了解一個中小城市參加國際市場的經驗來推動內地中小城市的發展？如何利用澳門作為國際自由港的地位和擁有的優勢來促進內地的改革與開放？如何維持澳門社會的長期安定和繁榮而使其到 1999 年順利過渡為中華人民共和國的一個特別行政區？如何使澳門在 1999 年以後的 50 年內，在「一國兩制」下實行澳人高度自治，維持資本主義制度及生活方式不變而繼續發展和發揮作用？諸如此類的重大課題，都有待於對澳門社會特殊規律的認識和利用。[12]

魏美昌則強調澳門社會實踐經驗和文化交融狀態。他認為，由於長期以來缺乏研究，至今未有人能夠系統地和明確地闡述澳門歷史上這種多元文化和多元制度相處與交融的寶貴經驗以及因而形成澳門的特色。人們只是滿足於一般的抽象或含糊的認識，不了解自己特點就談不上去維護它或發展它，澳門就很難繼續起它應有的特殊橋樑作用。澳門的經驗，如果總結得好，將為此提供寶貴的借鏡。澳門地方小，比較容易解剖，從中可看出兩種文化互相排斥和衝突的一面，但更重要的是分析其長期共存、互相融合的一面，即「化學的結合」。這就要求我們分析每個元素的性質和特徵以及「結合」後所產生的社會效果。[13]

楊允中指出澳門與祖國血肉相連的關係，但同時肯定葡萄牙文化對澳門的影響：「澳門的中華文化同整個大陸中國的傳統中華民族文化連成一體，是背靠關係，而澳門的葡萄牙文化同其母體文化遠離半個地球，是背離關係。前者屬借入式，後者屬傳出式。兩者作用力、影響力不同，後者所以能立足，主要是藉助行政手段。由於澳門是東西方文化方面在遠東的最早主要接觸點之一，兩種文化的精華部分分別向外擴散，使澳門近幾個世紀在溝通東西方文化過程中扮演了不容置疑的歷史性作用。」[14] 因此，要實事求是地對澳門歷史和現狀

12 黃漢強：〈關於建立「澳門學」的一些思考〉，《港澳經濟》，1989 年。
13 魏美昌：《澳門縱談》，澳門基金會，1994 年，第 153-154 頁。
14 楊允中：《論回歸意識》，澳門經濟學會，1999 年，第 291 頁。

進行考察、研究、論證，並提高學術性、系統性、權威性。

陳樹榮以澳門處於珠江與海洋交匯的地理特徵，形象地提出了「鹹淡水文化」的概念，認為它是幾百年來中西文化互動交流而逐步形成的結果：澳門鹹淡水文化，雖是兩種文化為主或多種文化交匯一起，雖是社會人文狀況的表現而非自然現象，但亦隨着各自力量、力度以及時局變化而因勢利導，往往存在着不同程度的相遇、接觸，有衝突、有交流、有溝通，形成各種形態，或各自獨處，或和平共處，或交融相處，具有開放、包容、互動、多樣、滲透、獨立、重商和複雜等表面上互為矛盾，實際上是交互並存的特徵。[15]

黃漢強、魏美昌、楊允中、陳樹榮這幾位「澳門學」的倡導者，也是澳門當代人文社會科學研究的開拓者和奠基人，對澳門過渡期的敏銳觀察頗具代表性，既體現了其深厚的民族觀念和國家意識，也反映了當時澳門社會對未來的期許，尤其值得關注的是，澳門在回歸後如何保持本身的獨特性又能貢獻國家改革開放的主調，對型塑澳門的主流價值認同產生了深遠的影響。

值得一提的是《澳門基本法》起草和諮詢過程對形成價值共同體的重要作用。由 90 名澳門各界人士組成的基本法諮詢委員會，共安排了 168 次諮詢會議及 192 次工作會議，先後共 90 次到數十間學校、社團機構收集對基本法的意見，並廣泛徵詢各階層、各界別的意見，然後把這些意見反映給基本法起草委員會，讓他們更多、更好地了解澳門的實際情況。這樣，起草基本法的過程便成為動員和吸收市民參與，集中市民意見的過程，也是市民自我進行公民教育的過程，既達到起草基本法的目的，同時也提高市民的公民意識，在更高層次上完成起草基本法的任務。在此一過程中，澳門愈來愈多的學校、社團組織市民前往內地參觀訪問，進一步增加了對民族文化和國家發展的認知，增強了家國情懷。

15 陳樹榮：〈澳門鹹淡水文化的特徵及發展〉，《濠鏡》第 15 期，1997 年 11 月，第 24-25 頁。

二、特區創建期的探索與話語權的回歸

1999 年 12 月 20 日零時，五星紅旗在澳門冉冉升起。中國人民解放軍從關閘進駐澳門途中，澳門居民舉起了紅色的巨大橫幅：「回歸啦」，這是歡呼，也是最真實最樸素的內心表達。雖然澳門回歸前幾年經濟低迷、治安不靖，特區建設百廢待興，但全澳居民精神振奮、信心十足、團結一致，對特區的誕生充滿了期盼和希望。

1. 低起點與新高度

自 1996 年起直至 1999 年，澳門本地生產總值連續四年錄得負增長，1999 年的環比生產總值倒退至 1993 年的水平。總體失業率在 2000 年達到 6.8% 的歷史紀錄。澳葡方面將 28 億澳門元的歷年現金滾存列入 1999 年財政年度預算，又不接受中方提出對動用滾存應事先與其磋商的要求，只留下 24 億澳門元的債權權充為留予特區政府的「滾存」，致使澳門特區成立時，只能依靠 1999 年的財政收入，再加上 3 億澳門元的盈餘和大約 102 億元土地基金的孳息維持基本的日常公共開支。[16] 如此可見，特區創建起點之低。

在這種情況下，「澳人治澳」政府從文化傳統尋找精神力量，高舉愛國主義旗幟，號召全體居民同心同德，同舟共濟，共克難關。首任行政長官何厚鏵「中國心、澳門情」的競選綱領，充分體現了澳門居民真切的家國情懷，也成為了創建澳門特區的主旋律。澳門回歸祖國「衹是葡萄牙管治時代的結束，它絕不意味着澳門發展的終止，而是標誌着站在新起點進入更高層次的啟步。」[17] 何厚鏵在宣讀特區首份《施政報告》時明確宣示：「『愛國愛澳』是澳門社會的一個優良的傳統，此傳統在澳門回歸後進一步昇華為擁護『一國兩制』，積極建設澳門的主流力量。」[18]

特區政府蜜月期過後，面對執政第一年的困難與挑戰，行政長官再次強調

16 根據《1999 年度管理帳目及營業帳目》資料整理。
17 楊允中：《論回歸意識》，澳門經濟學會，1999 年，第 122 頁。
18 中華人民共和國澳門特別行政區政府：《2000 年財政年度施政報告》。

澳門的共同價值：「我們相信廣大市民一定能夠發揚愛國愛澳的優良傳統，保持頭腦清醒，明辨是非對錯。我們必須團結一致，絕不容許一切損害廣大市民利益及社會穩定發展的行為，同心同德地把我們的家園建設得更加美好。」[19] 以「愛國愛澳」為核心價值，融入特區政府的施政理念，並以此為旗幟，引領澳門居民凝心聚力搞建設，促進澳門社會從殖民管治到當家作主的歷史性制度轉變，成為了特區發展的主旋律和總基調，也將價值共同體建設提到了一個新高度。

為了落實此一理念，必須更新思維，改變觀念。政府首先從公務員培訓着手。「過去一年，澳門公務人員的培訓事業揭開新的一頁，配合特區公務人員新時代使命的一系列訓練課程開始全面啟動。有關課程的授課對象，涵蓋了全體公務人員，協助他們建立整體一致的角色觀念和工作文化。我們授以特區政治法律體制的基本概念，使學員對『一國兩制』、『澳人治澳』和高度自治有進一步認知，同時，使他們明瞭本身的工作在政府整個施政理念中的位置和意義，促進政府的核心施政方向貫徹到每一個運作細胞之中。」[20]

舉甚麼旗，走甚麼路，是根本性的政治方向和思想認識問題，需要從教育抓起、以制度規範。2006 年，特區政府向立法會提交《非高等教育制度綱要法》草案，提出澳門非高等教育的總目標是「致力培養及促進受教育者愛國愛澳、厚德盡善、遵紀守法的品格，使其有理想、有文化及具備適應時代需求的知識和技能，並養成其健康的生活方式和強健體魄」，獲得負責細則性審議的第一常設委員會全體委員的認同：「委員會認為法案的規定既維持了現行法律確立的核心價值，又根據社會發展的需要作出了必要的調整，因而是適宜的。」[21] 有關條文在全體會議上亦獲全票通過，從而奠定了構建價值共同體的法律基礎。

確立政治導向，夯實法律基礎，做好思想引領，推動觀念改變，從正規教育和公務員培訓入手，以實際行動促進了特區價值共同體的形成，正如澳門中

19 中華人民共和國澳門特別行政區政府：《2001 年財政年度施政報告》。
20 中華人民共和國澳門特別行政區政府：《2002 年財政年度施政報告》。
21 立法會第一常設委員會第 3/III/2006 號意見書。

華教育會理事長劉羨冰所言：「愛國，貴在行動。澳門人的愛國傳統貴在認識和行為的一致性。」[22]

2. 跳躍發展與激蕩年代

澳門回歸初期是艱難的，經濟基礎弱、財政條件差，幸得中央關懷、祖國人民支持、居民守望相助、政府勵精圖治才共克難關，步入發展正軌。在學術界建議和社會各界的強烈呼籲下，在電訊業開放的經驗之上，政府決定結束博彩業的壟斷經營而適度開放。這是澳門傳統經濟經營模式和制度的重大創新突破，也帶來了澳門經濟的第二次騰飛。

博彩業開放後，學術界再次為此一政策辯護：「澳門特區的最優經濟發展策略，應當是鞏固及完善博彩旅遊業，使它能繼續為澳門特區貢獻產值及創造就業機會。一個可行的構思是在十年內，集中資源將澳門特區發展成為一個以博彩帶動，配合家庭度假設施的綜合旅遊商務、會議娛樂中心。這個方案在澳門特區現有的經濟結構下應是風險最低的選擇。」[23]「隨着博彩業開放，訪澳旅客增加，留澳時間延長，博彩業金額上升，將會是澳門旅遊博彩業未來的發展趨勢。」[24]

當然，學術界對此並非沒有遠憂，認為製造業、建築業等經濟產業在澳門整體經濟中仍然擔當主力，同時應該發展科技產業及其他新興產業。「到了科技產業及新興產業形成之後，澳門經濟結構更趨向多元化，經濟基礎更加穩固，穩健發展有了保障，實現長治久安的目標。」「旅遊博彩業要在酒店業、飲食業、文化娛樂業、交通運輸業、金融業等的配合下才能發揮出『龍頭經濟』的強勢，這是事物的規律。多一個產業，多一個發展空間，多一層保障。實行一業為主、多種產業並存的策略，是澳門經濟穩健發展的基礎。」[25]

2002 年博彩業的適度開放和 2003 年中央支持港澳的「自由行」政策，快

22 劉羨冰：〈澳門人的愛國光榮傳統〉，《澳門 2002》，澳門：澳門基金會，2002 年，第 318 頁。
23 陳守信：〈賭權開放——經濟效應及前景展望〉，《澳門 2002》，澳門：澳門基金會，2002 年，第 178 頁。
24 葉建華：〈在博彩業開放的路途上〉，《澳門 2002》，澳門：澳門基金會，2002 年，第 195 頁。
25 何啟海：〈一業為主、多種產業並存的策略是澳門經濟穩健發展的基礎〉，《澳門 2002》，澳門：澳門基金會，2002 年，第 232 和 239 頁。

速帶動了澳門的經濟繁榮。澳門本地生產總值從 1999 年的 523 億澳門元增長到 2019 年的 4455 億澳門元，政府財政因此水漲船高，免費義務教育、醫療、社會福利等民生事業也得到了明顯的改善，澳門的面貌發生了翻天覆地的變化。與此同時，經濟的高速發展也衍生了新的社會問題，物價飆升、收入與分配產生矛盾、貪腐出現、交通困擾，公平、公正等議題也成為新一代的重點關注。從 2000 年開始的「五一遊行」的訴求也從削減輸入勞工、保障本地工人就業擴大到 2007 年的反貪腐、保民生、削外勞、除黑工、安居樂業、家庭團聚等;2013 年，更發展到推動行政長官和立法會「雙普選」;2014 年 5 月 27 日，因抗議《候任、現任及離任行政長官及主要官員的保障制度》法案而發生包圍立法會事件，將社會運動推上了高潮。直至 2018 年，各類遊行還時有發生。

面對新形勢、新情況、新問題，澳門學術界集體發聲，是其是，非其非，並且提出很多政策建議。

楊允中認為： 2007 年澳門的「五 ・ 一遊行」具有以下幾個特點：訴求擴大化（外勞與就業、高樓價、交通緊張、官腐問題，等等）；行為政治化；外力干預表面化；結構複雜化（善後難度大）等。事件對澳門社會有多重啟示與教訓：澳門加速發展引發社會矛盾激化，但勿需過慮；政府依法施政、民本政府建設，尚存諸多薄弱環節；歷史遺留問題消化過程過長，為少數人口實（如輸入外勞與人力資源短缺，過去人口政策）；2006 年政府處理遊行方法過軟，導致個別人心存僥倖；《基本法》23 條立法未及時完成造成被動；外界勢力干預澳門特區在加劇；澳門社會生態正發生裂變，中央政府、特區政府面對新難題；社會理性發展、民主法治道路依然漫長。事件說明博彩業和整體經濟快速增長伴隨的是社會成本急劇增大。

駱偉建認為，政府以競爭來促進市場效率，卻顯得準備不足，建議政府應有所為、有所不為，並把控發展節奏，重視公平公正：「澳門出現了歐文龍事件，廉政出現問題，這容易在市民心目中強化『只會利益輸送的政府形象』，公平公正若處理不當容易引起民怨。」婁勝華則建議政府與時俱進，調整功能：「政府在剛回歸時，主要是運用政府的發動功能來發展澳門經濟，當經濟搞起來，便要啟動政府的第二種功能，就是減壓功能。」政府減壓功能「啟動得有些慢，跟不上時代發展。」[26]

學術界對澳門歷史上罕見的民眾運動之密集和熾熱沒有停止反思：「原因可能在於：一是對制度建設意義、價值與規律的認知存在明顯的提升空間；二是對當前民情民意的預判失據失位。其實，『澳人治澳』的民本政府施政取向始終要在官與民、得與失、重與輕、先與後等對立統一關係中作好平衡，力求不違民意、不損民利、不缺民智。」[27]

街頭運動年輕化也引起學者的關注。台灣、香港和澳門都相繼發生了學生運動，「參與社運的人和當權者都會着力傳播對自己有利的訊息和宣傳對自己現實的有利詮釋」。從過往政治實踐看，澳門從來都不是孤立存在的，其或多或少地受到周邊尤其是港台政治的影響。「2014 年澳門的『反離補運動』就是在台灣『太陽花運動』與香港激進街頭運動的影響下發動的。」[28]「滿腔熱情的青少年透過網絡片面的訊息，紛紛效法，導致愛國愛澳思想慢慢下降，今天加強青少年的愛國愛澳教育已成為關注的議題。」[29]

這是經濟結構變化導致社會關係不適應的明顯表現，社會矛盾激化似乎不可避免，青年學生的公民意識也與日俱增。值得指出的是，在此激蕩年代，學術界沒有缺位，更沒有失語，愛國愛澳的總基調也沒有發生根本性的動搖，社會整體保持和諧穩定，主流核心價值經過洗禮還得以進一步鞏固，共同體建設得以進一步強化。但不能否認的是，經濟社會結構的轉型衝擊了原有的社會生態、社會運作和價值形成模式，其影響尚有待評估，值得深思的是，新一代有新一代的訴求，需要傾聽、討論和接納，共同價值需要發展完善。

2020 年開始的新冠疫情以及博彩業的調整，增長的煩惱突然演變為衰退的擔憂。我們突然發現，原來的許多問題變成了偽問題，原來不是問題的現在成

26〈提升理性思維，提升依法施政權威性——「五 · 一遊行：反思與總結」座談會紀要〉，《澳門研究》總第 40 期，2007 年，第 1-5 頁。

27 楊允中：〈論行政長官與行政長官制（五）〉，《澳門日報》，2014 年 8 月 13 日，第 F04 版。

28 史超宇、陳建新：〈從理性選擇理論評澳門第七屆立法會直選結果〉，《澳門研究》，總第 101 期，2021 年，第 85-94 頁。

29 袁金淑：〈加強青少年愛國愛澳的建議〉，《澳門日報》，2015 年 5 月 13 日，第 D08 版。作者以澳門中華教育會教育科學研究組組員身份發表此文。

為了大問題，更令人不安的是，社會經濟深層矛盾依然如故，甚至變為更加突出和尖銳。疫情結束後，整體經濟和政府財政恢復了八成，但市民卻面對店舖倒閉、就業機會減少、薪資停滯等問題，新的產業尚未形成，舊的行業不斷萎縮。雖然這是全球普遍存在的問題，但「傳統領袖、自由派人士、商人和普通市民都生活在危機感和不信任中」[30]。這種現象過往未曾出現過，即使在 20 世紀 90 年代經濟社會最灰暗時期也沒有這麼嚴重，值得我們高度警醒。信心不足、居民向心力和凝聚力減退、社會資本的流失，必然會動搖社會的政治基礎並影響價值共同體的發展鞏固，這可是我們最寶貴的財富。

3. 話語權的回歸

任何社會發展都有起有伏，不會一帆風順。澳門回歸後沒有發生香港那樣大規模的失序和動亂，更沒有像其他從殖民地獨立出來的國家和地區那樣長期動蕩不安，其根本原因是在《基本法》框架下建立新的政治共同體後，能夠排除雜音和阻力，統一思想認識，迅速構建主流核心價值。而主流核心價值的形成，需要本土知識體系的構建，需要話語權的回歸。

話語權的回歸是從宏觀歷史敘事開始的。「我是誰、我從哪裏來、我往哪裏去」，是任何重大政治轉折、解決迷思面臨的關鍵核心問題。心安才能身安，身安促進心安。但要釐清這個問題並使大眾理解接納，需要學術界的全面介入和深入系統研究，總結本民族、國家、地區的歷史演變和社會發展規律，把準方向，構建本土知識體系，不斷生產和向大眾傳播思想，凝聚民心民意，促成群策群力的良好態勢。「在現代社會，學術研究對總結社會發展規律，推動並引導社會朝着協調『健康』方向發展有着不可或缺的重要作用。」[31] 也只有這樣，居民的思想價值觀念才不至於迷惑混亂，變化中的社會秩序才能走向正軌並保持正常穩定，大家才能全心全意發展經濟、改善民生，使政府和社會走向善治，人民過上好日子。

30 古步毅（Paulo Rego）:〈選舉年的危機〉，《澳門平台》，2024 年 7 月 5 日。
31 何厚鏵:〈見證歷史的記錄〉，楊允中:《論回歸意識》序言，澳門經濟學會，1999 年，第 i 頁。

澳門話語權的回歸也是從構建澳門歷史的宏觀敘事開始的。早在 20 世紀 90 年代，澳門史學界已就此展開了系統深入的研究，中葡史學界也不無爭論、交鋒。但是，經過回歸前後近 30 年從檔案文獻史料全面挖掘整理着手的相關研究，澳門歷史原貌得以大致恢復，從本土視角出發、在中國歷史大背景下的澳門歷史宏觀敘事逐步得以確立。2013 年，我們首次提出了這個問題：從學術研究的角度，又以歷史研究為例，澳門在回歸後實現了話語權的回歸，並體現在：研究人員主體的本地化、研究課題和研究成果的本地化、聚焦澳門內部社會變遷研究、擴寬了澳門歷史研究的視野，以及跨學科研究使研究方法不斷進步。[32]

2019 年澳門回歸祖國 20 周年之際，我們再次指出：澳門學術界不辱使命，不負重託，秉承愛國愛澳的優良傳統，抓住千載難逢的機會，以極大的熱情和強烈的現實關懷，投身於這個風雲變幻的時代，投入到澳門歷史文化、政治社會和「一國兩制」理論和實踐的研究和探索中。從歷史檔案的挖掘整理到文化現象的深入研究，從政治形態的趨勢探討到社會實踐的經驗總結，孜孜以求，默默耕耘，探求澳門歷史發展規律，了解澳門文化深厚底蘊，認識澳門社會特性，分析澳門經濟發展模式，剖解澳門政治運作方式，闡釋澳門與國家、澳門與世界的關係。20 年後，我們發現，我們對這個城市有了更加深刻的了解和認識，對這塊土地有了更加深厚的感情和眷戀，對澳門的歷史價值和特別行政區在國家發展戰略中的意義有了更加客觀的評估，對中華文化和國家發展有了更多的自豪感，對世界有了更加清晰的視野。

這是澳門學術界的最大貢獻：在學術活動即在積累、生產和傳播知識的過程中，增加了居民對澳門的歸屬感，增強了居民對國家的認同感，增進了居民對「一國兩制」方針政策的正確理解及其對「一國兩制」成功實踐的信心。事實上，在學術界的共同努力下，澳門本土知識體系初步成形，歷史話語權悄然回歸，家國情懷不斷加強，這對凝聚社會共識、形成社會主流意識至關重要，

32 吳志良：〈澳門歷史話語權的回歸〉，《澳門理工學報》，2013 年第 2 期，第 20-23 頁。

對樹立「一國兩制」的正確價值觀、對建立「一國兩制」實踐的主體性發揮了關鍵作用。這一切，奠定了澳門實踐「一國兩制」的思想基礎和社會環境，令澳門特別行政區開局良好、發展順利。今天，我們比任何時候都對澳門的價值和潛力有更清晰的認識和把握，對中華優秀文化傳統和祖國驚人的發展進步有更深入的認知和體驗，對特區的未來和民族的振興更有信心、更具決心。[33]

現在看來，歷史話語權的回歸，也是文化話語權和政治話語權的回歸，是價值座標的確立，其意義不僅僅停留在學術層面，對共同價值的形成和鞏固發揮了不可替代的作用。而話語權的回歸，是回歸前後多年學術積累、知識增量和社會各界共同討論形成共識而自然達至的結果；話語權的把握，也使得澳門在跨越式發展和激蕩起伏時期能夠抵受重大衝擊而保持社會整體不亂方寸、安定穩健的重要因素。縱然形有波動，但勢仍向好，主流共同核心價值依然發揮着超級穩定器的功能。正如習近平主席指出，「如果沒有共同的核心價值觀，一個民族、一個國家就會魂無定所、行無依歸」[34]。

三、融入國家發展大局與建設國際大都市

中國改革開放四十多年，特別是加入世界貿易組織以來，發生了歷史性變革，取得了歷史性成就。這深刻改變了中國歷史的走向，也深刻影響了世界的格局。中國和世界形勢翻天覆地的變化，形成了當今世界百年未見之大變局。這一切，無可避免地折射到港澳兩個特區，既推動港澳的巨大發展，也為其帶來極大的挑戰，港澳回歸後發生的波動起伏難以避免。在新形勢下，港澳必須審時度勢，與時俱進，順勢而為，主動納入國家治理體制，積極融入國家發展大局，充分利用「背靠祖國、聯通世界」的地位優勢和「一國兩制」的政策優勢，在國家發展戰略中扮演一個更加主動、積極的角色，乘搭國家發展快車，

33 吳志良：〈把握歷史話語權 樹立正確價值觀〉，《人民日報》，2019 年 12 月 20 日，第 06 版。
34 習近平：〈在文藝工作座談會上的講話〉，2014 年 10 月 15 日，《十八大以來重要文獻選編》（中），中央文獻出版社，2016 年，第 133 頁。

共享祖國發展和民族復興的榮光。

1. 發展的困境和出路

澳門回歸祖國後，創造了經濟史上的發展奇跡，也經受了前所未有的挑戰。經濟繁榮背後，各種深層矛盾加速暴露和激化。學術界不忘初心，緊貼形勢發展，以問題導向加以研究探討，一針見血地指出癥結所在，並提出了相應的政策建議。

澳門發展策略研究中心認為，從許多事件的端倪便能察覺澳門社會問題，例如：澳門社會在 2009 年至 2013 年期間出現的各種各樣示威遊行的主題愈來愈多元，其中包含：反貪腐、保民生、削外勞等議題，而且還愈來愈多樣化，背景也涉及不同階層。在此背景下，「離補法案」被民眾視為官員增加自身離職後的補償，社會產生相對剝奪感，為「反離補運動」發生埋下伏筆。公共行政改革至今的步伐及進度都步入深水區，公共行政改革的難度也逐漸暴露出來。從挑戰性來看：一是面對區域競爭的壓力，澳門政府服務創新、規劃和政府職能皆有待梳理；二是市民日益強烈的各項訴求以及要求行政透明度的意願（政府透明度、財政透明度、施政透明度、資訊透明度）逐步升溫；三是澳門公共行政改革主要在處理社會及民生問題，機構臃腫、制度僵化、效率低下。澳門公共行政改革的必要邏輯在於，一是回應國家總體規劃，融入國家發展的必然需求；二是引導澳門自身經濟及社會發展需求；三是順應澳門特區政府轉變職能需要。[35]

也有學術界從政府治理能力和水平分析，特區政府管治能力存在的問題是，政府治理能力總體仍然偏弱、社會治理能力亟須加強、經濟調適能力有待提高、區際協作能力具上升空間、突發災害的應對能力有待增強、電子政府等治理技術需要強化。[36] 此外，更為嚴重的是在歷次社會運動中，民粹主義、福利主義此起彼落，甚至出現了愈來愈強烈的自我保護意識和排外情緒，本土觀

35 澳門發展策略研究中心：《「先破後立」——澳門公共行政改革研究》。澳門：澳門發展策略研究中心，2022 年 11 月，第 24-25 頁。
36 婁勝華：〈提升特區政府管治能力研究〉，《行政》，總第 124 期，2019 年，第 5-22 頁。

念在這些思潮的影響下得到放大，一定程度上造成了原有社會資本的流失。[37]

然而，我們必須深刻認識到，澳門的發展更多時候是由外力推動的，澳門面臨的困境也無法完全依賴內部動力來解決，必須拓寬視野，在更大的空間和格局上尋找出路。2018 年，習近平主席在接見港澳各界人士慶祝改革開放 40 年代表團時，對港澳特區發展提出了四點希望：一、更加積極主動助力國家全面開放；二、更加積極主動融入國家發展大局；三、更加積極主動參與國家治理實踐；四、更加積極主動促進國際人文交流。這四點希望，是在全面總結港澳過去 40 年參與國家改革開放過程中的歷史成就和發展經驗的基礎上高度提煉出來的，既為特區未來確立了定位，也指明了特區未來的發展方向。

的確，澳門是在助力國家改革開放的過程中發展壯大的，是在融入國家發展大局時拓寬了增長的空間並釋放出潛能，是在參與國家治理實踐中取得了「一國兩制」的成功，也是在促進國際人文交流中找到了自身的定位。二十多年來，澳門在政治、經濟、社會諸方面都取得了舉世矚目的成就，為「一國兩制」的偉大實踐走出了一條獨特的道路。然而，在新的歷史階段，隨着國際局勢的變化，因應周邊地區的發展，面臨的問題愈來愈多，面對的挑戰也愈來愈大。這些問題與挑戰，部分是歷史遺留下來的，部分是發展過程中出現的，還有部分是由澳門自身條件和外部環境造成的，例如：在自然資源和人力資源缺乏的情況下，如何推進經濟產業多元化發展？在人際關係密切、相當擁擠的空間裏，如何釐清政商、政社關係的邊界以及理順其間的關係，使政府、市場、社會各司其職？在訴求日益多元和複雜的當今社會，法律、行政如何改革完善和制度創新，以提振政府的威望和特區的整體運作效率？在世界特別是周邊地區快速變化發展的格局中，澳門和澳門居民如何提升競爭力，以避免邊緣化？澳門如何參與粵港澳大灣區建設，充分發揮自身的潛力和比較優勢？如何進一步有效加強青少年的愛國主義教育並增強其專業能力，使得「一國兩制」偉大事業後繼有人、薪火相傳？促進經濟多元發展，提升政府、市場和社會的運作

---

37 吳志良：〈洞察變局　探求未來——寫在《澳門研究》100 期出版之際〉，《澳門研究》，總第 100 期，2021 年，第 9 頁。

效率，推進社會公義公平，增進市民福祉，確保特區長治久安，是澳門未來發展亟需面對的重要問題和挑戰。這些問題和挑戰，僅僅靠社會的內生動力是難以解決的，澳門必須搭乘國家發展的快車，更積極主動融入國家發展，全力參與粵港澳大灣區的建設，在國家新時代發展中尋找自身的發展空間，在國家新一輪改革開放過程中尋找自身改革、自我完善的機會，充分調動社會內部各方的積極性，充分激發各社會領域的活力和創造力，從而進一步拓展格局、釋放潛力、增強信心、施展才能，逐步解決現存的問題，應對新的挑戰，將澳門真真正正打造成為「世界旅遊休閒中心」、「中國與葡語國家商貿合作服務平台」，以及「以中華文化為主流，多元文化共存的交流合作基地」，為「一國兩制」的成功實踐再創輝煌。

2. 參與粵港澳大灣區建設

2013 年 11 月舉行的中共第十八屆三中全會首次提出「完善和發展中國特色社會主義制度、推進國家治理體系和治理能力現代化」，並將之確定為全面深化改革的總目標。2017 年 10 月，中共十九大更提出在 2035 年「各方面制度更加完善，國家治理體系和治理能力現代化基本實現」；到本世紀中葉，「實現國家治理體系和治理能力現代化」。2019 年 10 月，中共第十九屆四中全會要求全面準確貫徹「一國兩制」、「澳人治澳」、高度自治的方針，健全中央依照《憲法》和《基本法》對特別行政區行使全面管治權的制度，「完善香港、澳門融入國家發展大局、同內地優勢互補、協同發展機制，推進粵港澳大灣區建設，支持香港、澳門發展經濟、改善民生，着力解決影響社會穩定和長遠發展的深層次矛盾和問題」[38] 。

粵港澳大灣區戰略是從泛珠合作到大珠三角都會區的概念逐漸演變而成的。推動粵港澳大灣區發展，不僅是從單個城市的角度通過合作實現優勢互補或者解決各自的發展瓶頸問題，而是要從區域經濟發展甚至國家發展大局出

38 中共十九屆四中全會《中共中央關於堅持和完善中國特色社會主義制度、推進國家治理體系和治理能力現代化若干重大問題的決定》涉港澳內容，2019 年 11 月。

發，促進區域協同發展，形成系統整合的整體性效應。[39]

粵港澳大灣區發展戰略，是港澳突破發展局限和困境的最佳出路。一方面，為港澳全面融入國家發展戰略搭建了平台、鋪陳了路徑，為港澳的未來發展擴大了空間和格局，有利於港澳解決自身的深層次矛盾並充分發揮其潛力，有利於港澳同胞增強民族觀念和國家意識；另一方面，作為中國開放程度和發展水平最高的區域之一，大灣區可以充分利用港澳的特殊優勢，為新時代中國更好地與世界接軌、參與國際競爭、走進世界舞台中央、爭奪國際話語權和國際規則的制定權作出貢獻，成為以中國式現代化實現中華民族偉大復興的引領地。

橫琴是澳門參與大灣區建設的第一站，一直受到學術界的關注，「建議將橫琴定為『社會管理綜合體制改革試點區』……借鑒前海新區『法定機構』的管理模式，成立行政化管理和企業化運作相結合的公共管理機構，爭取賦予橫琴新區相當於計劃單列市產業管理許可權和省一級的項目審批許可權」。[40] 2021 年 9 月，中央印發《橫琴粵澳深度合作區建設總體方案》，澳門正式參與橫琴的「共商、共建、共管、共享」，深合區成為促進澳門經濟適度多元的新平台、便利澳門居民生活就業的新空間、豐富「一國兩制」實踐的新示範、推動粵港澳大灣區建設的新高地。橫琴深度合作區是在配合國家「十四五」發展規劃和 2035 年遠景目標、立足新發展階段、貫徹新發展理念、構建新發展格局、推動高質量發展的背景下成立的。粵澳「共商、共建、共管、共享」橫琴深合區，是「一國兩制」實踐的重大突破，是澳門邁向新征程、增加新動能、創造新氣象的重大歷史機遇，是澳門政治、經濟、社會生活中的一件大事，甚至比 20 年前博彩業適度開放，更能對澳門產生廣泛而深遠的影響。

習近平主席對港澳發展寄以厚望，強調港澳是中華民族偉大復興的重要組成部分，強國建設離不開港澳的長期繁榮穩定。換言之，在強國建設、民族復

39 毛艷華、榮建欣：〈粵港澳大灣區的發展願景與機制創新〉，《澳門研究》，總 88 期，2018 年，第 7-16 頁。
40《多元與融合：大珠三角都會區建設研究》，澳門：澳門基金會，2017 年，第 149 頁。

興的進程中，港澳都有自身的角色，都應該也能夠發揮作用、作出貢獻。而履行此一歷史使命的前提，是確保自身的繁榮穩定。從中央角度，堅定不移地落實「一國兩制」，有求必應地支持特區政府依法施政，發展經濟，改善民生；從特區角度，具體到澳門，我們指出：首先，正確認識和實踐「一國兩制」，維護國家主權、安全和發展利益；維護中央的全面管治權以及國家的憲制權力和憲制機關的權威；其次，落實「愛國者治澳」，完善「一國兩制」的制度和體系，理順政府的職能，建立高效的行政架構和隊伍，提高治理能力和水平；第三，全情投入橫琴深合區建設，參與粵港澳大灣區建設，融入國家發展大局，為國家發展與民族振興貢獻力量並分享紅利和榮光；第四，促進澳門經濟多元化，加快「一平台、一中心、一基地」建設，優化澳門居民的生活工作空間和條件，提高居民的民生福祉和幸福感，逐步解決社會發展積累的深層次結構性矛盾，[41] 也只有這樣「一國兩制」的偉大事業才能蓬勃發展，欣欣向榮。

3. 邁向國際大都市

今年 5 月，中央港澳辦主任夏寶龍來澳門考察調研。他站在國家大局的高度，全面、系統、科學總結了澳門的六大優勢，希望各界齊心協力把澳門國際大都市「金名片」擦得更亮。這不僅提振澳人信心，更是未來發展的發力點。如果諸多優勢得以充分發揮，澳門將進入一個全新的飛躍發展期。

澳門地窄人少，一直被認為是限制發展成為國際大都市的因素。正如有學者在澳門回歸前所言，其發展思路應堅持強而不在大，堅持精而不在多，堅持質而不在量。其目標不在於搞成國際性大都市，同香港平起平坐，搞成「大澳門」，而是要力爭成為有一定國際知名度、有較高經濟效益、有廣泛聯繫渠道的袖珍型國際化城市；不在於追求成為大而全的工業基地，但要適度發展為有競爭力的製造業中心；不需要也沒有條件搞成國際性金融中心，但要使金融業不斷多元化，使其成為優質服務取勝的主導行業之一；不在於擴充成特大型交

41 吳志良：〈洞察變局　探求未來——寫在《澳門研究》100 期出版之際〉，《澳門研究》，總第 100 期，2021 年，第 10 頁。

通運輸樞紐，但要成為一個具立體網絡，有助於自由港優勢充分發揮的港口城市；不宜搞成博彩獨大的賭城，但要發展成為文化內涵豐富、功能多元、特色突出的旅遊目的地。[42]

平心而論，四分之一世紀前能有此見地，已經殊不簡單。可是，從早期全球貿易到20世紀80年代的製造業興旺，澳門都充分利用了「背靠祖國，聯通世界」地位優勢，取得飛躍發展。回歸以來，充分發揮「一國兩制」優勢，創造了澳門經濟發展史的奇跡。這充分證明，只要解放思想，拓展視野，大膽改革開放，小桌子是可以唱大戲的。正如夏寶龍所言，「回歸祖國25年來，澳門經濟實現跨越發展，社會保持長期穩定，居民生活持續改善，多元文化交相輝映，城市面貌獨具特色，國際影響力和國際知名度大幅提升，已發展成為國際大都市」[43]。

然而，我們必須清醒認識到，產業單一，一直決定了澳門的興衰。為徹底擺脫這種歷史周期率，保持澳門長期穩定和可持續發展，產業多元化是必然選擇。這是中央的要求，也是澳門社會的共識。經過多年討論，社會也有各種好建議好方案。目前要做的就是下定決心，克服困難，逐項落實，不能流於口號和形式。

任何城市的發展都有自身的局限性，但也有其獨特性，利用得當，可以發展得很好。國際大都市不在於「大」，而在於其全球政治、經濟、文化和科技的影響力。日內瓦只有澳門一半的土地面積和三分之一的人口，卻是名副其實的國際大都市，不僅人均生產總值有12萬美元，還有世界衛生組織、世界貿易組織、聯合國歐洲總部等國際機構落戶，國際影響力和知名度都極高。澳門相對其他省市擁有明顯的比較優勢。這些優勢，特別是地位優勢和制度優勢，賦予澳門更大的創新空間和融合能力，使澳門在國家戰略中佔據一個比較有利的位置。特別是中共二十屆三中全會提出港澳要打造成為國際高端人才集聚高地，健全港澳在國家對外開放中更好發揮作用的機制，為我們未來的發展打開

42 楊允中：《論回歸意識》，澳門經濟學會，1999年，第152頁。
43 夏寶龍：〈在澳門中華總商會與企業家代表座談的談話〉，《澳門日報》，2024年5月15日。

了空間。

文化及其影響力是國際大都會的重要標誌之一，是澳門最具發揮空間的資源優勢，也是澳門在國家發展戰略中最為重要、最具價值、最能作出貢獻的資本。數百年不間斷的中西交流經歷，不僅奠定澳門在中西文化交流史上的歷史地位，也鑄就了澳門在國家發展大局中的定位。無論是世界旅遊休閒中心，還是中國與葡語國家經貿合作服務平台，貫穿其中的都是文化，文化是根本，文化是靈魂。澳門擁有古今同在、中西並舉的深厚歷史文化底蘊，具有各美其美、美美與共的文化交流互鑒豐富經驗，有不同而和、和而不同的良好社會環境，有你中有我、我中有你的獨特話語體系。澳門作為名副其實的人類文明實驗室，享譽世界，是建設國際大都市的最佳切入點和最有效的路徑選擇。

正如前述，「澳門學」主要倡導者都十分重視文化在澳門發展中的作用。「文化的開發更應置於基礎地位，要盡快建立綜合性的統籌機構加以推動」[44]，中外文化交流互鑒是澳門最擅長的，這也是國家所需要的。文化強國，提高軟實力，切入點毫無疑問是文化。這也是習近平文化思想的核心要義。在百年不遇的大變局中，正是澳門大顯身手時，如果將澳門比喻成一個文化符號，無論是西方人還是中國人，都很容易識別、讀懂和接受。如果我們將這個符號做大做強，創造更好的政策條件和營商環境，發揮澳門中西文化薈萃的人文優勢，將澳門建設成為名副其實的中西文化薈萃之地，吸引中外文藝名家、國際文博機構和文博項目來澳門落戶，交流思想，切磋技藝，共同創作，聯合展演，將澳門打造成為中國的文化矽谷[45]，用西方人能接受的方式、能聽得懂的語言講好中國故事和「一國兩制」成功實踐的故事，澳門將成為中國文化的一張靚麗名片，成為向世界傳播中華文化、中國理念、中國制度和中國價值以及促進中外文明交流互鑒和世界各國人民相互了解的重要基地，也必將為以中國式現代化實現中華民族的偉大復興發揮最大的作用。

44 楊允中、柳智毅：《粵港澳大灣區建設與澳門發展策略》，澳門：澳門經濟學會，2017 年。
45 吳志良：〈創條件打造澳門成文化矽谷〉，《澳門日報》，2024 年 5 月 18 日，第 A02 版。

四、結語

回顧澳門回歸前後 25 年的發展軌跡，我們發現，澳門學術發展基本上是圍繞「澳門學」的構建而展開的，澳門學也基本上按照最初倡導者的構思而不斷進步，探索澳門的發展理論、制度和道路。以「澳門學」為旗幟，愈來愈多的研究者滿懷熱情加入到澳門學術發展的隊伍中，不斷完善澳門學的學科建設並拓展視野、開闢新的領域，致力於構建本土知識體系、形成一套反映出澳門獨特性的完整系統的宏觀敘述及解釋體系、確立澳門的學術自主性、鞏固澳門的學術話語權，以及團結、壯大不同學科的澳門研究人員，提高學術研究水平，以學術發展不斷促進價值共同體的構建。

令人欣慰的是，澳門學術界一直以「立足澳門，研究澳門社會，為澳門的安定、繁榮和發展服務」為己任，在「結束舊秩序、產生新秩序」過程中用心用情出謀獻策，貢獻智慧和力量。[46] 特別是澳門回歸祖國以來，澳門學術界一直是「愛國愛澳」力量的重要組成部分，也一直是澳門特區政府依法施政可以依賴和依靠的一支重要隊伍。無論是中央制定涉及澳門的重大政策、重大舉措，還是澳門特區出台的重要法律和政策以及舉辦的重大活動，澳門學術界都始終能團結一致，旗幟鮮明，堅定把握「一國兩制」的正確方向，通過多種途徑及時發聲，有效發揮了輿論的正確引領作用，彰顯了澳門學術界較強的凝聚力和戰鬥力，為澳門牢牢掌握「一國兩制」的話語權，為鞏固和發展同「一國兩制」相適應的社會政治基礎和核心價值作出了重要貢獻。[47]

「一國兩制」是人類政治文明的偉大創舉，是前無古人的偉大事業，需要在實踐中不斷完善和豐富。我們相信，澳門又將進入一個全新的發展期，學術界要輕裝上陣，接受新的使命。學術界要不忘初心，堅定正確的價值導向，時刻牢記「國之大者」，有鮮明的國家立場，積極融入國家發展大局，參與國家治理實踐；同時，解放思想，改變觀念，樹立大視野、大格局和大發展的意

46 林達光：〈發刊詞〉，《澳門研究》，澳門，1988 年創刊號。
47 吳志良：〈大視野 大格局 大發展〉，《澳門日報》，2024 年 6 月 17 日，第 B08 版。

識，向國際尋求突破，在國家擴大對外開放中發揮更加積極的作用。學術界要履行時代的使命，還一定要有強烈的現實關懷，深入社會，深入民間，多做田野研究，出思想，出對策，敢建言，講真話；一定要大團結、大聯合，同時與外地學術界建立更加緊密的聯繫，分工協作，深耕細作，把澳門學術推進一個新的台階，並以此增強居民的民族觀念和國家意識。我們堅信，澳門學術愈發展進步，我們的價值共同體也會愈鞏固牢靠，澳門「一國兩制」的實踐亦將取得更大的成功。

（《澳門理工學報》2024 年第 4 期）

2024 年 10 月

香港修訂版後記

本書年初出版問世後，承蒙學界同仁和廣大讀者厚愛，得以在短時間內再版。正如我在澳門版首發式所說，要說的話只有兩個字:感動、感動還是感動。

第一個感動是因為澳門，其迷人的歷史文化和獨特的人文景觀，其風雲變幻、激動人心的年代，今生都有幸遇見，才有那麼多熱情和機緣去探究澳門的前世今生和未來，才有那麼多感觸、感受、感想和感悟，才能寫下那麼多文字。很難想像，這麼一塊彈丸之地，居然那麼神奇，有那麼多歷史文獻檔案史料，有那麼多探索不盡的故事和題材，帶來那麼多靈感，吸引那麼多人去潛心研究。研究澳門的人都會發現，無論是澳門的歷史、現狀和未來，都與中國和世界很多重要的歷史人物和事件、與人類文明的來程去路密切相關，研究愈深，愈引人入勝，愈令人神往，愈令人流連忘返而不可自拔。澳門真是一個神奇的地方。我愈來愈相信，從澳門出發看世界，可以看到民族文化和睦相處、信仰制度共生共存以及人類文明進步的一條新路徑和一個新圖景，可以構建一個新的人類知識圖譜，還可以為文化強國、傳播中華傳統文化中國價值和發展理念、構建人類共同價值，開闢一條新的戰線，開創一條新的道路。

第二個感動是因為出版社不嫌棄，願意結集出版這些文字。一書三號，在粵港澳三地出版，更是很多人夢寐以求的。我一直認為，粵港澳大灣區不僅僅是一個經濟共同體，更是一個命運共同體，要打造命運共同體，就必須構建共同的精神家園，有共同的價值和共同的身份認同。我還一直認為，構建粵港澳大灣區，港澳要先走向一體化。因為 9+2 有 9 個城市是在廣東，可以看成 1。

如果港澳 1+1 也變成 1，那粵港澳大灣區建設就由 9+2 變成 1+1，可以加速進程。從澳門看，無論是一中心一平台一基地，貫穿其中的都是文化，文化是根本，文化是靈魂，文化是澳門發展的動力和生產力。在國家發展戰略中，文化也是澳門的最大發展優勢，是最能貢獻灣區建設的資源，因為澳門是嶺南文化的核心地帶，也是嶺南文化的最佳演繹，而嶺南文化是粵港澳大灣區的共同思想基礎、精神源泉和發展動力。

第三個感動是因為在座的各位。看到那麼多朋友熱愛文化，支持文化，推動文化發展，令我深為感動，深受鼓舞。也正因為在座各位的共同努力，澳門的文化才有今天那麼繁榮的局面，才有前所未有的知名度和影響力。特別是很多年輕的朋友、不少是博士或在讀博士生一起來交流，令人看到澳門文化薪火相傳的希望，令人對澳門的未來有更多的憧憬，也必定會令澳門的文化火炬更加耀眼，澳門文化之光照亮更多的人。

本書收錄的文字，既是對過往思考的再梳理，亦是對澳門發展新格局的回應。二十五年風雨兼程，澳門與祖國同頻共振的歷程，恰似一面稜鏡，折射出中華文明與世界文明相遇時迸發的萬道霞光。我們將以更系統的學術觀照，續寫對這片土地的熱忱與沉思。

澳門四百餘年發展史，實為一部微縮版的人類文明對話史。葡萄牙商船於濠江畔下錨的那一刻，這個蕞爾小島便成為地理大發現時代最富象徵意義的文明介面。利瑪竇攜《坤輿萬國全圖》北上、錢納利以水彩定格嶺南風物、鄭觀應在《盛世危言》中熔鑄中西治理智慧……這些歷史切片揭示着澳門獨有的文化稟賦：它既是歐洲文藝復興餘暉在東方的投影地，又是中華文明對外輻射的發射台。這種雙向互動在媽閣廟的石刻葡語與聖保祿學院的漢學典籍中凝固成永恆，塑造出「以中為體，以西為用」的獨特文化基因。

全球化 1.0 時代的澳門，其價值不僅在於香料與白銀的流轉，更在於知識體系的碰撞重構。耶穌會士將托勒密天文學與程朱理學相參校，嶺南畫派在西洋透視法中尋得突破，這種超越器物層面的精神對話，使澳門成為人類認知範式革新的試驗場。今日重審這段歷史，我們或可發現：當麻六甲海峽的季風裹挾着不同文明在此交匯，澳門早已為「人類命運共同體」理念埋下了歷史注腳。

「一國兩制」在澳門的成功實踐，本質上是中華文明「和而不同」智慧的現代演繹。回歸二十五載，我們見證着《澳門基本法》確立的憲制秩序如何將葡式市政傳統與中式治理智慧熔於一爐。從世界文化遺產保護中形成的官民共治模式，到橫琴粵澳深度合作區探索的跨境治理新範式，澳門不斷證明着制度彈性與文化韌性的正相關關係。這種「澳門經驗」的深層價值，在於它打破了非此即彼的二元對立思維，為不同制度的共生共榮提供了可行性方案。

當前澳門正經歷着從「制度適配」到「制度引領」的深刻轉型。面對博彩業深度調整帶來的經濟陣痛，我們更需要從歷史縱深中吸取智慧。十六世紀澳門通過中轉貿易實現經濟崛起，十九世紀憑藉苦力貿易和博彩娛樂完成資本積累，每次轉型都伴隨着文化調適能力的升級。今日的產業多元化之路，同樣需要發揮文化「轉換器」功能——將大灣區科技創新勢能轉化為文化創意動能，使中醫藥等傳統智慧獲得現代表達，這正是澳門破解發展瓶頸的關鍵鎖鑰。

構建「澳門學」的過程，本質上是對傳統史學範式的超越，也是建構中國自主哲學社會科學體系的初步嘗試。當我們以澳門為透鏡重審明清海禁政策，會發現朝貢體系與私商貿易並非簡單的對立關係；當通過澳門檔案重構海上絲綢之路，香料之路不僅僅是物品交換之路，同時也是人員流動之路、知識傳播之路、信仰交融之路。這種微觀史與全球史的結合，催生出新的問題意識：如何在中國敘事中融入世界視角？又如何在全球化敘事中確立中國座標？如何從澳門出發，構建人類新的知識圖譜？

本書嘗試建立的「澳門敘事」，強調三重維度：在地性維度關注本地物質和非物質遺產的文化記憶；區域性維度剖析澳門在珠江口城市群中的文化樞紐作用；全球性維度追蹤澳門經驗對葡語國家以及人類命運共同體的示範效應。這種多尺度交織的研究路徑，或能為破解「中西二分」的認知窠臼提供方法論啟示。

站在粵港澳大灣區發展的歷史節點，澳門的文化使命愈發清晰。它既是「廣府文化出海碼頭」，又是「葡語文明登陸口岸」；既要守護大三巴牌坊鐫刻的集體記憶，也要在橫琴新區書寫新的文化傳奇。這種雙重屬性要求我們以更大格局謀劃文化戰略：一方面深挖「海上敦煌」的歷史底蘊，建設跨文明對話資料中心；另一方面培育數字創意產業，使澳門成為傳統文化現代表達的轉換中樞。

值得期待的是，隨着《粵港澳大灣區發展規劃綱要》的深化實施，澳門正從「文化容器」向「文化處理器」蛻變。中醫藥國際認證標準的制定、中葡雙語人才庫的建設、世界文化旅遊教育聯盟的發起……這些舉措預示着澳門將在文明對話中扮演更主動的角色。其終極目標，是構建起貫通南北半球、連接東西文明的知識生產與傳播網絡。

澳門之「何以」，不僅在歷史榮光中，更在未來的無限可能裏。當港珠澳大橋的鋼索劃破伶仃洋的晨霧，我們看到的不僅是物理空間的聯通，更是文明經脈的續接。冀望這本小書能成為理解澳門的解碼器，更期待與讀者諸君共同見證：這顆南海明珠如何在新時代綻放出超越歷史的光芒。

蒙恩師茅家琦先生賜題書名，師妹穆欣欣作序，無限感激。當年，他曾以「為伊消得人憔悴」、「通古今之變，成一家之言」勉勵我用心治學。今修訂再版，愈發體味此言深意。感謝中華書局（香港）有限公司同仁的精心編校，使得出版工作得以在短時間內完成。書中所論，難免管窺蠡測，誠盼方家斧正。

吳志良

2025 年春於澳門

□封面題字：茅家琦
□插扉蕾絲書法：洪　慧

□責任編輯：鍾　翩
□設　　計：陳佩珍
□排　　版：時　潔
□印　　務：劉漢舉

何以澳門

□
作者
吳志良

□
出版
中華書局（香港）有限公司
香港北角英皇道 499 號北角工業大廈一樓 B
電話：（852）2137 2338　傳真：（852）2713 8202
電子郵件：info@chunghwabook.com.hk
網址：http://www.chunghwabook.com.hk

□
發行
香港聯合書刊物流有限公司
香港新界荃灣德士古道 220-248 號
荃灣工業中心 16 號
電話：（852）2150 2100　傳真：（852）2407 3062
電子郵件：info@suplogistics.com.hk

□
版次
2025 年 4 月第 1 版第 1 次印刷

□
規格
16 開（240 mm × 170 mm）

□
ISBN：978-988-8912-95-7